日本社会のしくみ

雇用・教育・福祉の歴史社会学

小熊英二

講談社現代新書

2528

目次

序章

二〇一八年六月二一日の『日本経済新聞』に、こんな記事が載った。タイトルは「経団連、この恐るべき同質集団」。

その内容は、経団連の正副会長一九人の構成を調べたものだ。全員が日本人の男性で、最も若い人が六二歳。起業や転職の経験者がゼロ。つまり、「年功序列や終身雇用、生え抜き主義といった日本の大企業システムの中にどっぷりとつかり、そこで成功してきた人たち」だとこの記事は報じている。

この記事は、一九人のうち「会長以下一二人が東大卒。次いで一橋大が三人、京大、横浜国大、慶応大、早稲田大が各一人だった」とも述べている。京大をのぞいて、すべてが首都圏の大学卒業生ばかりであることも、この記事は問題だと指摘している。

ただし、卒業した大学名は詳細に記されているが、学部や専攻については何も述べていない。学校名は問題だが、何を学んだかは問題ではないのだ。

なぜこうなるのか。そこには、どういう原理が働いているのか。そうした「日本社会のしくみ」は、いつの時代に、どうやって形成されたのか。それは、他の国のしくみとは、どこがどう違うのか。

この本では、そうした問題を探究する。

日本社会の構成原理

ここで、先の日経新聞の記事を手はじめに、日本社会を構成する原理を考えてみよう。

① まず、学歴が重要な指標となっている。ただし重要なのは学校名であり、何を学んだかではない。

② つぎに、年齢や勤続年数が、重要な指標となっている。ただしそれは、一つの企業での勤続年数であって、他の企業での職業経験は評価されない。

③ その結果、都市と地方という対立が生じる。何を学んだかが重要なら、必ずしも首都圏の有名大学である必要はない。

④ そして、女性と外国人が不利になる。女性は結婚と出産で、勤続年数を中断されがちだ。また他国企業での職業経験が評価されないなら、外国人は入りにくい。

このうち③と④、つまり「地方」「女性」「外国人」の問題は、①と②の結果として生じた問題と考えることができる。さらに非正規雇用や自営業との格差も、①と②の結果として生じたものだといえるだろう。

つまり、①何を学んだかが重要でない学歴重視、②一つの組織での勤続年数の重視、という二つが、「日本社会のしくみ」を構成する原理の重要な要素と考えられる。

またこうした「日本社会のしくみ」は、現代では、大きな閉塞感を生んでいる。女性や外国人に対する閉鎖性、「地方」や非正規雇用との格差などばかりではない。転職のしにくさ、高度人材獲得の困難、長時間労働のわりに生産性が低いこと、ワークライフバランスの悪さなど、多くの問題が指摘されている。

しかし、それに対する改革がなんども叫ばれているのに、なかなか変わっていかない。それはなぜなのか。そもそもこういう「社会のしくみ」は、どんな経緯でできあがってきたのか。この問題を探究することは、日本経済がピークだった時代から約三〇年が過ぎたいま、あらためて重要なことだろう。

本書では、こうした問題を解明するために、以下のような構成をとっている。

まず第1章では、日本の生き方の類型として「大企業型」「地元型」「残余型」という三類型を提起する。日本の大企業システムのなかで生きている「大企業型」、自営業や農林水産業など地域に根ざして生きている「地元型」、そのどちらにも足場のない「残余型」という類型だ。この三類型という視点から、日本社会の全体像を把握する。

第2章では、欧米など他国の働き方を、日本の働き方と対比する。さらに第3章では、他国の働き方が、どのような歴史的経緯でできあがってきたかを概観する。これによって、日本の働き方、生き方にどういう特徴があるかをつかむ。ここには働き方だけではなく、教育のあり方や、社会保障のあり方も含まれる。

第4章と第5章では、明治時代にさかのぼり、日本型雇用の起源を探る。ここで、「学歴」と勤続年数の重視が、どういう起源から発生したのかを解明する。あわせて、定年制や定期人事異動、新卒一括採用など、日本に特徴的な慣行の起源も論じる。

第6章は敗戦から高度成長前まで、第7章では高度成長期までを論じる。この時期には、戦前には限定された範囲でしか存在しなかった日本型雇用が、大きく広まっていく。だがこの時期は、それとは別のあり方を、経済界や政府、労働組合などが模索していた時期でもあった。それらの経緯を知ることは、未来を考えるうえで欠かせない。

第8章は、一九七〇年代から現代までの経緯を追う。一九七〇年代の後半には、すでに日本型雇用の問題点が、いろいろな形で露呈していた。また正社員と非正規労働者という、「新たな二重構造」も発生し始めていた。それらの問題が指摘されながら、二一世紀まで問題が持ちこされた経緯を概観する。

終章では、以上の検証を学問的に分析したうえで、今後の改革の方向性を考える。

本書が検証しているのは、雇用、教育、社会保障、政治、アイデンティティ、ライフスタイルまでを規定している「社会のしくみ」である。雇用慣行に記述の重点が置かれているが、それそのものが検証の対象ではない。そうではなく、日本社会の暗黙のルールとなっている「慣習の束」の解明こそが、本書の主題なのだ。

「しくみ」について

学問上の議論に関心がない方は、以下の部分はとばして、第1章に進まれたい。

本書が対象としているのは、日本社会を規定している「慣習の束」である。これを本書では、「しくみ」と呼んでいる。

慣習とは、人間の行動を規定すると同時に、行動によって形成されるものである。たとえていえば、筆跡や歩き方、ペンの持ち方のようなものだ。これらは、生まれた時から遺伝子で決まっているのではなく、日々の行動の蓄積で定着する。だがいったん定着してしまうと、日々の行動を規定するようになり、変えるのはむずかしい。

人間の社会は、その社会の構成員に共有された、慣習の束で規定されている。遺伝子で決まっているわけではなく、古代から存在するものでもないが、人々の日々の行動が蓄積され、暗黙のルールを形成する。それは必ずしも法律などに明文化されていないが、しばしば明文化された規定よりも影響力が大きい。ただしそれは永遠不変ではなく、人々の行動の積み重ねによって変化もする。

こうしたものは、自然科学の対象ではなかった。自然科学は永遠不変の法則を探究する。日々の行動の蓄積によって変化するようなものは、自然科学の対象にならない。自然科学にあこがれて始まった社会科学も、永遠不変の法則を人間界のなかに探ろうとした。古典経済学は、その一つである。

アダム・スミスは、人間は交換によって利益を追求する永遠不変の天性があるのだ、という公理を設定した。[1] 公理は設定するものであって、証明することはできない。アダム・スミスも、この公理を証明しようなどとはしていない。とはいえこうした公理を出発点に据えたことで、経済学は自然科学を模倣した学問になりえた。

だが社会学という学問は、そうではなかった。ウェーバーやジンメル、デュルケームといった社会学の始祖たちが研究対象にしたのは、一つの社会が共有している暗黙のルールだった。古典経済学では説明できない人間の行動も、こうした暗黙のルールから説明できると彼らは主張したのである。

有名な例は、ウェーバーの『プロテスタンティズムの倫理と資本主義の精神』である。ウェーバーは、当時のドイツの農場労働者が、経済学的には説明できない行動をとっていたことを指摘することから、この本を始めている。賃金を出来高払いにしても、彼らは今日の生活に必要な分を稼いだら、それ以上働こうとはしなかったのだ。[2]

これは不合理な行動にもみえる。とはいえ、明日には死ぬかもしれないなら、今日のうちに明日の分まで働くのは馬鹿げている。明後日にどうなるかわからない社会で、出来高払いで労働効率があがったら、その方がむしろ不合理だ。それが合理的な行動なのは、未来が安定して続くという信念が、共有されている社会においてだけである。

ここからウェーバーは、資本を蓄積しようとする行動は、特定の未来観を暗黙のルールとして共有した社会からしか生まれないと考えた。そこから彼は、キリスト教各宗派の未来観を調べ、プロテスタントの一派を信じる社会から資本主義が発生したと主張した。その研究の方法論としては、宗教テキストを個別的に分析して、その社会の根底的な原理を探る方法がとられた。

なおウェーバーの著作で、日本語で「倫理」と訳されているドイツ語はEthikである。これは「エチケット」の語源としても知られる古代ギリシア語のエートス ἔθος の派生語で、日々の行動の蓄積で体得された規範を指す。ペンの持ち方やスプーンの使い方といった「エチケット」も、日々の行動の蓄積で体得し、暗黙のルールとなるものだ。

ウェーバーは、こうした集合的な慣習が、ドイツ人が生まれた時から身につけている民族性 Volkscharakter であるなどとは考えなかった。[3] だが同時に、これが人々の行動を規定しており、一朝一夕では変えられないとも考えていた。

このような、一つの社会が共有している暗黙のルールを探る研究は、さまざまに行なわれてきた。有名なものを挙げるなら、教育学の領域で知られるピエール・ブルデューの仕事、社会保障の領域で著名なイエスタ・エスピン゠アンデルセンの仕事などがある。[4]

とはいえ、一つの社会を規定している「しくみ」を何と呼ぶかについては、統一的な名称はない。ウェーバーはエートス Ethik と呼び、ブルデューはハビトゥス habitus と呼び、エスピン゠アンデルセンはレジーム regime と呼んだ。だがいずれも、日本語として なじみのある言葉ではない。

そこで本書では、暫定的にこれを「しくみ」と呼ぶことにした。日本の読者を相手に、ラテン語や英語を使う必要もないだろうと考えたからである。

先行研究と方法

本書の主題は、あくまで「社会のしくみ」の抽出にある。そのため素材となる個別事実については、各章の注で言及するように、過去の研究に負うところが多かった。その範囲は、経済史・労働史・行政史・社会保障史・教育史など広範囲に及ぶ。

本書にアプローチがやや近いと思われる研究は、本書第5章で言及した、ユルゲン・コッカによるドイツ市民社会の形成史である。コッカはドイツの近代市民社会の特徴が、どう歴史的に形成されたかを探究するため、他国と比較しつつ多方面の研究を行なった。その対象は、官僚制の民間企業への影響、ドイツ語の技師 Ingenieur など言葉の変遷、職員運動が社会保障制度や教育制度をどう変えたかといった諸点におよんだ。その研究は、経済史でも労働史でもなく、また社会保障史でも教育史でもなく、そのすべてを総合したものであった。

コッカがそうしたアプローチをとったのは、ウェーバーの官僚制論と資本主義論をふまえた比較社会史の研究者だったからだ。そして福祉レジーム論を唱えたエスピン-アンデルセンは、ドイツの社会保障を論じるにあたり、コッカの研究に依拠していた。[5]

本書もまた、基本的にはウェーバーやコッカと同じく、比較社会史と歴史社会学の研究といえる。方法としては、当時の官庁秩序や経営秩序を示す資料、社会全体の統計的動向、労働運動や経営者たちの言説などを集め、それらを配列し、背景となる構成原理を抽出するやり方がとられている。

そこでは、個々の事実の発掘よりも、それらが全体としてどのような「しくみ」を構成していくかの記述が重視されている。歴史学者には、明治期の資料と戦後の資料が並列に提示されていたりすることに違和感もあろうが、方法論の違いとご理解いただきたい。なお第2・第3章の諸外国の記述は、日本との対比のための補助線であり、ラフスケッチにとどまることを記しておく。

ただし個別の事実においても、本書が初めて体系的に指摘した点もある。官庁の慣行の民間企業への影響（第4章）と、学歴の機能（第7章）である。

これまで労働史などにおいて、日本の雇用慣行の歴史は数多く研究されてきた。しかしその多くは製造業のブルーカラー労働者を対象にしたもので、ホワイトカラーの歴史研究は比較的少数であり、官庁や軍隊の雇用慣行は研究対象になってこなかった。官庁や軍隊は経済活動ではなく、したがって労働史や経営史の対象外だったからであろう。

そのため、日本企業の慣行が官庁や軍隊と似ていることが断片的に指摘されてきたにもかかわらず、それが経済史から探究されることはほとんどなかった。また官庁を研究する行政学や行政史は、官庁の慣行が民間にどう影響したかには関心が薄かった。二つの学問体系のはざまで、この点は盲点になっていたのである。

また教育学者や経済学者は、日本の雇用慣行における学歴重視を批判してきた。しかし彼らは、日本の雇用慣行における学歴の機能を分析する点において、十分ではなかった。そのため本書第7章で指摘したような、企業や労働者が学歴を重視したからこそ、職員と現場労働者の平準化がなされたという逆説は注目されてこなかった。

最後に、いわゆる日本文化論について述べる。一九六〇年代以降の日本文化論も雇用慣行を論じたが、その多くは、高度成長期になってから一般化した慣行を事後的に歴史に投影して論じたものにすぎない。[6] それらは学問的な業績というより大衆ナショナリズムの消費財であり、文化研究やナショナリズム研究の分析対象となっているものだ。[7]

そのなかにあって、社会人類学者の中根千枝の仕事は、ここで論じるに値する。中根は日本社会の特徴を、職場や村落など「場」における直接接触的 tangible な関係が優位であること、「場」を横断した「資格」「『ヨコ』の同類」意識が欠落していることだと主張した。[8] この中根の主張は、結果として本書の主張にも近い。

しかし中根には、慣行が歴史的に形成されるという視点が欠落している。そのため中根は、彼女がいう日本の特徴が、古代から存在したという主張に陥っている。[9] また中根の説では、なぜ万単位の従業員をもつ日本企業に、tangible な接触範囲を超えて「同類」意識が発生するのか説明ができない。総じて中根は、村落単位の現状を調査する人類学の知見を、空間的にも時間的にも、不用意に拡大しすぎているのだ。

とはいえ筆者は、日本社会の構成原理を学際的に探究した点において、本書が広義の「日本論」と分類されることを拒否しない。本書はウェーバーやコッカ、エスピン－アンデルセンなどの系譜につながる研究書である。だが、より良質で信頼のおける「日本論」が求められているのであれば、それに応じられる本であることも望んでいる。

なお引用の旧字体は、原則として新字体に直してある。引用内の〔　〕は引用者が加えた補足、「……」は中略を示す。注記のウェブサイトアクセス日付は最終アクセスである。出典のない図表は筆者作成による。

1　アダム・スミス、玉野井芳郎・田添京二・大河内暁男訳『国富論』中央公論社、一九八〇年、第一篇第二章。
2　マックス・ウェーバー、大塚久雄訳『プロテスタンティズムの倫理と資本主義の精神』岩波文庫、一九八九年、第一章第二節。
3　同上書一三一頁。
4　ピエール・ブルデュー、石井洋二郎訳『ディスタンクシオン』藤原書店、一九九〇年。イエスタ・エスピン－アンデルセン、岡沢憲芙・宮本太郎訳『福祉資本主義の三つの世界』ミネルヴァ書房、二〇〇一年など。
5　エスピン－アンデルセン前掲『福祉資本主義の三つの世界』六七頁。
6　典型的な例として、村上泰亮・公文俊平・佐藤誠三郎『文明としてのイエ社会』中央公論社、一九七九年などがある。
7　こうした批判的研究の事例として、杉本良夫・ロス・マオア『日本人論に関する12章』学陽書房、一九八二年や吉野耕作『文化ナショナリズムの社会学』名古屋大学出版会、一九九七年など。
8　中根千枝『タテ社会の人間関係』講談社現代新書、一九六七年、二六、四五、五四頁。なお中根は四五頁では、「職種別組合《クラフトユニオン》」に言及している。
9　同上書一八七―一八八頁。

第１章　日本社会の「三つの生き方」

第1章の要点

・日本社会は、「大企業型」「地元型」「残余型」の三つの類型によってできている。
・その比率は、「大企業型」が二六％、「地元型」が三六％、「残余型」が三八％と推定される。
・非正規雇用は増えているが、正社員はさほど減少していない。
・非正規雇用の増加分は、「地元型」に多い自営業の減少によるところが大きい。
・九〇年代に、日本社会の構造変動があった。
・「大企業型」にみられる日本型雇用のあり方が、全体の構造を規定している。

「昭和の人生すごろく」

いまの日本では、「ふつうの暮らし」ができなくなった、といわれる。[1] しかし、「ふつうの暮らし」とは、いったい何だろうか。

都市部の人々がイメージする「ふつうの暮らし」は、こんな感じかもしれない。男性ならば、高校か大学を出て、会社に入り、結婚し、子どもが生まれ、ローンで家を買い、定年まで勤め、年金で老後をすごす。女性ならば、そういう男性の妻になる。

しかし実際には、そんな生き方は、多数派ではない。しかもそれは、昔から多数派ではなかった。

二〇一七年に、「経産省若手プロジェクト」が作成した「不安な個人、立ちすくむ国家」という文書が評判になった。文書のファイルが、一五〇万回以上ダウンロードされたという。

その文書に、「昭和の人生すごろく」というページがある[2]（図1—1）。「新卒一括採用」で「正社員・終身雇用」になる人生とされている。

それによると、「正社員になり定年まで勤めあげる」という生き方をした男性は、一九五〇年代生まれで三四％だった。これが一九八〇年代生まれでは、二七％になると推計さ

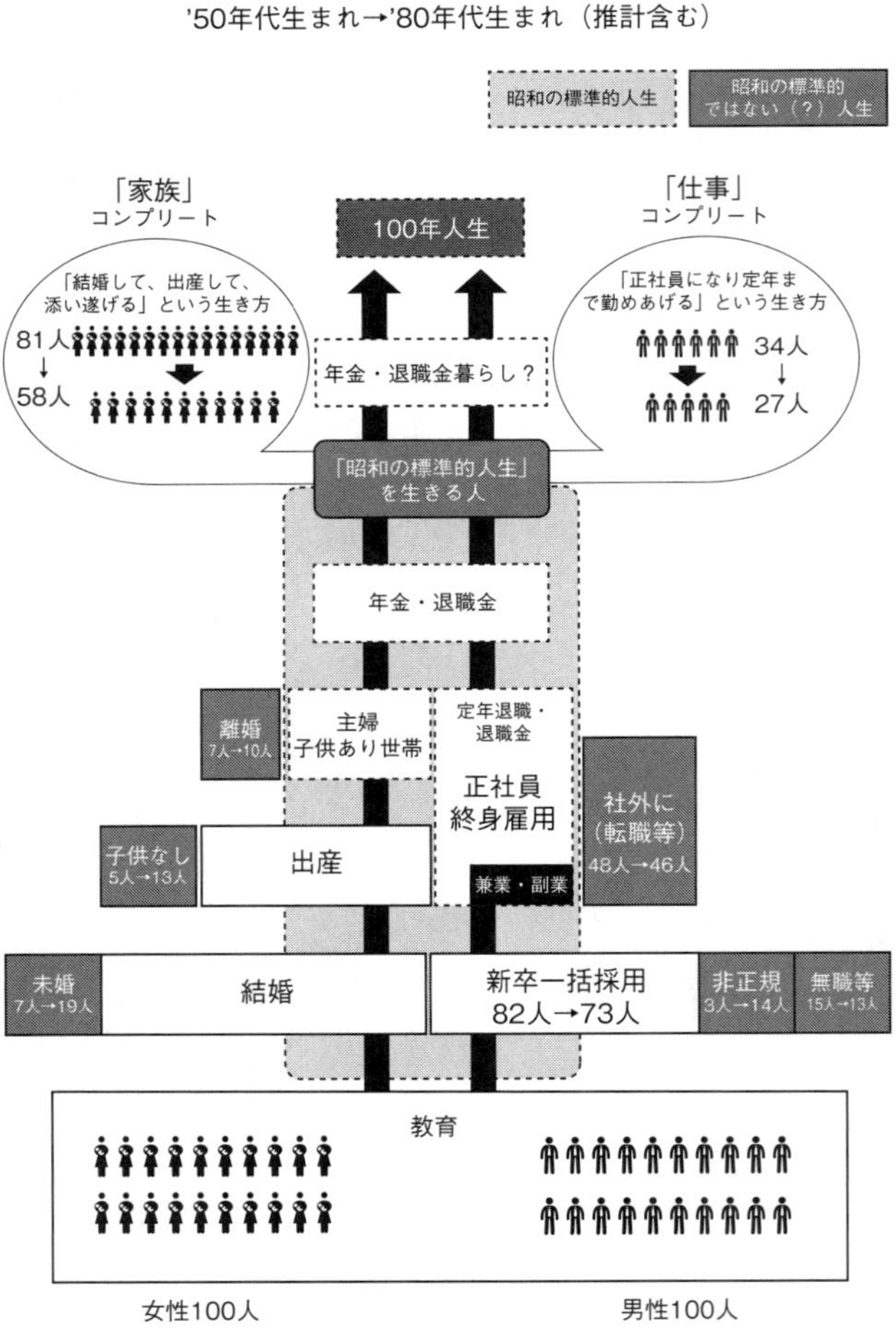

（出典：次官・若手プロジェクト「不安な個人、立ちすくむ国家：モデル無き時代をどう前向きに生き抜くか」）

図1—1 「昭和の人生すごろく」のイメージ

れている。

ここで重要なのは、「昭和の時代」でも三四％にすぎなかったことだ。これは、執筆者たちにとって意外だったという。彼らの一人は、こう述べている。[3]

「典型的な人生だと思っていた数字が、どう計算してもそれ以上にはならない。当然もっと高い数字が上がってくるだろうと思っていましたから、みんな『自分たちは分かってなかったんだ』とショックを受けました」。

「正社員になり定年まで勤めあげる」という生き方は、日本社会の約三割にすぎない。では、そのほかの人は、どういう生き方をしているのか。

もちろん、人生の種類はさまざまだ。しかしここでは、現代日本での生き方を、「大企業型」「地元型」「残余型」の三つの類型にわけて考えてみたい。

「大企業型」と「地元型」

最初に、「大企業型」と「地元型」の二つを説明したい。

「大企業型」とは、大学を出て大企業や官庁に雇われ、「正社員・終身雇用」の人生をすごす人たちと、その家族である。

「地元型」とは、地元から離れない生き方である。地元の中学や高校に行ったあと、職業に就く。その職業は、農業、自営業、地方公務員、建設業、地場産業など、その地方にあるものになる。

ただしこの類型は、あくまでモデル（理念型）である。現実の生き方すべてを、この類型で分類することはできない。とはいえこの分類は、補助線としては役立つ。

「地元型」と「大企業型」には、どちらも一長一短がある。

「地元型」は、収入は大企業型よりも少なくなりがちだ。しかし親からうけついだ持ち家に住むなら、ローンで家を買う必要はない。地域の人間関係にも恵まれ、自治会や町内会、商店会、農業団体などとの結びつきがある。近隣から野菜などの「おすそ分け」を受けとれれば、支出も少ない。自営業や農業は「定年」がなく、ずっと働く人が多い。

また「地元型」は、経済力では劣るが、政治力がある。行政が地域住民としてまず念頭に置くのは、この類型の人々である。商店会、自治会、農業団体などを通じて、政治的な要求も届きやすい。

政治家にとっても、有権者として重要なのは、選挙区に定住している人々である。政治家は、選挙区内のお祭りや冠婚葬祭に顔を出し、地域に根づいている人と関係を作ることが多い。

日本では、同じ地域に長く住んでいる人ほど投票率が高い。同じ市区町村に一五年から

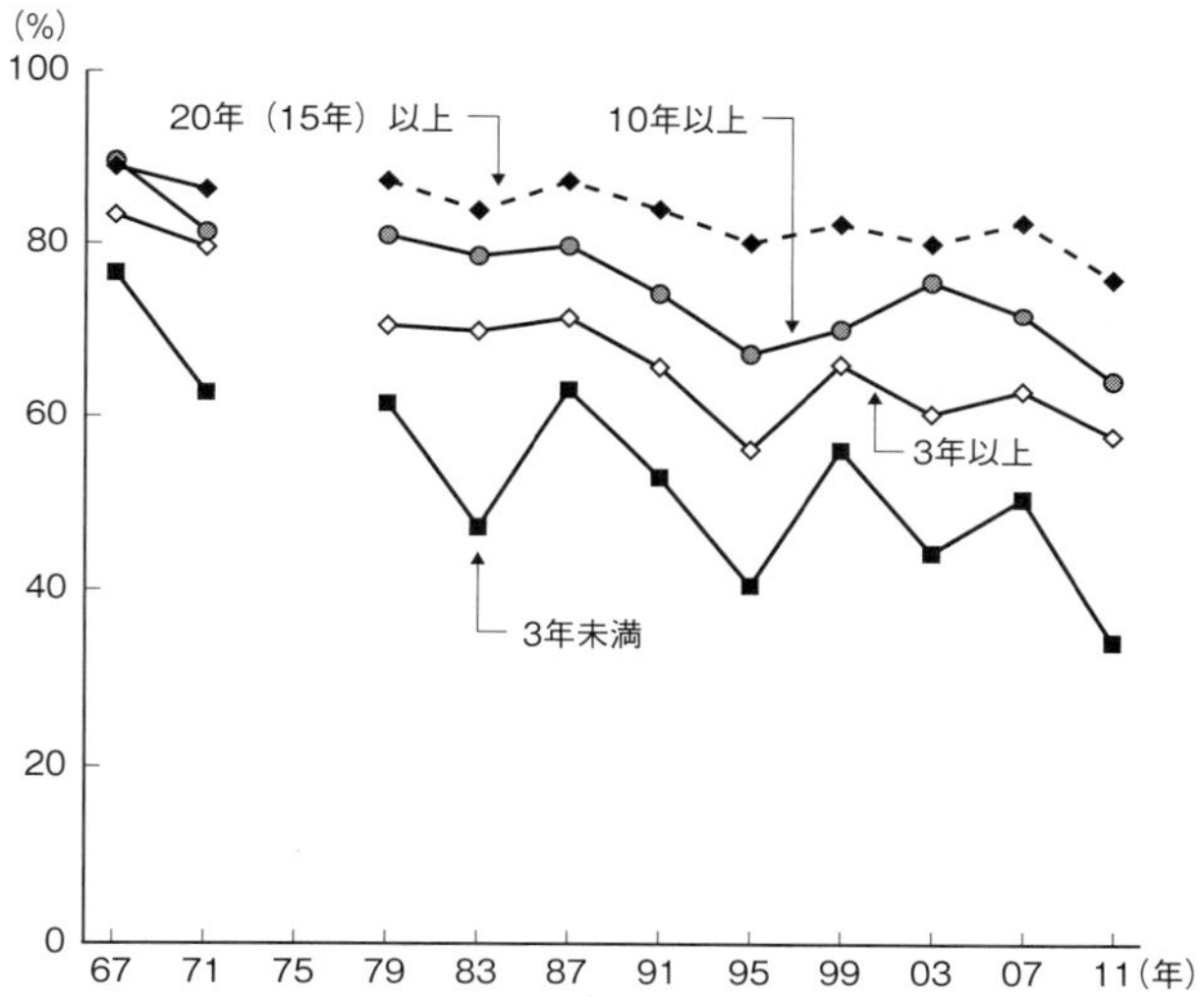

資料：明るい選挙推進協会意識調査
※数字は、「あなたは、この市（区・町・村）に何年ぐらい住んでいますか」という質問への回答別の投票率を示す。選択肢の最長のカテゴリには「15 年以上」「20 年以上」「生まれてからずっと」と変遷があり、「生まれてからずっと」が設定されている場合にはそれ以下のカテゴリと統合して示している。

（出典：菅原琢「不安定化する社会に対応できない日本の選挙」『中央公論』2015年4月号、85頁）

図1―2　居住年数別道府県議選投票率

二〇年以上定住している人の都道府県議選投票率は、約八割にのぼる。それに対し、定住期間が三年未満の人は三割から四割だ[4]（図1―2）。

また政治家、とくに地方議員は、当人が「地元型」であることも多い。平日の昼間に時間を作れる自営業主や団体役員などが多いといわれる。

二〇一九年四月の統一地方選の都道府県議選候補者三〇六二名のうち、自分の代表的経歴を民間企業勤務と答えたのは一割弱にすぎない。平均年齢は五六歳、女性は一二・七％で、自民党候補者に限れば女性は四％だった[5]。基本的に、「地元型」の中高年男性が主流であるといえる。

それに対し「大企業型」は、地域に足場を失いがちだ。まず高校か大学の段階で、地元から離れた場所に移動することが多くなる。さらに就職後は、転勤で一つの地域に長くいなかったり、遠距離通勤で地域には寝に帰るだけだったりしがちだ。

ここから「大企業型」は、定年後の生き方に迷う問題もおきる。それ以上に問題になるのは育児である。近隣に子どもを預けられる人間関係がないと、保育所などの公共サービスか、市場の育児サービスに頼ることになる。

さらに「大企業型」は、ローンで家を買うなど支出も多い。地域に足場がないので、政治力もない。昼間に選挙区にいなければ、政治家もあまり呼びかけの対象にしない。近隣などから地域の政治情報も入ってこないので、投票率も低くなりがちである。

不満の持ち方が違う

つまりこの二つの類型は、違った状況を生き、違った不満を持つと考えられる。「大企業型」は、所得は比較的に多い。しかし「労働時間が長い」「転勤が多い」「保育所が足りない」「政治から疎外されている」といった不満を持ちやすい。

「地元型」は、収入はそれほど多くなかったりする。しかし地域の人間関係が豊かで、家族に囲まれて生きていける。政治も身近だ。「満員電車」とか「待機児童」といった問題はない。問題なのは、過疎化や高齢化、地域に高賃金の職が少ないことなどである。

こうした相違は、たとえば以下のような形で表れる。二〇一六年二月に、「保育園落ちた日本死ね!!!」という匿名ブログの発言が、話題を集めたときのことだ。

都市部の人々には、この発言に共感した人が多かった。しかしSNS上では、「田舎では園児が少なくて困っています。大都市の人の感覚だけで大騒ぎされても白けます」といった意見もあった。[6]

実際、待機児童は大都市に集中ぎみである。このブログが話題になった時点で、一一の県では待機児童がゼロだった。[7] つまり「日本死ね」といっても、その「日本」のなかに

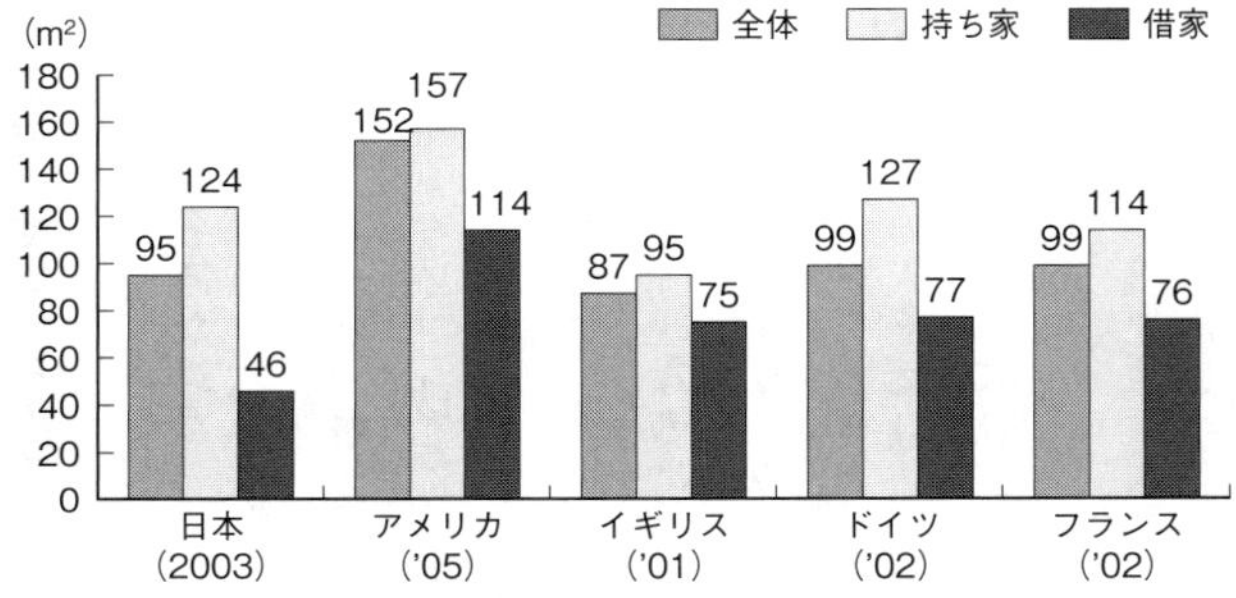

（注）床面積は、補正可能なものは壁芯換算で補正を行った。（米 ×0.94、独仏 ×1.10）
（資料）日本：総務省「住宅・土地統計調査」（平成 15 年）
アメリカ：American Housing Survey for the United States 2005
イギリス：English Housing Condition Survey 2001（データはイングランド）
フランス：enquete Logement 2002, INSEE（持ち家、借家のデータは、1996 年）
ドイツ　：Federal Statistical Office Germany 2002（データは 1998）

（出典：『国土交通白書』2009）

図1—3　住居床面積の国際比較

は、複数の生き方があるのだ。

他の例も挙げよう。やや昔の話になるが、「日本の住宅は狭い」という物言いが広まったことがある。しかし『国土交通白書』によれば、日本の持ち家の平均面積はアメリカよりはやや小さいが、ドイツとはほぼ同等で、フランスやイギリスより大きい（図1―3）[8]。

日本の住宅が顕著に小さいのは、主として大都市の住宅、とくに賃貸住宅である。総務省の二〇一三年度の住宅・土地関連調査によると、一住宅当たりの延べ床面積は富山県が一五二平方メートル、東京都は六四平方メートル、大阪府は七六平方メートルで、富山と東京では約二・五倍の差がある[9]。

概して「日本」を論じるとき、念頭に置かれる生き方は、「大企業型」であることが多いようだ。「日本」を論じる人々の多くが大都市のメディア関係者で、自分の生き方を念頭に議論しているからだろう。彼らの生活実感から「日本」を語れば、「日本人」は満員電車で通勤し、保育園不足に悩んでいることになる。しかし実際には、それは「日本人」の一部のことなのだ。

類型別の社会保障

「大企業型」と「地元型」は、日本のさまざまな制度の、暗黙の前提になっていた。たとえば社会保障はその一例である。

一九七〇年代に、自民党を中心に、「日本型福祉社会」という言葉が使われたことがある。それは、「家族」「企業」「地域」の助けあいを強調し、政府の財政負担を軽減しようとするものだった[10]。つまり、「企業」を基盤にして生きている「大企業型」と、「地域」を基盤として生きている「地元型」の人々が、念頭に置かれていたと言っていいだろう。

そもそも日本の健康保険や年金の制度は、「職域」と「地域」を単位として作られている。社会保障と公共政策の研究者である広井良典は、「日本の制度は、『カイシャ（職域）』と『ムラ（地域）』という、日本社会において基本的な単位となる帰属集団をベースとして組み立てられた」と述べている[11]。「企業」か「地域」のどちらかに、誰もが所属していることが前提になっていた制度だともいえる。

しかし他国の社会保障は、必ずしもこういう形になっていない。第3章で述べるが、ドイツの健康保険は、時計職人とか馬具職人といった職種を単位として始まった。つまり「職域」といっても、その単位は「カイシャ」ではなく職種だった。だから同じ企業に勤めていても、所属している保険組合が違うのが普通だった。

日本の社会保障制度ができた経緯は、第6章で述べる。とりあえずここでは、年金を例に「大企業型」と「地元型」の対比をみてみよう。

「大企業型」では、雇われている企業を通じて厚生年金に加入する。二〇一七年度末の厚生年金保険受給者の平均月額は一四万七〇五一円だ。二〇一九年に厚生労働省が発表した新規裁定者モデル例では、夫が四〇年勤めあげた中堅以上の会社員で、妻がその間ずっと専業主婦であった場合、この二人で月額二二万一五〇四円と試算されている。[12]

「地元型」の典型というべき自営業者は、都道府県単位で国民年金基金に加入していた（二〇一九年に全国国民年金基金に統合）。そして二〇一七年度末では、国民年金受給者の老齢年金の平均年金月額は五万五六一五円だ。[13] 二〇一九年に厚生労働省が発表した新規裁定者モデル例（二〇歳から六〇歳まで四〇年間保険料を払った場合）でも、月額六万五〇〇八円である。[14] この金額では、都市部の賃貸住宅に住んでいたら、とうてい生活できない。

しかし国民年金は、もともと農林自営業者を想定して作られた制度だった。彼らには定年がないから、年をとっても働き続ける。さらに持ち家があり、野菜やコメは自給で、長男などが同居して世帯の主たる所得を得ていれば、年金が少額でも問題ない。もともと、年金だけで生活することを前提とした制度ではなかったともいえる。

そのため、高齢になっても働く人は多い。二〇一八年一一月から一二月に朝日新聞社が実施した全国世論調査では、六五歳までに引退できると考えている男性は三五%で、老後の一番の不安は「お金」が最多で四八%だった。[15] 総務省によると、六五〜六九歳の就業率も、〇七年の三五・八%から一七年には四四・三%に増えた。[16]

とはいえこれは、今に始まったことではない。次頁の図1―4と図1―5は、総務省がまとめた高齢者就業率の推移と国際比較だ。どこの国でも、高齢化や格差拡大にともない、働く高齢者は増えている。しかし日本の特徴は、高齢者の就業率が昔から高かったことである。これは農林水産業や自営業の人が多かったからでもあるが、最近は非正規雇用で働く高齢者も増えている。

一九九七年の総務庁の報告書『数字で見る高齢社会』によると、九三年に六〇〜六四歳の男性で働いていたのはアメリカ五五%、ドイツ三一%、日本七六%。六五歳以上ではアメリカ一五%、ドイツ四%、日本三八%だった（ドイツは九二年の数字）。九二年の厚生省

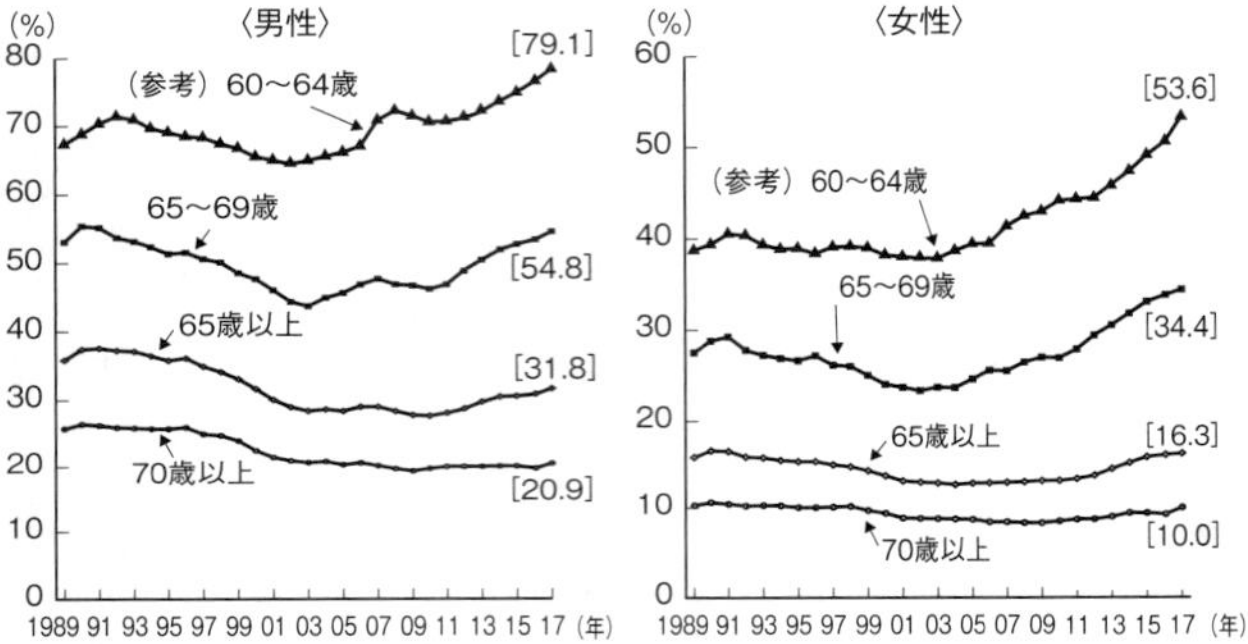

資料：「労働力調査」（基本集計）

（出典：総務省統計局「統計からみた我が国の高齢者（65歳以上）」、平成30年）

図1—4　高齢者の年齢階級別就業率の推移（1989年～2017年）

「高年齢者就業実態調査」では、年金を受給しながら就業している人のうち、「年金だけでは生活できない」と答えた比率は六〇～六四歳の男性六一％・女性五六％、六五～六九歳の男性五二％・女性四七％。九三年の総理府広報室「公的年金に関する世論調査」では、「ほぼ全面的に公的年金に頼る」という回答は、六〇歳以上の三分の一程度だった[17]。

一九九三年は、まだバブル経済の余韻が続いていた時期である。その時代でも、三分の一程度の人しか、年金だけでは生活できなかったのだ。

この三分の一という数字は、経産省若手プロジェクトが試算した「正社員になり定年まで勤めあげる」という人の比率と、ほぼ一致している。前述したように、二〇一九年の厚生労働省

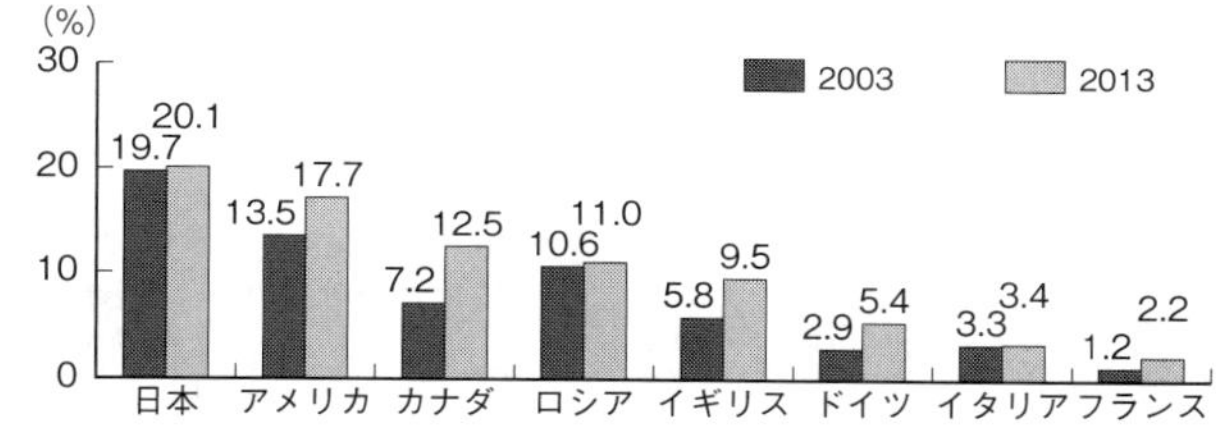

資料：「OECD Stat」 http://stats.oecd.org/

（出典：総務省統計局「統計からみた我が国の高齢者（65歳以上）」、平成26年）

図1—5　高齢者の就業率の国際比較

の発表では、「正社員になり定年まで勤めあげる」という人生をたどれば、夫婦二人で月額二二万一五〇四円の年金が受給できる。この金額ならば、貯金から毎月数万円ずつ補なうか、出費をかなり切りつめれば、年金だけでも生活できるだろう。ちなみに二〇一七年の総務省「家計調査」では、「高齢者夫婦無職世帯」の一ヵ月の支出は二六万三七一八円とされている。[18]

だがこうした人々は、少数派である。定年後のすごし方に悩むとか、生きがいとして働くといったことは、こうした人々に限った話である。

これは今に始まったことではなく、昔からそうなのだ。『読売新聞』二〇一九年六月一四日付の報道によれば、厚労省の年金局長は一三日の参議院厚生労働委員会で、「私どもは、老後の生活は年金だけで暮らせる水準だと言ったことはない」と述べた。もともと「大企業型」以外の人は、高齢になっても働くことが前提の制度なのだともいえよう。

「残余型」の増加

しかし現代の日本社会の問題は、「大企業型」と「地元型」の格差だけではない。より大きな問題は、長期雇用はされていないが、地域に足場があるわけでもない人々、いわば「残余型」が増えてきたことだ。

都市部の非正規労働者は、いわばその象徴である。所得は低く、地域につながりもなく、高齢になっても持ち家がなく、年金は少ない。いわば、「大企業型」と「地元型」のマイナス面を集めたような類型である。

とはいえ「残余型」のあり方は、非正規労働者だけではない。中小企業では転職が多い。理由はいろいろ考えられるが、一つの企業に長く勤めても賃金が大企業ほど上がらなければ、勤務先を変わることも多くなるだろう。

正社員のみを比較しても、企業規模によって明らかに平均給与に違いがある（図1―6）。厚生労働省の転職者実態調査（二〇一五年）でも、転職者の七一・三％は従業員九九人以下の企業に勤めていた人だ（図1―7）[19]。先の経産省「次官・若手プロジェクト」が作成した図1―1で、「転職等」で定年までは勤めない人が多いのは、こうした人々の存在があるからだと考えられる。

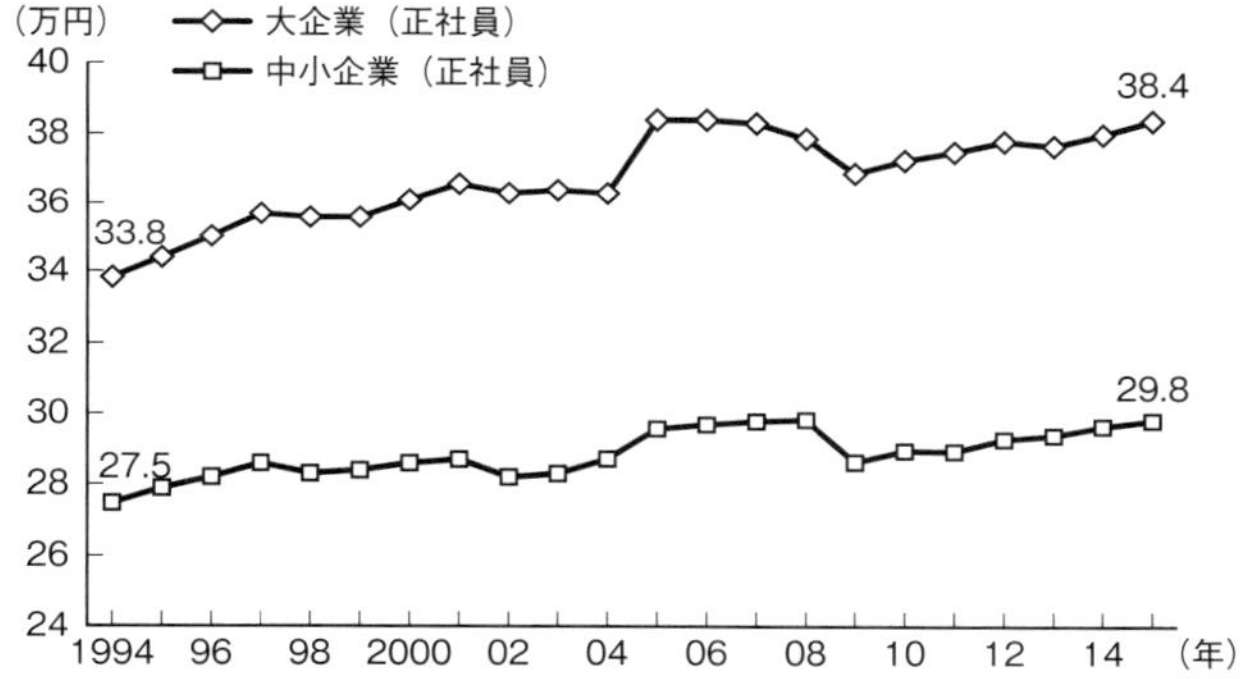

資料:厚生労働省「賃金構造基本統計調査」再編加工
(注)「正社員」の値は、2004年以前は、雇用期間の定めなしの一般労働者を集計しており、2005年以降は、一般労働者のうち、事業所で「正社員・正職員」とする者を集計している。
(出典:2017年版『小規模企業白書』)

図1—6　規模別給与額の推移

小企業の労働者には、自営業に転じる人も多い。一九七〇年代初頭の時点では、小企業雇用労働者の三割から四割が、職業的生涯のあいだに開業を試みたと推定されている。しかし九〇年代半ばには、これが約五分の一に減少した。[20] 経済成長が鈍って、開業のメリットが薄れたからだと考えられる。

図1―7からわかるように、大企業から転職する人の比率は低い。また「転職が増えている」というイメージと異なり、前述の経産省「次官・若手プロジェクト」の調べでも、「転職等」の比率は一九五〇年代生まれに比べて八〇年代生まれのほうが少ない。これはおそらく、中小企業からの自営開業が減ったのと同じく、経済情勢が悪くなって、よい転職の機会が減ったからだろう。

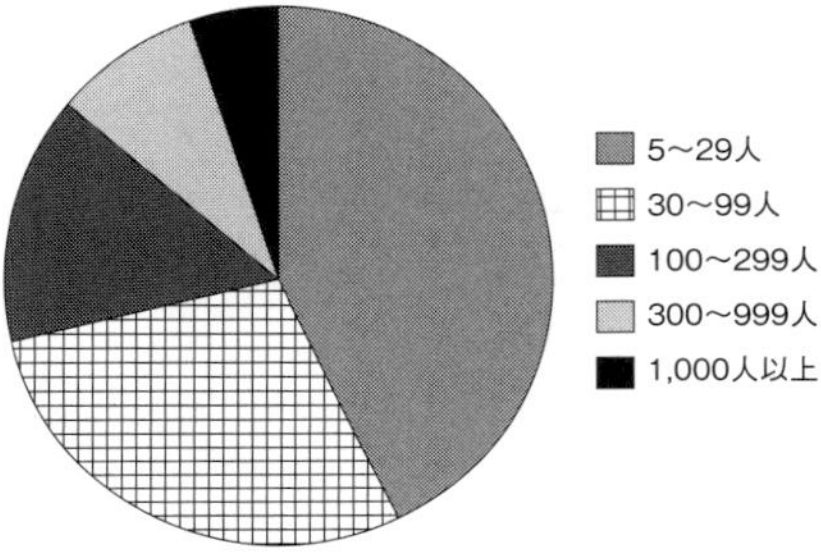

資料：厚生労働省「平成27年転職者実態調査」より作成

図1—7　前職の企業規模

近年では大企業からの転職も、増えているという指摘もある。しかし、二〇一四年の厚生労働省「雇用動向調査」では、従業員三〇〇人以上の企業からの離職理由の最多は「定年・契約期間満了」で、これは企業規模が大きいほど割合が増える。[21] 大企業の非正規労働者と定年退職者の「転職」が、統計上の数字を増やしがちともいえる。

こうした実情を踏まえれば、学校卒業後に一度は正社員になったとしても、「定年まで勤めあげる」というライフコースをたどらない人が多いことがわかる。しかも、生まれ育った地域を離れたあと、一つの企業に長く勤めることもなく、企業にも地域にも足場を作らなかった人が出てくる。こうした生き方は、「大企業型」でも「地元型」でもなく、「残余型」に分類されることになるだろう。

ここでいう残余型は、「大企業型」でも「地元型」でもないというだけで、典型的な生き方があるわけではない。所得が低いとも限らない。

「残余型」に共通している点があるとすれば、概して政治的な声をあげるルートがないことである。「大企業型」のように労働組合に所属しているわけでもなければ、「地元型」のように町内会や業界団体に入っているわけでもない。周囲に投票を呼びかける人がいなければ、おそらく投票率も、平均的にみれば低くなるかもしれない。

残余という言い方に、とくにマイナスの意味はない。日本の健康保険制度などが想定してきたような、「『カイシャ（職域）』と『ムラ（地域）』という、日本社会において基本的な単位となる帰属集団」の双方に根ざしていない類型ということだ。「残余型」の生き方が増えているとすれば、それは過去の制度が、社会の変化にあわなくなっていることを意味しているといえるだろう。

「地元型」は三割台

現在の日本社会において、この三つの類型は、どのくらいの比率で存在するのだろうか。

じつはこの推計はむずかしい。とはいえ数多い政府統計のなかから、まず定住期間に注目して、「地元型」の比率を推定してみよう。

二〇一五年の国勢調査によると、総人口のうち出生時から現在の居住地に住んでいた者は一三・八％である。出生地とは異なるが、二〇年以上現在と同じ居住地に住み続けている者は三一・四％だ。[22]

とはいえ後者には、都市部の郊外住宅地などに二〇年以上住んでいる大企業勤務者が含まれている。そこで、二〇年以上現在と同じ場所に住んでいる者のうち、東京圏・名古屋圏・大阪圏の三大都市圏をのぞく。この人数と、出生時から現在の場所に住んでいる者の合計は、総人口の二七・八％である。[23]

もっともこれでは、故郷にUターンしてから二〇年以下の人が入っていない。逆にこの数字には、東京都にずっと定住している大企業正社員や官庁勤務者なども入っている。また数は多くないだろうが、三大都市圏以外から他の非大都市圏に移住し、二〇年以上住んでいるという者もいるだろう。

そこでさらに、国土交通省が二〇一五年に行なった国民意識調査を参照した。この調査によると、三大都市圏以外の地域の居住者のうち、出身の市町村以外に住んだことがない「定住者」が二三・四％、他の市町村に住んだことがある「Uターン者」が五四・五％、出身地と居住地がちがう「I／Jターン者」が一四・三％、「自分・家族の転勤、家族の介護・看病、進学、避難等で、一時的にその地域に居住している状況の者」が七・八％だった。[24]

これらを参考にしながら、全国の「定住者」と「Uターン者」を推計した。その結果は、おおむね四五九〇万人、総人口の三六・一％である。[25] おそらくこの数字が、二〇一五年時点において「地元型」と分類されうる人々の概算と考えられる。

もっとも、国土交通省の調査を信頼するなら、三大都市圏以外では「定住者」と「Uターン者」の合計は七七・九％だ。つまり三大都市圏以外では、こちらの方が圧倒的多数派である。これが選挙区の分布ともあいまって、国会議員に届く声という意味においては、「地元型」が優位になりやすい状況を作り出していると考えられる。

過去における「地元型」の比率は不明である。国勢調査は連続した長期居住者の数字しか出しておらず、Uターン者についての調査がないからだ。

別の角度からの数字として、政府の人口問題研究所の調査がある。それによると、一九六六年の日本では、調査対象の男性の九〇・九％、女性の九二・六％が同県人と結婚していた。その後、経済成長に伴う人口移動で、県内結婚は一九七二年には男女平均で五九・八％まで低下した。[26]

残念ながら、その後は調査方法が変わってしまったため、こちらはその後との比較検討ができない。なお、長野県上伊那郡を対象とした一九五五年の調査では、六九・六％が村内結婚、八七・八％が郡内結婚だった。[27]

おそらく一九六〇年代までの日本では、相当数の人が県内、おそらくは江戸時代の旧藩内程度の範囲で結婚しており、その多くが「地元型」の生き方をしていたと考えられる。それを踏まえれば、三六％という数字は、相当の低下といえるだろう。

「大企業型」は二割台

つぎに「大企業型」である。これもなかなか推計はむずかしい。

日本政府の統計は一九八二年より前は正規・非正規という区分がなかった。企業規模別の雇用者数はわかるが、そのうちどのくらいの人々が、賃金が年齢とともに上昇していた人々なのかわからない。正規従業員であっても、小企業などには、賃金が年齢とともに上がらない人々もいたとも考えられる。

労働経済学者の小池和男は、二〇〇二年の「就業構造基本調査」から、賃金が年齢とともに「右上がり」になる雇用労働者の比率を推計した。小池によると、その比率は雇用労働者の「ざっと三分の一」だという[28]。小池と同じ方法で計算したところ、二〇〇二年では雇用者の三二・一％、正規従業員の五〇・七％だった。

小池の推計のやり方は、企業規模五〇〇人以上の男性大企業正社員に、中小企業もふくめた事務職・販売職の男性および管理職・専門職の男女合計というものだ（詳細は本章注28

参照)。これは安定した賃金をもらえそうな人々ではあるが、本当に賃金が「右上がり」なのかはわからない。小池自身も「推量」だと述べている。

それに対し労働経済学者の石川経夫らは、別の方法で推計した。一九八〇年と九〇年の「賃金構造基本統計調査」の抽出個票データをもとに、実際に賃金が年齢とともに上がっている人々の比率を算出したのだ。[29]

石川らは分析にあたり、日本の労働市場を「一次部門」と「二次部門」に類型化した。一次部門では、経験や教育によって賃金が上がり、簡単には解雇されない。二次部門では、経験が不要な単純労働に近い仕事が多く、賃金が上がらず、解雇などにルールがない。

石川らの分析結果によると、一次部門には大卒が多く、関東と近畿に多く、金融・保険・電気・ガスなどの産業に多い。それに対し、二次部門には短大卒・高卒が多く、三大都市圏以外に多く、鉱業・建設・製造などの産業に多い。

また常用雇用者一〇〇〇人以上の大企業では、従業員の約半数が一次部門だった。しかし一〇人から九九人の小企業では約一二%にとどまった。労働時間は、二次部門の方が一次部門より長い傾向があり、月間平均で約二五時間の違いがあった。つまり、二次部門の方が低賃金長時間労働の傾向がある。これらの数字は、一九八〇年と九〇年でほとんど同じだった。

石川らの推計では、一九九〇年の公共部門をふくめた全被雇用者のうち、一次部門は男性で三二・三％、女性で二〇・五％、男女計で二八・〇％だった。なお一九八〇年と九〇年で、この二八％という数字もほとんど変わらなかった。

この約三割という数字は、小池の推計ともほぼ一致している。小池は就業の形態から推計し、石川は実際の賃金から推計した。それが一致しているということは、妥当な推計であると考えられる。

なお二〇一七年の「就業構造基本調査」をもとに、小池と同じ手法で「右上がりグループ」を概算すると、雇用者の三〇・九％となった。これはこの年の有業者総数の二七・六％、正規の職員・従業員の五三・〇％に相当する。おおむね、年齢とともに賃金が上がっていく「右上がりグループ」は、正規従業員の約半分、雇用者の約三割、有業者の二割台ということになる。

この「右上がりグループ」から、さらに「地元型」というべき市町村職員（二〇一七年四月一日現在で一〇〇万五四二三人、政令指定都市をのぞく）を省くと、有業者総数の二六・一％となる。あくまで概算だが、これを「大企業型」の比率と考えてもよいだろう。

「地元型」が三六％、「大企業型」が二六％となると、単純計算でいえば「残余型」は三八％となる。とはいえ三類型に明確に分類できない人もいるし、厳密な数字を出すのは無理なので、これらは目安と考えるべきだろう。

格差のあり方

近年のアメリカでは、超富裕層の一％と、残りの九九％の格差が開いているといわれる。日本でも格差は開いているが、アメリカとは状況が異なる。

アメリカでは、上位一％の所得が全体の所得に占めるシェアが拡大している。しかし森口千晶とエマニュエル・サエズの研究では、一九九〇年代以降の日本でシェアが拡大しているのは上位一％ではなく上位一〇％、とくにその下半分だとされている。そして二〇一二年の所得上位五％から一〇％とは、年収七五〇万から五八〇万にあたるという[30]。

この上位一〇％というのは、無所得者を含む成人すべての一〇％である。五八〇万円は、大企業正社員としてはありがちな年収だ。なお二〇一六年の国税庁「民間給与実態統計調査」から割り出すと、二〇一五年の給与所得者四七九四万人のうち、年間給与六〇〇万円を上回るのは一八％で、男性の給与所得者の二八％である。

この二八％という数字は、石川や小池の推計ともほぼみあう。つまり現代日本では、大企業正社員クラスの年収の人々と、それ以外の人々の格差が開いていると考えることもできよう。

ところで、年収六〇〇万円というのはどのくらいの生活水準なのか。

社会学者の後藤道夫は、年収から税金・保険料などの公租公課と、教育費を除いた場合に、どのていどの生活費が残るのかを、二〇一二年の「国民生活基礎調査」から試算した。それによると、地方小都市に住む年収四〇〇万円の世帯で公立小中学生の子どもが二人いると、生活保護基準を下回ってしまう。大都市の世帯で子ども二人が大学に進学すると、年収六〇〇万円でも生活保護基準を下回る可能性があるという[31]。

その背景にあるのは、公租公課と教育費の上昇である。とくに高齢化などに伴って、社会保険料があがった。また一九七五年から二〇一四年に私立大学授業料は約五倍、国立大学授業料は約一五倍となった。二〇一四年の文科省「子供の学習費調査」および「学生生活調査」のデータにもとづく試算では、子ども一人を大学まで通わせた場合の教育費の家計負担は、すべて公立の場合で総額一〇〇〇万円以上、すべて私立だと二〇〇〇万円以上とされている[32]。

経済学者の阿部彩は、二〇〇三年の全国規模の「社会生活調査」を分析し、世帯所得で四〇〇万から五〇〇万を境に「剥奪指標」が急上昇することを示した。この調査は、普及率が九〇％を超えている一六の「社会的必需項目」（「電子レンジ」「湯沸器」「親戚の冠婚葬祭への出席」「歯医者にかかる」「家族専用のトイレ」など）について、経済的理由でもたない・していない項目の多さを調査したものだ。[33]

湯沸器がなくとも、歯医者にかかれなくとも、世界の最貧困地域にくらべればましではないか、という意見もあるかもしれない。しかし先進国基準でいえば、相対的貧困の状態だ。つまり年収四〇〇万円は、世帯人数にもよるだろうが、「普通のくらし」の必需品が欠けていくラインといえる。

総じて日本では、一％の富裕層と九九％のそれ以外というよりは、二割から三割の「大企業型」とそれ以外の格差が開いている。とはいえ、「大企業型」といえども、それほど豊かな暮らしができる世帯収入ともいえない。

二〇一二年版の『厚生労働白書』の位置づけでは、OECD諸国のなかで日本は相対的貧困率が高く、格差指標の一つであるジニ係数ではやや高めとされていた。[34] とびぬけた高所得者は目立たないが、相対的貧困層が多い、ということだろうか。

正社員は減っていない

ところで、「大企業型」の人は過去にくらべて減っているのか。たしかに非正規雇用は増えている。しかし正規雇用は、統計上はそれほど顕著に減っていない。

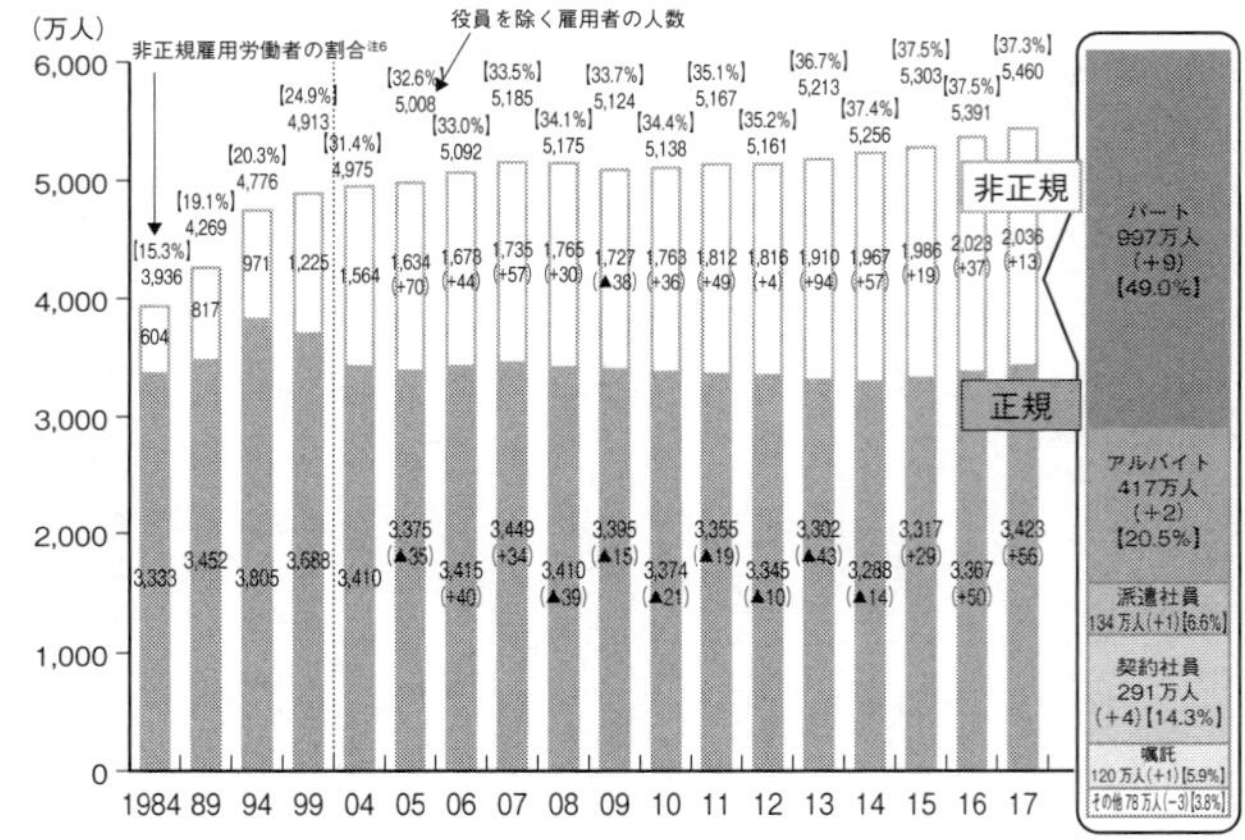

資料：1999年までは総務省「労働力調査（特別調査）」（2月調査）長期時系列表9
2004年以降は総務省「労働力調査（詳細集計）」（年平均）長期時系列表10
（出典：厚生労働省「『非正規雇用』の現状と課題」。https://www.mhlw.go.jp/file/06-Seisakujouhou-11650000-Shokugyouanteikyokuhakenyukiroudoutaisakubu/0000120286.pdf　2019年6月2日アクセス）

図1―8　正規雇用者・非正規雇用者の人数推移

図1―8でみるように、正規雇用の数は一九八四年も二〇一六年も約三三〇〇万人で、あまり変わっていない。正規雇用はバブル期に増加し、その増加分が二〇〇〇年代前半に減ったという意味では増減したが、じつはそれほど変わっていないのである。

その一方、非正規雇用者は一貫して増えている。九〇年代後半から二〇〇〇年代前半は、正規雇用の絶対数も減っているので、この時期は「正社員が減って非正規が増えた」というべき傾向もある。しかし全体としては、①正規雇用の数はほぼ一定で、②雇用労働者の総数が増え、③増えた分は非正規雇用者になっている、という傾向がわかる。

つまり正社員はそれほど減っていないが、非正規労働者は増えた。その結果、雇用労働者全体に占める正社員の比率が下がった。「非正規の比率が上がった」というのは、このことなのである。

では雇用労働者の総数は、どうして増えたのか。国勢調査によれば、二〇歳から六四歳までの生産年齢人口は、一九九五年までは増えていたので、その時期までは人口増加の効果もあっただろう。だがその後は、それでは説明がつかない。

じつは、雇用労働者が増加したぶん、自営業主と家族従業者が減っている。次頁の図1—9は、そのことをはっきり示している。

一九八〇年代末から自営業の年齢収益率が大きく低下していたことは、経済学者の玄田有史も指摘している。[35]なお、非正規雇用が自営業主・家族従業者を抜いたのは一九九七年で、この年は正規雇用がピークアウトした年でもあった。

経済学者の仁田道夫は、二〇〇九年と二〇一一年の論文で、この傾向を以下のように指摘した。正規労働者の数がさほど変わっておらず、その一方で非正規労働者が増えており、それは自営業主・家族従業者の減少および女性の労働力化によっておきたという。[36]

労働経済学者の神林龍は、一九八二年から二〇〇七年までの「就業構造基本調査」を分

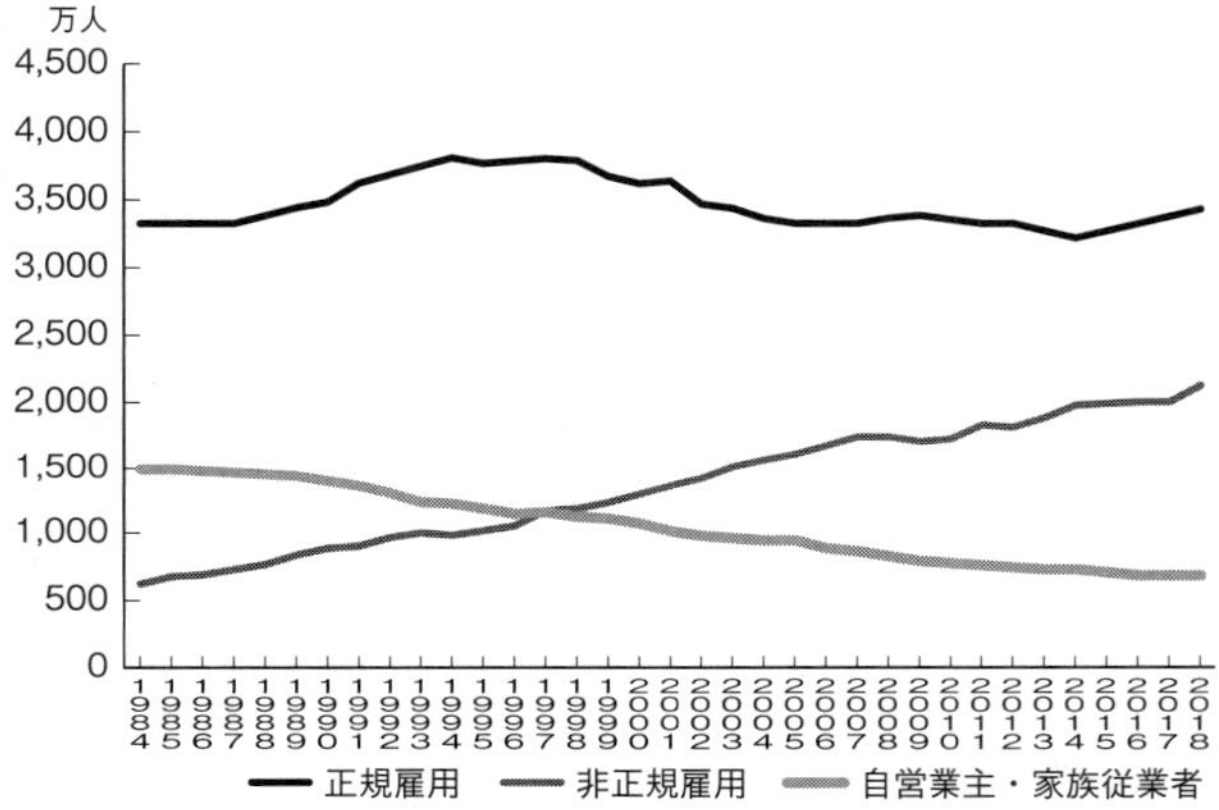

資料：総務省『労働力調査』より作成

図1—9　就業地位別の推移

析し、これを跡づけた。[37] それによると、一八歳から五四歳に占める無期正社員の比率は、一九八二年も二〇〇七年もほぼ同じ四六%である。その一方、同年齢に占める自営業セクターの比率は一四%から七%に減り、この下落幅は無期非正社員の増加幅と等しいという。

さらに産業別でいうと、飲食、卸売・小売、サービス業では、八二年から〇二年の無期非正社員の増大は自営業セクターの減少とほぼみあっていた。わかりやすくいえば、自営商店や自営食堂が減り、スーパーや飲食チェーン店の非正規労働者が増えたのである。

また神林によると、正社員の減少と非正規雇用の増大という、「今まで世間一般が持ってきたであろう労働市場の変化のシナリオ」があてはまるのは、金融・保険業、通信業、食品工業、運輸業、化学工業などの部門である。これは金融業の規制緩和、さらには電電公社（通信）や日本たばこ専売公社（食品）の民営化のためではないかという。

この傾向のなかで、「大企業型」は増減しているのだろうか。先ほど、賃金が年齢とともに上がっていく「右上がりグループ」の比率を、二〇一七年の「就業構造基本調査」から算出した。それと同じ方法で、一九八二年以降を分析したのが次頁の図1―10である。図1―10からは、以下のことがいえる。①雇用者が増え、②有業者のなかの雇用者の比率があがり、③正規従業員はそれほど大きな増減がない。そして④「右上がりグループ」は正規従業員の五〇％前後、人数がおよそ一七〇〇万から一八〇〇万で、正規従業員よりさらに増減がない。

雇用者が増えているため、雇用者に占める「右上がりグループ」の比率は、一九八二年の三六・〇％から、二〇一七年の三〇・九％まで傾向的に落ちている。しかし、有業者総数のなかの比率でみれば、一九八七年は二七・二％、二〇一七年は二七・六％で、三〇年間に前後一ポイントほどの増減はあってもほとんど同じだった。

この「右上がりグループ」から市町村職員を引いたものを「大企業型」とみなせば、これも約二六％でほぼ一定といえる。つまり「地元型」の典型である自営業が減って、非正

①

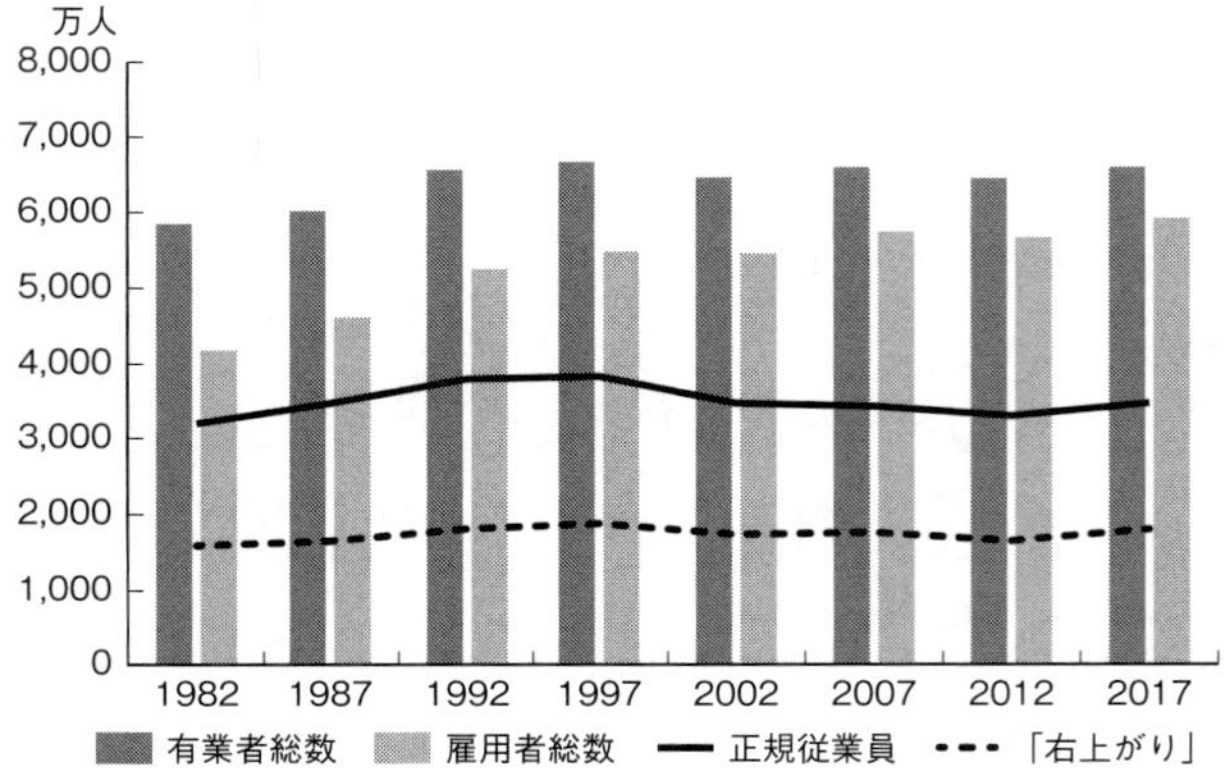

資料：「就業構造基本調査」より作成

②

	1982	1987	1992	1997	2002	2007	2012	2017
対有業者	26.4%	27.2%	27.8%	28.3%	27.0%	26.6%	26.6%	27.6%
対雇用者	36.0%	35.7%	34.8%	34.5%	32.1%	30.7%	30.1%	30.9%

資料：「就業構造基本調査」より作成

図1—10　「右上がりグループ」の推移①と比率②

規労働者が増えていても、「大企業型」はさほど変動はないと考えられる。

九〇年代の変動と「団塊ジュニア」

しかしそれでは、九〇年代から二〇〇〇年代初頭の「就職氷河期」や、その時期に就職難にあった「団塊ジュニア」の問題は、どう考えたらよいだろうか。この世代は、「ロストジェネレーション」とよばれたほど、非正規雇用の増大の象徴とされた。

これを裏付けるようなデータもある。神林によれば、一九九二年から二〇〇二年の二二歳〜二九歳の男性については、同時期に無期正社員の比率が顕著に低下した。八二年に七五％だったものが、九二年に七七％と微増したあと、落ち続けて〇二年には六四％になった。

ここから神林は、この時期の二〇代男性にかぎっていえば、「非正社員の増加が正社員の減少と相関するという通説」があてはまると述べている。[38] この時期の二〇代とは、まさに「団塊ジュニア」である。

ところがじつは、一九九〇年代の大卒就職者数は、意外に変動がない。図1—11にみられるように、多少の変動はあるものの、ほぼ三五万人前後で推移していた。

ところが変動が大きかったのは、就職率である。就職率が大きく下がったのは、九〇年

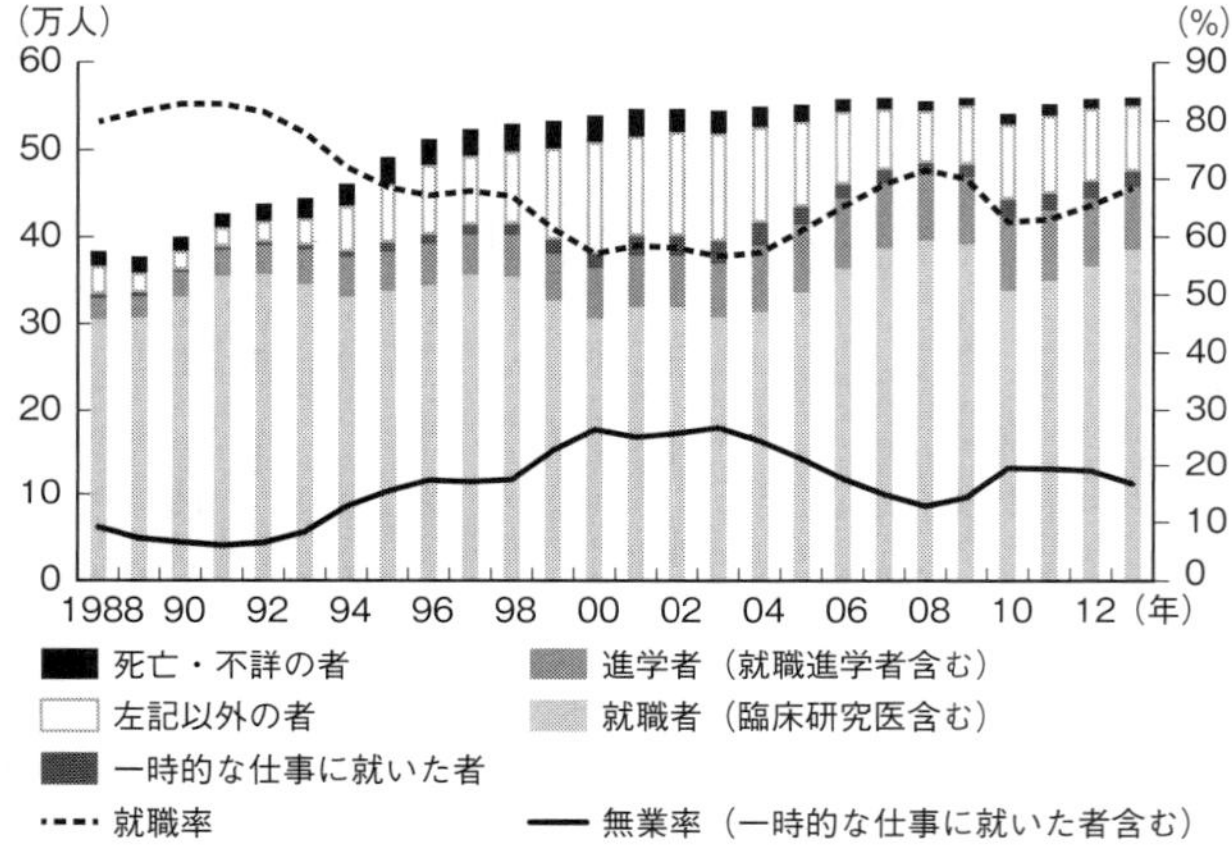

資料：文部（科学）省「学校基本調査」各年（H25年度は速報値）四年制大学卒業者について

（出典：岩脇千裕「若年者雇用支援施策の利用実態——中小企業調査から」労働政策研究・研修機構『第69回労働政策フォーラム　大学新卒者の就職問題を考える』2013年9月10日）

図1—11　大卒就職者数推移

代と二〇〇八年である。このうち二〇〇八年はリーマン・ショックの影響で、就職者数そのものが落ちた。だが九〇年代は、大卒就職者数はそれほど変化していない。この時期は、大卒者が増えたために、就職率が落ち、無業率（一時的な仕事に就いた者を含む）が上がったのである。

　ここからわかるのは、大卒の就職口はあるていど限られていて、それ以上は吸収できなかったということである。それを超えて大卒者が増えると、就職率が下がってしまう。

　そして一九九〇年代に急減したのは、じつは高卒就職者だった。文科省の「学校基本調査」によれば、九一年三月の六〇万七四六六人から、二〇〇四年三月の二〇万八九〇三人と、約三分の一になった。

その一方、四年制大学進学率が二五・五％（一九九一年）から四〇・五％（二〇〇二年）に伸びた。この情勢は、高卒では就職できなくなり、大学に行かざるを得なくなった、とも形容できるだろう。大学卒業者数は、一九八九年の約三八万人が、二〇〇一年には約五五万人になった。

第8章で述べるが、一九七五年から八五年までは、大学の数と定員が政策的に抑制されていた。それが緩和されて、八五年には四五〇校だった大学が、二〇〇九年には七七二校まで増えた。そこに新たに進学した人々は、八五年以前ならば、高卒で就職したか、大学ではなく専門学校や短大に進学していた層にあたっていただろう。

これらから推測できるのは、以下のことだ。

九〇年代は、日本の若者にとって大変動の時期だった。この時期に高卒労働市場が三分の一に縮小し、大学卒業者が一・五倍に急増した。

また九〇年代に大学に進学した「団塊ジュニア」世代は、もともと前後の世代より人数が多かった。「団塊世代」の一九四九年の出生数は約二七〇万人で、「団塊ジュニア」の一九七三年の出生数が約二〇九万人である。これを一九六一年の約一五九万人、八三年の約一五一万人、九三年の約一一九万人、二〇一八年の約九二万人と比較すると、「団塊ジュニア」が前後の世代より三割ほど多かったことがわかる。

そのため「団塊ジュニア」が進学した九〇年代には、進学率の上昇以上に、進学者の数が増えた。ところが大卒労働市場は一定だったので、彼らの大卒就職率が下がった。

前述したように、九〇年代後半から二〇〇〇年代初頭は、正社員の絶対数も減っていた。とはいえその減少分は、おそらく従来なら高卒男性が就いていたであろう正社員の職や、バブル期に増加した女性正社員の職であったと推測される。

これを別の側面からいえば、比較的上位の大卒者や、彼らが就職するような中堅以上の企業の雇用状況は、それほど大きな変動がなかったとも考えられる。もっとも影響をうけたのは高卒者であり、九〇年代以降に増えた大学に進学した、従来なら専門学校や短大に進んでいただろう人々であった。彼らのなかには、八〇年代ならば正社員になれただろうに、非正規労働者になった人々もいただろう。

「コア部分」では変わっていない日本型雇用

ただしこうした変動は、九〇年代の一時的な現象だった。二〇〇〇年代になると、大卒者数は約五五万人で落ち着き、高卒就職者の減少は止まり、正社員の絶対数も八〇年代の水準までもどったところで安定した。その結果、一八歳から五四歳に占める無期正社員の比率も、八二年と〇七年で同じという形になった。そして人数が多かった「団塊ジュニア」世代に、九〇年代の変動の影響が集中したのである。

もちろん、変動期にさらされた「団塊ジュニア」の被害は大きかった。経済学者の玄田有史の研究によれば、高校や大学の新卒時に正社員の募集が少なかった世代の者は、その後もその影響を受け続ける[39]。そのため、大卒者が増えた九〇年代半ばによい就職口がなかった世代は、その後も影響が残った。神林が指摘している〇二年・〇七年の二〇代男性の無期正社員比率の低さは、その痕跡と考えられるかもしれない。

また変動は九〇年代で終わったとはいっても、その変動の前と後では、就職状況が変わった。高卒就職という選択が狭まったし、大学生数が増えれば、一定数しかない大卒就職口をめぐる競争は激しくなる。大学生数が少なかった時代より、就職活動は激化しただろう。

雇用・採用問題にくわしい海老原嗣生によれば、『就職四季報』の人気上位一〇〇社の総合職採用数の合計は、二〇〇〇年代を通じて毎年約二万人と推定されるという。さらに同時期の厚労省「雇用動向調査」によれば、従業員一〇〇〇人以上の大企業への大卒新卒就職数は、平均で約一一万八〇〇〇人だった[40]。この数字は、景気動向で一～三割の増減はあっても、大きくは変動しない。

そして旧帝国大学と早大・慶大・一橋大・東工大の年間入学者数は、合計で四万人を超えている。さらに二〇〇一年以降の大学卒業者数は、ほぼ五五万人で一定している。これを人気上位一〇〇社の総合職採用数約二万人、大企業採用数の約一二万人と対比させれば、全体の競争状況がどのようなものであるかは想像できる。

だがそれは、日本型雇用慣行の崩壊を意味しない。神林が分析したところ、いったん大卒で正社員になり、一定期間をすぎた者の定着率は一九九〇年代以降も高い。平均の勤続年数は低下しているが、それは大卒のなかでも女性、勤続五年未満の者、中途採用者の残存率が低下したためである。ここから神林は、正社員長期雇用の慣行は、コア部分では維持されていると位置づけている。[41]

なお二〇一三年以降は好景気といわれ、大卒就職者が増加し、二〇一五年には四〇万人を超えた。とはいえ文科省の「学校基本調査」によると、大卒就職者で比率が増えているのは、販売従事者と専門的・技術的職業従事者である。かつては大卒者の最大の就職先だった事務従事者は、その比率が下がっている（図1—12）。

専門的・技術的職業従事者のなかで、比率が近年上昇したのは、保険医療従事者である。これは、大卒者のなかでも女性に比率が高く、また短大卒者に比率が高い職業であ

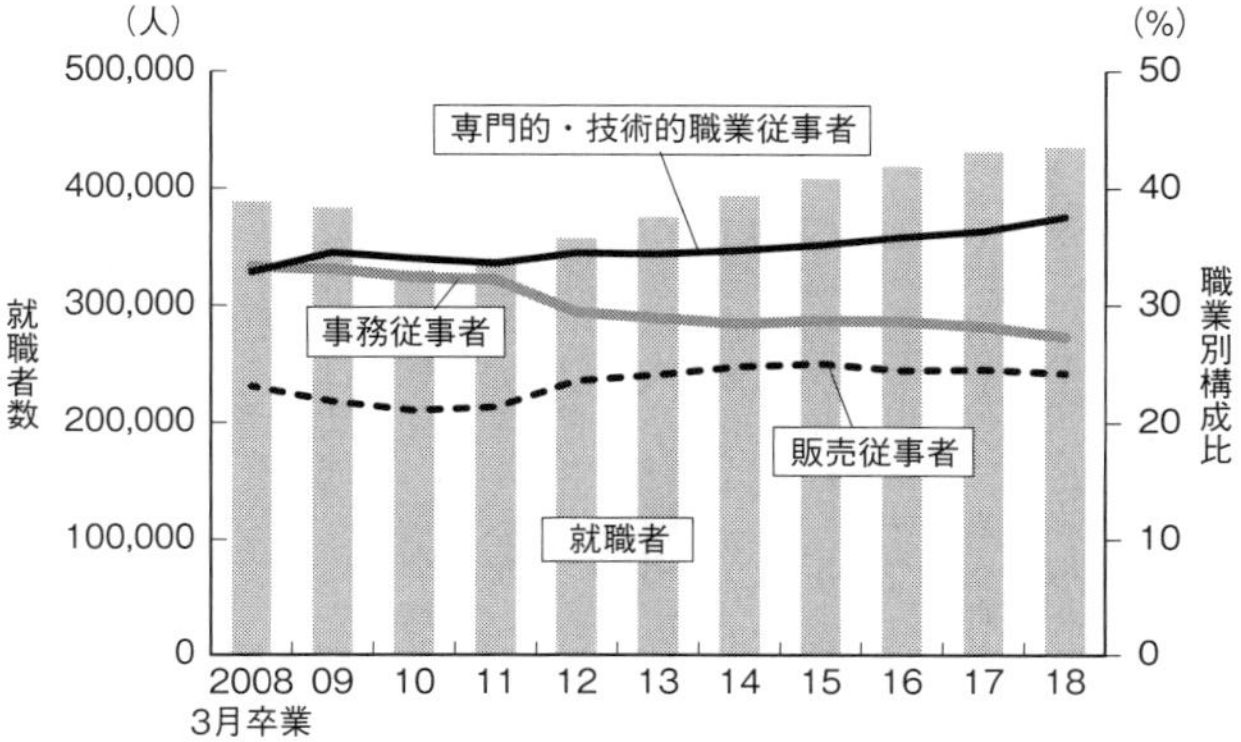

（出典：文部科学省『学校基本調査』2018年度「調査の概要（高等教育機関）」）

図1―12　大学（学部）卒業者の就職先　職業別（主な3職種）構成の状況

る。一方で二〇一〇年から一八年に、短大の入学者数が約二万人減り、大学の入学者数が約二万人増えた。[42]

また第8章で述べるが、販売職は、高度成長以前は高卒・中卒の職業と考えられていたものであった。総じて二〇一〇年代の大卒就職者の増加は、日本の大企業の「コア部分」ではなく、女性や販売職といった周辺部でおきた現象と考えられる。

まとめておこう。九〇年代から二〇〇〇年代初頭には、確かに大きな変動があった。それによって特定の世代が影響をうけただけでなく、高卒労働市場が急減し、大卒者の就職活動が大変になるという不可逆的な変化もおきた。そして、自営業セクターが減って非正規雇用が増えている。しかしそれは、若者や女性や自営業セクターといった部分でおきた変動であり、大企業正社員の「コア部分」は変化していないのだ。

予想されていた「団塊ジュニア」の受難

大企業の就職口は限られており、大卒者が増えれば就職率は下がる。大卒者が中小企業に就職口を求めれば、高卒者の就職数が下がり、彼らは進学せざるをえない。そして、人数が多い世代は競争が激しくなり、職を得られない確率が高くなる。

このことを、マクロ的に示唆するのが図1―13である。一九九〇年代に高卒就職者が急減し、代わりに大卒就職者が増加していることがわかる。

図の全就業者数をみると、一九六〇年代後半と九〇年代前半に二つの山がある。これは、人数が前後の年代より多い「団塊世代」と、「団塊ジュニア」が就職した時期を示す。

そして「団塊世代」が就職した一九六〇年代後半は、中卒就職者が急減して高校進学率(と大学進学率)が伸びた時期である。そして「団塊ジュニア」が就職した九〇年代前半は、高卒就職者が減り、大学進学率が伸びた時期である。この二つは、いわば大きな変動期だった。

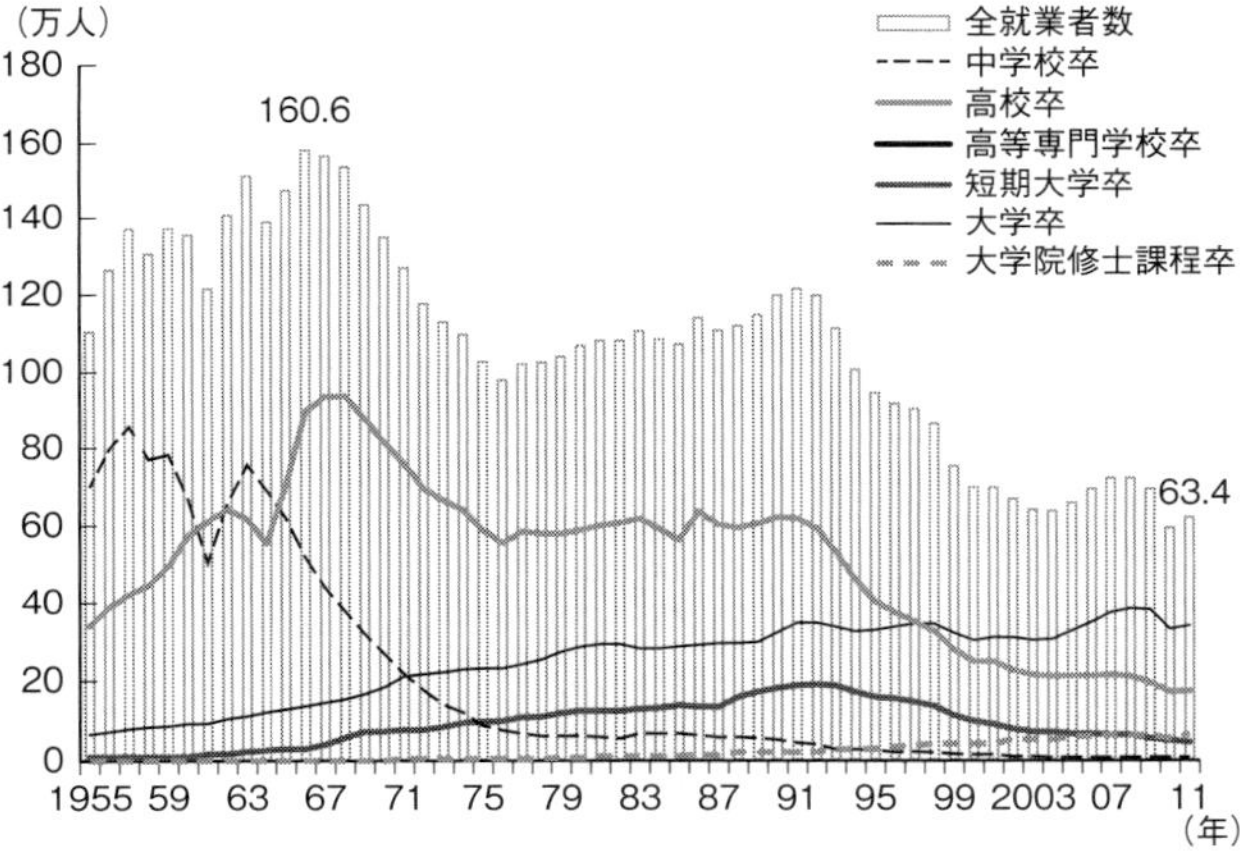

資料：文部科学省「学校基本調査」より国土交通省作成
(出典：『国土交通白書』2013)

図1—13　就業者数の推移

とはいえ「団塊世代」が就職した一九六〇年代は、高度成長で就職口が増えていた。そのため人数が多くとも、彼らは就職することができた。しかし九〇年代に就職した「団塊ジュニア」は、彼らの人数にみあう就職口がなく、大卒就職率の低下が起きたと考えられる。

　これは、バブル崩壊による不運な事態だったのだろうか。そうともいえない。第8章で述べるが、大企業の組織的膨張は、すでに一九七三年の石油ショック後は頭打ちになっていた。人数の多い世代が大量に学校を卒業しても、高度成長期のように彼らを吸収できる見込みは少なくなっていたのである。

　そのため一九八五年の経済企画庁の報

告書は、「団塊ジュニア」の就職難を予想していた。この報告書は、以下のように述べていた。

一九八五年の新卒就職者は一〇八万人だった。しかし「団塊二世」が就職を始める九二年には、一三二万人が新卒就職することになる。しかもこの状態は、九〇年代いっぱいは続く。そうなれば、「五九年〔一九八四年〕の就職者数に比べて一一%増の採用を一二年間続けなければ、新卒者を吸収できない[43]」。

だがME化や産業構造の転換で、製造業やサービス業の正社員は減少するだろう。一方で主婦パートをはじめ、非正規労働者は急速に増えている。そのため、「現在〔雇用者の〕六人に一人にしか過ぎない外部労働市場〔非正規従業員〕が西暦二〇〇〇年には三人に一人になる[44]」。

正社員は増えず、むしろ減る。しかし、「団塊二世」は人数が多い。そうなれば大卒者はともかく、「大量の高卒者をすべて正規従業員として吸収することはおそらく不可能である」。この報告書は、これを前提にこう述べていた[45]。

結局のところ、内部労働市場に参入できない団塊二世たちのかなりの部分がアルバイト等外部労働市場での労働を余儀なくされるのではなかろうか。

……現在のアルバイトの賃金でも若者が生活していくためには差し当たり困難はないであろう。しかし、結婚して子供が生まれ、教育費がかさむようになり、また住宅ローンを抱えるようになればアルバイトで生活することは不可能である。アルバイトを転々としながら、三〇歳前後になって内部労働市場に参入しようとしてもその壁はあまりに厚い。

この一九八五年の報告書は、二〇〇〇年の状況をほぼ正確に予測していたといえる。この報告書の予測がはずれたのは、九〇年代の経済成長率を年率四%として試算していた――現実には一%から二%だった――ことだけであった。バブル崩壊と平成不況が事態をより悪化させたとはいえ、事態そのものは予測されていたのである。

だが一九八五年の日本社会は、こうした予測に注目する心理状態になかった。この報告書の予測でもっとも注目されたのは、非正規労働者の増大でもなければ、「団塊二世」の受難でもなかった。注目されたのは、二〇〇〇年には「いわゆる『団塊の世代』の役職者昇進の機会は四人に一人という厳しさになる」という部分であった。[46]

二〇〇〇年代半ばより後は、少子化のもとで毎年の大学新卒者は五五万人前後で安定している。そして、人数が多かった「団塊ジュニア」が経験したような新卒就職難はおきていない。

正社員としての就職口が一定数で決まっているなら、子どもを増やさないことは合理的である。皮肉な言い方をすれば、日本の人々は合理的に行動しているのだ。生まれる子どもの数が、二〇一八年の約九二万人から年間一一万人にまで減れば、全員が大企業に大卒で就職できる計算になる。さらに四万人にまで減れば、全員が有名大学に入れる計算になる。その状態でも日本社会が維持されていれば、の話ではあるが。

伸びない大学院進学

団塊世代の青年期には高校進学率が伸び、団塊ジュニア世代の青年期には大学進学率が伸びた。それでは、その後は大学院進学率が伸びたろうか。

図1―13にみられたように、大学院修士卒の就職者も増えてはいる。しかし国際的にみると、日本は大学院とくに博士課程の進学が伸びず、博士号取得者数も伸びなやんでいる(図1―14)。国際比較でいえば、「日本の低学歴化」が起きているともいえる。

じつは日本は、高校・大学の進学率が伸びたところまでは、西欧諸国とくらべても早かった。しかしそれ以上の高学歴化、つまり大学院レベルの高学歴化はおきていない。そのため日本は、一九八〇年代までは相対的に高学歴な国だったが、現在では相対的に低学歴

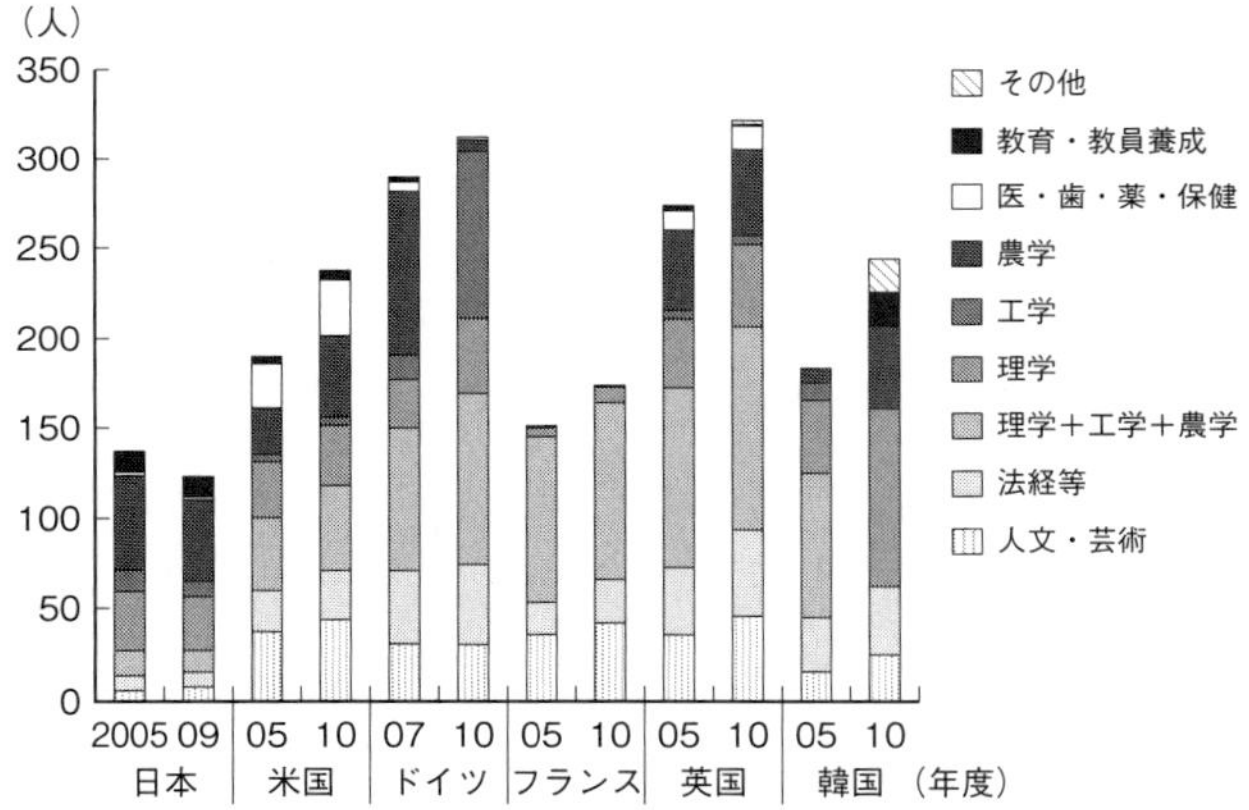

資料：科学技術・学術政策研究所「科学技術指標2013」調査資料225（2013年8月）
（出典：平成26年版『科学技術白書』）

図1—14　人口100万人当たりの博士号取得者数

な国になりつつある。

その最大の理由は、日本では「どの大学の入試に通過したか」は重視されても、「大学で何を学んだか」が評価されにくいことである。専門の学位が評価されるのではなく、入試に通過したという「能力」が評価されるのだ。

海老原嗣生によれば、企業は新卒採用者の選抜にあたり、卒業大学のランクを重視している。企業がそれによって評価しているのは、「地頭のよさ」「要領のよさ」「地道に継続して学習する力」といった「ポテンシャル（潜在能力）」だという。[47] この三つの能力があれば、どの部署に配置してもまじめに努力し、早く仕事を覚え、適応することが期待できるからだ。

日本企業が求めているのはこうした潜在能力であって、大学などで学んだ専門知識ではない。経団連（日本経済団体連合会）は、一九九七年から毎年、加盟企業に「新卒一括採用についてのアンケート」を行ない、「選考にあたって特に重視した点」を複数選択で五つ挙げさせている。二〇一八年調査の上位五位は、「コミュニケーション能力」「主体性」「チャレンジ精神」「協調性」「誠実性」だった。複数選択にもかかわらず、「語学力」を挙げた企業は六・二％（一七位）、「履修履歴・学業成績」は四・四％（一八位）、「留学経験」は〇・五％（一九位）にすぎない。[48] こうした傾向は、調査開始から大きく変わっていない。

そのため日本は、国際的にみれば「低学歴化」しているにもかかわらず、仕事で求められているよりも学歴が高いと感じている人が多い。求められているのが大学入試突破までの実績であって、大学で何を学んだかではないからだろう。

二〇一三年の新聞には、「日本人、学歴高すぎ？　仕事上の必要以上に『ある』3割」という記事が載った。ＯＥＣＤ（経済開発協力機構）が発表した国際成人力調査（ＰＩＡＡＣ）で、調査対象の二三の参加国・地域のうち、仕事に必要な学歴よりも自分の学歴のほうが高いという回答が最多だったのだ。日本はその回答が三一・一％で、

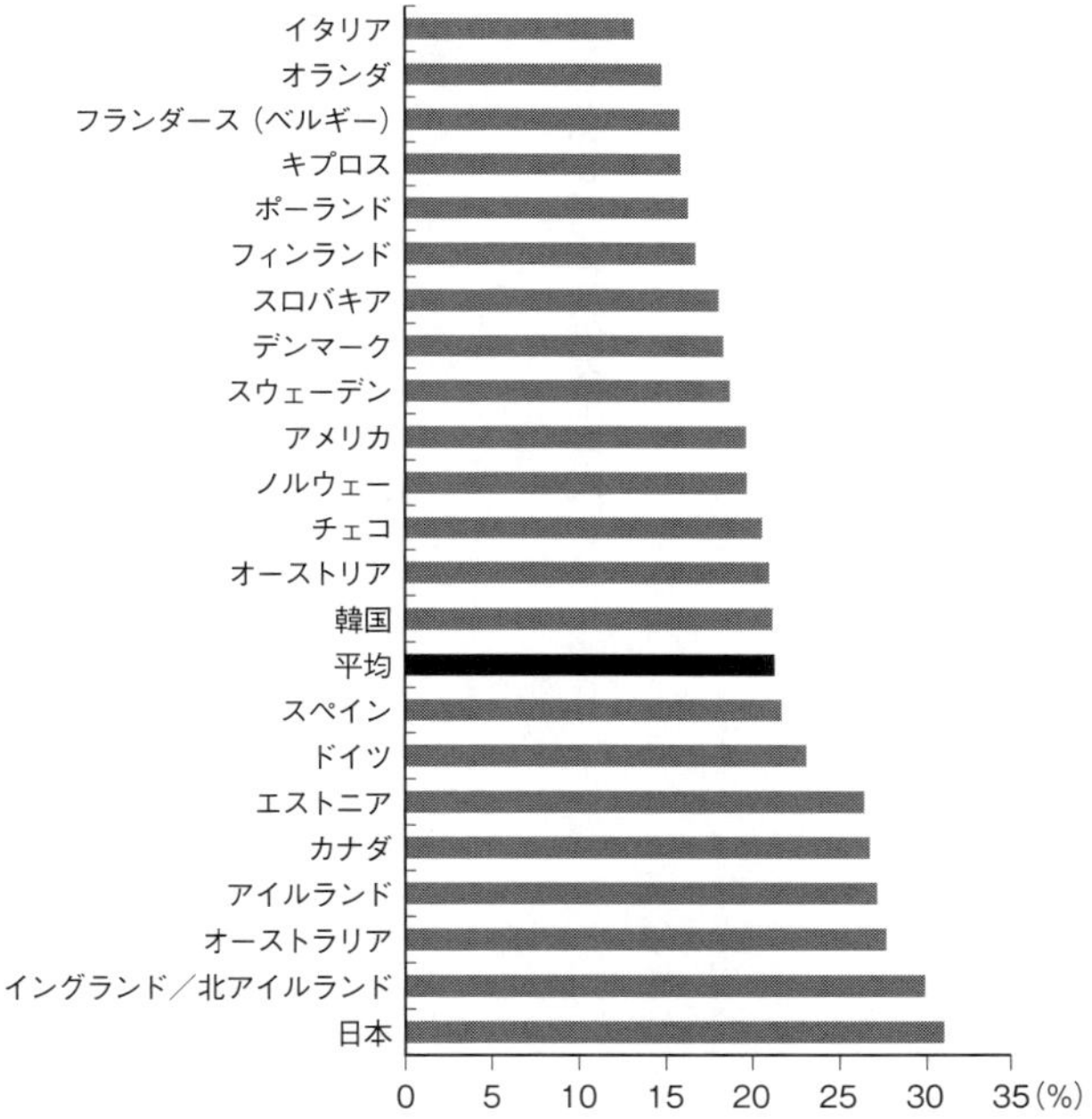

（出典：OECD *Skills Outlook 2013; First Results from the Survey of Adult Skills*, p.171.）

図1—15　「仕事に必要な学歴よりも自分の学歴の方が高い」と思う人の割合

OECD平均の二一・四%を大きく上回って一位だった。なおドイツは二三・二%、韓国は二一・二%、アメリカは一九・七%だった（図1―15）[49]。

この調査結果は、回答者が自分の主観で答えたものである。これでは、大学院の進学率は高まらない。また大学生が学業に励んだり、語学を習得したり、留学に行くといった行動も期待できないだろう。

それでは、なぜ日本では、専門的な学位が評価されないのか。それは、日本の雇用慣行と深くかかわっている。これを述べるのは、第2章以降としよう。

自営業から非正規労働者へ

先にみたように、日本型雇用は「コア」の部分ではあまり変化がない。非正規雇用は増えているが、正社員は減っていない。そして非正規雇用が増えたぶん、自営業主と家族労働者が減っている。

じつはこうした現象は、いまに始まったことではない。労働経済学者の野村正實は一九九八年に、こう指摘した。一九七〇年代以降、自営業主と家族従業者は減ったが、短時間女性雇用者が増大しており、その総数は一八〇〇万人前後で安定していた[50]（図1―16）。つまり自営業主と家族従業者（後者は女性が多い）が非正規労働者におきかわってはいるが、

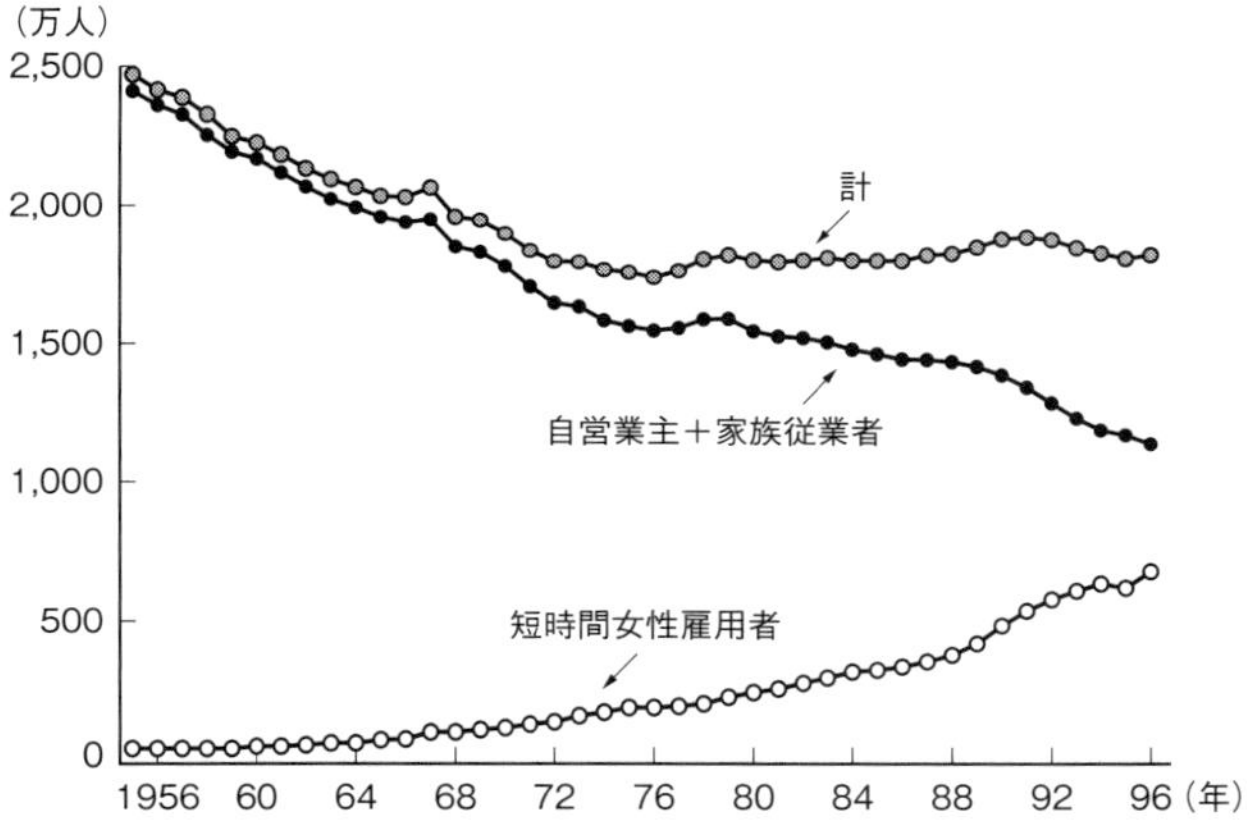

（注）短時間とは、1週間に34時間30分未満の就業時間をいう。
資料：「労働力調査」
（出典：野村正實『雇用不安』岩波新書、1998年、117頁）

図1―16　自営業主・家族従業者・短時間女性雇用者の推移

両者の総数は一定だったというのである。

自営業や家族労働者が減って、雇用労働者が増えるというのは、近代化の一般的トレンドである。図1―17からわかるように、日本でも一貫してそのトレンドは続いてきた。[51] 例外は敗戦直後で、戦争のために都市部の産業が崩壊し、食料のある農村に人々が移動せざるを得なかったため、一時的に農林自営業が増えた。その後、一九五〇年代以降は一貫して農林自営業が減り、雇用労働者が伸びている。

もともと日本は、農林自営業やその他の自営業が多く、そこから雇用労働者が供給されていた。図1―18をみると、一

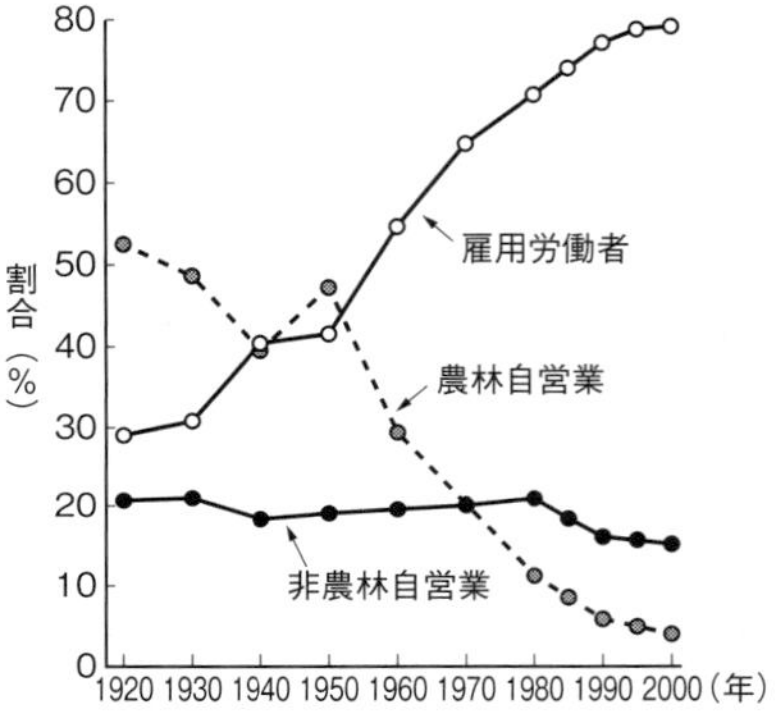

（注）1）1920年、30年の「農林自営業」は「農林就業者」で代用している。
2）「雇用労働者」は統計上の「役員」を含んでいる。
3）各年の就業者数を100とした数値である。

資料：「国勢調査」。ただし1920年と30年は国勢調査についての石崎推計による（昭和同人会『雇用と失業』40頁）

（出典：小池和男『仕事の経済学　第三版』東洋経済新報社、2005年、5頁）

図1―17　雇用労働者と自営業者の割合の推移――日本、1920～2000年

九七〇年代以降の日英米の相違がうかがえる。

　日本は人口の増加と就業者の増加率はほぼ等しいが、それ以上に雇用者が増えている。このことは、農林・非農林の自営業や家族従業者として働いていた人々が、雇用者に転じていたことを示唆する。

　それに対しイギリスは、人口・就業者・雇用者が同じ増加率を示している。これは人口の増加分が、そのまま雇用者の増加になっていたことを示している。つまり、一九七〇年代までに農林・非農林自営業の労働力プールが枯渇しており、そこから雇用者に転じる人はもういなかったのだと考えられる。

　それに対しアメリカは、人口の増加率よりも、就業者と雇用者の増加率が大きい。これは、移民が雇用者として流入していたことを示唆している。

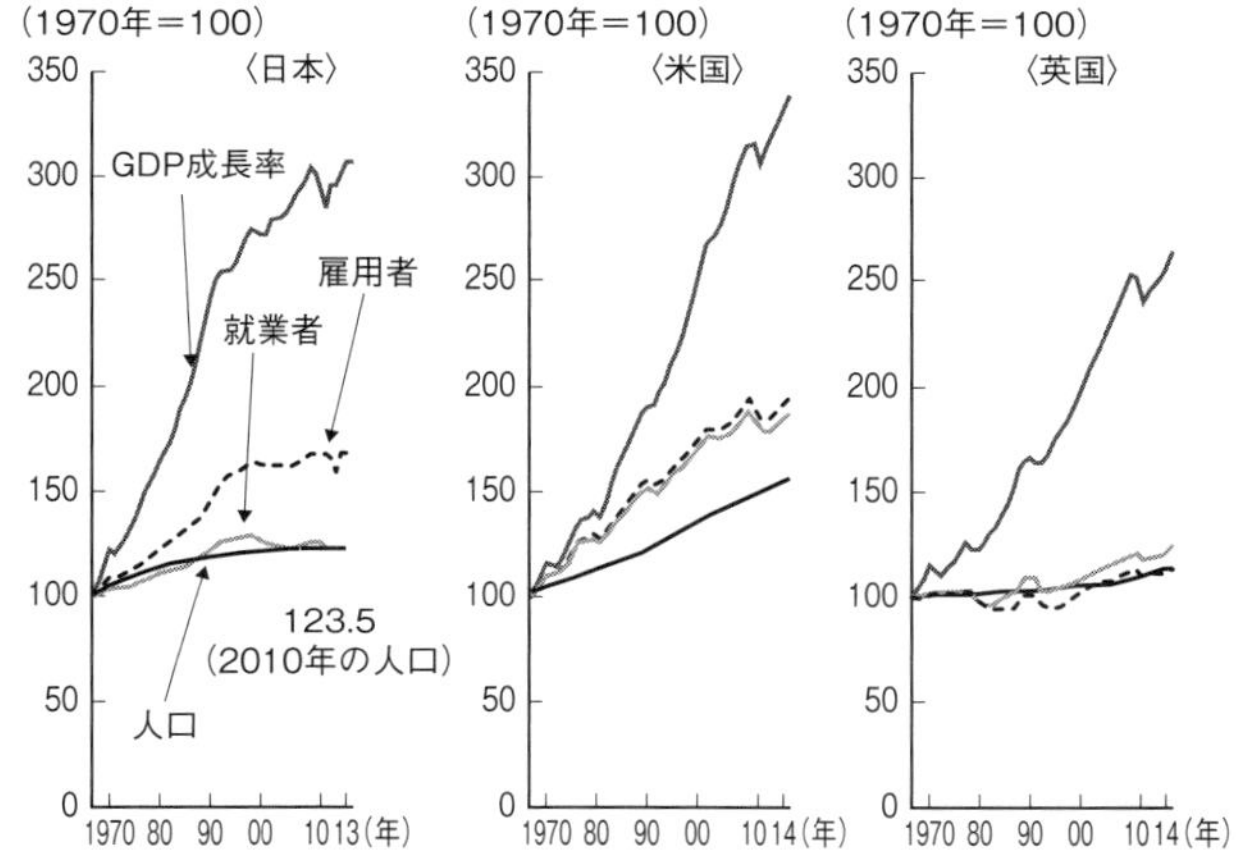

資料：OECD.Stat、UN"National Accounts Main Aggregates Database"をもとに厚生労働省労働政策担当参事官室にて作成
(出典：厚生労働省「平成29年版　労働経済の分析」)

図1—18　主要国における1970年以降の就業者、雇用者の変化

つまり雇用労働者が増加するさいの供給源は、日本は自営業セクター、アメリカは移民、イギリスは人口増加であったと考えられる。これは、日本が英米よりも遅れて近代化したため、農林・非農林自営業が多かったために生じたことである。

労働力の貯水池

ただし図1—17からわかるように、自営業は一方的に減っていたのではない。農林水産業以外の自営業は、八〇年代初頭までむしろ増加していた。前述したように、七〇年代までは、中小企業労働者の三割から四割は自営業主に転じていたと推定されている。
高度成長期の「集団就職」で都市部にやってきて、小企業で働いていた中卒労働者の多くは、開業して「一国一城の主になる」ことを夢見ていた。そのことは、数多くの記録が語るところである。[52] それに成功した者は、小商店などを開業した。
一九七〇年代から八〇年代の日本は、小売店の数が非常に多かった。政治学者のケント・カルダーの試算では、八〇年代の人口一人当たりの小売店数は、イギリスおよび西ドイツの約三倍、アメリカの二倍だった。[53]
そしてカルダーは、中小企業団体と結びついた自民党政権が、こうした小規模小売店を保護してきたと位置づけている。そのため、西欧やアメリカでは自営業や零細企業の合理化が進んでいったが、「日本は他の国々とは逆方向への道を選ぶことになった」という。[54]
ただしカルダーは、こうした自営業や中小企業の保護が、失業の減少をもたらしたとも指摘している。
日本の製造業従業員のうち、従業員三〇〇人以下の中小企業で働く人は、一九五三年の七三・五%から八一年の七四・三%に増加した。七二年から八一年の一〇年間に、人口増加などにともなって約三〇〇万人が新たに労働市場に参入したが、非農林業の中小企業の就業者は約六八〇万人増えたのにたいし、大企業全体では約一二万人しか増えていない。これは、七三年の石油ショック後に大企業が合理化を進め、余剰労働力は中小企業が吸収したためだ。カルダーは、日本の自営業と中小企業を「労働力の貯水池」と位置づけ、これらが労働力を吸収していなかったら、石油ショック後の失業率は欧米の水準に近づいていただろうと述べている。[55]

しかし一九八〇年代以降は、日本の非農林自営業は減少に転じた。これも前述したように、八〇年代以降は、中小企業労働者が職業生涯において開業を試みた率は、約二割に低下したと推定されている。石油ショック後の低成長下では、高度成長期ほど開業のメリットが見込めなくなったためである。そしてこの時期から、自営業から非正規労働への移行が、まず女性からおきていったと考えられるだろう。

そして二〇〇〇年代以降の特徴は、一九七〇年代とは逆に、小企業の雇用者が減少して大企業の雇用者が増えていることである（図1―19）。だがこれまで述べてきたように、正社員の数は減ってはいないが、さほど増えてもいない。つまり「労働力の貯水池」である自営業・中小企業から、大企業の非正規労働者への移動がおきていると考えられる。

第8章で述べるが、非正規雇用の増大は、まず一九七〇年代後半から中小企業でおきた。その時期の大企業は、従業員数をしぼっており、非正規雇用の活用は中小企業にやや遅れた。二〇〇〇年代以降の傾向は、大企業の非正規雇用の活用が本格化した結果と考え

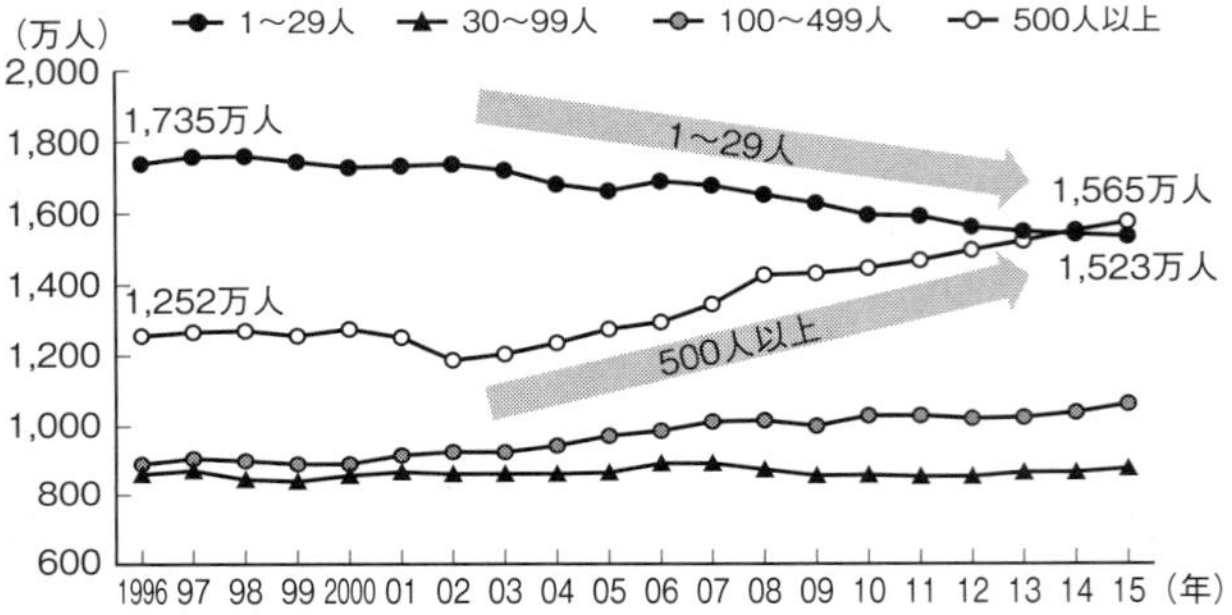

資料：総務省「労働力調査」
(出典：2016年版『中小企業白書』)

図1—19　従業者規模別非農林雇用者数の推移

ることもできよう。

二重構造論

自営業や中小企業が「労働力の貯水池」だという見解は、カルダーの発案ではない。これは一九六〇年代まで、有沢広巳や東畑精一など、日本の経済学者たちに広く共有されていた見解だった。

一九五七年の『経済白書』は、「二重構造」という概念で、日本社会を以下のように表現していた。日本は英米にくらべ、農林自営業や小企業が多い。そして「近代的大企業」と「前近代的な労資関係に立つ小企業及び家族経営による零細企業と農業」が両極化しており、「一国のうちに、先進国と後進国の二重構造が存在するに等しい」というのである。[56]

自営業と中小企業、つまり二重構造の「後進国」にあたる部分は、「先進国」からはみだした残余の人々である。一九五七年の『経済白書』はこう述べる。[57]

近代部門からはみだした労働力は何らかの形で資本の乏しい農業、小企業に吸収されなければならない。……生きていくためにはどんなに所得が低くても一応就業の形を取るから、この部門では失業の顕在化が少ない。完全雇用ではないが、いわゆる全部雇用である。賃金も労働力を再生産するだけよこさなければ働きに出ないということはなく、いくらかでも家計の足しになれば稼ぎに行く。

「全部雇用」とは、日本の失業率が低いことを説明するために、東畑精一が提起した概念である。自営業と中小企業で働く人々は、低賃金ないし無賃金（自営業に賃金はない）でも、ほかに選択の余地がないから働く。この状態は「完全雇用」、つまり自発的・摩擦的な失業者以外は納得のいく賃金を得て働いている状態とは、異なるというのだ。

そして家計補助のために働く人々には、女性・若者・高齢者が多いことが、一九五〇年代から知られていた。経済学者の梅村又次は、一九五七年にこれを「縁辺労働力」とよんだ。[58]彼らは好況期には低賃金で雇われ、不況になると解雇されて家に戻って家族従業者になる。そのため、労働力は常に供給されるが、失業率は上がらない。このように、彼らは

「労働力の貯水池」の役割を果たすのである。
こうした二重構造は、高度成長期に企業規模賃金格差が縮まったことで、解消されたといわれていた。しかし、「団塊二世」の受難を予測した一九八五年の経済企画庁の報告書「二〇〇〇年に向けて激動する労働市場――新たな二重構造を出発点として」は、「新たな二重構造」の出現を指摘していた。そこではこう述べられていた[59]。

……昭和三〇年代前半の二重構造は、大企業・中小企業間の二重構造であった。……今日の労働市場の二重構造は、定着性の高い内部労働市場と流動性は高いが未熟練低賃金の外部労働市場によるものである。しかし、外部労働市場から内部労働市場への移動の制約が大きいという二重構造の特質は基本的に変わっていない。つまり日本的雇用慣行の下では就職のチャンスは、通常は卒業時の一回しかなく、いったんアルバイトを転々とした者は少なくとも大企業の内部労働市場には参入困難となるのである。

この報告書によれば、高度成長期以後の中小企業は、「初任給を上げるとともに、年功賃金、年功序列、企業内訓練という、それまで主として大企業の専売特許であった雇用慣行をとり入れることによって従業員の定着性を高め、熟練労働力の確保を図った[60]」。その意味では、企業規模による二重構造は緩和した。

だが、「近年の賃金格差の拡大はわが国の労働市場が終身雇用と年功賃金に守られた内部労働市場とパートタイマー、アルバイト等の外部労働市場とに二極分化する過程であらわれた現象である」。そして、「外部労働市場のコストは内部労働市場のそれの約四分の一であり、しかもその比率が急速に高まっている」「現在〔一九八五年〕六人に一人にしか過ぎない外部労働市場が西暦二〇〇〇年には三人に一人になる」と予測したのだった。[61]

中小企業と大企業の二重構造は、正社員と非正規労働者の二重構造に転化した。しかし二重構造の底辺部分は、一九五〇年代と同じく女性・高齢者・若者によって担われている。それがこの報告書の認識だった。現代でも、非正規労働者の比率は、これらの層で多い（図1―20）。

しかし、この報告書が書かれた一九八五年には、まだ事態は楽観視されていた。この報告書は正社員と非正規労働者の二重構造を認めながらも、「現在の低賃金層の主力をなす女子パートタイマー、高齢者、定職につかない若年層の三つのグループは、それぞれ夫の所得、年金、親の所得という核になる所得を持っており、大部分は働かなくとも生活に困らない」と述べていたのである。[62]

だがこうした認識は、「夫の所得、年金、親の所得」の安定を前提とする。たしかに、

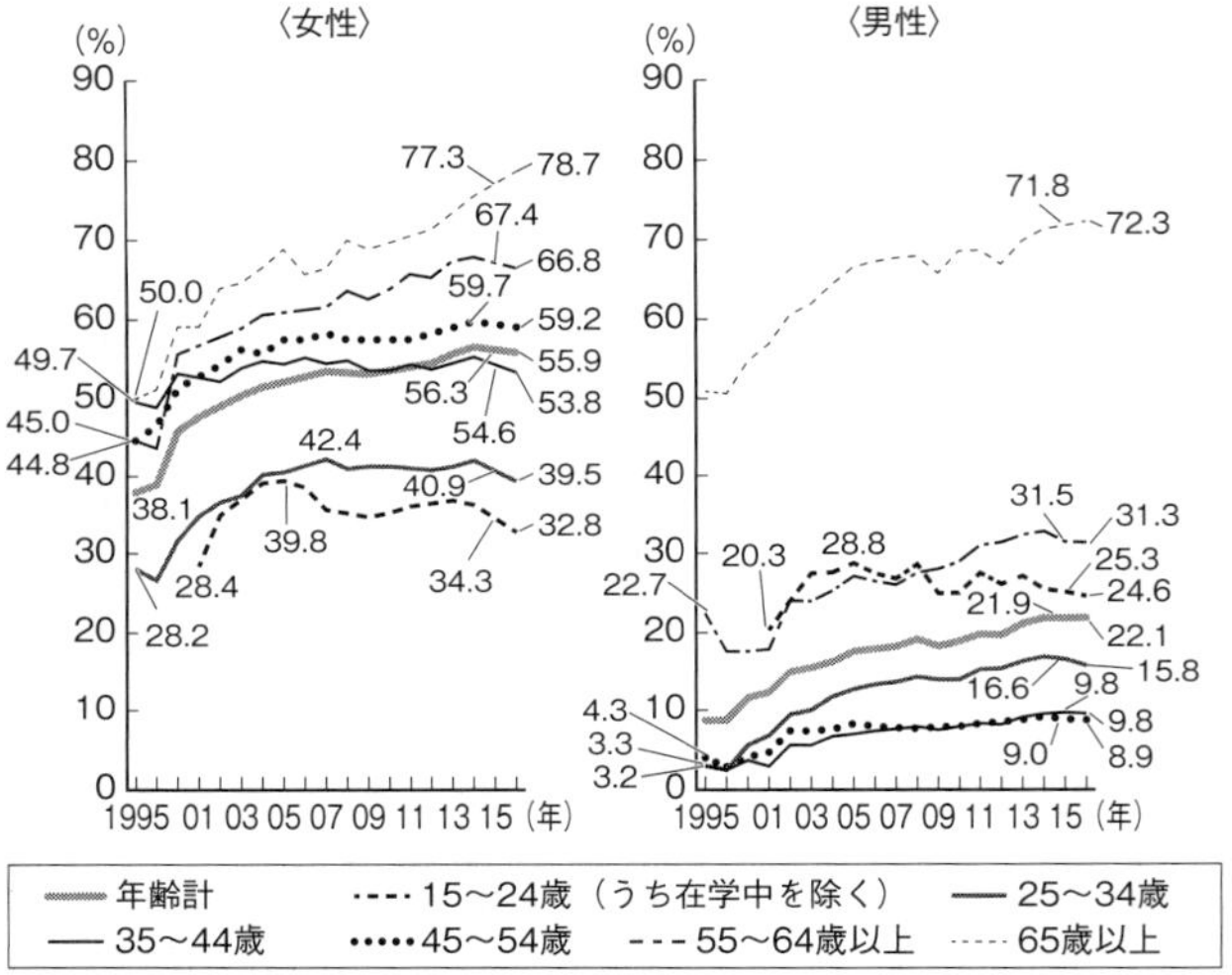

資料：1985年から2001年までは総務庁「労働力調査特別調査」（各年2月）より、14年以降は総務省「労働力調査（詳細集計）」（年平均）より作成

（出典：『男女共同参画白書』2017年版）

図1―20　年齢階級別非正規雇用者の割合の推移

全体の二割強の「大企業型」においては、これがまだ維持されているかもしれない。しかしそれ以外の層では、「夫」や「親」である自営業主も、非正規労働者に転化しつつあるのが現状と考えられる。高齢非正規労働者が増えているのも、自営業が成り立たなくなってきたのが一因だろう。

一九五七年の『経済白書』は、すでに高度成長が始まっていたにもかかわらず、二重構造の解消には懐疑的だった。なぜなら当時、農業の就業者数は急速に減っていたが、大企業従業員の比率は増えておらず、増えたのは小企業従業員や非農林自営業者だったからである。そのためこの『経済白書』は、「ごく大胆に言えば二重構造の下の層のうちで農業から小企業への転移がおこっただけで、上層と下層との比重は余り変化をみせていない」と述べていた。[63]

このことは、九〇年代以降についても言えることかもしれない。「ごく大胆に言えば二重構造の下の層のうちで自営業から非正規雇用への転移がおこっただけで、上層と下層との比重は余り大きな変化をみせていない」ともいえるからだ。

最初に提起した三つの類型でいえば、「地元型」が衰退し「残余型」が増大していると考えることもできるだろう。そして正社員の数はさほど減っておらず、そのうちの半分程度でしかないとはいえ、「大企業型」は極端には減少していないと考えられる。

こうした変化がおきると、さまざまな問題がおきやすい。たとえば、持ち家で家族と同居している自営業者ならば問題が少ない国民年金でも、家賃を払いながら一人で生きる非正規雇用高齢者は貧困に陥ってしまう。高齢者の就労率は昔から高かったのに、近年になってこれが問題になってきたのは、自営業ではなく非正規雇用で働く高齢者が増加したことが一因と考えられる。

人口移動のトレンド

とはいえ、自営業から非正規雇用に転じたとしても、地域社会のなかで生き続けているならば「地元型」のままである。この問題を考えるためには、地方から都市への人口移動のトレンドを検証する必要がある。

地方から都市への人口移動を示したのが図1―21である。人口移動は、「団塊世代」が進学・就職した一九六〇年代がもっとも激しかった。この時期には、三大都市圏や首都圏郊外（千葉・埼玉など）で二〇％を超える激増がおこり、二二の県で人口が減少した。[64]

しかし一九七三年の石油ショックの前後から、人口移動が一段落した。農山漁村地域では減少が続いたが、県単位では人口減少県が一時ゼロになった。これは公共事業や産業誘致などにより、地方での仕事が増え、県外への移動が小康状態になったことを示唆する。

大企業で「減量経営」が行なわれた一九七六年には、三大都市圏から地方圏への人口移動のほうが上回る現象もおきた。一九七九年には「地方の時代」という言葉も流行した。またこの時期は、カルダーが指摘したように、自営業と中小企業が労働力を吸収していた時期でもあった。

その後、一九八〇年代のバブル期にまた地方からの移動がおきた。しかしバブル崩壊とともにそれも止まり、九〇年代半ばには地方への人口回帰もみられた。ここまでの人口移

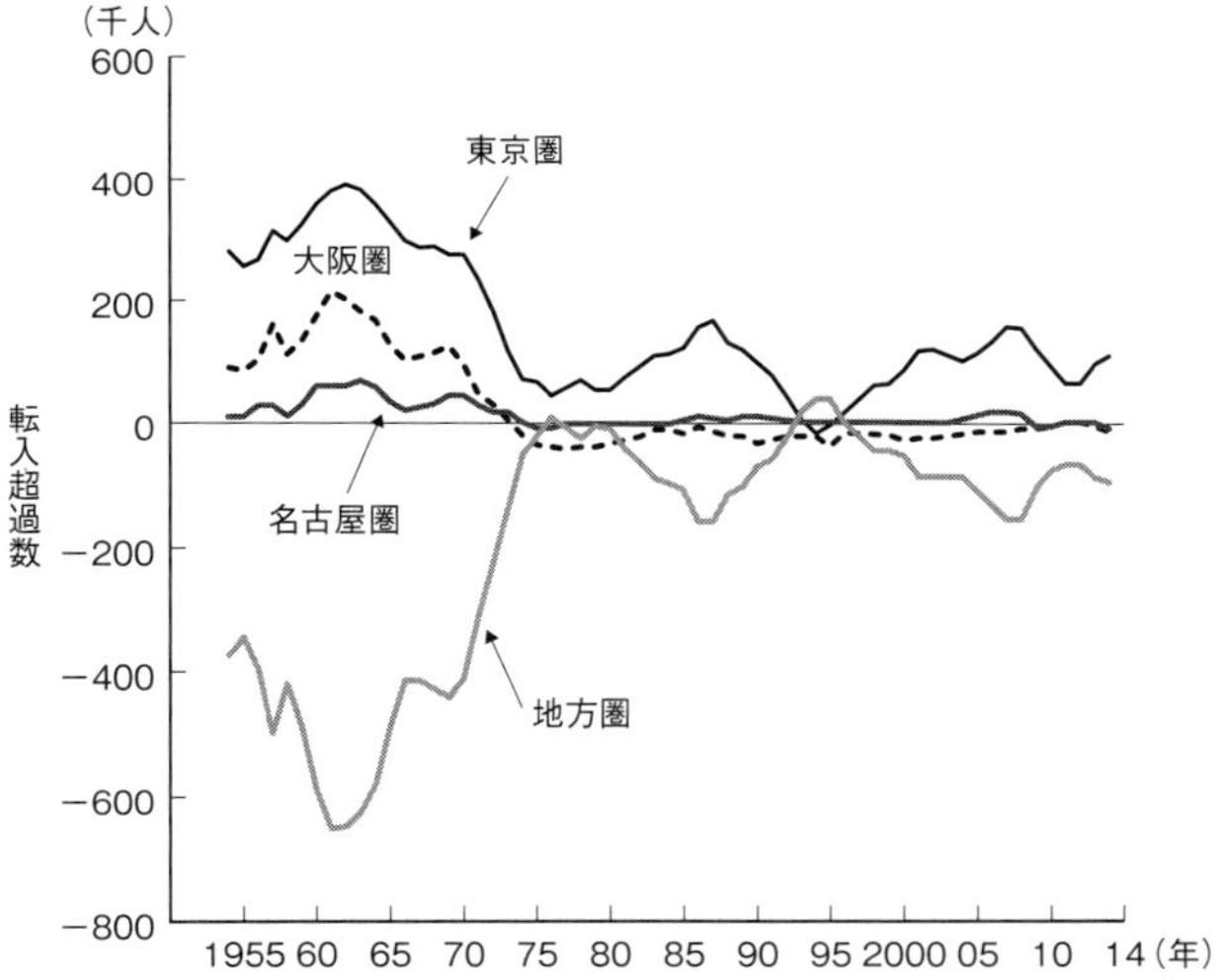

資料：総務省統計局「住民基本台帳人口移動報告年報」
(注) 上記の地域区分については以下のとおり。
東京圏：埼玉県、千葉県、東京都、神奈川県　名古屋圏：岐阜県、愛知県、三重県
大阪圏：京都府、大阪府、兵庫県、奈良県
地方圏：三大都市圏（東京圏、名古屋圏、大阪圏）以外の地域

（出典：『平成27年版厚生労働白書』）

図1―21　三大都市圏・地方圏の人口移動の推移

動は、ほぼ景気の変動に関連していたといえる。

　ところが九〇年代末からは、景気の高揚が必ずしも伴わないのに、都市部への人口移動が定常化した。しかも大阪圏や名古屋圏は増加しておらず、東京圏のみが人口移動を吸収するようになった。九五年から二〇〇〇年には、東京都が高い増加に転じる一方、二三の道県が人口減少に転じている。[65]

　数からいえば、現在の移動数は、「民族の大移動」

とさえ形容された高度成長期ほどではない。しかしこの時期は、戦争で地方への移動を余儀なくされた人々が一気に都市部に還流したうえ、人数が多い「団塊世代」の進学・就職がおきた時期でもあった。

また高度成長期の移動は、景気変動と連関したものだった。しかし九〇年代末以降、景気の変動にかかわりなく移動が定常化したことは、従来とは異質な現象といえる。農林・非農林の自営業から非正規雇用への移動がある閾値を超えると、自営業を中心としていた地域コミュニティの安定性そのものが変質し、外部への人口移動が定常化する事態がおきるのかもしれない。

そして九〇年代は、高卒労働市場の急減、大学進学率の上昇、自営業・零細企業の就業者減少、非正規雇用の増大がおきていった時期でもあった。人口移動の恒常化には、小泉純一郎政権下の「構造改革」で公共事業が削減されたことも影響したろうが、変化はその前からおきていたともいえる。

まとめていおう。正社員数や大卒就職者数はさほど変動がなく、「大企業型」は比較的に安定している。しかし九〇年代以降、高卒労働市場の急減、自営業セクターから非正規雇用への移動など、「二重構造の下の層」では大きな変動がおき、地方圏から大都市への移動が恒常化している。これらは、「地元型」から「残余型」への移行が生じていることを示唆している。

戦後日本史の概観

以上をもとに、戦後日本社会の歴史を概括してみよう。

（1）敗戦から一九五〇年代前半までは、地方に人口が滞留し、農林自営業が増加するという歴史の逆行がおきていた。これは戦争によって都市部の産業が壊滅し、地方に移動せざるを得なくなったためである。

（2）一九五〇年代後半からは、高度成長にともなって、都市部への大規模な移動がおきた。就業者が減少したのは、おもに地方の農林自営業である。「団塊世代」の就職がこれに重なり、労働力の供給が経済成長を押しあげた。高校・大学の進学率の急上昇がおきたのも、この時期である。

（3）一九七三年の石油ショックの時期に、高度成長は終わった。公共事業の配分が行なわれたためもあって、都市部への人口移動は止まり、大学進学率も政策的に抑制された。大企業は雇用を増やさず、むしろ人員整理を行なったが、中小企業と非農林自営業が過剰な労働力を吸収した。

（4）しかし一九八〇年代から、非農林自営業が減少しはじめた。その前後から、家族労働者の女性や高齢者など、縁辺労働力の非正規雇用が増大した。この時期以降、正社員の数は、バブル期の一時的増加をのぞけばほぼ一定である。

（5）バブル崩壊を経た一九九〇年代には、高卒労働市場が急激に縮小し、大学進学率が上昇した。しかし新卒採用の増加がなかったため、人数の多い「団塊ジュニア」世代には、非正規労働に就く者も多かったと考えられる。

（6）二〇〇〇年前後からは、景気の変動にかかわりなく、都市部への人口移動が常態化した。自営業および小企業の就業者減少が顕著となり、非正規雇用が増大した。とはいえ、日本型雇用慣行は、コア部分では大きく変化していない。非正規労働者の比率が高いのは、女性・高齢者・若者などの縁辺労働力である。

社会保障制度に象徴されるように、日本社会は、「カイシャ」に足場をおく「大企業型」の生活と、「ムラ」に足場をおく「地元型」の生活を前提としていた。だが上に述べたような変動の過程で、「大企業型」「地元型」の二大類型がカバーする範囲が狭まっている。ただし「大企業型」は意外に安定しており、「地元型」の減少と「残余型」の増加が大きいと考えられる。

あらためて考えてみよう。一九九〇年代以降も、東京中心部の風景はそれほど変わっていない。朝の通勤ラッシュも、オフィス街のスーツ姿も、六本木や霞ヶ関の街並みもあまり変わらない。その一因は、正社員が減っていないからだ。

だが地方都市や農山村、東京圏でも郊外では、風景が大きく変わっている。自営商店や農家が減り、駅前商店街がシャッター街になった。入れ替わるように、街道沿いの巨大なショッピングモール、介護施設、宅配やコンビニむけの物流倉庫などが増えた。そこで働く人々には、非正規労働者も多い。そして統計的にも、自営業者が減り、非正規労働者が増えているのである。

いまでも農村部には、コメや野菜など買ったことがないという人がいる。自家で作るか、近所から「おすそわけ」されるからだ。つまり持ち家の自営業で、地域コミュニティの相互扶助のなかで生きていれば、出費は少ない。だが自営業者が非正規労働者に転化し、地域コミュニティが衰退すると、必要な出費は増加する。

賃金収入だけで十分な生活ができる「大企業型」は、昔から多数派ではなかった。それでも「地元型」の生活ができていれば、収入が多くなくとも問題は少なかった。だが正社員の数が減らなくとも、「地元型」が減少して「残余型」が増加すれば、貧困が発生する可能性は高くなる。このことは、「カイシャ」と「ムラ」を基本単位としていた日本社会を、揺るがすことになるのだ。

大企業の「封鎖的労働市場」

しかし先にも述べたように、「カイシャ」と「ムラ」を基盤に社会が編成されるのは、必ずしも世界共通ではない。日本の場合、どうして「企業」と「地域」が、基本単位として意識されるのだろうか。

大きな理由の一つは、日本の大企業の雇用慣行である。日本では、「終身雇用で賃金が上がっていくこと」が見込める大企業は広域的に人を集めるし、転勤を命じがちだ。そのため、「終身雇用で賃金が上がっていくこと」と「地元で暮らすこと」は二者択一になりやすい。

そして、いったん大企業正社員になった者はやめたがらないし、中小企業から大企業に移動するのは簡単ではない。つまり、大企業の労働市場と、中小企業の労働市場は分断されている。

このことを、一九五七年の『経済白書』は「労働市場も二重構造的封鎖性を持っている」と形容した。[66]そして前述のように、一九八五年の経企庁の報告書も、「外部労働市場から内部労働市場への移動の制約が大きいという二重構造の特質は基本的に変わっていない」と述べていた。

この点を早くから指摘したのが、経済学者の氏原正治郎である。氏原は一九五四年の論文で、京浜工業地帯における労働者調査をもとに、日本の労働市場を図1―22のように図解してみせた。

氏原によれば、日本には自営業や農業の就業者が多く、膨大な過剰労働力が存在する。[67]近代化と貨幣経済の浸透とともに、村の相互扶助が薄れ、現金収入が必要になった彼らは、「雇用の機会を求めている不熟練労働力」となる。

彼らの一部は、「年少のうちに、またそれよりやや長じて、とくに選抜されて巨大企業の従業員として、その職業的生涯をはじめ、年月のたつうちにその企業に適応的な熟練労働力に養成される」。その一部は「永年勤続して停年まで勤め上げる」が、残りは「景気の消長や個人的事情によってその企業をやめる」。

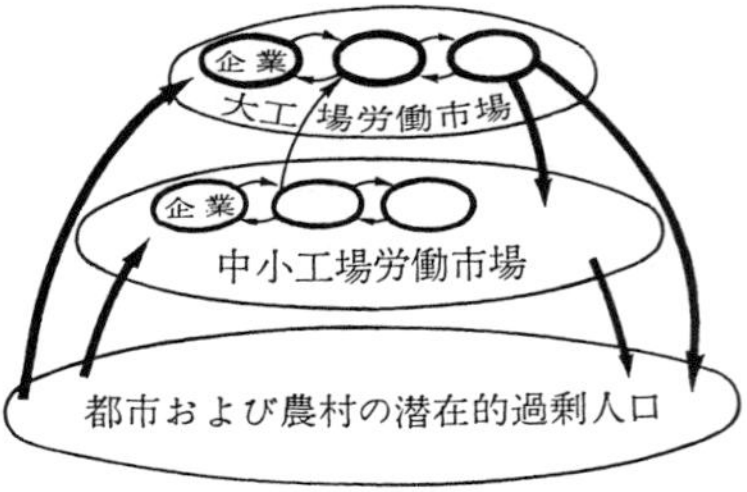

（注）（1）円わくの太さは、それぞれの労働市場の封鎖性の程度を示す。
（2）矢印は、労働移動の方向を示し、その太さは、流動量を示す。

(出典：氏原正次郎『日本労働問題研究』東京大学出版会、424頁)

図1—22　日本の労働市場

だが日本の大企業は、中途採用者には封鎖されている。いったん大企業をやめた者は、一部は「中小企業経営者」になるが、残りは「中小企業の労働者として生涯をおくるか、あるいはまた、もとの過剰労働力のプールのなかに流れこんでしまう」。

一方で中小企業は、「少数の成年熟練労働者と多数の年少・婦人・老齢者の不熟練労働者の結合」で構成され、「はげしい労働移動」と「低生産力と低賃金」を特徴としている。「彼らの生涯は、大工場労働者のように安定したものではない」。中小企業は景気変動による浮沈が激しく、労働者の多くも勤務先企業を替えるが、そのほとんどは中小企業から中小企業への移動であるという。

氏原のモデルの特徴は、「封鎖性」と「開放性」の組み合わせにある。[68]

まず大企業は、中小企業にくらべ「地域的開放性」がある。つまり「大規模工場ほど広い地域的範囲からすぐれた労働者を選抜する便宜と資力をもっているのに反し、中小工場は一般的にはかかる便宜をもたないから、その選抜の範囲がせまい」。

だが「企業的封鎖性」は逆である。大企業は中途採用者に封鎖的で、中小企業は開放的なのだ。大企業の労働者は勤続年数で地位を得ているため、その企業をやめない。一方で中小企業は、他の企業をやめた者を、誰でも受けいれる開放性があるのだ。

このような特徴を持つ労働市場では、二つの現象が発生する。一つは、企業規模による賃金格差である。そしてもう一つは、生産性の低い中小企業や自営業が、生き残り続けることである。

通常の経済学の図式からいえば、労働者は高い賃金が得られる雇用に移動する。そうなれば、賃金は大企業の水準で平準化され、生産性の低い自営業や中小企業は淘汰されてしまう。氏原の表現を借りれば、「賃金の平準化が行なわれるならば、この賃金の最低限も支払えないような低能率企業は存続しえない」はずだからだ。[69]

ところが、日本ではそうならない。労働市場に二重構造があり、大企業に移動できないからだ。そのため中小企業は、大企業とは賃金競争にならず、低賃金を続けることができる。そして自営業と中小企業には、大企業と住みわける形で労働力が供給されるため、ずっと存続するのだ。氏原は「企業規模間の賃金のいちじるしい格差の理由の一つはここにある」という。[70]

日本社会のしくみを探る

では、このような労働市場は、いつからできたのか。氏原は「大胆すぎる憶測」として、第一次世界大戦後の一九二〇年代ではないかと述べている。

大企業で「日本型雇用慣行」が広まった時期については、第一次大戦後だという説、戦時期だという説、高度成長期だという説が存在する。[71]とはいえ、時期の違いはあっても、氏原のモデルに一定の妥当性があると考える研究者は少なくない。

時期はともかく、本書で注目したいのは、以下の点である。それは、大企業の雇用慣行が「企業」と「地域」という類型をつくり、日本社会の構造を規定していることだ。

氏原のモデルでは、大企業正社員は全国から集められ、封鎖的な集団を形成する。一方で農業・自営業・小企業の就業者は、一定の地域にとどまり、地域的な集団を形成する。こうして、「大企業型」と「地元型」という類型が発生する。

だが氏原の主張にしたがえば、欧米の雇用慣行では、「企業」と「地域」が対立するという形での類型は生じない。そもそも経済学的には、「大企業型」などという類型は成り立たない。企業の規模よりも、工員なのか事務職なのかの方が、収入の決定要因としては重要だからである。大企業正社員でありさえすれば、どんな職種でもかまわないという社会においてのみ、「大企業型」という類型が意味をもつのだ。

一九七三年の著作で、イギリスのEE社ブラッドフォード工場と、茨城県日立市の日立製作所の工場を比較調査したロナルド・ドーアは、こう書いている。[72]

列車で乗りあわせたEE社のブラッドフォード工場の鋳造工に、どんな仕事をしているのか、とたずねたとしよう。おそらく最初に、自分は鋳造工である、二番目に、ブラッドフォードの者である、そして最後に、EE社で働いている、と答えるだろう。日立の鋳造工であれば、まず第一に、日立製作所の社員である、第二に、どこそこの工場で働いている、そして最後に鋳造工であると答えるのがもっとも順当なところであろう。

ドーアの対比が正しいなら、当時のイギリスでは、職種がもっとも重要だった。地域への愛着がそれに次ぎ、勤務している企業は大きな意味をもたない。そこでは、大企業で働いていることと、地元に根差していることに、何の矛盾もない。しかし日本の大企業の「社員」になった者は、職種にアイデンティティをもっておらず、地域に根差してもいないという。

日本社会の構造を規定しているこの相違は、なぜ、どのように発生したのか。以下の章では、この問題を追跡する。

1 本章の内容は、三類型の提示と、それにもとづく日本社会の現状分析による、本書全体の問題提起である。ここで述べた三類型は、野村正實『雇用不安』岩波新書、一九九八年が提起した「大企業モデル」「自営業モデル」「中小企業モデル」に触発されている。ただし野村の類型は、賃金と労働のモデルとして提起されており、地域関係や社会保障、政治、人口移動などとの関係は論じられていない。

本章での三類型は、賃金と労働にとどまらない、より幅広い領域に関係する日本社会のしくみ（レジーム）の要素をなすものである。これは、イエスタ・エスピン－アンデルセンが新中間層・労働者・農民を社会の三類型としてレジームの成立を論じたことと相通ずる。ただし本書では、三類型があらかじめ存在してレジームを構成したという視点ではなく、レジームの成立と三類型の成立が同時並行的・再帰的に進行したという視点に立っている。

2 次官・若手プロジェクト「不安な個人、立ちすくむ国家：モデル無き時代をどう前向きに生き抜くか」二〇一七年五月、一一頁。http://www.meti.go.jp/committee/summary/eic0009/pdf/020_02_00.pdf 二〇一九年六月二日アクセス。

3 上野千鶴子・小熊英二・雨宮処凛・須賀千鶴・植木貴之・今村啓太「『不安な個人、立ちすくむ国家』をめぐって」『熱風』二〇一七年一一月号、一三頁。

4 菅原琢「不安定化する社会に対応できない日本の選挙」『中央公論』二〇一五年四月号、八五頁。

5 「女性候補　13％止まり」『朝日新聞』二〇一九年三月三〇日朝刊。

6 「『保育園落ちた』騒動を地方から揶揄する人々『田舎に引っ越せばいい』とは言うけれど…」『キャリコネニュース』二〇一六

年三月一六日。http://blogos.com/article/167114/ 二〇一九年六月一日アクセス。

7 「地方では普通？『働いてないけど…預けている』 大都市は『2園回ると2時間』『月収半分超が保育料』」『産経ニュース』二〇一六年三月一四日。https://www.sankei.com/life/news/160312/lif1603120036-n1.html 二〇一九年六月一日アクセス。

8 国土交通省『国土交通白書』平成二〇年度版、第1章第1節「地域に住まう」。http://www.mlit.go.jp/hakusyo/mlit/h20/hakusho/h21/html/k1112000.html 二〇一九年六月一日アクセス。

9 国土交通省「一住宅当たり延べ床面積の都道府県比較」『平成29年度 住宅経済関連データ』。http://www.mlit.go.jp/statistics/details/t-jutaku-2_tk_000002.html 二〇一九年六月一日アクセス。

10 自由民主党『日本型福祉社会』自由民主党広報委員会出版局、一九七九年。

11 広井良典『日本の社会保障』岩波新書、一九九九年、五九頁。

12 厚生労働省「平成31年度の年金額改定について」二〇一九年一月一八日。http://www.mhlw.go.jp/content/12502000/000468259.pdf 二〇一九年六月一日アクセス。正確にいえば、このモデルケースは「夫が平均的年収（賞与含む月額換算）四二・八万円で四〇年間就業し、妻がその期間すべて専業主婦であった世帯が年金を受け取り始める場合の給付水準」で試算した場合の「夫婦二人分の老齢基礎年金を含む標準的な年金額」である。

13 厚生労働省年金局「平成29年度 厚生年金保険・国民年金事業の概況」二〇一八年一二月、二〇頁。http://www.mhlw.go.jp/content/000453010.pdf 二〇一九年六月一日アクセス。

14 厚生労働省前掲「平成31年度の年金額改定について」。

15 「何歳まで働き続けますか？ 理想は65歳 現実は70歳」『朝日新聞』二〇一九年一月四日朝刊。

16 「家計のために 働く高齢者」『朝日新聞』二〇一九年一月一一日朝刊。

17 野村前掲『雇用不安』一四五―一四七頁。

18 金融庁は二〇一九年六月三日に報告書「高齢社会における資産形成・管理」を公表し、高齢夫婦モデル世帯の毎月の収入を社会保障給付などで二〇万九一九八円と見積もり、二〇一七年の「家計調査」に示された支出に比して毎月約五万五〇〇〇円が不足するとして、投資による資産形成を呼びかけた。金融審議会市場ワーキング・グループ「高齢社会における資産形成・管理」

https://www.fsa.go.jp/singi/singi_kinyu/market_wg/siryou/20190522/01.pdf　二〇一九年六月一三日アクセス。

19　厚生労働省『平成27年転職者実態調査』「直前の勤め先及び現在の勤め先の状況」。http://www.mhlw.go.jp/toukei/list/6-18c-h27.html　二〇一九年六月一日アクセス。なお転職者の定義として、「この調査では、雇用期間の定めが無い又は一年以上の雇用期間を定めて雇用する一般労働者（短時間労働者は除く）のうち、当該事業所に雇用される前の一年間に他企業に雇用された経験のある者（移籍出向を含む）であって、平成二六年一〇月一日から平成二七年九月三〇日の間に雇用されたものをいう。他企業に雇用された経験が、学生アルバイト及び一か月以内の臨時的な仕事のみである場合は含めない」とされている。

20　小池和男『仕事の経済学　第三版』東洋経済新報社、二〇〇五年、一八〇頁。

21　中小企業庁『小規模企業白書』二〇一七年版、第一部第三章「中小企業・小規模事業者の雇用環境と人手不足の現状」八四―八五頁。

22　「平成27年国勢調査　移動人口の男女・年齢等集計結果　結果の概要」一二頁。http://www.stat.go.jp/data/kokusei/2015/kekka/idou1/pdf/gaiyou.pdf　二〇一九年六月一日アクセス。なお、東京都にも出生時から同じ場所に住んでいる者が九・八％おり、ここではこうした者は居住地が東京であっても地元型とみなした。

23　三大都市圏は、東京都・千葉県・埼玉県・神奈川県、愛知県・岐阜県・三重県、大阪府・京都府・奈良県・兵庫県である。

24　『平成26年度国土交通白書』三一頁。http://www.mlit.go.jp/hakusyo/mlit/h26/hakusho/h27/pdf/np102100.pdf　二〇一九年六月一日アクセス。

25　算出は以下のように行なった。二〇一五年の国勢調査によれば、三大都市圏を除いた総人口は六一二八万五〇〇〇人である。ここから二〇一五年の国土交通省の調査にもとづいてUターン者（五四・五％）を算出すると、三三四〇万〇三二五人になる。これに国勢調査に示されている出生時から居住場所が変わっていない人のうち、三大都市圏以外に住む九〇一万五〇〇〇人と、三大都市圏に住む六九七万一〇〇〇人のうちの半数を加え、Uターン者との合計を四五七一万五五〇〇人とした。以上のような経緯で算出したのが三六・一％である。もちろん推計の域を出ないが、実際にもこの前後の数字であると考えてよいだろう。

三大都市圏に住む「定住者」（国勢調査で出生地から居住場所が変わっていない人）の五〇％を「地元型」に算入したのは、三大都市圏の定住者のうち「大企業型」に入る者がかなりあることを考えた処置である。東京都の大学進学率や、埼玉県や岐阜県などの定住者を含んでいることなど、さまざまな角度から考えると多様な比率がありうるが、決定的な数字がない。そこで暫定的に五〇%とした。とはいえこの比率をたとえ二〇ポイント増減させても、全国の地元型の比率として推計した数値は約一ポイントしか増減しない。三大都市圏の「定住者」が全国の総人口に占める比率そのものが、五・五%にすぎないからである。

国土交通省の調査はインターネットによる抽出調査で、回答が偏っている可能性がある。また国土交通省の調査では、「地方定住者」は「現在の居住地が三大都市圏以外で、現在の居住地と出身の道県が一致し、他の市町村に住んだことがない者」とされており、国勢調査の「出生時から現在の場所に住んでいる者」とは定義に微妙な差異がある。国土交通省の調査で「地方定住者」は二三・四%となっているが、国勢調査から三大都市圏以外の地域居住者に「出生時から現在の場所に住んでいる者」が占める比率を算出すると一四・七%にすぎない。これが調査の偏りによるものなのか、定義の違いによるものなのかは、判断材料がない。国土交通省の調査は、Uターン者の比率についても偏りがある可能性は無視できないが、この調査以外に信頼できる調査がなかった。

以上から算出したのが三六・一%である。もちろん推計の域を出ないが、実際にもこの前後の数字であると考えてよいだろう。

26　篠崎信男「通婚圏に関する一考察」『人口問題研究所年報』一二号、一九六七年および篠崎信男「通婚圏問題と人口政策」『人口問題研究』一三〇号、一九七四年を参照。

27　福田邦三・関口浩「農山村の通婚圏について」『民族衛生』二二巻二・三号、一九五五年、八一―八八頁。

28　小池前掲『仕事の経済学　第三版』七頁。小池の推計のやり方は、下記のとおりである。「就業構造基本調査」から正規従業員をとり、さらにその中から①専門職技術職の男女計、②管理職の男女計、③事務職の男性、④販売職の男性、⑤それ以外の男性正規従業員の二一・九%を「右上がり」とみなした。二一・九%は、二〇〇二年の企業規模五〇〇人以上の雇用者の比率である。ここでの雇用者には統計上の役員も含まれている。母数となる雇用者総数も同様である。

29　石川経夫・出島敬久「労働市場の二重構造」石川経夫編著『日本の所得と富の分配』東京大学出版会、一九九四年所収。なお「賃金構造統計基本調査」の調査対象の限界から、石川らは全体推計にあたり、パートタイム労働者および常用雇用一〇人未満の企業の雇用労働者はすべて二次部門、公共部門労働者をすべて一次部門という「大胆な仮定」をとっている。

30　大竹文雄・森口千晶「年収580万円以上が上位10%の国　なぜ日本で格差をめぐる議論が盛り上がるのか」『中央公論』二〇一五年四月号。詳細は Chiaki Moriguchi and Emmanuel Saez, "The Evolution of Income Concentration in Japan, 1886-2005 Evidence from Income Tax Statistics," in A. B. Atkinson and T. Piketty ed. *Top Incomes: A Global Perspective*, Oxford University Press, 2010, pp. 76-96.

31　後藤道夫「『下流化』の諸相と社会保障制度のスキマ」『POSSE』三〇号、二〇一六年三月、四〇―四一頁。

32　渡辺寛人「教育費負担の困難とファイナンシャルプランナー」『POSSE』三二号、二〇一六年九月、九九頁。

33　阿部彩「相対的剝奪の実態と分析」社会政策学会編『社会政策における福祉と就労』『社会政策学会誌』第一六号、法律文化社、二〇〇六年、二七〇―二七一頁。

34　『平成二四年度版　厚生労働白書』第五章「国際比較からみた日本社会の特徴」一〇四―一〇八頁。

35　玄田有史『ジョブ・クリエイション』日本経済新聞社、二〇〇四年、第九章。

36　仁田道夫「雇用ポートフォリオ・システム改革の視点」『現代の理論』Vol. 20、二〇〇九年および「非正規雇用の二重構造」『社会科学研究』六二巻三・四合併号、二〇一一年。アンドルー・ゴードン、二村一夫訳『日本労使関係史１８５３―２０１０』岩波書店、二〇一二年、四七六頁も仁田を引用しながらこのことを論じている。

37　神林龍『正規の世界・非正規の世界』慶應義塾大学出版会、二〇一七年、第四章。なお文中での「自営業セクター」は、神林の著作で「インフォーマル・セクター」と呼称されているもので、「雇人を持つ自営業主」「雇人を持たない自営業主」「家族従業者」「内職者」「会社役員」の五つのカテゴリーの合計である。

38　同上書一七三頁。同年齢の女性も、八二年の四〇％が九二年には五〇％と増えたあと、〇七年には四三％まで落ちた。とはいえこの増減は、バブル期に増えた部分が失われ、八〇年代初頭のレベルに戻ったとも形容できる。またこの時期に、無業だった女性が働くようになり、その多くが非正規労働者になった。つまり、正社員は減っていないが非正規が増えたという一般的図式に近いと神林は位置付けている。ただし、金融・保険業などの正社員減少・非正規増大には、この部分が影響しているかもしれない。

39　玄田有史『人間に格はない』ミネルヴァ書房、二〇一〇年、第二章。

40　海老原嗣生『就職に強い大学・学部』朝日新書、二〇一二年、四四―四八頁。

41　神林前掲『正規の世界・非正規の世界』第三章。

42　文部科学省「調査結果の概要（高等教育機関）」「学校基本調査」平成30年度版。http://www.mext.go.jp/component/b_menu/

other/_icsFiles/afieldfile/2018/12/25/1407449_3.pdf　二〇一九年六月一日アクセス。
43　経済企画庁総合計画局編『21世紀のサラリーマン社会』（原題は「二〇〇〇年に向けて激動する労働市場 ── 新たな二重構造を出発点として」、市販時に改題）東洋経済新報社、一九八五年、一一〇頁。
44　同上書五二頁。
45　同上書一一〇、一一二頁。
46　同上書序文vi頁。
47　海老原嗣生『なぜ7割のエントリーシートは、読まずに捨てられるのか？』東洋経済新報社、二〇一五年。
48　日本経済団体連合会「２０１８年度新卒採用に関するアンケート調査結果」二〇一八年一一月二二日、六頁。https://www.keidanren.or.jp/policy/2018/110.pdf　二〇一九年六月四日アクセス。
49　「日本人、学歴高すぎ？　仕事上の必要以上に『ある』３割」『朝日新聞デジタル』二〇一三年一〇月二四日付。http://www.asahi.com/edu/articles/TKY201310230447.html　二〇一九年六月一日アクセス。
50　野村前掲『雇用不安』一一六頁。
51　小池前掲『仕事の経済学　第三版』五頁。
52　たとえば、加瀬和俊『集団就職の時代』青木書店、一九九七年第Ⅲ章を参照。
53　ケント・カルダー、淑子カルダー訳『自民党長期政権の研究』文藝春秋、一九八九年、二六七頁。
54　同上書二六七頁。
55　同上書二五六、二五七、二六八頁。
56　経済企画庁「経済の二重構造」『年次経済報告』（『経済白書』）一九五七年版、https://www5.cao.go.jp/keizai3/keizaiwp/wp-je57/wp-je57-010402.html　二〇一九年六月一日アクセス。
57　同上。
58　梅村又次「労働力の構造と変動」『経済研究』八巻三号、一九五七年。梅村又次『労働力の構造と雇用問題』岩波書店、一九七一年所収。

59 経済企画庁総合計画局編前掲『21世紀のサラリーマン社会』一一二頁。
60 同上書一七―一八頁。
61 同上書一七、五二、七〇頁。
62 同上書三頁。
63 経済企画庁前掲「経済の二重構造」。
64 進藤兵「一九九〇年代の国土と地域の再編」後藤道夫編『岐路に立つ日本』吉川弘文館、二〇〇四年所収、二六九頁。
65 進藤前掲「一九九〇年代の国土と地域の再編」二六九頁。
66 経済企画庁前掲「経済の二重構造」。
67 以下、氏原正治郎「労働市場の模型」氏原正治郎『日本労働問題研究』東京大学出版会、一九六六年所収、四二四―四二五、四五四頁。氏原が過剰労働力の前提として村内相互扶助の減少を考えていたことについては、氏原正治郎「労働者と貧困」氏原正治郎『日本の労使関係』東京大学出版会、一九六八年所収、四五頁を参照。
68 以下、氏原前掲「労働市場の模型」四〇四、四二五頁。
69 同上論文四五四頁。
70 同上論文四五四頁。
71 第一次世界大戦後だとする研究の代表として兵藤釗、戦時期だとする説の代表として孫田良平、高度成長期とする説の代表としてアンドリュー・ゴードンや菅山真次を挙げるのが一般的である。
72 ロナルド・ドーア、山之内靖・永易浩一訳『イギリスの工場・日本の工場』筑摩書房、一九八七年、文庫版一九九三年、文庫版上巻一八七頁。

第2章　日本の働き方、世界の働き方

第2章の要点

・ヨーロッパやアメリカをはじめ、日本以外では企業は三層構造をなし、企業横断的に採用や昇進が行なわれる。

・そこには「職務の平等」の志向はあるが、「社員の平等」はない。

・そこでは、企業横断的な職務の専門能力や、大学院の学位があったほうが有利になる。それに対し、日本は学位よりも「社内のがんばり」が評価される。

・日本では、大学名の競争になり、修士号や博士号の取得のインセンティヴが働かない。その結果、相対的に日本は「低学歴化」しつつある。

この章では、日本の雇用慣行を理解するために、他の国の働き方を概観する。[1]

とはいえ「他の国」といっても、国によって違うのは当然だ。同じ国でも歴史的な変遷もあり、たとえばヨーロッパ諸国の状況は、EU統合後や世界金融危機後にかなり変わった。

また一つの国のなかでも、業界や階層や地域によって違う。制度や法律を調べることはできるが、実態がどうかは、よくわからない部分が多い。

だから本当は、一概には言えない。「日本は終身雇用だ」とか説明したら、「それは昔のことだ」「大企業だけの話だ」「業界によって違う」といった批判が出るだろう。それと同じく、「アメリカはこうだ」とか「ヨーロッパはこうだ」といった説明は、無理があると思ったほうがいい。

また、どこの社会もそうなのだが、その社会で「あたりまえ」であるような慣行ほど、本や論文を調べてもよくわからないことが多い。その社会の人にとっては当然のことなので、体系的に書いたりはしないからだ。

ここでは、そうした限界をふまえたうえで、研究が多い米英独仏を中心に紹介する。ただし、その国の働き方全般を理解するのが目的ではない。あくまで、日本の慣行を理解するうえで、対比となる補助線になりそうなことだけを、図式的に単純化して述べていく。ただし、研究書その他で得た情報をもとに書いているので、最新事情とは言いがたい部分もある。そのようなものとして、読んでいただきたい。

企業の三層構造

ヨーロッパやアメリカ、あるいはその他の社会にも格差がある。ただし、日本とは格差のあり方が違う。

日本で意識されるのは、「大企業か中小企業か」つまり「どの会社か」の区分である。しかしヨーロッパやアメリカその他の社会では、「ホワイトカラーかブルーカラーか」つまり「どの職務か」の区分の方が強く意識されているようだ。

欧米などの企業は、三層構造だと考えるとわかりやすいようだ[2]（図2—1）。そしてこの三層構造は、「目標を立てて命令する仕事」「命じられた通りに事務をする仕事」「命じられた通りに体を動かす仕事」の関係だと考えるとわかりやすい。

三層構造のいちばん上は、上級職員である。フランスでは「カードル cadre」、アメリカでは「エグゼンプト exempt」などとよばれていた。アメリカの公正労働基準法（FLSA）では、雇用主は上級職員に残業代を払うことが免除 exempt されるので、エグゼンプトとよばれる。

上級職員の役割は、「命令すること」「管理すること」「企画を立てること」などである。具体的には経営、マネジメント、企画などだ。これらは時間をかければ成果が出るという職務ではないから、労働時間では評価されず、残業代の対象にはならない。給与は月給制や年俸制で、契約するときに上司と交渉して金額を決めることが多い。

エグゼンプトもカードルも、昔は少数のエリートだった。しかしいまでは、昔より比率があがっている。産業構造の変化で企画や管理などの業務がふえたこと、多くの人がその地位をめざすことなどが原因のようだ。昔は大卒が多かったが、いまは事務系なら経営学修士（ＭＢＡ）、技術系なら工学修士などの学位を持っている人も多い。

その下には、アメリカの公正労働基準法でノンエグゼンプトSalaried nonexemptとよばれる下級職員がいる。彼らは事務職員や中級技術者など、実務的な職務をになう人々だ。現場には欠かせない存在だが、昇進には限界がある。かつては専門学校や二年制カレッジの卒業生が多かったが、近年では四年制大学卒が増え

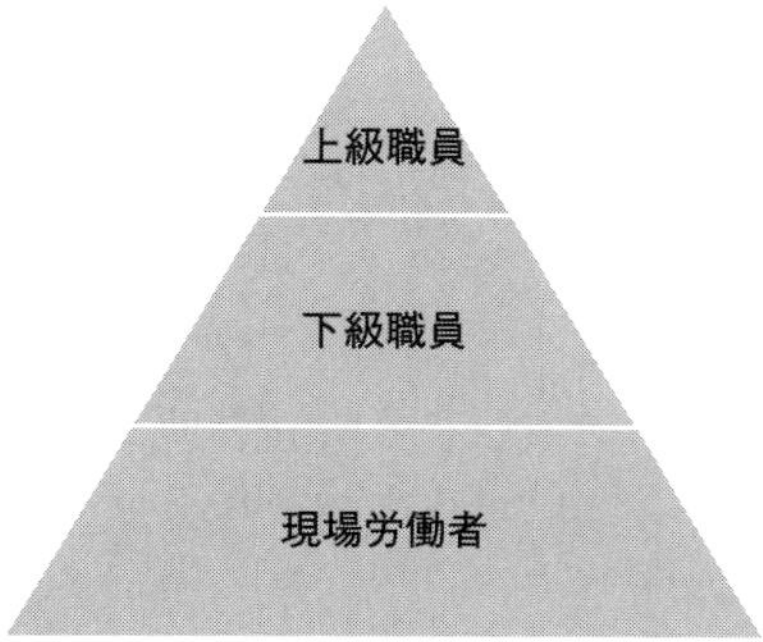

図2―1　欧米企業の三層構造

ている。
彼らは肉体労働者ではないが、命じられた定型的な職務をこなすのが基本だ。だから、時間外労働を命じた場合には、雇用主は彼らに残業代を支払う義務を免除（エグゼンプト）されない。だから「ノンエグゼンプト」と呼ばれている。給与は残業代つきの月給制が基本だが、時間で測る時給を、月単位でまとめ払いしているともいえるだろう。命じられた仕事をすませて定時に退社するのが原則で、昇進よりも自分の人生を大切にする人が多かったといわれる。

さらにその下に、現場や工場で体を動かすブルーカラー労働者たちがいる。彼らはアメリカの公正労働基準法ではHourlyと分類され、時間単位で働き、それを日給や週給のかたちで払われることが多い。職員への昇進は原則としてあまりなく、定時出勤・定時退社が原則だが、残業すれば残業代が時間単位で払われる。昔は義務教育卒が多かったが、近年は高校卒以上が多くなった。

こうした三層構造は、名称はちがっても、欧米社会に広くみられた。一九七〇年前後のイギリス企業では、年俸あるいは月俸の上級管理職員 higher management categories、事務員・タイピスト・製図員などの週給職員 weekly paid staff、工場労働者などの時給労働者 hourly rated labors がいた。[3]

ただし、国によって多少の違いはある。フランスでは「命令する人」である上級職員と、「命令される人」である下級職員や現場労働者の区分が深い。それに対してドイツは、ホワイトカラーである上級職員および下級職員と、ブルーカラーである現場労働者の区分の方が深いという。[4]

とはいえ、三層構造であることは基本のようだ。アジアやアフリカなどでも、欧米系企業やその影響を受けた大企業は、類似の三層構造をとることが多い。

「職務の平等」と「社員の平等」

つまり「欧米の働き方」といっても、どの層であるかによって違う。たとえば、「欧米人は仕事優先ではなく人生やバカンスを楽しんでいる」というのは、下級職員や現場労働者の話であることが多い。また「欧米企業は成果主義で競争が激しい」というのは上級職員の話で、それ以外には必ずしもあてはまらない。

日本ならば、「大企業か中小企業か」「どの会社か」といった区分が重要になる。だから「A社に就職したい」という言い方が出てくる。A社の正社員になってしまえば平等だ、という「社員の平等」を前提にしているからだ。

しかし欧米その他の企業では、「社員の平等」というものは存在しない。ここでは、「A

社に就職したい」という言葉は意味をなさない。「A社」の現場労働者や下級職員になるのは、むずかしくないからだ。

その代わり、欧米その他の企業では「職務の平等」とでもいうべき傾向がある。たとえば財務に強い上級職員であれば、A社であろうがB社であろうが、NGOであろうが国際機関であろうが、高給取りの財務担当者になるだろう。逆にいうと、現場労働者はA社であろうがB社であろうが、勤続年数が多かろうが少なかろうが、現場労働者のままなのが原則だ。

図式的にいうと、日本企業では一つの社内で「タテの移動」はできるが、他の企業に移る「ヨコの移動」はむずかしい。しかし欧米その他の企業では、「ヨコの移動」の方がむしろ簡単で、「タテの移動」のほうがむずかしい。

労働省の労働経済課長だった田中博秀は、一九八〇年に図2―2のような比較図を作った。「欧米の企業」にも内部昇進はそれなりに多いが、図式としてはわかりやすい。

この違いは、第1章の最後で述べた、日本とイギリスのアイデンティティの違いにも表れる。「私はA社の社員で、鋳造工をしています」という日本の自己紹介と、「私は鋳造工で、いまはA社に勤務しています」というイギリスの自己紹介の違いは、社会の「しくみ」の違いを反映しているのだ。

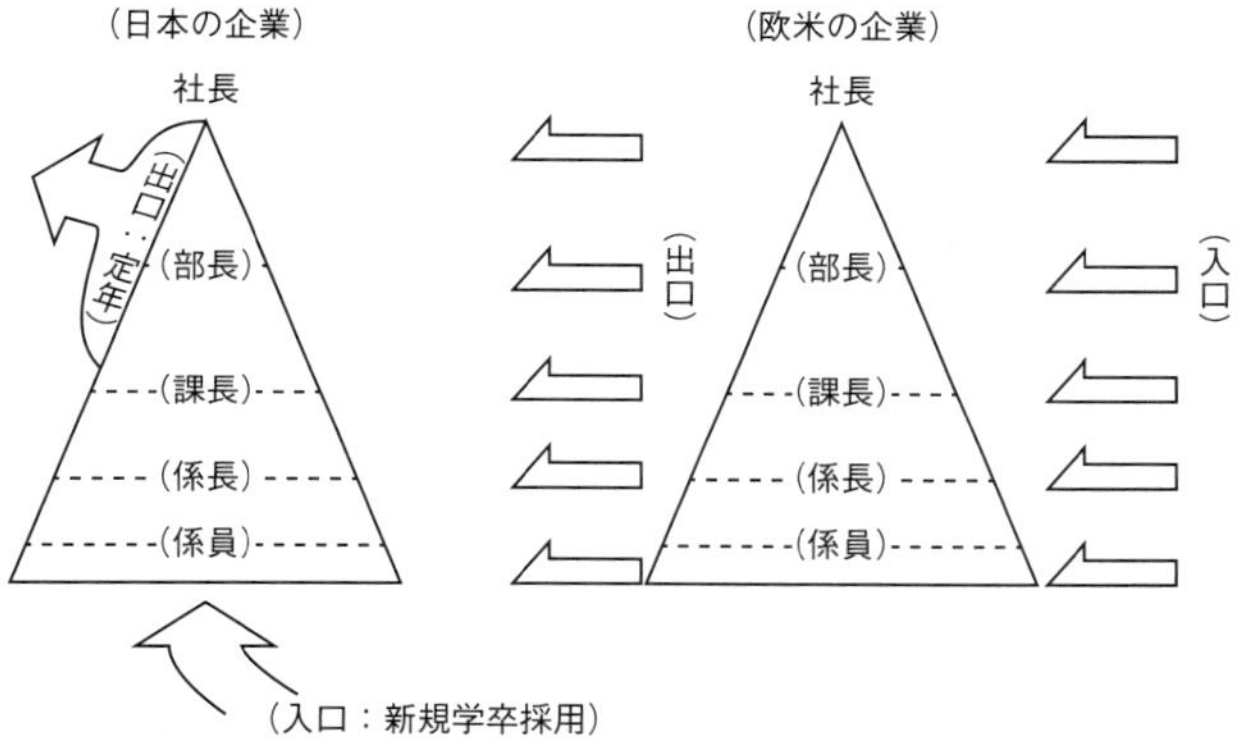

（出典：田中博秀『現代雇用論』日本労働協会、1980年、378頁）

図2—2　採用慣行の違いの国際比較図

これは、パートタイム労働のあり方にもいえる。

　ＥＵは一九九七年のパートタイム労働指令で、雇用形態を理由とした賃金差別を禁止している。そのため同じ職務なら、パートタイム労働でも、時間あたりの賃金は低くならなかったりする。フランスのカードル（上級職員）には、育児期間にパートタイム就業を選択する人もいるが、就業時間あたりの賃金が下がることはない[5]。

　ただしこれは、専門知識を駆使するパートタイム労働者のほうが、フルタイムで働く現場労働者より所得が多いかもしれないことの裏返しでもある。それに対して日本の賃金格差は、「どの職務か」よりも「どの会社か」、つまり「大企業正社員か否か」で決まっていると考えられがちだ。

日本の大企業と中小企業の賃金格差は、欧米諸国のそれより大きいのか。これには諸説があり、大きいという研究が有力である一方、それほどでもないという研究もある。[6]とはいえ確かなことは、経済学者の橘木俊詔がいうように、これが「欧米諸国では重要な話題でない」こと、「それらを推定した研究例すら少ない」ことだ。[7]

その理由の一つは、同じ仕事なのに企業規模で賃金が違うなどという現象は、経済学の原則と相性が悪いことだ。エコノミストの香西泰は、こう述べている。[8]「一物一価の法則は、合理的な経済行動を考えると自明のことである。ところが賃金すなわち労働力の価格が、売る相手〔大企業か中小企業か〕によって半分にしかならないということは、この初歩的原則をまったく無効にしてしまいかねない」。こういう問題は、経済学者が敬遠しがちだったとしても不思議はないだろう。

アメリカやヨーロッパでも、業績のよい企業で働いていれば、同じような職務でも賃金は高くなりがちだ。結果として、企業規模による差はある。

しかし図式的にいえば、同じ職務なのに他企業と大きな賃金差がついたら、労働者は移動してしまうだろう。それだと、職務が同じなのであれば、あまり差はつけられないことになる。

そういう社会では、企業規模よりも職務による賃金差、あるいは職員とブルーカラー労働者の賃金差のほうが強く意識されるだろう。だから、企業規模による賃金格差は、あったとしても重要な話題にならないのだと考えられる。

どこの社会も格差はある。ただし欧米では、「どの職務か」の格差が意識される。だが日本では、「どの会社か」の格差が意識される。欧米は「職務の平等」を追求した社会であり、日本は「社員の平等」を追求した社会だ、といえるかもしれない。

職務（ジョブ）の原理

職務（ジョブ）に即した働き方というものを、アメリカの慣行を中心に、単純化して説明しよう。

この働き方は、労働者が一定の職務を請け負って、その対価を賃金として受けとるのだ、と考えるとわかりやすい。

雇用主は、請け負ってほしい職務 job の内容を明らかにして、労働者を募集する。そのさい、賃金、勤務条件、勤務事務所、所属部署、その職務に必要な知識・学位・資格、労働基準法での地位などを書いた職務記述書 job description を用意する。[9]

職務記述書の学位や資格の条件は、たとえば会計係であればこんなふうだ。[10]「必要な資

格　会計学のカレッジ卒学位。ただし、下記を越える実務経験は学歴に代替できるとみなすことができる。三年の簿記または／および口座支払いの実務経験」。

こうして募集を行なう場合に参考にするのは、その職務が求人広告やウェブサイトで、どのくらいの賃金で募集されているかだ。たとえば会計とか、生産管理とか、職務ごとの賃金市場の相場を参考にして、提示する賃金を決める。応募するほうも、いろいろな企業の提示を見ている。

だから、職務が同じなら、企業が違っても賃金にあまり差がつきにくい。ただし現場労働者や下級職員は地域レベルの賃金市場、上級職員は全国レベルや産業レベルの賃金市場を参考にする傾向があるといった差はみられる。[11] さらに上級職員の場合は、業務目標を提示して、雇用主と労働者が俸給額を交渉することが多い。

図2―3は、アメリカに進出する日系企業むけの手引書にあったイラストをもとに、経済学者の木下武男が手直ししたものだ。一九九一年と少し時代が古いが、アメリカにおけるクラシックなやり方がわかりやすく図式化されている。

企業のなかの職務を分析したり、それがどのくらいの賃金に値するかを評価することは、各企業の手に余るので、アメリカでは経営コンサルタント会社が請け負うことが多い。コンサルタント会社のヘイ社が開発したヘイ・システムのように、かなりのシェアを

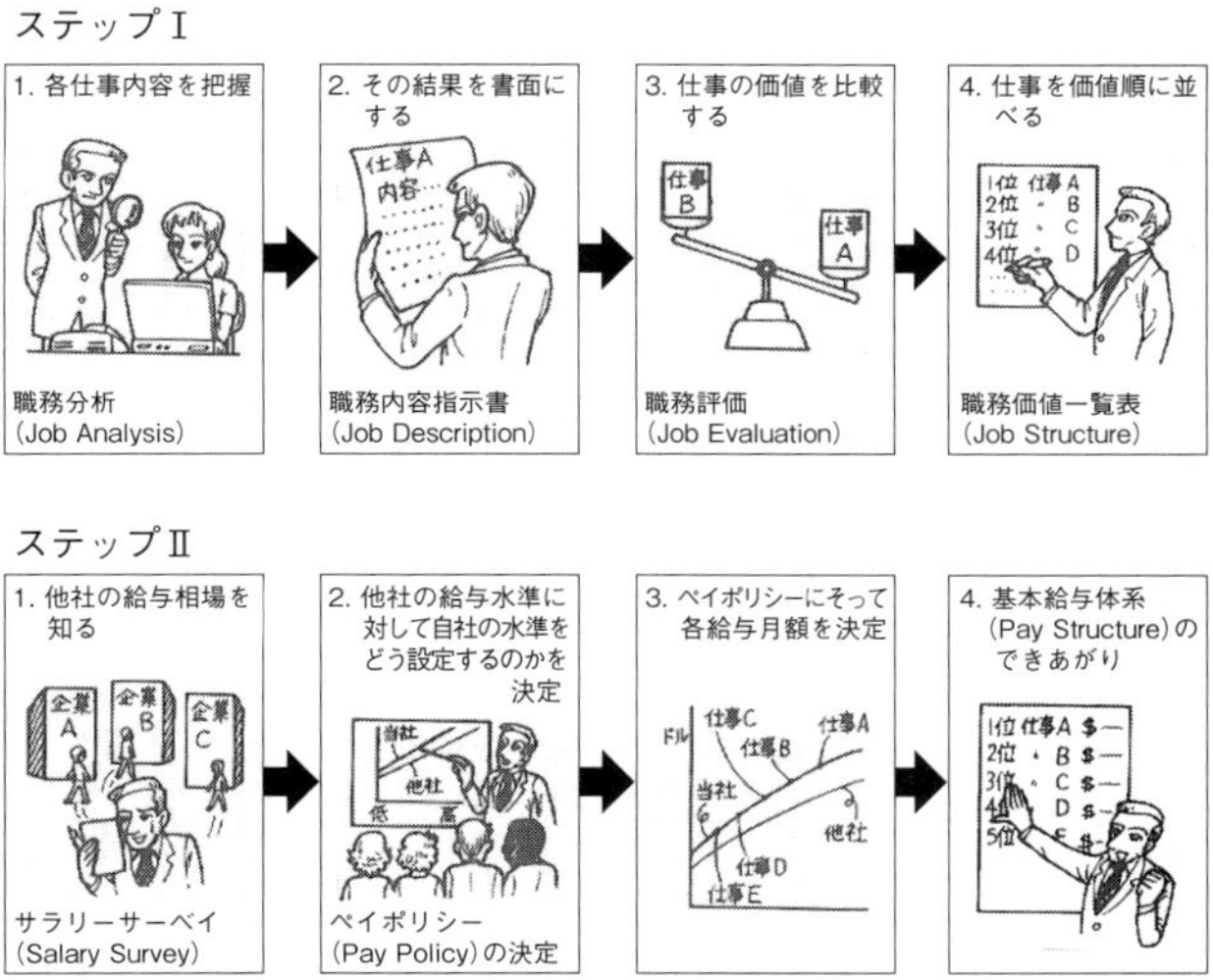

(出典：木下武男『日本人の賃金』平凡社、1999年、71頁)

図2—3　アメリカにおける職務給の設定手順

占める格付けシステムも生まれ、それが企業を超えた標準化を促した。[12]

ある職務、たとえばA社のB町事業所で会計係に欠員が生じたとする。そうなると、まずB町事業所の経理部内で適任者を探す。部内に適任者がいなければ、事業所内で公募する。事業所内で適切な人が出てこなかったら、A社の他の事業所か、社外に公募をする。[13]

社内公募の方が優先であるためか、九〇年代までのアメリカでも、ホワイトカラー中間管理職の約九割は企業の内部昇進だったと指摘されている。[14]ただし近年は、上級の職位であるほど、一般公募で競争になる傾向があるようだ。

社内からの応募でも、社外からの応募でも、応募者が履歴書と学位証明書を携えて応募し、面接をうけ、雇用契約をする。ある職務を請け負う人を、社内から公募するのが「昇進」で、社外から公募するのが「採用」だと考えればいいかもしれない。

この公募が下級職員、たとえば会計係ならば、面接するのは受け入れ部署の上司、たとえば経理課長である。採用決定はそこでなされ、企業の人事部はそれを追認するだけということが多い。ブルーカラーの現場労働者も同様である。[15]

それはなぜか。経理課長は、経理課をマネジメントする職務を請け負っているからだろう。経理課の業務をこなすために、人数を増やすか否かは、彼の裁量の範囲なのだ。人を替えても人件費が同じなら人事部は追認するだけだし、人件費が変わるなら課長は人事部と交渉することになる。人件費が増えただけの成果を出せなかったら、彼のマネジャーとしての評価が下がるだろう。

上級職員や管理職の採用や昇進は、もっと上のレベルの幹部が面接して決定する。社内公募をとらずに、企業上層部が決めてしまうことも多いともいわれる。[16]また逆に、初めから社内と社外のどちらにも一般公募して、応募者を競わせることも増えているといわれる。[17]このあたりは企業や業界、時代によって違うので、一概には言えない。

社内の者が上位の職務に就いたら、その人の職務が空く。そうしたら、また社内か社外から公募する。他の企業の職務に移っていく人が出て、職務が空くこともある。どちらにせよ、空きポストができた時に公募するやり方なので、全国の学卒者が一斉に「新卒一括採用」されるという慣習はない。

またここには、「定期人事異動」といったものはない。契約のさいに、職務や勤務事務所などを提示しているので、経営側の決定だけで異動させると契約違反になりかねない。

その代わり、自動的に昇進・昇給したりはしない。A社B町の事業所で雇われた下級職員ならば、その事業所の下級職員のままである。A社の他の町の事業所に異動することも、原則としてない。請け負っている職務が同じままなら、賃金も原則としてあまり変わらないだろう。社内か社外で、より難易度が高く、より賃金が高い職務に応募すれば、それが昇進・昇給の道となる。

アメリカの場合では、企業がその町の事業所を縮小して、たとえば会計課を整理することが決まったら、その職務を請け負っていた人は解雇されることが多い[18]。ただし、同じ企業の他地域の事業所の会計職を紹介してもらい、優先的に応募することはできるかもしれない。他の町まで転居する気にならなければ、同じ町の他企業で会計の職を探すわけだ。

もちろん、他の職務に応募することもできる。しかし、たとえば会計をやってきた人が営業の職務に応募しても、グレードの低い（つまり賃金の低い）職務にしか就けないことが多い。そのため、おなじ職種のなかでキャリアを築いていく人が多い。たとえば会計の学位を持ち、会計の職務を得た人は、よりグレードの高い会計の職務を、社内か社外でめざすことになる。

ここでは、従業員は企業という場に集まってはいるものの、それぞれが請け負った職務をこなしている。そのため同じ職場にいても、各自が個室か、間仕切りのあるコンパートメントに入り、各自の職務をしている。自分の職務が終わったら、他の人にかまわず帰宅する人も多い。近年は在宅勤務やテレワークも広まっている。

このオフィスのあり方は、「新卒一括採用」とか「定期人事異動」とは、まったくあわない。各自が個室に入っているのだから、大学を出たばかりの新人や、人事異動してきたばかりの人が、ろくな研修プログラムを経ずに大量に配置されても、周囲に仕事を教えてくれる人がいないだろう。

こうした職務中心の働き方は、アメリカ以外でも広まっている。ドイツやフランスでは、解雇規制はアメリカと異なるが、職務記述書を提示して契約することは同じだ。[19]あるビジネスコンサルタントは二〇一三年に、インド人女性コンサルタントにむかって「日本では職務記述書がない」と説明したところ、「目を丸くして驚いていた」と記している。[20]

こうしたことは、日本企業が他国の人を雇う場合にも影響する。二〇一九年のある新聞記事は、日本企業に雇われたインド人社員から、「給与の評価基準を明確に示してほしい」という要望が出たことを報じている。この記事は、「インドでは互いに給与明細を見せ合うことも普通。誰がどういう評価をされているかを互いに確認した上で、会社に対して給与や転職の交渉に臨むという」と記している。[21]

上になるほど厳しい競争

欧米などでは、日本のような大量の「新卒一括採用」はない。職務の欠員募集があり、求められている学位や経験があれば雇われるが、経験がない新卒者は不利だともいわれる。[22]

ただし、有名大学で経営学修士号などを取得した人を、最初から幹部候補生として新卒で雇うことはある。[23] こうした人は、数年おきに多様な職務を経験しながら、経営幹部になることをめざすことが多い。[24] この働き方が、日本の大企業正社員に似ているといわれることもある。

ただしここでも、ある職務に応募して、契約するという基本原理は変わらない。またこういう幹部候補生は、日本の大企業正社員にくらべ、昇進が早い。[25] ある企業で思うように昇進できなかったら、他企業に移ってしまうからだろう。
また、こうした幹部候補生の新卒採用は少数である。九〇年代後半のフランス大企業（従業員四万四千人）の事例では、カードル（上級職員）として毎年約一〇〇人が社外から採用されていたが、二五歳未満は年に一〇名から二〇名。そのほとんどはグランドゼコール出身か博士号取得者で、一般の大卒は公募対象になっていなかった。[26]
こうした上級職員は、他社経験者はもちろん新卒であっても、雇用契約のさいに自分で給与交渉をし、自分の業務目標を設定することが多い。[27] これが目標管理制度、俗にいう「成果主義」である。成果の達成度によって、給与に大きな差がつくことも多い。
ＩＴや金融といった新興産業は、とくに格差が開く傾向が強い。二〇一六年一月に、ポータルサイトPayScaleに公表されていた米国大手企業八社におけるＩＴプロジェクトマネジャーの年間給与（ボーナス等を含む）を調べた調査では、同じ社内でも二倍以上、会社が違うと三倍近い差があった。[28]
一方で、与えられた職務を確実にこなすのが役目の現場労働者や下級職員は、「成果主義」の対象にはなりにくい。彼らはそもそも、目標を設定する立場にない。目標を設定し、組織を適切に運営するのは管理職の仕事だ。下級職員や現場労働者は、管理職から割り振られた職務を確実にこなすのが原則である。

こうした人々の賃金は、請け負った職務で決まっている「職務給」で、同一労働同一賃金が原則とされていた。とくにアメリカなどで労働組合に所属する労働者は、経営による査定を排除していた。労働者ごとの査定が入ると、経営のお気に入りになろうという者が出てきて、団結が乱れやすいからである。

二〇〇五年にアメリカのGM（ゼネラル・モーターズ）の工場を訪れた日本の研究者が、全米自動車労組の地域役員に賃金制度について聞いたところ、答えはこうだったという。[29]「そんなものはない。工場で働く我々はみんな時給二六・一六ドルだ」。熟練度がとくに高いと組合が認めているクラフツマンは高い賃金が払われていたが、それも職務によって決まっているもので、経営による査定などはなかった。

さすがに近年のアメリカでは、同じ職務であっても賃金に幅が出てきた。とはいえ、職務ごとの賃金市場を参照しているためか、現場労働者や下級職員は同じ職務なら上下一割から二割ていどの幅で、極端な差はつけにくいようだ。[30]

また、あるアメリカ大企業のエグゼンプト層の査定結果を分析した二〇〇四年の研究によれば、AからEまでの五段階評価で、九五％以上がBとCだったという。[31]不明確な基準で極端な査定をすると、訴訟になりかねないからだといわれる。

第3章で述べるが、一九六〇年代以降のアメリカでは、年齢・人種・性別による差別は禁止された。そのため、六〇歳になったという理由だけで解雇したりすれば、黒人だから解雇するというのと同じく違法になる。[32] こういう社会では、上司の主観で査定にAやEをつけたりすると、訴訟になるリスクがあることは想像できる。

概していえば、業績で大きな差がつくのは上の人々だった。一九九四年のアメリカの給与サーベイによると、非管理職の一般社員は、職務で決まる基本給が九六％で、短期業績給が四％。課長クラスでも、基本給九二％に短期業績給が八％。それに対し、CEO（経営最高責任者）は基本給が四一％にすぎず、短期業績給が一八％、長期業績給が四一％だったという。[33] つまり、経営者がいちばん業績を問われるのだ。

これは最近でも、基本的には変わっていないようだ。二〇一四年にコンサルティング会社のタワーズワトソンが提供していた評価システムGGS（Global Grading System）でも、いわゆる「成果主義」の対象になるのはマネジャー以上だった。この会社の日本法人のコンサルタントも、「［アメリカなどでは］成果によって収入が大きく異なるのはマネジャー以上のクラスで、現場の社員には職務に応じた給料が支払われるケースがほとんど」だと解説していた。[34]

なおアメリカでは、定年制は年齢差別として原則禁止だが、高レベルの判断能力が要求される経営幹部については、肉体的限界と影響の大きさを考慮して、六五歳定年の設定が容認されている。[35] 総じて、上になるほど競争が激しく、責任が重く、学位や業績が求められ、法律で保護される度合いが少なくなるといえよう。

とはいえこうなると、現場労働者や下級職員は、二〇代終わりか三〇代で賃金が頭打ちになってしまうことも多い。[36] 職務が同じなら、賃金もあまり変わらないからである。熱心な人は、社外で資格をとったりして、より上の職務をめざすが、そうでない人ももちろんいる。

西欧や北欧では、それをカバーするため、児童手当、公営住宅、家賃補助などが行なわれることが多かった。これは一種の少子化対策でもあるが、中年期に賃金が上がらない人たちに対する支援措置である。[37] また、夫婦共稼ぎも多い。

アメリカには、北欧や西欧のような社会保障制度はあまりない。しかし組合所属の労働者には、不況時のレイオフ（一時解雇）における「先任権」というルールがあった。これは勤続年数の長いベテランを最後に解雇し、景気がもどって再雇用するさいには最初に雇うというルールである。また年齢とともに、賃金の高い職務に異動させる配慮もなされていた。これは一種の年功制で、中年期に家族を扶養する生活費を確保する慣行だ。先任権で職務の保有権が保障されていたアメリカの組合労働者は、定年がある日本の労働者以上の「終身雇用」だともいわれた。[38]

アメリカに年功制があったと聞くと意外かもしれない。しかし類似の原則は、ヨーロッパにも多い。

かつてのイギリスやオーストラリアの銀行の下級事務職員は、三〇歳くらいまでは年齢で賃金があがっていた。[39] イギリスの歴史は第3章で述べるが、これはおそらく徒弟制度の慣行の延長で、経験を熟練の指標とみなす考え方である。第3章で紹介するドイツの雑誌編集者の賃金も、経験年数で上がっていた。これらの場合も、年齢と経験年収で自動的に決まってしまうので、経営が査定する余地はあまりない。

こうみてくると、「欧米企業は成果主義が徹底していて収入に大きな差がつく」というのは、おもに経営者や上級職員の話であるのがわかる。また「欧米企業では専門職務に徹するが日本企業はゼネラリスト志向だ」というのは、下級職員にはあてはまるが、幹部候補生レベルの上級職員は必ずしもそうではない。「日本は年功制だが欧米は厳しく査定される」というのは、下級職員や現場労働者には当てはまらないことが多い。

幹部は修士号・博士号が必須

こうした雇用慣行の違いは、教育のあり方にも反映する。

すでに述べたように、欧米（だけでなく日本以外の多くの国）では、欠員募集が基本で、新卒一括採用という習慣はない。そして一定の職務経験か、専門能力を証明する学位が求められることが多い。そうなれば、教育もそれに対応したものとなる。

学位の専門化は、職務の専門化と呼応して進んだ。一例としてアメリカの大学職員を例にとろう。

アメリカの大学職員は一九七〇年代以降に専門職化が進み、学務登録（Registrar）や学生支援（Student Affairs）、上級管理職（Administrators）などの専門課程が、教育大学院などに設けられた。日本のような人事異動がないので、同じ大学でさまざまな職種に就くのではなく、同じ職種でさまざまな大学を移りながらキャリアアップする。

専門職学位としてM.Ed.（Master of Education：教育修士）やD.Ed.ないしEd.D.（Doctor of Education：教育博士）をとっている人も多い。こうした学位は、上級の職務ほど、応募段階から要求が高くなる。

東京大学職員の小野里拓が二〇一七年一〇月にアメリカの求人情報サイトを調査したところ、四年制大学のDirector（日本の課長級）では、修士号取得を応募の最低要件としていた求人が一二件中五件。Executive（日本の部長級）だと、博士号取得を最低要件もしくは望ましいとするものが二八件中六件、修士号取得を最低要件もしくは望ましいとするものが一六件だった。[40]

これは応募の最低要件にすぎない。小野里が二〇一五年にモンタナ州立大学のある国際教育担当課長にインタビューしたところ、「課長職の公募であれば修士レベルの学位を持っていることはほぼ前提で、さらに上位の職を目指すのであれば博士号も必要」とのことだった。この課長は、すでに複数の大学で二〇年近い国際教育の実務経験があったが、教育大学院で学びなおすことを決意していたという[41]。

アメリカの大学では、基本的に職員を専門職と業務補助職に分類しており、補助職ならばここまでは要求されない。しかし専門職では、学位だけでなく実務経験をも要求する場合が多い[42]。

こういうことは、職務ごとに労働市場があって、職務ごとに募集している社会ならではといえる。専門能力はあがっていくし、キャリアアップの展望も描きやすい。

もっとも、これはこれで問題もある。競争が激しいし、ストレスも多い。私がアメリカの大学を訪ねたときには、管理職の上級大学職員の給与が高騰しすぎて、その大学の教育予算を圧迫しているという話も聞いた。一部の上級大学職員の高給が、高い学費になって学生の負担になれば、それも大きな問題だろう。

またこうなると、学位も実務経験もない若者は職を得るのがむずかしい。そのため、若年失業率が高くなる。

そこで若者は、まず大学や大学院、職業訓練学校などで資格や学位をとり、実務経験の不足をカバーする。アメリカの大学などでは、修士号や博士号をとるといかに年収があがるかをアピールして、学生を集めている。卒業後はインターンや見習いとして働き、実務経験を積んでから、より高い職務をめざすことになる。

上記のモンタナ州立大学の課長の場合も、学生時代に大学の国際プログラムオフィスに学生助手Student Assistantとして関わった経験からキャリアを始めたという。アメリカの高等教育では、カリキュラムの一環として、インターンシップを必修もしくは強く推奨している場合も多い。[43]

学位が違うと収入が違う

アメリカでは、大学職員だけでなく、企業財務や法務、金融アナリスト、市場リサーチャー、コンサルタント、研究開発エンジニア、あるいは企業経営そのものなどで、高等教育の学位が一種の職業資格になる。専門の大学院で学位を得ていない人は、たとえば証券会社の事務職には就けても、ディーリング部門に就くことは原則としてない。[44]

もちろんアメリカの大学院も、すべてが実務家養成コースではない。アメリカの大学院は、大きく学術系（Academic）と職業系（Professional）に分けることができるが、とくに一九八〇年代以降に職業系が増え、九〇年代には修士課程の学位授与は職業系分野が約八五%を占めるまでになっていた。[45] ヨーロッパはアメリカとは違う歴史があるが、近年では修士号がないと高給の職に就きにくくなっている状況は共通しているようだ。

大学や大学院に入りなおす人が多くなったためか、日本以外の国では大学生の平均年齢が高い。OECD教育白書二〇一四年版によれば、四年制大学（タイプA第三期教育）への入学者平均年齢は、日本が一八歳なのに対し、OECDの平均は二二歳、アメリカは二三歳、スウェーデンは二四歳、アイルランドは二六歳だった。[46]

学士号や修士号の種類による差もある。アメリカでは、同じ学士号でも企業で昇進が早いのが経営系の学士号取得者、ついで工学系の学士号取得者で、教養系の学士号取得者はそれより遅いといわれる。[47] 経営学修士（MBA）があり、かつ他の専門的な学士号を持っていると、最高の昇進度となる。名門ビジネススクールの学位はその他のビジネススクールの学位より評価が高く、最初から給与に差がつくともいう。[48]

もっとも経営や工学以外の学位に意味がないかといえば、そんなことはない。たとえばアメリカの多くの州では、修士号の取得が教員の終身免許取得の条件になった。[49] そのほか、社会学の学位をとって社会調査のアナリスト、美術系の学位をとって学芸員など、それぞれの職と学位が対応してきている。職業系には、情報科学、マーケティング、ヘルス、体育、看護、公園レクリエーションなど、それぞれ専攻があり学位がある。[50] ヨーロッパの大学もアメリカの影響もあり、職業系の専攻が増えた。

こうなると、学位をとるのが学校に行く目的になるので、在学中は学業に集中せざるを得ない。学生は、学位取得の目途がついた卒業間際、あるいは学位取得後に職探しをはじめる。労働政策研究・研修機構が二〇〇一年に公表した報告書によれば、就職活動を卒業前に始めた大学生は日本が八八・〇%、欧州一一ヵ国の平均は三九・一%だった。[51]

またヨーロッパでは、修士号や博士号を含めた能力証明の基準であるQF（Qualifications Framework）ができている。[52] これは、職務に必要なスキル、知識、および能力competencyを公的に認められた機関が証明する制度である。

この制度は一九八六年に、イギリスでNVQという全国統一資格制度を作ったところから始まった。第3章で述べるが、イギリスでは会計士など各種の職種別協会が、職業資格を発行していた。それを国レベルで統合したのである。

その後のEU統合により、人材が国を越えて移動する動きが高まった。そうなると、国境をこえた枠組みが必要になり、二〇〇八年にはヨーロッパ共通資格枠組み（EQF）が作られたのである。

EQFでは、学位、実務経験、職業訓練機関での学習成果などを、公的機関がレベル一からレベル八までに段階化する。レベル一は単純労働に適した能力、レベル八は高度な研究開発やマネジメントに適した能力の証明となる。レベル八・七・六は、それぞれ博士号・修士号・学士号の水準に対応する。さらにグローバル化の進展にともない、EQFを参考に、アジアやアフリカの国々でもQFの導入が進んでいる。

このように近年では、大学院に進学して専門学位を取得した方が、高収入の職を得られることが常識化している。国を超えて学位や職務経験を評価する共通フレームも整備され、高度人材をめざす人々は、評価の高い大学教育を求めて留学するようになっている。

これを踏まえると、日本の大学院進学率の低さの原因がわかってくる。つまり他国では、向学心が高いから大学院に行くのでは必ずしもない。高所得が得られる上級職員になるには、専門の学位が必要なのだ。

複線的な制度

また他国の教育制度は、日本ほど単線的ではない。

ヨーロッパでは、小学校を終えた段階から、進学コースと実業教育コースに分かれてしまう制度が多かった。とくにドイツでは、実業教育に進んで、職業資格をとる人が昔から多い。普通教育コースに進んだ場合には、大学で学ぶ学力を備えているかを試す試験（ドイツならアビトゥーア、フランスならバカロレア）を受験し、それに合格しないと大学の入学資格がない国が多い。[53]

その代わりに、たいてい個別の大学入試はない。また国立大学は無償ないし格安の国も多い。とはいえこれは、貧しい人を助ける格差対策というより、選抜された優秀な人材を育成する優遇策だったと考えた方がいいように思う。

もっとも二〇一〇年代では、たとえばフランスの普通バカロレアの合格率も八割から九割にあがって、少数エリートとはいえなくなっている。ただしフランスでは、三年制の一般大学と、準備学級を含め実質的に五年制のグランドゼコールでは制度が違い、入学の方法も異なる。カードル（上級職員）の公募は、バカロレア取得後五年以上を要求していたりするが、これは三年制の一般大学の卒業生は大学院に行かない限り対象外ということだ。[54]

アメリカでは、ヨーロッパの制度と違い、中等教育までは現代日本と似ている（戦後の日本がアメリカの制度を取り入れたからである）。高校卒の学力レベルを試す大学進学適性試験（SAT）はあるが、一種の目安であって、合格しないと高等教育に進学できないものではない。その点も、日本とやや似ている。

ただしアメリカの高等教育は日本より多様で、入学選抜の方法もさまざまであり、名門私大・州立大学・コミュニティカレッジなどの役割分担があった。[55] 二年制のコミュニティカレッジは職業教育が中心で、地元の実業界とつながり下級職員の供給源になっていた。上級職員は四年制大学が供給源だったが、進学率の上昇にともない、四年制大学卒でノンエグゼンプションになる人も増えた。[56] さらに上の職に就くには、前述のように修士号や博士号がないと、むずかしくなっている。

「偏差値」は日本だけ？

以上が日本のしくみとちがうところは、職務に求められる学位があり、その求められる学位が上昇している、ということである。

日本の企業や官庁は、職務に即した専門的学位は求めていない。大学で何を勉強したかもさほど問題にしない。経団連加盟企業が、採用にあたって語学力や履修経歴を重視していないことは、第1章で述べたとおりである。

経営者のなかには、「欧米では新入社員は即戦力。日本の大学生は一流、二流、三流に関係なく、卒業してもほとんど即戦力にならない」と述べる人もいる。[57] しかし、そもそも企業が専門的な職務能力を要求していないのだから、学生を責めることはできない。

企業が重視するのは、大学や大学院で何を学んだかよりも、どんな職務に配置しても適応できる潜在能力である。その能力は、偏差値の高い大学の入学試験を突破したことで測られる。他国にもこうした潜在能力を評価する傾向はあるが、日本はその広がりが大きい。

逆にいえば、日本で大学入試のランキングが重視されるのは、企業や官庁が、修士号や博士号を重視していないからである。「博士号・修士号・学士号」という序列が機能していないから、「A大卒・B大卒・C大卒」という序列が重視される、と考えればわかりやすいだろうか。

もちろん他の国にも、名門大学というものはある。とはいえそうした名門校は少数で、「日本のようにあらゆる大学がこまかく序列化しているわけではない。日本の高校や大学の総序列化は特異なものである」と教育社会学者の竹内洋は述べている。[58] また専門の学位が重要な社会なら、入試の難易度だけでランク付けしても、意味がないだろう。

日本では偏差値がよく語られる。しかし、一部名門校が突出しているだけでは偏差値は出せない。近年はアメリカや世界の大学・学部のランキングもあるが、主として教育内容や教授陣の質、学生一人当たりの設備予算などを集計したものである。[59]

日本の学校教育で「偏差値」が発案されたのは一九五七年だったが、これは当初は生徒の得意教科や不得意教科の基準を明確にする指導法としてのものだった。しかし一九六〇年代半ばには、受験対策として学校のランキングに活用されることが始まった。[60] それが本格的な広まりをみせたのは、一九七〇年代になってからである。一九六〇年代後半から七〇年代は、高校進学率・大学進学率が上昇して「大学卒」というだけでは意味がなくなり、「どの大学を卒業したか」が以前に増して重視されるようになった時期だった。

ただし日本のランキングには、大学から上はない。英米独仏日の大学院を比較研究したバートン・クラークは、日本は工学修士をのぞけば大学院卒の需要がなく、「学士であろうと修士であろうと、終身雇用という古典的な日本的パターンの中で企業に対する忠誠心を有する献身的な成員へと育成されていく」社会だったと評している。[61] 需要がなければ進学率は伸びず、ランキングも盛んにはならない。

日本は学歴社会だといわれるが、他の国も学歴競争は激しい。名門大学の経営学修士号があれば最初から給与が違うアメリカや、五年制のグランドゼコール出身者だけがカードル募集の対象になるフランスの方が、日本より学歴社会かもしれない。しかし、「学歴」の機能が違うのだとしたら、比較してもあまり意味がないだろう。

個室と大部屋

日本の特徴は、オフィスの形にも表れる。職務を定めてそれを請け負う雇用だと、企業という場に集まってはいても、各自が個室かコンパートメントで各自の職務をこなす。最近は回遊性を高めたオフィスや、間仕切りだけのコンパートメントも増えたが、基本は個室型である。それに対し、日本は大部屋で共同作業だ。

これはどうも、日本だけの特徴であるようだ[62]。二〇一七年にある労働組織論の研究者は、こう述べている[63]。「私は欧米をはじめ各国で企業のオフィスを見てきたが、大部屋で仕切りがなく、上司や同僚と顔を突き合わせて仕事をしているのは日本だけだ」。

この「大部屋」は、日本の官庁の特徴でもある。フランスの国立行政学院(ENA)から研修で来日したキャリーヌ・クラウスは、二〇〇四年に日本の官庁についてこう述べている[64]。「驚いたことはいくつもありますが、先ず直接目にした驚き、それは役所の執務室の配置でした。フランスではほとんどの公務員は自分たちの個室を持っていますが、日本の公務員は皆同じ部屋で働いています」。

官僚制については、フランスやドイツのような大陸ヨーロッパ型と、アメリカ型では違いがある。とはいえ日本に比較的近い大陸ヨーロッパ型でも、大部屋で働いてはいない。またドイツやフランス、あるいはイギリスやアメリカの官僚制でも、定期人事異動や新卒一括採用というものはなく、欠員ができたときに部内か部外から公募する形式だ[65]。

行政学者の大森彌は、この「大部屋主義」が、日本の行政の特徴を表しているという[66]。

他国の官庁では、職務の内容を定め、それにふさわしい専門能力や学位を持つ人を欠員募集する。そうなると、各人の権限と責任の範囲が明確になるし、与えられた職務内容に即して評価することができる。

ところが日本の官庁では、試験で一般的な能力を試して採用したあと、職場に配置して仕事を覚えさせる。しかも大部屋での共同作業に表れているように、職務内容の境界が不明確で、権限や責任の範囲も不明確になりやすい。だから評価も、職務のパフォーマンスよりは、「人物」とか「人柄」に傾斜しやすい。

大森によれば、欧米その他の官庁では、まず職務があり、それに即した人を雇う。それに対し日本では、まず人を雇い、それに対して職務をあてがう。大森はこれを「初めに職務ありき」と「初めに職員ありき」の違いとして論じている。

行政学者の新藤宗幸は、このことが、日本で行政指導による業界と官庁の癒着がおきやすい一因だとしている。[67]

行政指導とは、法律にもとづく正式な行政命令ではなく、官庁の「アドバイス」である。こういうものがあるのは、権限と責任の範囲が不明確だからだ。しかも省庁の「課」が全体として業界と癒着し、誰が責任者なのかもわかりにくい。それぞれの権限が明確であれば、特定の官吏が彼の権限のなかで汚職することはあっても、「課」が全体として業界と癒着する形にはなりにくいし、課内の動向が公文書で残り責任を問いやすい。

社会学者のマックス・ウェーバーは、官僚制の特徴は専門化であり、これは近代化の特徴でもあると論じた。彼が官僚の典型的人間像だとした「専門人」は、ドイツ語ではFach-menschである。Fachとは、「専門」とか「個室」といった意味だ。

つまりウェーバーの考える官僚制とは、個々の職務を個室でこなしている専門家たちの分業体制である。これが近代の特徴だと考えるなら、日本の官僚制は、あまり近代的ではないのかもしれない。

だが本書の文脈で重要なのは、以下のことだ。「初めに職務ありき」の社会では、まず職務があり、それに即した人を雇う。しかし「初めに職員ありき」の社会では、まず人を雇い、その人に職務をあてがう。この違いが働き方や教育、採用や人事にまで影響しているのだ。

そしてじつは、大森が官庁で行なった類型化と同じことを、日本の雇用を論じる人々も異口同音に指摘している。その代表的な論者である濱口桂一郎は、日本の雇用形態を「メンバーシップ型」、欧米その他を「ジョブ型」と名づけて、次頁の図2―4のように類型化している。[68]

「初めに人ありき」のしくみは、定期人事異動や新卒一括採用、大部屋のオフィスと一

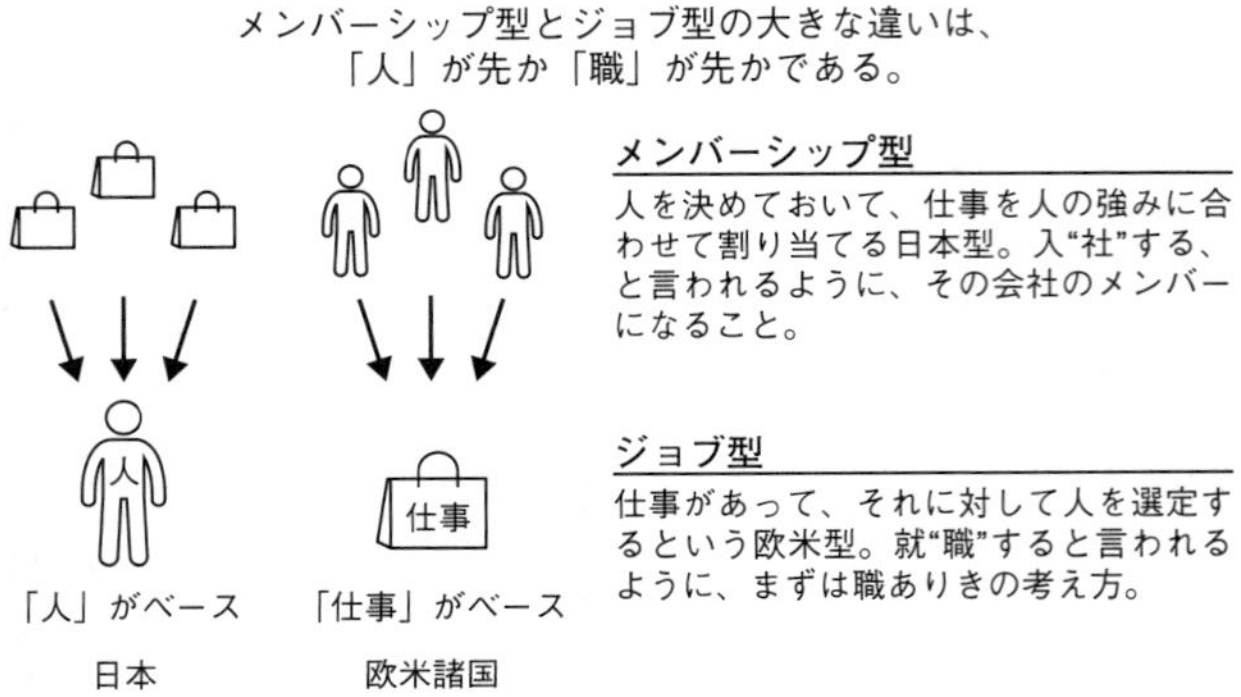
メンバーシップ型とジョブ型の大きな違いは、
「人」が先か「職」が先かである。
メンバーシップ型
人を決めておいて、仕事を人の強みに合わせて割り当てる日本型。入“社”する、と言われるように、その会社のメンバーになること。
ジョブ型
仕事があって、それに対して人を選定するという欧米型。就“職”すると言われるように、まずは職ありきの考え方。
人
仕事
「人」がベース
「仕事」がベース
日本
欧米諸国

（出典：濱口桂一郎『若者と労働』中公新書ラクレ、2013年、31頁）

図2—4　メンバーシップ型とジョブ型の違い

体だ。日本の官庁や企業は、大量の大学新卒者を定期的に採用し、組織内に配置する。そうなると、既存の職員はどこかに押し出されるので、大規模な定期人事異動が必要になる。[69]未経験の新しい職務に配置されたら、右も左もわからないことが多いが、大部屋で働いている隣の人が教えてくれるだろう。

このあり方では、職務で賃金を決めることはできない。第6章で述べるが、敗戦直後に、アメリカ占領軍が職務給を奨励したことがあった。しかし当時の労働省の労働統計調査局長だった金子美雄は、部下の楠田丘にこう言ったという。[70]

〔日本では〕何々株式会社社員を採用して、そのあとで君は営業に、君は経理に、今日はこれをやってくれと、仕事はその都度組織の都合で決められるんだから、仕事で賃金を決められたら、異動するたびに賃金が上がったり下がったりする。上がるならいいけれど下がったら、君、どうするんだ。その人間はもうやる気を起こさないだろう。だから、仕事で決める賃金は日本には無理だよ。〔日本に向いているのは〕その人の価値で決める賃金だ。

そこで楠田が「じゃあ、人間の価値はどうやって決めるんですか」といったら、「それはこれからの労働省の大きな課題だ」と金子は答えたという。とはいえ第4章以下で述べるように、学歴や勤続年数、あるいは「人物」で判定することになりやすかった。この「初めに人ありき」の原理は、官庁においても、企業においても、日本の特徴なのだ。

学歴より「社内のがんばり」

そして日本のもう一つの特徴は、「職務の平等」ではなく、「社員の平等」が追求されてきたことだ。

通説と異なるかもしれないが、教育学者や経済学者の分析では、日本は欧米にくらべて学歴間の賃金格差が小さいとされている。[71] その一因は、専門的な学位に対する評価の違いだろう。欧米その他では、高い給与をめざすなら高い学位をとるのが有効で、賃金と学歴

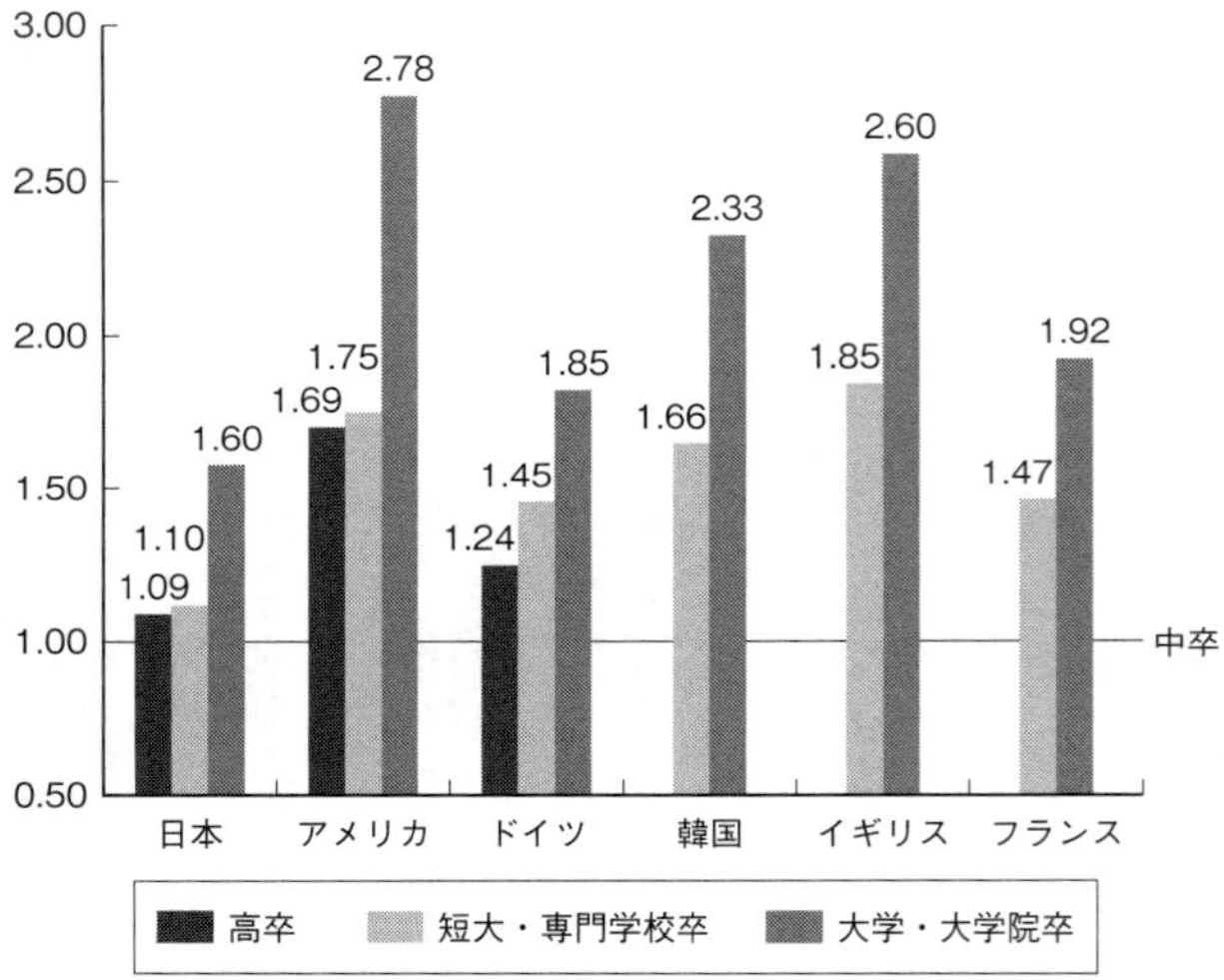

資料：日本以外はOECD *Education at a Glance* 2006、日本は「賃金構造基本統計調査」平成18年版

（出典：橘木俊詔・八木匡『教育と格差』日本評論社、2009年、22頁）

図2―5　学歴間賃金格差の国際比較

（博士号・修士号・学士号）は相関しやすくなるのだ（図2―5）。

もっとも経済学などの研究では、日本を分析する場合でも、四年制大卒者をすべて「大卒」として統計的に処理していることが多い。「博士号・修士号・学士号」という学歴ではなく、「A大卒・B大卒・C大卒」という学歴が重視されているのだとしたら、こうした分析では日本の実態はわからないだろう。

そこで社会学者の竹内洋は一九九四年に、卒業した「大学難易度」のランクによって昇進が違うのか、ある日本の大手金融保険会社のデータから分析した。対象は一九六六年と六八年の入社、および八五年入社の人々である。

それによると、大学難易度は研修後の配属先には大きく影響しているが、「その後の効果はネグリジブル〔無視可能〕」だった。[72]他の研究でも、日本企業での昇進に学歴はそれほど重要でないか、重要度が薄れているという結果が出されている。[73]戦前はともかく、少なくとも六〇年代末から九〇年代初めまでの日本は、いったん同じ会社に入ってしまえば、学歴よりも「社内のがんばり」が評価される社会だったともいえる。

学歴と初任給

もちろん日本でも統計的にみれば、とくに中高年になると、学歴による賃金格差がある。偏差値の高い学校出身者のほうが、所得が高いという研究結果もある。[74]アメリカやフランスとちがい、高卒も大卒も初任給は似たようなものだが、中高年になって差が開く。

しかしその格差のあり方は、企業規模による賃金格差のそれとよく似ている〔図2—6、図2—7〕。つまり、大卒だから賃金が高いのか、それとも大卒の方が大企業に入りやすいので結果として年功で賃金が高くなったのか、そのどちらなのか検証しにくい。[75]

とくに初任給は、企業規模における差が少ないだけでなく、学歴でもさほど差がつかな

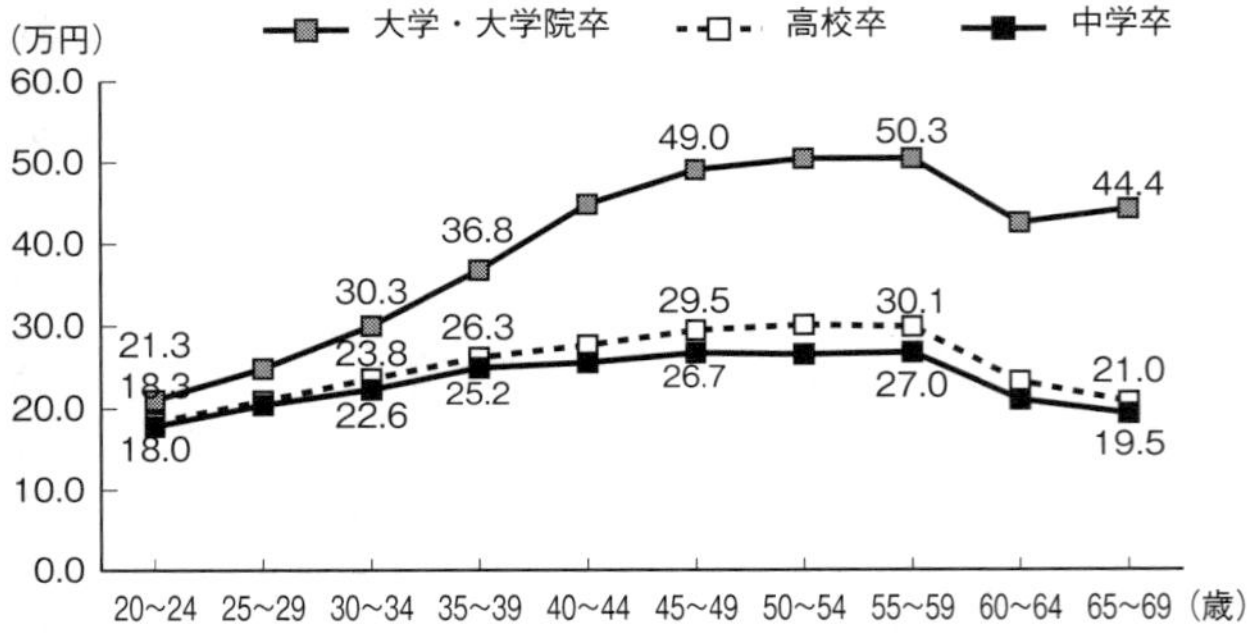

資料：2009年度「賃金構造基本統計調査」(男女計、2009年6月支給、所定内給与)
(出典：鈴木俊光「教育・学歴の経済学」『Chuo Online』2011年5月6日付)

図2—6　学歴と賃金格差

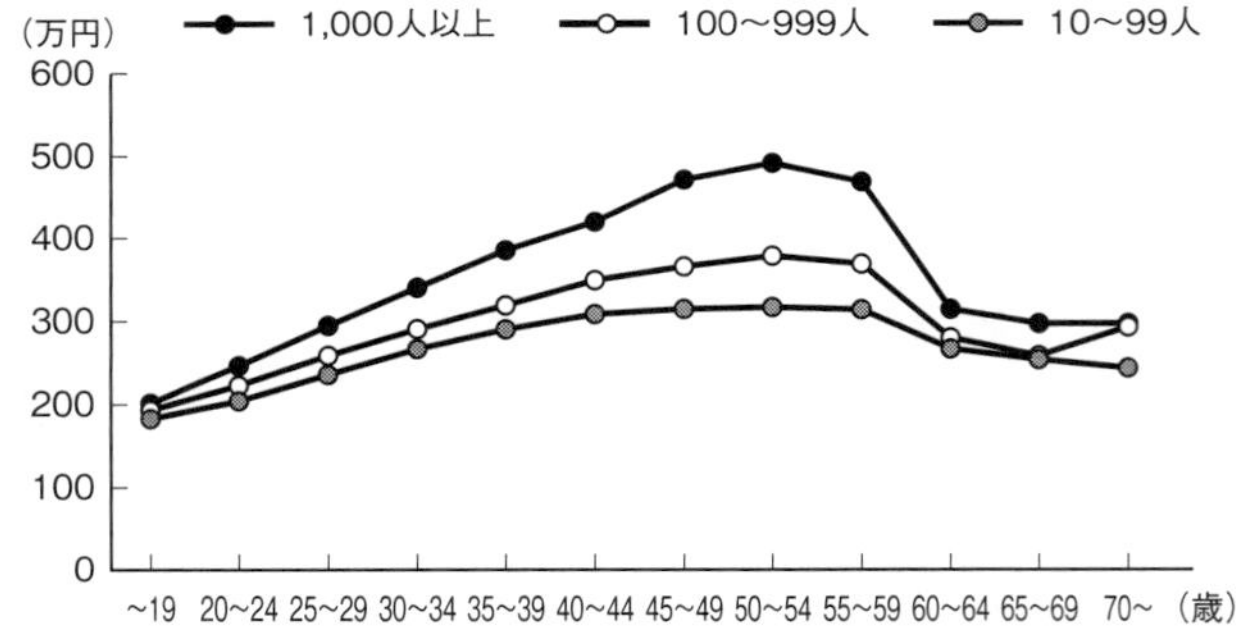

資料：「労働統計要覧」(男女計、2015年、きまって支給する現金給与額)
(出典：「企業規模間の賃金格差、古くて新しい課題」リクルートワークス研究所、2018年1月19日付。http://www.works-i.com/column/policy/detail008.html　2019年6月2日アクセス)

図2—7　企業規模と賃金格差

い。全日本能率連盟の一九七七年の報告書は、高度成長期以後の企業が、「中学卒であれば高校卒に対して三年間の、高卒者であれば大学卒に対して四年間の、在学期間にあたる定期昇給」をしていたと述べている。[76] つまり初任給の段階では、高等教育をうけたとしても、年齢分の定期昇給の差しかなかったということである。

近年では日本企業も、他国との競争を意識し、博士号取得者を採用するようになってきたといわれる。しかし二〇一八年一二月に、東京工業大学副学長はこう語っている。[77]「企業の意識が前向きになっているのはいいが、現状では修士課程修了者に年齢三年分をプラスした給料という扱いの会社が多い」。つまり博士号を評価しているというよりは、博士課程卒でも差別はしないという姿勢にとどまっているのだ。

つまり日本の若年層は、どんな学位があろうと、一律に未熟練労働者として扱われ、一律に初任給が低いのだともいえる。これは社内教育による育成が一般的で、大学や職業訓練機関での育成が軽視されてきたためだろう。

労働経済学の研究では、労働者が企業から教育訓練を受ける機会が多いほど、初任給は低くなり、年齢や勤続にともなう賃金の上昇が急になるとされる。[78] みながゼロからスタートして、社内で仕事を覚えて熟練していくからだ。賃金が上がっていくことが期待されるから、その企業への定着率も高くなる。

反面、企業外の教育訓練施設が発達している場合、高学歴者の初任給は高くなる。企業外で学位や資格をとるのは労働者の負担であり、企業は負担しないからだ。そのぶん、高められた労働者の能力を、企業は高い給与で買うことになる。

日本の大卒初任給は、先進国では低いといわれる。二〇一六年に、人材コンサルティング会社が「新卒が希望する初任給ランキング」を発表した[79]。これはITなどエンジニアリング系の学生と、一般的なビジネス部門の学生の二つに分けたランキングだった。それによると、ビジネス部門の初年度年収希望一位はスイスの約八万ドル、二位はデンマークの約五万八〇〇〇ドル、三位はアメリカの約五万二〇〇〇ドルで、一九位が韓国の約三万二〇〇〇ドル、日本は二〇位で約二万九〇〇〇ドルだった。

もっとも、こうした比較にはあまり意味がないともいえる。他国では、日本のように初任給が平準化されていないからである。持っている学位が経営学修士号なのか工学学士号なのか、採用が上級職員か下級職員か、何の職務に就くのかで、はじめから給与がちがうはずだからだ。平均すれば日本より高いかもしれないが、低い人もいるだろう。

ところが日本では、どんな専攻でも、どんな職務でも、初任給はほぼ同じである。その代わり初任給は低くとも、社内異動と勤続年数を重ねていけば、中高年になるころには賃金があがっていた。

勤続年数が増えれば賃金もあがるというのは、必ずしも常識ではない。完全な職務給の場合、同一の職務ならば、勤続年数だけでは賃金は上がらない。

また二〇世紀前半のアメリカを対象とした賃金研究によると、生産現場の労働者は、就労開始後一五年ほどは賃金が上昇していた。それに対し、事務労働者は最初の賃金こそ高いものの、ずっと賃金が上がらない傾向があった。[80]

それはなぜか。当時のアメリカでは、生産労働者は仕事についてからスキルを身につけていたため、勤続年数を重ねて熟練すると賃金があがっていた。反面、事務労働者は学校教育を通じて得られる知識や、企業が替わっても通用する技能で賃金を得ていたため、初めから高賃金である反面、勤続年数を重ねても賃金が上がらなかったのだと説明されている。

逆にいうと、日本の労働者の初任給が低く、賃金が勤続年数とともにあがっていくのは、学校で得られた知識が評価されておらず、企業を替えたら通用しない蓄積が評価されているからだともいえる。本当にそれが理由で始まった慣行なのかは第4章以降で検証していくが、経済学的にはそのように説明されるだろう。学歴が重視されるのは「どの会社に入れるか」まで、つまり難関大学の入試を突破した潜在能力を評価されて「よい会社」に入社するまでであって、あとは何を学んだかに関係なく「社内のがんばり」が重要だったといえよう。

年功による昇進

日本企業のこうした慣行が、アメリカなどと違うことは、かなり早くから自覚されていた。全日本能率連盟は一九七六年に二一六社の大企業を調査したが、その結果をまとめた七七年の報告書はこう述べている。[81]

……仕事の内容もアメリカ等では高学歴者が比較的若い年齢で管理職への就任を行うことが少なくないが、わが国ではほとんど大部分の高学歴者が低学歴者とさして変らぬ事務あるいは販売等の仕事に従事し、年齢をおい勤続をおうにつれて、次第に地位と待遇を向上させて行くのが普通である。つまり高学歴者にも低学歴者にも同じく年功昇進と年功賃金が適用されているが、ただその際学歴により向上の速度に差がつけられていたのであり、これにより従業員一般に生活の安定と将来への希望を与え、それによって忠誠心を期待するとともに、企業の中核と目される高学歴者により強い帰属感を維持させようとして来たのである。

これは昇進についてもいえることである。日本の大企業では、大卒正社員として採用された者はほぼ全員が幹部候補生あつかいで、四〇代で約七割が役職に就いていた。

一九七六年の『労働白書』は、七四年の「賃金構造基本統計調査」をもとに、一〇〇〇人以上の大企業で働く大学卒業者の昇進を調査した。それによれば、四五~四九歳で約三〇%が課長に、約三〇%が部長に、次長まで含めれば約七割が課長以上になっていた。[82]

またその昇進速度も、ほぼ決まっていた。全日本能率連盟の一九七七年の報告書は、こう述べている。[83]調査対象の大企業では、「二二歳で大学を卒業すると、三二歳前後でまず係長となり、それから五年たって三七歳前後で課長、それからさらに八年たって四五歳前後で部長となるのが一般的な昇進コース」である。そして、「業種による差異も規模による差も奇妙に少ない。このことは、調査された第一部上場企業に関する限りでは、社会的相場のごときものが企業をこえて形成されていることだ」という。

じつはこの慣行は、意外に変わっていない。海老原嗣生が二〇一三年に、二〇一〇年の「賃金構造基本統計調査」をもとに調べたところ、四〇代後半で役職に就いている男性フルタイム労働者は、やはり七割を超えていた。[84]

ただし、一九七四年には部長と課長で約七割だった。しかし二〇一〇年には、部長・課長に係長・主任・職長などを加えて約七割だった。つまり、就ける「役職」のランクが落ちている。とはいえ、勤続を重ねれば役職に就けるという慣行は維持されていた。

なぜそんな慣行があるのか。それは、一九七七年の全日本能率連盟の報告書がいうように、「それによって忠誠心を期待するとともに、企業の中核と目される高学歴者により強い帰属感を維持させせようとして来た」からだろう。「経理のプロ」といった職務契約をしているわけではないのだから、「部長」や「課長」につける以外に、従業員にアイデンティティを与える方法がない。営業課長だろうが経理課長だろうが、「課長級」であればよいのだ。

一九八六年に開かれた企業の人事担当者の座談会では、こう話されている。[85]「同期の者が五〇人いてその中の一〇人しか課長級に昇格できないことになると、残る四〇人のモラールは落ちてしまう。それを見ている下の年次の人にも、影響を与える」。労働史研究者の兵藤釗は、これは「日本の大企業の宿業」だと述べている。[86]

それに対し他国の場合、昇進や昇給をしていく上級職員は、あるていど限定されている。アメリカのエグゼンプションは、三〇代前半までで選抜がほぼ終わってしまい、その後の賃金格差も大きいといわれる。海老原嗣生によれば、フランス企業のカードルでは「最終的な賃金差は二・五倍にもなる。日本では、最も賃金の高い五〇歳から五四歳の課長と部長、そして課長と係長を比べた場合、差は二〇%しかない」という。[87]

そうした意味では、日本の大企業のほうが、選抜が遅く、「社内のがんばり」しだいで役職に就けるチャンスがあった。経済学者たちは、日本の大企業は昇進が遅く、多くの社員が出世レースに参加できるので、勤労意欲が高くなると位置づけてきた。
スウェーデンのある大手企業の組合代表は、日本からの調査にこう述べたという。[88]

個人的には、日本の方が良いと思う……この国では、大学を出て大卒エンジニアとして新卒で採用されれば、仕事の経験がなくても、ラインで10年間働いた労働者よりも高い賃金を得ることができる。とてもとても良くないことだと思う。でもそれが事実なんだ。

この言葉は、工学の学位があれば高給の職務に就けるという意味で、有名大学の入試を突破すればどの学部出身でも優遇されるという意味ではないだろう。そうはいっても、日本は同じ企業に入ってしまえば、あとは比較的に「社員の平等」がある社会だったとはいえるかもしれない。日本にも格差、例えば大企業・中小企業・自営業の格差があったが、一つの企業内に視野が限られていれば、平等な社会であるような印象が持てただろう。

日本型雇用のマイナス面

もっとも、誰もが社内競争に参加できるという特性が、日本企業の過重労働を招いていることも指摘されている。

欧米でも上級職員には、長時間働き、競争に勝ち抜き、より高いキャリアを求めて世界各地に赴任する人もいる。しかし下級職員や現場労働者は、私生活を優先する人が多いし、概して経営から査定もされない。されたとしても、職務記述書に明記された基準でしか査定されず、人格的な評価は制限されている。

しかし日本の大企業では、職務の範囲が不明確なので、「人物」や「努力」や「がんばり」などが人事考課の対象になりやすい。努力しだいで全員にチャンスがあるともいえるが、単身赴任や長時間労働や「成果主義」が全員に要求される。経済学者の八代尚宏は、欧米企業の「一部のエリート階層」の働き方が、「必ずしも出世が約束されていない広範囲の層にまで広がっていることが日本の大きな特徴」だと指摘している。[89]

さらに日本の働き方だと、不本意な人事異動や転勤が多くなる。もっともその代わり、職務がなくなっても、簡単に解雇されない。企業は解雇する前に、代わりの職務に配置転換するべきだというのが慣行だからだ。日本の司法も、企業が従業員に配置転換や転勤を命じる裁量を認める判決を出している。[90]

日本企業といえども、あまりに畑ちがいの部署に異動させることは、それほど多くないという実証研究もある。[91] とはいえ、やや極端なケースだが、一九九二年のある企業では、余剰の大卒事務系社員六〇〇人を工場に派遣したという事例もあった。[92] いわゆる「終身雇用」は、こうした人事異動とバーター関係で支えられている。

アメリカは職務がなくなったら解雇されるのが一般的だが、フランスやドイツには、解雇を避けるための異動もある。フランスは世界金融危機後の二〇一三年六月に雇用安定化法を制定し、一定の条件のもとで、配置転換による雇用安定を制度化した。[93]

とはいえ、ドイツの配置転換は同じ職種内がほとんどで、本人と事業所委員会の事前同意が必要とされる。フランスも、職種変更や転勤を伴う配置転換は本人の同意が必要なためむずかしく、転勤を断っても不利益処分はない。[94] 雇用保障と異動のバーター関係は、日本ほどではないようだ。

しかし日本で雇用が保障されるのは、一定年齢までである。日本企業の多くには定年制があり、一定の年齢になると強制解雇されるか、雇用条件が切り下げられる。前述のようにアメリカでは定年制は年齢差別として違法であり、フランスやドイツなどでは年金受給資格年齢とリンクさせている。[95] 現在の日本では年金受給年齢と定年のあいだにギャップがあるのだが、新卒一括採用で大量の新入社員を採用し、定期人事異動させながら昇進・昇給させていれば、一定年齢で集団解雇しないと人件費が増えすぎてしまう。

またこうした慣行のもとでは、女性が進出しにくい。女性が進出しやすい働き方の一つは、転勤がなく、職務をこなせば定時退社できる下級職員である。もう一つは、修士号や博士号をとり、高い学位が要求される職務に就くことだ。

アメリカにおける実証研究では、職務の細分化が進んだ方が、男女間の賃金格差が小さくなることが知られている。定時に帰ろうが、育児に時間を費やそうが、一定の職務をこなしさえすれば、高く評価されやすいからだ。また学校で学んだ知識や学位、企業を超えて通用する技能資格などが評価される職務だと、いったん退職してもスキルの評価が下がらないため、結婚や育児を抱えがちな女性にとって有利になる。[96]

しかし「社員の平等」が重視されている日本の大企業では、これはどちらもむずかしい。職務が明確化されておらず、全員が大部屋で働き、全員が参加する出世レースでは、学位や資格よりも「社内のがんばり」が評価されやすい。その競争に疲れて正社員をやめると、「社員の平等」の外である非正規の世界に追いやられてしまう。

つまり日本では、おなじ会社の正社員でおなじ勤続年数なら、極端な格差は少ない。その代わり、「社内のがんばり」に参加できないと、高学歴の女性でも評価されない。不本意な人事異動や定年による強制解雇もある。そのうえ、「大企業正社員か否か」によって格差が開く。

第1章で述べたように、日本社会の格差は一%と九九%という形ではなく、一〇%と九〇%という形になって現れている。それは、こうした「社員の平等」の内部と外部の格差なのかもしれない。

「低学歴化」する日本

またこの働き方だと、職務上の専門能力が育たない。教育も形骸化しやすい。さらに大学院進学率が停滞し、国際的にみれば日本の「低学歴化」が目立ちつつある。海外の企業と交渉することが多い人は、他国の管理職には修士号以上の学位を持つ人が増えていることに気づいているだろう。

ある在独ジャーナリストは、二〇一七年にこう述べている。[97]

> ドイツでは、公務員の異動が基本的にない。部署内で昇進することはあっても〔職種の違う部署への〕人事異動はかなりまれだ。
>
> しかも、その部署に関連する教育を受けている。一般的に、ドイツでは受けた教育の内容と職業が密接に連関しているが、それが行政マンにもあてはまるわけだ。取材中に

知り合った行政マンに、学生時代何を専攻していたかを聞いてみると、統計局なら社会学、環境局なら物理学、文化青少年局なら教育学と言った具合。なかには、修士号や博士号を持っている人もいる。

政治学者の水谷三公は、日本の慣行では適応性や協調性は求められるが、「専門知識や職務知識を発達させるのは難しい」という。[98] 水谷は、日本の官僚の適応力を示す事例として、「主税局で、相続法改正を担当した官僚は、赴任わずか五日間でこの領域をマスターし、学者・専門家が集まる政府税調の審議をこなした」という例を挙げている。

こうした優秀さは、日本が西洋の先進知識を学び、キャッチアップする段階には適合していただろう。またこうした適応性や学習能力は、偏差値の高い大学入試を突破したことで計測できただろう。水谷は、こうした能力の持ち主の典型像を、「ろくに講義にも出ず、試験前に他人のノートと市販のあんちょこ参考書を一通り頭に入れただけで、次々に法律科目の『優』をさらっていく東大法学部学生」と形容している。

しかし水谷もいうように、「いかに優秀で勉強熱心だったとしても、わずか五日間で習得できる知識・技能が十全な意味での職務知識かどうかには疑問が残る」。これで創造的な開発や改革ができるか、他国の修士・博士号取得者と競争できるかとなると、また別の評価が必要になるだろう。
これは企業や官庁ばかりではない。教育学者の佐藤学は、日本の教師の相対的低学歴化を指摘している。[99]
世界各国の新規採用教員の大半は、教育学などの修士号を持つようになってきた。そのため、相対的に学歴が低い中高年教員をふくめた全体の国際平均でも、小学校・中学校の教師の二〇%以上が修士号を取得している。しかし日本の教師で修士号（専修免許状）を取得しているのは、二〇一〇年の学校教員統計調査によれば、小学校で三・一%、中学校で五・八%にすぎない。
佐藤によれば、文科省は国際的動向をふまえ、教師教育の高度化をそれなりに志向してきた。しかし、教師を採用する都道府県の教育委員会が、教師の専門的学位の意義を評価していないのだという。とはいえ、これは教育委員会だけでなく、経団連加盟企業なども同様なのだが。

歴史的につくられた慣行

日本社会は他の社会、たとえばアメリカとくらべて、働きやすい社会だろうか。このことは、簡単にはいえない。

これまで述べてきたように、「日本とアメリカはどちらが学歴社会か」といったことは、単純にはいえない。質的に違うものを、量的に比較しても意味をなさないからだ。

社会の慣行は、それぞれの社会で異なる。アメリカ社会では、職務がなくなれば解雇されるのはやむをえないとされる。しかし、年齢を理由に不採用や解雇はできないし、職務契約にない異動は命じられず、勝手な査定をしたら訴訟になる。上に行くほど収入は上がるが、そのぶん競争は厳しく、学位や業績が求められる。

それにたいし日本では、正社員であれば簡単に解雇されないが、経営の都合で異動や転勤を命じるのは問題視されない。一般の社員や工員にまで査定があり、目標管理をやらされたりするが、学位がなくとも「社内のがんばり」で昇進・昇給できる。

他の社会からみれば、日本のほうがよりよく見えることもある。日本労働史の研究者であるアンドルー・ゴードンは、リーマン・ショック後のアメリカでは数百万人が簡単に解雇されていたのに、日本では「派遣切り」に強い批判がおきたことを、「〔日本の〕歴史に深く根差した価値観に、あらためて強い印象を受けた」と記している[100]。

隣の芝生は青く見える。これは経営者も同じだ。

アメリカの経済学者サンフォード・ジャコービィは、こう指摘している。日本の経営者は、アメリカでは簡単に解雇できることをうらやましいと思う。アメリカの経営者は、日本では簡単に人事異動できることをうらやましいと思う。しかし彼らは、相手のうらやむべき点を「可能にさせている交換条件にはとんと無理解」だという。[101]

ドイツの解雇制限法の第一条第一項は、解雇は「社会的に正当なものであること」を要求している。しかし何が正当かは、社会ごとの価値観によってちがう。二〇〇四年の改正によって、ドイツの解雇制限法では、勤続年数が長く高齢の労働者ほど、あるいは扶養家族があり障害を抱えている労働者ほど、解雇対象から除外されるべきとされた。[102] しかしこうした規定は、アメリカならば、年齢差別とされるかもしれない。

それぞれの社会は、それぞれの「しくみ」を持っている。その一部分だけをとりだして、憧れたり批判したりはできない。それは、全体的な体系だからだ。

とはいえ、こうした社会ごとのちがいは、生物学的な遺伝子で決まっているわけではない。たいていの慣行は、調べてみればせいぜい二〇〇年ほどの歴史のなかで形成されたものので、そう古いわけではない。

たとえば、日本のいわゆる「終身雇用」もそうである。第6章で述べるが、一九五〇年代までは大量解雇も多く、数多くの争議が行なわれた。配置転換で解雇を避けるという慣行は、こうした歴史を経て、一九六〇年代以降に定着したものである。

だが、いったん定着した慣行は、いつしか当たり前のものとなり、「文化」とよばれるようになる。第4章以下で述べるが、新卒一括採用や定期人事異動、大部屋オフィスなども、明治以降の歴史のなかで形成された慣行だ。本書では、これらがいつどのように形成され、定着したかを探究することになる。

だがアメリカやヨーロッパの働き方や教育、そして社会保障などのあり方も、歴史のなかで作られてきた慣行だった。日本の歴史をよりよく理解するために、第3章ではまず他国の歴史のほうを、先に概説しなければならない。

1　本章の内容は、第4章以降で日本社会の「しくみ」が成立した経緯を論ずるための準備として、おもに雇用慣行の相違について図式的に比較したものである。学術的に新規な知見を提起したというよりは、比較対象の整理である。

2　以下、アメリカについては遠藤公嗣『日本の人事査定』ミネルヴァ書房、一九九九年、第二章および補論一が詳しい。フランスについては、葉山滉『フランスの経済エリート』日本評論社、二〇〇八年を参照。

葉山前掲『フランスの経済エリート』四頁には、フランス国立統計経済研究所（INSEE）による二〇〇五年の職業分類統計をもとにした就業構成が掲載されており、職業を「農業経営者」「職人・商人・企業主」「カードルおよび高度知的職業」「中間的職業」「職員」「工員」に分類している。このうち「職員、中間的職業、カードルの三つがいわゆる〝ホワイトカラー〟である」と葉山は分類している。ここでの「中間的職業」は、一九八二年の職業分類改訂までは「中級カードル」と呼ばれていた階層であり、葉山によれば「仕事の枠組みをつくりあげるカードルと、他方で仕事の執行部隊である工員や職員との間にあって、カードルの意を体して実行部隊の前線指揮を執る」人々であった。カードルが将校であるのに対し、「下士官」にあたる存在といえよう。つまりフランスの場合はカードル・中級カードル・職員・工員の四層となるわけだが、これは上級職員・下級職員・現場労働者のバリエーシヨンとみてよいと思う。

3　ドーア前掲『イギリスの工場・日本の工場』文庫版上巻一二一―一二三頁。

4　葉山前掲『フランスの経済エリート』第一章参照。

5　同上書第七章第六節参照。

6　大きいという学説としてT.Tachibanaki, Wage Determination and Distribution in Japan, Oxford University Press, London, U.K., 1996. 大きくないという学説として小池和男『日本の熟練』有斐閣選書、一九八一年、Ⅱ章一節が知られている。

7　橘木俊詔『日本人と経済』東洋経済新報社、二〇一五年、九六頁。

8　香西泰「二重構造論」有沢広巳監修『昭和経済史』日本経済新聞社、一九七六年、文庫版一九九四年、文庫版中巻二〇九頁。

9　「アメリカの人事制度の特徴とは？　5分でわかる日本との違い」パソナWEBマガジン『INITIATVE』二〇一七年四月一一日付に掲載されていた事例。https://www.pasonagroup.co.jp/media/index114.html?itemid=2133&dispmid=796　二〇一九年六月二日アクセス。Washington CORE L.L.C.『平成27年度産業経済研究委託事業　雇用システム改革及び少子化対策に関する海外調査　雇用システム編』二〇一六年（https://www.meti.go.jp/meti_lib/report/2016fy/000721.pdf　二〇一九年六月二日アクセス）五―六頁には、米中小企業庁（Small Business Administration: SBA）が、中小企業経営者向けに公開している職務定義書の作成方法および金融・情報通信・自動車関連の人材採用ウェブサイトで調査した職務記述書の内容が記されているが、ほとんど同内容である。

10　遠藤前掲『日本の人事査定』二一六頁に掲載の事例。ただし「短大」を「カレッジ」に変えた。

11　Washington CORE L.L.C. 前掲『雇用システム改革及び少子化対策に関する海外調査　雇用システム編』七頁。

12　木下武男『日本人の賃金』平凡社新書、一九九九年、七七頁。Job Evaluation and Market Pricing Practices 2015では、市場調査モデルとなる職務（survey model jobs）と一致する社内職務の割合が八割以上との回答は約四割、六～七割が約三割で、その他は職務内容が類似しているものを参考に職務賃金を決めるとされている。Washington CORE L.L.C. 前掲『雇用システム改革及び少子化対策に関する海外調査　雇用システム編』八頁。

13　小池和男・猪木武徳編著『ホワイトカラーの人材形成』東洋経済新報社、二〇〇二年、第四章九二―九七頁、田中博秀『現代雇用論』日本労働協会、一九八〇年、三七五―三七七頁などを参照。

14　宮本光晴『日本の雇用をどう守るか』ＰＨＰ新書、一九九九年、一五三頁。
15　たとえばドーア前掲『イギリスの工場・日本の工場』第二章には、日英の人事部の役割の相違が記されている。他の研究でも、日本企業の人事部の役割の大きさを指摘するものは多い。
16　小池・猪木前掲『ホワイトカラーの人材形成』九三頁のイギリス企業の事例など。
17　「祝！　アメリカの米企業で昇進が決定　昇進までの流れ編」二〇一七年六月二一日付。個人ブログだが、社内外同時公募による米企業幹部職員の昇進過程の一例がわかる。http://yasutomotomita.com/?p=1043　二〇一九年六月二日アクセス。
18　Washington CORE L.L.C. 前掲『雇用システム改革及び少子化対策に関する海外調査 雇用システム編』一一頁。
19　同上レポート二二、二六、三六、三九頁。
20　日比谷陽一良「グローバルリスクマネジメントのインフラ」第二回『Eminent Partners』二〇一三年八月一日付。http://eminent-partners.com/201308-2/　二〇一九年六月二日アクセス。
21　「メルカリ社員　多国籍化」『朝日新聞』二〇一九年二月二八日朝刊。
22　苅谷剛彦「アメリカ大学就職事情（上）・（下）」『ＵＰ』第二四九号・第二五〇号、一九九三年によると、九三年当時のアメリカの大学の就職部は企業とネットワークを築いて学生を就職させており、企業も大学にリクルーターを派遣していた。ただし、メリーランド州の大卒者を対象にした調査では、大学就職部を通じて就職した学生は一一％にとどまり、企業が採用対象の大学を選ぶさいの基準の一位は「どのような学問分野を提供しているか」だった（下三四、三六頁）。
23　Washington CORE L.L.C. 前掲『雇用システム改革及び少子化対策に関する海外調査 雇用システム編』一一、二五頁。
24　葉山前掲『フランスの経済エリート』小池・猪木編著前掲『ホワイトカラーの人材形成』などを参照。
25　小池和男『アメリカのホワイトカラー』東洋経済新報社、一九九三年、一六九頁。
26　葉山前掲『フランスの経済エリート』二二―二九頁。
27　一九六九年のイギリス企業でも、上級管理職員は俸給を直接の上司との個別交渉で決めており、個々人の実績で昇給していた。ドーア前掲『イギリスの工場・日本の工場』文庫版上巻一二一―一二二頁。
28　Washington CORE L.L.C. 前掲『雇用システム改革及び少子化対策に関する海外調査 雇用システム編』九―一〇頁。

29　石田光男「日本の賃金改革と労使関係」『評論　社会科学』一〇九号、二〇一四年、三頁。

30　一九九九年の木下前掲『日本人の賃金』七三頁では、同じ職務で上下幅一〇～二〇%とされている。二〇一六年のWashington CORE L.L.C. 前掲『雇用システム改革及び少子化対策に関する海外調査 雇用システム編』九頁は、WoldatWork「Compensation Programs and Practices 2014」をもとに、時間契約 hourly positions は同一職種内の賃金範囲は五〇%未満（つまり上下幅二五%未満）とした企業が五八%、年間給与契約 salaried positions は五五%以上の企業が五一%、四五%以上五五%未満の企業が三三%としている。エグゼクティブクラスでは範囲が拡大し、五五%以上の企業が六六%、四五%以上五五%未満の企業は一九%となっている。

31　小池和男『日本産業社会の「神話」』日本経済新聞出版社、二〇〇九年、三五頁に研究が紹介されている。

32　詳細はマック・A・プレイヤー、井口博訳『アメリカ雇用差別禁止法（第三版）』木鐸社、一九九七年、第一六章参照。

33　木下前掲『日本人の賃金』一七九頁。

34　「欧米企業にみる評価制度の現状1」『ADECCO　Power of Work』Vol.31、二〇一四年。https://www.adecco.co.jp/vistas/adeccos_eye/31/index03.html　二〇一九年六月二日アクセス。

35　プレイヤー前掲『アメリカ雇用差別禁止法』一二九頁。

36　木下前掲『日本人の賃金』五三頁、宮本前掲『日本の雇用をどう守るか』一六四頁。

37　木下前掲『日本人の賃金』一七一－一七二頁。

38　小池和男『職場の労働組合と参加』東洋経済新報社、一九七七年、二一六頁。

39　小池和男『戦後労働史からみた賃金』東洋経済新報社、二〇一五年の第一章第四節参照。一九五七年のイギリスと、一九八二年のオーストラリアの銀行事務職員の年給・週給の表が掲載されている。

40　小野里拓「大学内専門職養成の日米比較」福留東土編『専門職教育の国際比較研究』『高等教育研究叢書』一四一号、二〇一八年、七九頁。Chronicle 紙の求人情報サイト Vitae（Vitae n.d.）での検索結果。

41　同上論文七八頁。

42　同上論文七九頁。

43　同上論文七九、八〇頁。
44　宮本前掲『日本の雇用をどう守るか』一五九、一六七頁。
45　小川佳万「学位からみたアメリカ教育大学院」『名古屋高等教育研究』第二号、二〇〇二年、一六二頁。
46　Education at a Glance 2014, OECD Indicators, p.338. https://www.oecd-ilibrary.org/education/education-at-a-glance-2014_eag-2014-en　二〇一九年六月二日アクセス。
47　遠藤前掲『日本の人事査定』一九六―一九七頁。
48　橘木前掲『日本人と経済』二七〇頁。
49　小川前掲「学位からみたアメリカ教育大学院」一七六頁。
50　橘由加『アメリカの大学教育の現状』三修社、二〇〇四年、二〇七―二一〇九頁。
51　労働政策研究・研修機構編「日欧の大学と職業」二〇〇一年。http://db.jil.go.jp/db/seika/zenbun/E2001090016_ZEN.htm　二〇一九年六月二日アクセス。
52　以下、QFについては労働政策研究・研修機構編／発行「諸外国における能力評価制度」、二〇一二年、第I部および第7章。
53　スウェーデンは大学入学資格試験はないが、中等教育の成績が一定以上でないと大学に入れない。
54　葉山前掲『フランスの経済エリート』二二一―二二九頁の事例参照。
55　橘前掲『アメリカの大学教育の現状』第六章および谷聖美『アメリカの大学』ミネルヴァ書房、二〇〇六年参照。
56　遠藤前掲『日本の人事査定』補論一参照。
57　永守重信の発言。「永守の野望（下）　人材育てる　大学経営へ」『朝日新聞』二〇一八年六月二三日朝刊。
58　竹内洋『日本のメリトクラシー』東京大学出版会、一九九五年、九三頁。
59　アメリカの大学ランキングについては、橘前掲『アメリカの大学教育の現状』一九六―二〇〇頁および谷前掲『アメリカの大学』二二三―二三二頁。
60　「新教育の森　キーワードの軌跡　偏差値　受験生減少で崩壊か」『毎日新聞』一九九九年二月六日朝刊。
61　B・R・クラーク、有本章監訳『大学院教育の国際比較』玉川大学出版局、二〇〇二年、一九二、二〇四頁。

62　大部屋に着目した早期の例としては、伊東光晴『日本の経済風土』日本評論社、一九七八年。
63　太田肇「まだ大部屋オフィスで仕事をしているんですか？　生産性向上は仕事空間の『分化』から」『JB press』二〇一七年八月一〇日。http://jbpress.ismedia.jp/articles/-/50706　二〇一九年六月二日アクセス。
64　キャリーヌ・クラウス「フランス人実習生の見た日本の公務員」『人事院月報』二〇〇四年二月号。大森彌『官のシステム』東京大学出版会、二〇〇六年、六〇頁より重引。
65　村松岐夫編著『公務員人事改革』学陽書房、二〇一八年、三五、一〇〇、一六四、二六八頁。
66　大森前掲『官のシステム』六一、六二頁。
67　新藤宗幸『行政指導』岩波書店、一九九二年、一〇一―一〇四頁。
68　濱口桂一郎『若者と労働』中公新書ラクレ、二〇一三年、三一頁。
69　新卒一括採用と定期人事異動の関連性を指摘したものとして、田中前掲『現代雇用論』三七七―三八一頁が挙げられる。
70　楠田丘著、石田光男監修・解題『楠田丘オーラルヒストリー　賃金とは何か』中央経済社、二〇〇四年、五一頁。
71　橘木俊詔・八木匡『教育と格差』日本評論社、二〇〇九年、第二章。古くは潮木守一「学歴の経済的効用」麻生誠・潮木守一編『学歴効用論』有斐閣、一九七七年は、義務教育卒・高卒・大卒の生涯賃金格差を比較している。また野呂沙織・大竹文雄「年齢間労働代替性と学歴間賃金格差」『日本労働研究雑誌』No.550、二〇〇六年は、日本企業内の学歴による賃金格差（弾性値）が小さいことを報告している。
72　竹内前掲『日本のメリトクラシー』一七八頁。なお同書八八頁で竹内は、一九七七年から九三年の世界青年意識調査において、「社会に出て成功するのに重要なのは、何だと思いますか」という質問に対し、ほとんどの国では「個人の努力」「個人の才能」が一位と二位に挙げられたあと、その次に「学歴」がきているのに対し、日本では学歴を挙げる者が他の国よりかなり少なく、七・八％（八三年）から一四・一％（七七年）だったことを指摘している。
73　小池和男・渡辺行郎『学歴社会の虚像』東洋経済新報社、一九七九年、第三、第四章。橘木・八木前掲『教育と格差』第三章など。
74　橘木・八木前掲『教育と格差』二八―三一頁。

75 矢野眞和「人口・労働・学歴」『教育社会学研究』第八二集、二〇〇八年、一一〇頁は、日本での大卒のメリットは薄れているが、不況時には高卒のメリットが低下するため、相対的に大卒の価値があるとしている。

76 人間能力開発センター『高学歴化の進行と労務管理』『能力開発シリーズ』四〇号、全日本能率連盟、一九七七年、一一頁。

77 「博士求ム！　企業の採用活発」『朝日新聞』二〇一九年一月一四日朝刊。発言者は水本哲弥教育担当理事・副学長。

78 大沢真知子『経済変化と女子労働』日本経済評論社、一九九三年、九頁。

79 「新卒が希望する『初任給額ランキング（世界）』1位のスイスは900万円」『ZUU online』二〇一六年一二月二五日付。https://zuuonline.com/archives/133561　二〇一九年六月二日アクセス。

80 大沢前掲『経済変化と女子労働』九頁。

81 人間能力開発センター前掲『高学歴化の進行と労務管理』一一頁。

82 『労働白書』昭和五一年版一二〇頁。人間能力開発センター前掲『高学歴化の進行と労務管理』一四頁より。

83 人間能力開発センター前掲『高学歴化の進行と労務管理』一三頁。

84 「日本人が誤解している『欧米型雇用の本質』」『採用成功ナビ』二〇一三年二月一四日付。http://www.direct-recruiting.jp/topics/knowhow/category_010491/detail_0036.html　二〇一九年六月二日アクセス。

85 「ホンネ座談会　昇進・昇格制度の問題点を突く」『労政時報』二八〇九号、一九八六年。兵藤釗『労働の戦後史』東京大学出版会、一九九七年、下巻四〇四頁より重引。

86 兵藤前掲『労働の戦後史』下巻四〇五頁。

87 前掲「日本人が誤解している『欧米型雇用の本質』」。

88 西村純「ジョブ型社員と思われる労働者の心情」『労働政策研究・研修機構』二〇一四年五月一六日。http://www.jil.go.jp/column/bn/colum0247.html　二〇一九年六月二日アクセス。

89 八代尚宏『日本的雇用慣行の経済学』日本経済新聞社、一九九七年、七五頁。

90 濱口桂一郎『日本の雇用と労働法』日経文庫、二〇一一年、第Ⅱ章八四―九三頁。

91 一九八七年時点におけるある大手重工業企業の大卒ホワイトカラーの事例では、総務をのぞき同じ職能（営業・購買・人事労務など）の内部での異動が五割前後だったとされている。久本憲夫「能力開発」仁田道夫・久本憲夫編著『日本的雇用システム』ナカニシヤ出版、二〇〇八年、一三六頁。

92 「トヨタ、工場に事務・技術職６００人派遣」『日本経済新聞』一九九二年一二月一日朝刊一一面。

93 Washington CORE L.L.C. 前掲『雇用システム改革及び少子化対策に関する海外調査 雇用システム編』二六、三九頁。

94 濱口桂一郎「横断的論考」『日本労働研究雑誌』第六九三号、二〇一六年、四—五頁。

95 同上論文五頁。

96 大沢前掲『経済変化と女子労働』九、一〇一頁。

97 高松平蔵「ドイツの公務員は『人事異動』がほとんどない」『東洋経済オンライン』二〇一七年四月五日付。https://toyokeizai.net/articles/-/166240 二〇一九年六月二日アクセス。

98 水谷三公『官僚の風貌』中央公論新社、一九九九年、文庫版二〇一三年、文庫版三九一、三九二頁。

99 佐藤学『専門家として教師を育てる』岩波書店、二〇一五年、一四八、一四九頁。

100 ゴードン前掲『日本労使関係史１８５３—２０１２』四八一、四八二頁。

101 S・M・ジャコービィ、荒又重雄・木下順・平尾武久・森杲訳『雇用官僚制』北海道大学図書刊行会、一九八九年、八頁。

102 菅野和夫・荒木尚志編『解雇ルールと紛争解決』労働政策研究・研修機構、二〇一七年、九三、九四頁。

第3章　歴史のはたらき

第3章の要点

・ヨーロッパでは、職種別組合が発達していた。それが職種別の技能資格や職業教育、企業を横断する人材移動にまでつながった。

・こうした労働のあり方は、社会保障や政党のあり方とも結びついて、社会のしくみを作っている。

・そうした慣行は、中世のギルドから直接に発達したのではなく、労働運動のなかで形成されたものである。

・アメリカでは、科学的管理法から職務（ジョブ）の観念が生まれた。しかしそれが広がったのは、戦時期の政策、労働組合の運動、差別撤廃の公民権運動、専門職団体の存在などによってである。

・長期雇用は、必ずしも「日本型雇用」の特徴ではない。企業横断的なルールがないため、企業を横断した労働市場もできない状態が「日本型雇用」の特徴である。

本章では、他国の歴史を概説する。しかし第2章でも述べたように、それぞれの国の歴史を知れば知るほど、単純なことは言えなくなる。ここでは、日本を理解するための対比として、単純化・図式化して述べることとする。

「横割り社会」のドイツ

それぞれの社会には、歴史的に作られた慣行がある。それは、働き方や、教育のあり方や、社会保障などの基底となるものだ。[1]

一例として、ドイツの慣行を解説しよう。話をわかりやすくするために、私のドイツでの経験から始めたい。

私がハイデルベルクに行ったとき、「エーベルト記念館」を見学した。フリードリッヒ・エーベルトは、ドイツ社会民主党の党首で、第一次大戦後の一九一九年から一九二五年まで大統領を務めた人だ。

エーベルトは一八七一年に、ハイデルベルクの仕立職人の家に生まれた。初等教育を終えたあと、馬具職人の徒弟修業に入ったが、親方と喧嘩してマイスターの資格試験に合格できず失業する。一八八九年にようやく職人の資格をとり、他の都市に遍歴修業に出て、マンハイムで社会民主党に入る。さらにカッセルやブラウンシュバイクなどの都市を遍歴し、ブレーメンで馬具職人組合委員長となって、この町の社会民主党のリーダーとなる。こうして彼は、しだいに政治家として頭角を現していった。

この後のエーベルトの政治生活は省略する。ここまでのエピソードからうかがえるのは、以下のことである。

まず、馬具職人組合のマイスター試験に合格して資格を取らないと、仕事がないということだ。そして馬具職人の組合は、地域を横断して他の地域にも存在し、労働者政党ともつながっている。そして職人は、各地の組合を訪ねて遍歴修業するわけだ。

日本は企業別組合だが、欧米は産業別組合だとよくいわれる。右の例でいえば、各地の馬具職人組合は、企業や地域をまたいで横につながっている。この原理が発展すれば、機械工組合は、企業を横断して機械工を組織するだろう。逆に同じ企業に勤めていても、事務職は事務職員組合に所属し、機械工組合とは組合が別になるだろう。

こうなると企業は、さまざまな職種の人が集まって、共同作業をしている場になる。それぞれの職種の人は、それぞれの職種別組合に所属し、その組合から資格を得ている。そしてそれぞれの組合は、企業や地域をまたいで横断的に存在しているのだ。

そうなれば、ある企業の「会社員」というアイデンティティより、「機械工」といったアイデンティティの方が強くなるだろう。機械工は、他の企業の機械工になることはあっても、同じ企業の事務員にはならないだろう。そして働く人は、各地の職場を遍歴し、資格を取得し、技能をあげ、高い賃金をもらえるようにキャリアアップする。

一九九〇年代でもドイツでは、職業訓練法にもとづき、機械工・電気工・大工・左官・漆工・製パンなど、約四五〇種の職業訓練と資格があった。また連邦雇用庁が発行する大学生むけのパンフレットには、一三九種（自然科学・技術五九種、医学・心理学五種、教育学一四種、マネジメント二〇種、文化一九種など）の職種について、どんな資格試験に合格する必要があるか、そのために大学でどんな学習や実習をする必要があるか、などが記載されていた。[2]

ドイツも日本のような新卒一括採用はなく、欠員補充が原則だが、新規学卒者の採用が比較的重視される国だといわれる。[3]それには、こうした背景もあるのだろう。

ドイツの職種別の公的技能訓練は、職業学校で理論教育をうけながら、企業で働いて実習経験を積み、三年ほどで技能を習得していくものだ。学校の理論教育と企業の実習の二つから成るコースなので、デュアル（二重）システムとよばれる。修了者は理論と実技の試験が課され、合格すればどこの企業でも通用する技能資格が与えられる。技能資格がないと半熟練とみなされ、より高いポストへの異動や昇進は原則としてありえない。[4]

二〇一六年、私がドイツに客員教授として滞在していたとき、宿舎の鍵が壊れたことがあった。修理サービスの会社に電話したところ、その会社から「派遣する修理工は技能資格のある人とない人とどちらがいいか」と聞かれた。資格のある人を呼ぶと、料金が高くなるが、確実にていねいに直してくれる。資格がない人を呼ぶと、料金は安いが、仕事の質はあまり保証できない、といった話だったように記憶している。

日本ならば、同じ会社から派遣してもらうのに、資格の有無で料金が違うのはおかしい、と思うかもしれない。しかしドイツの慣行からいえば、会社が同じだろうが別だろうが、技能資格がある人とない人で賃金が違うのがあたりまえで、したがって料金が違うのもあたりまえなのかもしれない。

単純化していえば、日本は「カイシャ」や「ムラ」を単位として、縦割りになっていた。それに対しドイツは、「職種」を単位として、企業や地域をこえて横割りになっていた。そしてこの横割りのしくみは、労働組合、政党、教育制度などにも及ぶのだ。

技能資格と職種別労働組合

こうした職種 trade 別組合はトレード・ユニオンとよばれ、ドイツやイギリスで発達していた。[5] 労働史の研究によると、それは以下のような経緯でできた。[6]

近代化の前の時代は、働いた時間で賃金を払うという習慣はなかった。正確な時間を測れる時計など普及していなかったのだから当然だ。

一般的だったのは、一つの仕事を、一定の謝礼で請け負うことだった。たとえば職人なら、馬具なり衣服なりを作る仕事を受注し、品物をしあげて謝礼をうけとっていた。

職人たちは組合を組織し、組合が公認した職人だけに仕事をさせた。安い謝礼で受注する人の新規参入を防ぎ、過当競争による値崩れを抑えるためだ。これを「入職規制」という。エーベルトが馬具職人組合の親方と喧嘩して資格をとれず、失業してしまったことを思い出してほしい。

近代化で賃金労働が広がると、親方の職人が出資者から仕事を請け負い、ほかの職人を集めて仕事を実行するようになった。そして産業革命がおきると、旧来の職人組合にはなかった機械工や電気工といった職種も発生した。

一九世紀になると、工場で働く機械工なども、職種別の組合として組織されるようになった。そして組合が、一定の経験年数を経た者を、一人前の熟練工と認めて証明を出すようになった。

ある工場が支払う機械工の賃金が、組合が認めた相場以下だった場合はどうするか。その場合はストライキをするか、機械工たちはその工場をやめ、組合の紹介で他の工場で機械工の職を探す。そして組合は、その工場に代わりの機械工を送らない。

これが可能なのは、その社会で機械工として働けるのが、組合が認めた人だけだからである。職業訓練や資格認定を通じ、組合が熟練工の供給を独占することで、交渉力が持てるのだ。

もちろん機械化が進めば、未熟練の労働者が増えて、こうした戦術は効果を失いやすい。それに対し組合は、未熟練の補助労働者も加入させて、組織力を強化した。一八七〇年代のイギリスのボイラー製造工組合は、組合の組織力で、機械化した作業の賃率を従来の手作業時の賃率とリンクさせることに成功している。[7]

もちろん雇用主の側は、こうした労働組合に反発し、「経営権」や「経営の自由」を掲げた。一八五六年のイギリスでの表現によれば、それは「望む通りに決定し、望む通りの労働者を雇用できるという、議論の余地なき使用者大権」だった。[8]

とはいえ組合の存在は、雇用主の側にも利点があった。組合と連携していれば、安定的に熟練工を供給してくれたからだ。経営者たちは組合を批判していたが、実際には組合の慣習を尊重して妥協していたのである。[9]

機械工など近代的な職業でも、一人前になるには、何年か経験を積まなければならない。素人を雇って教育しても、技術を覚えたところで辞めてしまうかもしれない。それなら経験者を雇った方が確実だが、自称「経験者」というだけでは何の保証もない。となれば、組合が熟練工の証明を出してくれるのは、雇用主にとって便利だったのだ。

資格証明の発行は、イギリスでは会計士協会なども行なっていた。一八一〇年代から一九〇〇年代のイギリスでは、土木技術者、機械技術者、電気技術者、公衆保健技術者などが協会を作り、技術教育や資格発行を行なっていた。[10] またドイツでは、一九世紀末に職人試験や資格が法律で制度化され、各地域に複数の職種をまとめた手工業会議所が設けられた。[11] こうして近代的な職業にも、資格制度が整えられていったのである。

運動が作った類型意識

産業革命後にできた機械工や電気技術者などの組合や専門職団体と、近代以前のギルド（職人組合）がどういう関係にあるのかは、よくわかっていない。行動パターンが似ているとはいえるが、直接に連続している証拠はないとされている。[12]

実際には、近代になってから現れた職種別組合は、ギルドの延長ではなく、労働運動の結果としてできたものが多かった。そうした場合、労働運動のなかで、職種の類型やアイデンティティが作られてくることも少なくなかった。

その一つが、ドイツにおける技師 Ingenieur という類型である。

ドイツにおける技師 Ingenieur とは、建築、土木、電気などさまざまな領域で技術系の仕事をしていた人たちが、連合して地位向上運動をしていくうちにできあがった類型だった。一八五〇年ごろまで、ドイツ語に彼らを総称する言葉はなかったという。[13] しかし運動の過程で、理論的な技術教育を受け、肉体労働には就かない人々をさす類型として、この概念ができあがっていったのである。

そのためドイツ語の技師 Ingenieur は、現場で働く熟練工をふくんでいない。それに対し、イギリスのエンジニア engineer は、熟練工をふくんでいた。これはイギリスの労働運動が、組合が認定した熟練工を「技術者 engineer」と呼んだことが影響している。[14] つまりどういう人々が参加して、どういう運動を行なったかの経緯のちがいが、類型のちがいになったといえる。

考えてみれば、建築技師と電気技師は、まったく別の職種である。彼らが「自分たちは技師 Ingenieur だ」という集団意識を持ったり、社会のなかで「あの人たちは技師 Ingenieur だ」という認識ができたりするのは、不自然なことだ。こうした類型が成立するのは、別々の職種の人々が、共同行動をおこすという歴史過程によってである。

同じように、工場の現場にいる人は「技術者 engineer」なのか。故障した製品を直している町の電気屋は「電気工 electrician」なのか。それは誰が、どういう基準で認定するのか。そういったことは、中世から決まっていたわけではない。それぞれの社会の歴史的な経緯によって、その社会の類型も変わるのだ。

たとえば医者の分類も、イギリスとアメリカでは違う。イギリスでは一六世紀から、最上級の内科医physician、外科医兼床屋のギルドから分離発展した外科医surgeon、雑貨商ギルドに由来する薬屋apothecaryという三類型があった。それが一九世紀半ばまでに、外科医の上層と内科医が結びついた顧問医と、外科医兼薬屋を中心とした一般医の二類型になった。しかしアメリカでは、二〇世紀初頭までに医療専門職が一本化されて、一般医は専門医の一部である家庭医family physicianになった。[15]

そしてドイツやイギリスでは、こうした経緯でできあがっていった職種別組合は、企業を横断した組合に発展した。こうした組合は、地域ごとに活動拠点を設け、それらの地域組合が全国組合とつながっていた。

第1章で述べたように、イギリスの社会学者であるロナルド・ドーアは、イギリスのEE社ブラッドフォード工場と、日本の日立製作所を比較調査した。以下の一節は、日英の労働者の意識の相違を描いている。[16]

EE社の電気工は、強力な地域的および全国的組織がなければならないと考えている。それは、電気工としての技能がなるべく高い価格で売買されるためであり、また、電気工がなすべき仕事がよそへまわらないようにするためである。このためには、電気工とは何か、また誰に電気工という資格を与えるか、ということを定めねばならない。EE社の電気工は、こういう事柄に関しては、他の会社の電気工と利害を同じくしている。

他方、日立で働く電気工は、労働市場を出て日立に入社した後に、はじめて電気工となる。そして、ひとたび会社に入れば、もう一度、労働市場で電気工としての技能を売ることはまずありえないのだから、技能の価格を維持することに特別に関心をもつことはない。現在の賃金制度のもとでは、会社内でこの電気工と利害が一致するのは、むしろ、自分と同年齢の電気工以外の人々である。だから、年は違うが同じ電気工として働いている、という人々が仲間を作るわけではない。

日本の慣行からみれば、同じ企業の他職種の人間より、他企業の電気工に「仲間」意識が生じるのは不思議かもしれない。職種が同じというだけで、会ったこともない相手である。

しかし日本でも、何万人もの大企業なら、会ったことがない人の方がずっと多い。それなのに「同じ会社の社員」という仲間意識が生じるとしたら、これは想像上の共同体というほかないだろう。

つまりこうした仲間意識は、直接の面識の有無以上に、社会的な慣行の産物なのだ。そして同じ職場の顔見知りでも、正社員でない人は、「同じ会社の社員」という「仲間」から排除されている。

試しに、ドーアの言葉の「電気工」を、「社員」に入れ替えてみよう。「社員とは何か、また誰に社員という資格を与えるか、ということを定めねばならない。A社の社員は、こういう事柄に関しては、他の職種の社員と利害を同じくしている」。この文章は、日本の慣行になじんだ人々には理解できるだろう。

そう考えるなら、企業を横断して「電気工」という仲間意識が存在する社会があったとしても、不思議ではない。また共同で運動をしていくうちに、その団結の単位で仲間意識や類型ができていくことも、理解できるだろう。

ただし日本でも、「同じ会社の社員」という意識は、決して古いものではない。戦前の日本企業では、職員と現場労働者はまったく別で、「社員」とよばれたのはホワイトカラーの職員だけだった。それが現場労働者までふくんだ「社員」という意識に変化するのは、戦後の企業別組合による労働運動の結果である。これらのことは、第4章以降で述べることにしよう。

職種で決まる賃金

日本の労組は企業別組合が多いのに対し、イギリスやドイツの労組は産業別組合が多い。[17] そしてこのような組合が、イギリス労働党やドイツ社会民主党の全国組織の基盤になっていた。

こうした社会では、たとえば電気工の基本賃金は、企業ごとではなく、国の単位（ドイツのような場合は州単位）で決まることが多かった。組合が企業を横断して全国的に存在しているわけだから、経営側も全国的に連合して交渉にのぞむ。その交渉に、政治家や政党が立ち会い、仲介する形になる。

このように組合・経営・政治の三者が交渉して物事を決めるやり方は、協調主義（コーポラティズム）とよばれ、ヨーロッパには広くみられた。ヨーロッパの政党政治は、このコーポラティズムのもとで発達したものも多い。

そうした交渉で決まった基本賃金は協約賃金とよばれ、ドイツ、スウェーデン、フランスなどにみられた。[18] そこでは別の企業で働いていても、職種や職務が同じなら、基本賃金は同じとなることがめざされた。[19]

図3―1は一九九〇年代における、ドイツの雑誌編集者の賃金協約である。当時のドイ

ツには約七〇〇〇人の雑誌編集者がおり、基本賃金は経営者団体との団体交渉で規定されていた。[20]職歴は一つの企業の勤続年数ではなく、編集者としての職歴である。職歴年数は一種の修業年数で、それが熟練の証明とされるのは、イギリスの機械工などでも同様だった。[21]

この図表でもわかるように、普通の雑誌編集者では、職歴一五年で賃金は頭打ちにな

I　編集者	
職歴１年	4,417マルク
職歴２、３年	4,791マルク
職歴４年	5,220マルク
職歴５年	5,723マルク
職歴７年	5,991マルク
職歴10年	6,493マルク
職歴15年	6,883マルク
II　特別な地位にある編集者	
職歴３年以上	5,920マルク
職歴５年以上	6,671マルク
職歴10年以上	7,670マルク
職歴15年以上	8,069マルク
III　自由協定による賃金	
・部長	
・業務責任者	
・編集長	
・副編集長	

（出典：木下武男『日本人の賃金』165頁（出版労連『編集者のドイツ賃金』1997年より））

図3—1　ドイツの雑誌編集者の賃金協約

る。それ以上の賃金を得たいなら、報道記者長や特派員など、特別な地位に就かなくてはならない。編集長クラスになると、上級職員として、企業と交渉する自由協定になる。

ただし、協約賃金は一種の最低賃金の規定である。企業がこの協約賃金に上乗せするのは自由だったので、企業ごとの格差もあった。二〇〇九年の調査では、ドイツの自動車機械工の平均月給は、従業員一〇〇人以下が二一九七ユーロ、一〇〇〜五〇〇人が二四九四ユーロ、五〇〇人以上が二八五〇ユーロだった。[22]

近年のドイツでは、労働者以上に使用者側の意見・立場がまとまらず、経営側団体を組織できなくなって企業横断型組合の交渉相手がいなくなるという傾向があり、企業横断型の協約が減っている。とくに新興産業である情報通信分野などは、労働協約の適用率が低く、非正規労働者も増えている。二〇一三年では、ＩＴ専門家のうち労働協約によって定められた賃金率でカバーされているのは全体では六四・八％だったが、回答者の九・一％を占める派遣・契約社員では二一・八％にとどまった。[23]

しかしそうはいっても、職種別に組合が団体交渉して、協約賃金が決まる慣行は続いていた。二〇一六年の調査でも、ドイツでは賃金の七〇〜八〇％が協約にもとづく職務ごとの賃金で決まり、一〇〜二〇％が経験年数、残りが個人の成績などで決まるのが目安とされていた。[24]

組合の同意が必要なのは、賃金や解雇ばかりでなく、人事異動も含まれた。機械工を営業に回せないのはもちろんだが、どの機械工を製造ラインのどこに配置するか、誰をより技能を要するポストに「昇進」させるか、異動させた空きポストに誰を補充の機械工として入れるかなどは、組合の同意が必要とされることが多かった。[25]

フランスでは、幹部職員（カードル）も独自の全国労働組合を持っている。フランスの労働組合組織率は高くないが、職業別の全国組合が交渉した協約賃金がその職業に適用されるので、影響力が大きい。[26]

フランスのカードル組合は、グランドゼコール評議会や、エンジニア資格授与校審査委員会などに出席して意見を述べる。さらにカードル年金保険やカードル雇用協会があり、カードル求職者への職業紹介、転職支援サービス、求人市場動向調査などを行なっていた。[27]

そしてフランスのカードルも、中世からあったわけではなく、二〇世紀にできた類型だった。一九三〇年代以降に、技術系や事務系のさまざまな職種の人々が、地位向上を求めて運動していくなかで、カードルという階層を形成していったのである。それ以前は、一定の階層を指す言葉として「カードル」が使われていたわけではなかった。[28]

そのほか、イタリアにもカードル労働組合がある。国によって形態がちがうが、ヨーロッパでは、上級・下級の職員は現場労働者とは別の労働組合を持っていることが多い。[29]日本と同じく、ブルーカラーと職員が混合で企業内組合を作っている事例もあるが、どちらかといえば例外だ。労働組合も、企業を横断して階層的なのだといえる。

こうした横割りの社会では、勤務先の企業を替えるのは「転社」であって、「転職」ではない。日本型の「企業のメンバーシップ」では、職種を変えながら企業の内部で昇進していく。それに対し「職種のメンバーシップ」では、同じ職種のなかで、企業を横断してよりよい仕事をめざすのだ。

「横割り」の社会保障

フランスのカードルは、組合だけでなく、独自の年金を持っている。これは労使折半で、彼らも拠出金を積み立てる保険料方式だ。

社会保障は、大きく三つのタイプにわかれる。第一のタイプは、政府が税金で運営する公的扶助。第二は、払いたい人が自分でかけ金を払う民間保険。第三が、なんらかの共同体のメンバーが拠出金を出しあい、その共同体のメンバーで相互扶助する社会保険である。

フランスのカードル年金は、三番目の社会保険にあたる。つまり「われわれは同じカードルだ」という仲間意識が、労働組合だけでなく、社会保障にまで発展したわけだ。というよりも、共同の年金保険を求めて運動していくうちに、「われわれは同じカードルだ」という意識ができていったといえる。

この三つの保険方式のうち、どれが主流かは、社会によってちがう。アメリカは民間保険が中心だが、そこから漏れた人は、税金を財源にした生活扶助で助ける。スウェーデンなど北欧の国々では、消費税などを財源にした国の社会保障が中心だ。[30] そしてドイツは、共同体の助けあい、つまり社会保険が中心の国の代表だとされる。

しかしドイツの医療保険は、日本のように「カイシャ」や「ムラ」が単位ではなく、職種が単位だった。社会の基本単位が職種なのであれば、社会保障もそうなるのだ。

もともとドイツには、中世から同業組合や互助組織があった。そして一九世紀までには、手工業者のような中世から存在した職種だけでなく、鉱夫や工場労働者などもそれぞれの共済金庫を作り、老齢や貧困などに対処するようになっていた。[31]

ビスマルクが宰相だった一八八〇年代に、ドイツ政府は医療保険制度を作った。しかし、もともとビスマルクは、政府が国費でまかなう社会保障を構想していた。その目的は、労働者に国の恩恵を感じさせて、社会主義の台頭を抑えることだった。ビスマルクは、革命を防止する目的で「無産階級、下層階級に満足感を与えるためには、相当多額な金を使っても高すぎるということはない」と述べていた。[32]

とはいえ、この構想は実現しなかった。実際にできた各地の疾病金庫は、ほとんどが以前の職種別・業種別の共済金庫に、法人格を与えたものだった。医療保険は各地の労使が積み立てた保険料でまかなわれ、その管理をまかされた疾病金庫の委員会は、ビスマルクの意図とちがって社会民主党の活動場所になったのである。[33]

つまり政府が税金でまかなう制度を構想したのに、それが実現できず、各地の組合が保険料で運営を続けた。この事実は、各地の組合の自治力の強さを物語る。

ドイツ史研究者の加藤榮一はこのことを、「国家の組織力」が「職能別組織の求心力を凌駕できなかった」と評している。[34] その後のナチス期には、疾病金庫の自治権が剝奪されたこともあったが、第二次大戦後は自治を回復し保険料で運営され続けた。[35]

この制度のマイナス面も、もちろんある。制度が分立していて、どこの疾病金庫にもカバーされない人がいた。ドイツが国民皆保険になったのは二〇〇九年で、それ以前には、国家が全国民を強制加入させる制度にはなっていなかった。[36]

ただしこうした制度も、中世の職種別組合の単純な延長ではない。工場労働者の疾病金庫などは、近代になってできたものである。また一八八〇年代以降には、書記・事務員・製図係などさまざまな職業の人々が、上級職員でも現場労働者でもないという共通点で結びつき、一九一一年に職員保険法を成立させた。この運動の過程で、こうした多様な職業の人々を総称する下級職員 Angestellte という類型ができていったのである。[37]

ドイツの社会保障は、九〇年代以降の諸改革を経てかなり変わった。疾病金庫に競争原理を導入し、被保険者の選択権を広げたのである。その結果、被保険者の移動が激しくなって、産業や職業による仕切りが実質的になくなり、財政難に陥った疾病金庫が統合され、金庫内の連帯意識も弱くなった。[38]とはいえ、歴史的な社会保障のあり方は、働き方、教育、組合、政党などと連関して、ドイツ社会の「しくみ」を形づくっていたのである。

アメリカで発達した「職務（ジョブ）」

アメリカでは、ヨーロッパとは異なる展開があった。それが「ジョブ job」という概念である。

封建制がなかったアメリカでは、ドイツのようには職種別組合が強くなかった。[39]また一九世紀末になると、分業の進展と機械の導入によって、熟練工の必要性が薄れてしまった。そうなると、組合が資格を証明した熟練工の供給を独占するといった従来の戦術が、有効性を失った。[40]

第一次世界大戦までの工場労働者たちは、雇用主から仕事を請け負った職長（親方）の支配下にあった。職長は一定の予算で仕事を請け負うが、その予算の枠内であれば、どの労働者を雇い、いくら賃金を払うかを決めることができた。そのため職長のひいきで賃金に差をつけたり、気まぐれで解雇したり、労働者から賄賂をとったりする不公正がはびこっていた。[41]

これが変わっていったのは、一九一〇年代から四〇年代である。結論からいうと、職長による不公正に対抗して、「同一労働同一賃金」がめざされた。つまり労働者たちは、同じ職務jobをしていれば、同じ賃金を払われるべきだと要求したのである。

しかしそうなれば、個々の労働者の職務を標準化して、その職務に賃金を払う形にしなければならない。こうしたことから、職務記述書をもとに契約をして、その職務に賃金を払うという「職務の平等」ができあがっていくことになる。

その始まりの一つは、フレデリック・テイラーが一九一一年の著作で有名にした科学的管理法だった。[42]考え方そのものはテイラー以前からあり、熟練職人の動作を分析して単純作業の組み合わせに分解して標準化すれば、未熟練労働者でも同じ仕事ができるというものだった。

その前からアメリカでは、互換性部品という考え方も広まっていた。これは機械の部品を、他の機械と互換できるように標準化するという発想である。

かつての機械は、職人が一点ずつ手作業で仕上げるもので、部品の互換性がなく大量生産ができなかった。一八世紀にフランスで兵器生産のために互換性部品の試みが始まったが、兵器以外の産業に広まったのは一九世紀のアメリカにおいてだった。ヨーロッパと違ってアメリカは熟練職人が少なく、手作業に頼らなくてもよいシステムが必要だったのである。[43]

こうして互換性部品による大量生産が盛んになると、工場が大規模化した。そうなると、職長の請負にまかせておくのではなく、原価計算や手順伝票の導入など、生産管理と組織管理を行なう傾向が強まった。[44]

科学的管理法の考え方は、こうした動向と連動していた。すなわち、職人の手作業を標準化して互換可能な作業の組み合わせにすれば、未熟練労働者の集団でも同じものが作れるという発想は、互換性部品と共通していた。もともとテイラーは、工作機械の改良から工場能率の改善に進んだ人だった。[45]

しかし科学的管理法は、それほど急には普及しなかった。熟練工や職長たちは、自分たちの力が弱められることになるから、導入に反対した。アメリカ労働総同盟（ＡＦＬ）をはじめ熟練工の職種別労働組合は、科学的管理法に反対運動を行なった。[46] また雇用主のほうも、導入に手間のかかる改変には消極的だった。

戦争で普及した職務分析

状況が変わったのは、第一次と第二次の世界大戦だった。

戦争になると、大量の未熟練労働者が軍需生産に就き、生産工程を合理化する必要が高まった。また労働力が足りなくなり、労働者の発言力が高まるなかで、同一労働同一賃金への志向が強まった。この二つが連動するかたちで、職務の標準化が進むことになった。以下、労働史家のサンフォード・ジャコービィの研究をもとに概説しよう。[47]

第一次世界大戦にアメリカが参戦すると、アメリカ連邦政府の兵器省はテイラー協会の組織管理の専門家たちを雇った。その目的は、賃金と作業条件に関する産業規模の標準を作ることと、戦時ストライキを防止するために労働条件を改善することだった。そして軍と政府機関は、二〇の基幹産業と四〇〇以上の手工業の職務分析を実施し、戦後にこの情報を一般に提供した。

労働組合も、こうした動向に呼応した。職務分析と賃金格付けを進めれば、職長が不平等に決めていた賃金を公正なものにできると考えられたからである。おりしも、従来の熟練工組合の閉鎖性にあきたらず、未熟練労働者を組織する産業別労働組合が新しく台頭してきていた。一九一七年と一八年には、機械工たちが賃上げと賃金格付け、職務名称の標準化を求めてストライキをおこし、兵器省や戦時労働局がこれを支持した。

こうした展開に対し、雇用主の側は、経営の自由の侵害だと反発した。製造業者側は、職務の標準化がむずかしいこと、雇用主には従業員個々人の人事配置や賃金を決める権利があることなどを主張した。雇用主にとっては、職務分析など導入しないほうが、好都合だったのである。

第一次世界大戦が終わると、軍需景気と労働力不足が解消して、雇用主の力が強くなった。労働組合の組織率は落ち、職務分析だけは形式的に存在しても、賃金は職長や雇用主の気まぐれで決まる状況が多くなった。

ところが一九二九年に大恐慌が訪れ、大量の労働者が解雇された。組合運動がまた活性化し、賃金決定の不平等への抗議が多くなった。そこに第二次世界大戦が訪れ、軍需景気と労働力不足がおきると、労働組合の力が増した。さらに政府の戦時人的資源委員会や戦時労働委員会が、当時編集された『職種名分類辞典』にもとづいて職務を記述し、賃金体系や昇進制度を設けるように企業を指導した。

職務の保有権

また労働組合は、賃金のルールを明確化し、産業別の標準賃金を要求した。このことが、「職務の平等」を生み出すことになる。

職務に賃金を払う職務給そのものは、第二次大戦までにアメリカで広まっていた。ところがそうした職務給は、各企業や各工場、各職長がばらばらに決めており、同じような職務でも賃金が違っていた。

一九三〇年代末の鉄鋼業を例にとると、カーネギー・イリノイ事業所では約一万五〇〇〇、アメリカン・スチール・ワイヤー社では一〇万以上の賃金等級があった。鉄鋼労働組合の活動家たちは、こんな演説を各工場で行なったという。[48]

「諸君の工場はどうか。分塊圧延機の保全工は電気炉保全工より一八セントも高い価値があるのか。否、否、千回も否！　組合に加入せよ、全労働者に公平を勝ち取ろう！」

経営者の側も、こうした不満を抑えるために、職務評価を導入するようになった。ところが職務評価を導入すると、同じ産業内の同じ職務の賃金を比較できる状態が生まれ、賃金が標準化されていないことへの不満を生み出した。鉄鋼労働組合はこうした不満を集めて、産業を通じての同一労働同一賃金の要求を出し、ストライキをふくむ交渉を第二次世界大戦中に行なった。[49]

こうした動きと並行して、欠員がでたときの社内公募制や、一時解雇や再雇用のさいの先任権が定着していった。それまでは、誰を昇進させるか、誰を解雇するか、誰を再雇用するかを決めるのは、職長や雇用主だった。そこには情実やコネが横行していた。アメリカの労働組合は、職務の明確化やそれに対応した賃金設定とともに、先任権や社内公募制をルールとして要求したのである。[50]

先任権とは、不況で雇用調整が必要になった時は、勤続年数の長い年長者を最後に一時解雇し、景気が回復したら最初に再雇用するという慣例だ。これは一種の年功制だが、職務記録に明記された勤続年数は、職長や雇用主の気まぐれでは変えられない。組合が要求したのは、そのような客観的基準にもとづくルールだった。[51]

そして第二次世界大戦時の政府の戦時人的資源委員会や戦時労働委員会も、職務分析だけでなく、昇進ルールの明確化を奨励した。やがて雇用主の側も、労働争議がおきるよりは、職務分析と標準賃金、解雇と昇進のルールを導入した方がよいと考えるようになった。一九四五年の調査では、職長がかつてのような解雇権を持っていたのは、調査企業の一一％だけになっていた。[52]

こうした過程でアメリカ社会に根付いたのが、職務保有権（ジョブ・テニュア）という概念である。テニュアは解雇されない立場を意味する。つまり職務保有権とは、労働者が特定の職務（ジョブ）に雇われたら、職長や雇用主の気まぐれで解雇されない権利だった。[53]

こうした慣例が整うと、アメリカでは労働者が長期勤続するようになった。一九一〇年代までのアメリカでは、雇用が不安定で、労働者の定着率は低かった。それが二度の世界大戦を経て、雇用や賃金や昇進のルールが明確化し、労働者の定着率が上がった。そして労働者たちは、地理的にも、働いている土地に定着するようになったのである。[54]

皮肉なことに、これはテイラーが考えた科学的管理法とは、ちがった展開だった。テイラーが考えたのは、労働者に標準化された作業を一定時間内にこなさせ、成績次第で賃金を増減させるシステムだった。そこでは、効率の上がらない労働者を解雇することは否定されていなかった。さらに職務の賃金を、企業を超えて統一するといったことも、そこには含まれていなかった。

ところが実際に実現したのは、一つの職務に平等の賃金を保障することであり、労働者にその職務を保障することだった。つまり労働組合は、政府が職務分析や科学的管理を奨励した動向を活用して、そうした権利を要求していったのである。

逆にいえば、こうもいえる。職務分析や科学的管理は、テイラーが提唱し、政府が奨励したものだが、労働者が同意しなければ定着しなかった。それだけでなく、労働者が同意するような形でしか定着しなかった。そして職務分析の導入に反対したのは、それに制約されることを嫌った雇用主のほうであった。つまり「職務の平等」は、労働運動が要求して実現していったものだったのである。

差別禁止が広めた職務記述書

その後のアメリカでは、職務の内容と賃金を提示して、雇用契約をすることが定着していった。そのやり方は、第2章でみたとおりである。

ここでの職務jobは、分業を前提に単純化・明確化されたものである。それは職種tradeとちがって、熟練工が最後までこなすものではない。そのためもあって、同一労働同一賃金の職務給では、経験年数とともに熟練度が増して賃金が上がっていくという性格はあまりない。

その意味では、アメリカで実現していった職務別の標準賃金は、ヨーロッパの職種別の協約賃金とは性格が違う。しかしそれは、企業横断的な標準である意味で同じ機能を持ち、いわば職種別賃金を近代化したものとなった。

アメリカで生まれた職務分析と職務契約の手法は、ヨーロッパにも広まった。ロナルド・ドーアは、一九六〇年代末のイギリス企業が上級管理職と俸給交渉を行なうさいに、以前より細分化された職務分析を行なうようになっていたと記している。[55] 並行してイギリスでも、職務で決まる職務給と、同一労働同一賃金の原則が広まっていた。[56]
もっとも同一労働同一賃金は、労働運動の理想だったのであって、完全に実現したことはない。本書でいう「職務の平等」にしても、一種の規範ないし傾向であり、現実は常にそれほど単純ではない。それは、「社員の平等」が日本社会にみられた一種の規範ないし傾向であって、完全に実現したことがないのと同じである。

また一九七〇年代から八〇年代のアメリカでは、細分化された職務への批判もおきた。その一つは、職務が硬直化しすぎて、技術革新の妨げになるというものだった。そしてもう一つは、細分化・単純化された職務が単調で、労働者の人間性を抑圧しているというものだった。[57] 職務を定型化して定額の賃金を割りふれば、経営者の気まぐれを抑制することはできるが、皮肉なことに労働者自身も退屈になってしまったといえる。

こうした批判を経た近年では、アメリカ企業も組織内での職務遂行能力 competency を評価基準にとりいれ、同じ職務でも査定で賃金に幅がつくようになった。[58] 職務記述書も、かつてより簡略になった傾向がある。

とはいえそれでも、職務記述書を提示して雇用契約を結ぶことが原則だ。第2章でも述べたように、アメリカでは職務の市場価値が企業を横断して存在しているので、職務を中心とした管理から離れることができない。[59]

またここには、アメリカの差別禁止の原則も影響している。日米の査定制度の歴史を研究した遠藤公嗣は、以下のようなアメリカの歴史を紹介している。

キング牧師を象徴とする公民権運動が、一九六四年の公民権法の制定に結びついたことはよく知られる。人種や性別にもとづく差別を禁止した法律は、雇用にも大きな影響をおよぼした。たとえば女性の査定結果が一様に低く、その基準が明確でなかったりしたら、企業は訴訟で損害賠償を払わされかねない。

一九七〇年代には、採用や査定をめぐる訴訟がおこり、企業側の敗訴もあいついだ。一九八〇年から九五年までの二九五判例を対象にして、査定をめぐる訴訟を分析したアメリカの研究は、統計的に企業が敗訴しやすいのは以下のような場合だとしていた。[60]

A、査定制度が職務分析を基礎としない場合。
B、明白な書面による指示が査定者に与えられていない場合。
C、査定結果に被査定者が目を通していない場合。
D、複数の査定者の評価が一致しない場合。

このほか一九七八年の六六事件を対象にした判例研究では、業務上の「行為behavior」

ではなく、「性格・習慣の特徴trait」を重視する査定を行なっていると、企業側が敗訴しやすいという結果も出た。つまり職務分析が不明確だったり、「態度」や「やる気」などで査定したり、査定結果を労働者に見せないでいると、裁判で負けるというのである。そしてこうした分析結果は、アメリカの人事管理マニュアルにも記載された。[61]

こうなると企業としては、職務内容を明確化し、職務記述書を提示したうえで、応募者と合意して契約したほうがよくなった。そうしないと、訴訟になるリスクがあるのだ。

査定の透明化

さらに一九七八年の公務改革法で、連邦政府公務員の査定は職務関連的かつ客観的な成績標準を作成しなければならないとされた。その翌年に定められた実施規則では、査定成績を左右対称分布にするような制御をしてはならないと定められた。つまり、査定がAからEまで均等の比率になるように調整してはいけないというのである。さらに八四年には、民間企業でも、分布制限で評価を下げるのは不公正にあたるとマサチューセッツ州最高裁が明確化した。[62]

第2章で述べたように、アメリカでは査定があるエグゼンプトでも、評価の九五%以上はBとCだという研究結果が出ていた。誰もが一致してAやEと評価する人が多いわけではないし、客観性を証明できない査定をしたら訴訟になりかねず、分布制限もできないとなれば、そうなるだろう。

そして査定については、労働者の同意をとることが多くなった。一九八一年から八二年に実施されたアメリカでの調査では、七一〜七六％が「最終評価フォームの写し」を労働者が受け取ることができ、七六〜八一％が最終評価フォームに同意の署名をする権利（不同意の場合は署名しない）を与えられていた。さらに九四年のアメリカ自由人権協会の報告では、一〇以上の州において、企業側の人事記録を閲覧する権利が保障されていた。遠藤がインタビュー調査を行なったドイツでも、ほぼ似たような状況だったという[63]。

同時代の日本企業ではどうか。一九八六年の関西経営者協会の調査では、査定結果を「知らせている」は三八・九％だったが、その多くは「所属長に知らせる」「労働組合の幹部にだけ知らせる」「総合成績だけを本人に知らせる」「上司と本人の面談で知らせる」といったもので、「考課表の写しを本人に渡す」は全体の二・一％だった[64]。

もっともこうしたことは、一九六〇年代以降に突然に起こったわけではない。アメリカの労働組合は一九二〇年代から、従業員の態度を査定して賃金に差をつけることに、強く反対していた。雇用主のなかには、職長に命じて企業への忠誠度を査定させ、組合活動家を差別していた例も多かった[65]。

アメリカの労働組合が同一労働同一賃金の職務給を要求し、さらには先任権や雇用保障を要求したのは、こうした背景があったからでもあった。第2章で述べたように、アメリカの現場労働者、とくに組合労働者には査定がないが、それにはこういう歴史があったのである。

このようにして、「職務の平等」の習慣ができあがっていった。雇われる際には、何の職務で勤務地はどこかを明示してもらう権利があり、職務をこなしていれば差別されない。そういう形で、「平等」が求められていったのである。

日本の労働省の官僚だった田中博秀は、七〇年代後半に欧米五ヵ国の企業を訪問調査した経験から、「欧米」の働き方について一九八〇年にこう述べている。[66]

……欧米諸国においては、企業組織というものが「仕事」を中心にできており、その一つひとつの「仕事」について、仕事の内容、範囲、権限、責任等が明確に定められているのと同様に、それに対する報酬も明確に定められている……その「仕事」を誰がやろうと、例えばそれが白人であろうと、黒人であろうと、あるいは男性であろうと、女性であろうと、さらには二〇歳台の若者であろうと、六〇歳台の老人であろうと、その「仕事」をきちんとやっている限り、その「仕事」の報酬として定められた賃金が支払われるのである。

現実はこれほど単純ではないにせよ、これが田中の目に映った一九七〇年代の「欧米」だった。だがアメリカでも、三〇年代以前から同一労働同一賃金だったわけではないし、六〇年代以前から黒人や女性、高齢者が平等だったわけでもない。田中が見たのは、二〇世紀の労働運動や公民権運動の積み重ねによって、定着した慣行だったといえる。

職種別団体と専門教育

こうした差別撤廃の歴史は、じつはアメリカにおける学位の重視とも連関している。比較教育学者の小川佳万は、「性差や人種による雇用・昇進上の差別に最も敏感なアメリカ社会では、学位・証明書は最も有効な選別の道具になる」と指摘している。[67] つまり、性別や人種や「人柄」などで選考できなくなったことが、学位による客観的な証明が重要になった背景だったというのである。

アメリカの高等教育も、昔から職業人の養成が中心だったわけではない。初期のアメリカの高等教育は、上流・中産階級の「紳士」にふさわしい教養を与えるカレッジと、学術研究・専門職教育・社会奉仕を推進するユニヴァーシティーの二形態から始まった。[68] 課程をもった大学院ができたのは一九世紀末だったが、第二次大戦で大学が研究機関として果たした役割が評価され、冷戦のなかで連邦政府や民間財団が研究費を投じて大学院が拡張した。[69]

一九六〇年代に大学進学率が伸びると、カレッジや四年制大学を出ているだけでは、上級職員には就きにくくなった。それと並行して、企業の採用や人事における差別禁止や透明化が進んだ。そうした背景のもとで、学位による客観的な証明の重要度が増し、職業系の大学院が一九八〇年代に拡大したのである。

さらに指摘する必要があるのは、アメリカにおいても、職種別組織の役割が大きいことである。

アメリカでは二〇世紀に、さまざまな専門職が発達した。古くから専門職と認められてきた医者、法律家、聖職者などに加え、企業管理職、看護師、ソーシャル・ワーカーなども専門職として職業大学院のプログラムや学位ができている。教育関係でも、教員、司書、カウンセラーなどの専門職と、それに即した大学院プログラムがある。

そしてこれらの専門職には、それぞれ団体がある。小川が紹介している一九七二年のアメリカの専門職教育 Professional Education の定義でも、専門知識や技術があることとのほかに、専門職業団体 Professional Association があることが条件に入っていた。[70] それはなぜか。専門職団体がないと、統一した資格基準や教育プログラムが組めないからだ。

アメリカの教育大学院の事例で言えば、専門職団体が提示した基準をクリアしないと、教員養成やカウンセラーのプログラムとして認められない。認定されなければ、発行される証明が無効になる。小川によると、「だからプログラムの説明には、『本プログラムは○○団体の認可を受けています』という一文が必ず加えられることになる」という。[71] 教員免状は州政府が授与するので、州の認定基準に沿うことも必要ではある。だが専門職団体に認可されたプログラムならば、そこで授与される証明書や学位は、他の州でも基本的に有効となる。つまり、政府よりも専門職団体の方が上なのだ。

もちろんこれは慣例であって、法律で決まっているわけではない。管理職養成の大学院プログラムなどは、必ずしもこの限りではない。とはいえ小川によれば、「アメリカの高等教育の歴史を振り返れば、少なからぬ職が大学院と関係を持つことによって威信を保とうと努力してきた」のであり、その過程に専門職団体がかかわっていたのである。[72]

職種別運動の近代化

いうなれば、こうした大学院の学位は、ギルドの免許状の現代版といえなくもない。職種別組織や労働組合が認定基準を作り、その証明がない人間はその職に就かせない入職規制は、過当競争を防いで働く者の地位を保つためのものだった。それが結果として、労働者の品質保証として雇用主にも便利だったことは前述した。

イギリスやドイツの職業系教育や学位・資格にも、アメリカと類似の経緯がみられる。近代化の過程で、職種別組織が近代的な専門職団体に変わり、教育プログラムに影響を与えていったのである。

たとえば、イギリスの土木技師会の入会資格である。[73] 一八九七年以前は、親方のもとで修業を積み、口頭試問で熟練を証明すれば、筆記試験なしで土木技師を名乗ることができた。その後は三段階の資格試験が導入され、工業専門学校がその資格要件にあわせてカリキュラムを編成するようになった。

そこでは、学位と実務経験、そして協会のベテランたちによる口頭試問が組み合わされていた。イギリス土木技師会の資格試験では、大学卒業者は試験を免除されたが、正会員になるには三年の実務経験と口頭試問が必要だった。だが一九七〇年には、総合大学または工科大学の学位が、技師として認定される必要条件になった。

これは一見すると、職人の徒弟修業が、近代教育によって消されていった歴史のようにもみえる。しかし事態は双方向的だった。一九世紀半ばまでのイギリスの大学は、聖職者と紳士の養成所といってよいようなもので、職業教育や応用工学とは無縁だった。職人の徒弟制修業が消えていくのと並行して、守旧派の抵抗を打破しながら、工学や商学の課程が大学に増えていったのである。

イギリスの図書館司書も、似たような歴史をたどった。[74] 二〇世紀初頭の時点では、見習期間を経て実務能力があることが司書の条件だった。だが一九五〇年代になると、図書館協会は一般教育の修了証を要求するようになり、見習期間は三年から一年に短縮された。七〇年代になると、大学卒業者は見習期間を免除され、学位付与を伴う図書館学のコースが総合大学やポリテクニックで開設された。

こうした経緯は、ドイツにもあった。一八六九年の北ドイツ連邦営業条例で「営業の自由」が導入されたため、閉鎖的なギルドの慣習は維持できなくなった。手工業者たちは条例の改正を求める一方、理論試験をとりいれた職人試験規定を作って近代化をはかった。並行して技術専門学校が発達し、一八七〇年代にはこうした専門学校が大学入学資格（アビトゥーア）も付与できるようになった。[75]

またドイツの商人たちは、一八九六年にドイツ商業教育協会を作り、ライプチヒに初の商科大学を設立して、商業の学位を発行した。ライプチヒに作ったのは、プロイセン文部省が旧来の人文主義の大学にこだわり、商科大学構想を好まなかったからだった。大学の設立財源は、寄付金と商業会議所の負担だった。[76]つまり政府ではなく、職業団体が大学を作って、それまでになかった学位を作ったのである。

なおフランスでも一九世紀末から二〇世紀初頭に徒弟制が解体し、近代型職業教育と資格制度への転換がおきている。[77]イギリスで各種の協会が発行していた資格が統一されて全国統一資格制度（NVQ）ができ、それが二〇〇八年にはヨーロッパ共通資格制度（EQF）にまで発展し、修士号や博士号もそのなかに位置づけられていったことは、第2章で述べた。

このようにみてくると、政府よりも専門職団体の方が、教育課程の改革や学位の制定に力を持っていたことがわかる。このようにして作られた教育課程や学位は、専門職団体と結びつきが強く、それが国や企業を超えた横断的労働市場を作っていったのである。

企業を超えた基準の有無

このようにみてくると、第2章で述べたヨーロッパやアメリカの働き方が、どういう経緯でできあがってきたかがわかる。そこには技術革新や軍需景気、政府の政策も影響している。だがそれ以上に、労働者や専門的職業人の運動が、影響していたことがわかる。

こうしてできあがった慣行は、日本からみれば、労働者が勤め先を替えるのに便利だという側面がめだつ。たしかに、企業を超えて職務が標準化され、職務記述書や専門学位が整備されていれば、勤め先は替えやすい。経済のグローバル化とも相性がよいし、企業が高度人材を獲得するにも便利だろう。

だが一連の慣行は、勤務先を替えやすくするために導入されたのではない。ヨーロッパでもアメリカでも、労働者が望んだのは、雇用主の気まぐれで運命を左右されない状況を作ることであり、差別を撤廃することであり、職業集団の地位を向上させることだった。それが結果的に、企業を横断した基準を作ったのである。

また一連の慣行ができた後は、むしろ雇用が安定した。職務の保有権が確立され、正規の訓練を経ない新規参入が防止されたからである。雇用主のほうは、むしろそうした慣行ができるのを嫌いがちだった。

日本の感覚からすると、「勤務先を替えやすい」ことと、「雇用が安定する」ことが両立しているのは、想像しにくいかもしれない。だがそれは、雇用の安定というものを、日本の慣行を前提にした固定観念で考えているからだ。

日本では「職務の平等」ではなく、「社員の平等」が追求されてきた。雇用の安定も、職務の保有権ではなく、社員の身分保障として考えられてきた。日立製作所を調査したドーアは、日本の労働者は「雇用を維持される権利 employment right」には敏感だが、「職務の権利 job right」についての意識はほとんどないと述べている。[78]

第2章で述べたように、労働研究者の濱口桂一郎は、日本の雇用形態を「メンバーシップ型」、欧米その他を「ジョブ型」と名づけた。しかし西欧やアメリカの歴史を知ると、「メンバーシップ型」と「ジョブ型」よりは、「企業のメンバーシップ」と「職種のメンバーシップ」と形容したほうがよい側面があるように思う。日本のあり方だけが、「メンバーシップ」の唯一のかたちではないのだ。

近年では、グローバル化で日本企業の慣行が揺らいでいるように、欧米などの「職種のメンバーシップ」も揺らいでいる。職種別や産業別の労働組合の組織率は落ち、協約賃金などが適用されない不安定雇用が増えてきた。とはいえ、同じくグローバル化のなかで学位や資格証明、職務記述書などの標準化が進み、差別の撤廃も進んできたのである。

このように考えると、日本と他国の最大の相違は、企業を超えた基準やルールの有無にあるといえる。企業を超えた職務の市場価値、企業を超えて通用する資格や学位、企業を超えた職業組織や産業別組合といったものがない。企業を超えた基準がないから、企業を超えた流動性が生まれず、横断的な労働市場もできない。労働市場があるのは、新卒時と非正規雇用が中心だ。これが、いわゆる「日本型雇用」の特徴だといえるだろう。

長期雇用は日本の特徴ではない

「日本型雇用」というと、「終身雇用」がその特徴とされることが多い。しかし長期雇用は、日本だけの特徴ではない。

第二次大戦後のアメリカで、長期雇用が広まったことはすでに述べた。その後の一九五〇年代や六〇年代のアメリカでは、日本の「会社人間」にあたる「オーガニゼーション・マン」という言葉が流行した。[79]

経済学には「内部労働市場」という考え方がある。一つの企業の内部、あるいは職種別組織の内部で、人材を調達する労働市場のことだ。[80]

企業内の内部労働市場が発達していると、その企業内で昇進・昇給が期待できる。そのため、労働者はその企業に長期にとどまる可能性が高くなる。経営者も、労働者がとどまることを前提に社内教育や福利厚生を充実させるので、ますます定着率が高くなる。また昇進や選抜を行なうさいも、企業内から選抜した方が情報収集のコストも安い。

一九七〇年代にこの概念がアメリカから日本に紹介され、日本型雇用を経済学的に位置づける研究が行なわれた。[81] また経済史では、日本の大企業で年功制が始まった経緯や、戦争が雇用にもたらした影響も研究された。それらを参考に、日本で長期雇用が定着した経緯を述べると、以下のようになる。

日本でも二〇世紀初めまでは、ヨーロッパやアメリカと同様に、親方による請負で現場労働者が集められており、企業は彼らを直接雇用してはいなかった。また「渡り職人」といわれた熟練工は、職場を替えながら腕を磨いていた。[82]

こうした渡り職人の影響力に対抗するため、大企業は社内教育で育てた熟練工を優遇して、熟練工を囲い込もうとした。その優遇策の一つとして、第一次世界大戦前後から一九二〇年代に、民間大企業が職工に定期昇給による年功型賃金を導入した。[83]

さらに日中戦争以後、政府は軍需生産を滞らせないために、従業者雇入制限令や従業者移動防止令を出し、職場の移動を制限した。また会社経理統制令や賃金統制令が出され、それまでばらばらだった初任給が地域・産業・年齢・性別に公定されて、年に一回の定期昇給が指導された。[84]

そして高度成長期になると、労働者を確保するために、長期雇用と年功賃金をうたう企業が増えた。工員の新卒一括採用なども、この時期に広まった。以上が労働史の分野で、これまで説かれてきた日本型雇用の歴史のあらましである。

おおざっぱにいうと、日本における長期雇用の慣習は、第一次世界大戦から一九二〇年代の大正期、戦争景気にわいた一九四〇年前後の総力戦体制期、そして一九六〇年代の高度成長期という三つの時期に広まった。三つの時期のどれを重視するかは研究者によって違うが、第一次世界大戦期に萌芽的に始まり、総力戦体制期に広まりをみせ、高度成長期に本格的に定着したという理解が標準的といえる。

考えてみると、この三つの時期は、いずれも経済成長期だった。長期雇用や社内教育、社内昇進、年功賃金などは、いずれも人材の囲い込みだ。好況で人手不足になると、企業は人材を囲い込もうとする。また経済成長期は企業の利益が多く、年功賃金や社内教育のコストを負担しやすい。

興味深いことに、アメリカでも長期雇用や社内昇進、つまり内部労働市場の特徴は、第一次大戦期に起源がみられ、第二次大戦期に定着し、一九六〇年代までに広まった。これらの時期は、日本経済がどん底だった敗戦直後を例外とすれば、日本と同じ時期である。世界経済の好況期が、似たような現象を世界各地に広めたとも考えられるだろう。

経済成長という条件なしに、政府の規制だけで長期雇用が広まるかといえば、それはなかなか難しいようだ。たとえば総力戦体制期には、政府の命令で労働者の移動が制限され、「産業戦士」の待遇改善がうたわれた。だがそれが一定ていど実施されたのは、戦争景気のために労働力が不足し、企業が労働者を囲い込もうとしていたためだった。敗戦後の経済低迷期には、戦時期の一連の規制などは有名無実になっていた。

また内部労働市場は、洋の東西を問わず、特定の産業で形成されやすいといわれる。それは、電力や重化学工業といった、いわゆる重厚長大型産業である。これらは設備投資に多額の資金がかかり、少数の大企業の寡占状態になりやすく、企業にとって安定成長がみこめる産業だ。電力は輸入もできず、その意味でも競争が少ない。アメリカでも、こうした産業において、長期雇用や内部昇進の慣行ができていたことがわかっている。[85]

それを考えれば、日本でもアメリカでも、戦時期の製造業大企業から、長期雇用の慣行が広まったことはうなずける。第6章で述べるが、戦後日本の給与体系に大きな影響を与えた生活給は、電力産業から始まったものだった。

製造業を中心とした巨大企業が産業の中核だった二〇世紀中盤には、洋の東西を問わず内部労働市場が広まった。日本経済が注目を集めていた七〇～八〇年代には、欧米企業のほうが日本型に近づいていくのではないか、とさえ言われた。[86] 実際に、日本を参考にした「チームシステム」などがアメリカ企業で導入されたこともある。[87] ＩＢＭやヒューレット・パッカード社のように、従業員教育や福利厚生を重視し、企業を家族になぞらえる企業もあった。[88]

つまり長期雇用や社内昇進は、日本だけの特徴ではない。どこの社会でも、安定的な経済成長という条件があれば、結果的に似たような現象はおこりやすいのだ。

もっとも、経済的な理由だけで内部労働市場が定着するともいえない。前述したように、内部労働市場は企業内で熟練を高め、企業の情報収集コストを減らす効率的な方法だったという経済学説がある。しかし歴史過程を重視する労働史研究者は、これに批判的である。

アメリカ労働史を研究したジャコービィは、こうした経済学説を「多少風変わりではあれ、なかなかエレガント」だと皮肉っている。彼は「この理論は、大戦後にアメリカの慣行となった事実を事後的に合理化しようとするもの」にすぎず、「内部労働市場がそんなに効率的なものなら、なぜ〔大戦以前から〕常時存在しなかったのか」を説明できていないという[89]。

ジャコービィが明らかにしたように、アメリカで長期雇用と内部労働市場が広まったのは、労働運動の影響が大きかった。ただし政府の政策や戦時景気も、それを可能にした条件だった。これらが複合的に作用して、慣習の束としての「社会のしくみ」は成立する。どれか単独の要因だけで、成立するわけではないのだ。

日本とアメリカの違いは、日本では長期雇用や安定した賃金を、「職務の平等」でなく「社員の平等」という形で実現しようとしたことにある。どこの社会の労働者も、雇用や賃金の安定を求めるし、経済状況が許せばそれが可能になる。だが、その達成のしかたや、結果としてできあがった慣行は、日本独特のものだった。

それでは、日本の雇用慣行は、どうやって成立したのか。「職務の平等」ではなく、「社員の平等」を特徴とするような慣行が、どのようにできあがってきたのか。その慣行を中心として、どのような教育や福祉の慣行や制度ができあがり、日本社会の全体構造を規定していったのか。

次章からは、そうした「日本社会のしくみ」の成立を、歴史的に検証する。

1　本章の内容は、第2章と同じく、日本の慣行を理解するための比較対象の設定である。ここでは、歴史的なプロセスと、労働者や専門職の運動が、企業を横断したメンバーシップと基準を形成してきたことを重視している。
2　望田幸男「近代ドイツ＝『資格社会』論の視点」望田幸男編『近代ドイツ＝「資格社会」の制度と機能』名古屋大学出版会、一九九五年所収、二―三頁。これらは一九九〇年ごろの状況だが、望田幸男「近代ドイツ＝資格社会の『下方展開』と問題状況」望田幸男編『近代ドイツ＝資格社会の展開』名古屋大学出版会、二〇〇三年所収でも同様の説明がなされている。
3　濱口前掲「横断的論考」四頁。
4　宮本前掲『日本の雇用をどう守るか』一五六、一五八頁。
5　同上書一四八頁は、職業別労働市場という概念は、ドイツとイギリスの雇用システムを説明するために提唱されたとしている。
6　金子良事『日本の賃金を歴史から考える』旬報社、二〇一三年、第六章および小野塚知二『クラフト的規制の起源』有斐閣、二〇〇一年などを参照。

7　岡山礼子「産業企業と人的資源管理」安倍悦生・岩内亮一・岡山礼子・湯沢威『イギリス企業経営の歴史的展開』勁草書房、一九九七年所収、一三〇―一三一頁。

8　小野塚前掲『クラフト的規制の起源』三一二頁。

9　同上書第四章。

10　岩内亮一「イギリスにおける産業専門職の制度化」阿部・岩内・岡山・湯沢前掲『イギリス企業経営の歴史的展開』所収を参照。ただしイギリスの専門技術者団体は、もともと手工業的職種に属していた人々を会員とし、徒弟修業に重きを置いて資格付与の試験実施が遅れ、医師や法律家に比べて専門職としての地位の確立も遅れたとされている（二三五頁）。また熟練工を組織する労働組合と、専門職の地位を確立しようとする専門職団体の関係は複雑であった（二三七―二四二頁）。私見では、同時代のドイツよりも、イギリスでは専門職団体と労働組合の差別化の度合いが低く、これが専門職の確立を弱めていた印象を受ける。

11　南直人「手工業の資格制度と『準専門職化』」望田編前掲『近代ドイツ＝「資格社会」の制度と機能』所収、三〇八―三一六頁。

12　小野塚前掲『クラフト的規制の起源』序章。

13　ユルゲン・コッカ、加来祥男編訳『工業化・組織化・官僚制』名古屋大学出版会、一九九二年、七九頁。

14　小野塚前掲『クラフト的規制の起源』二〇一、二〇二頁。

15　猪飼周平『病院の世紀の理論』有斐閣、二〇一〇年、四一、四二、四六頁。

16　ドーア前掲『イギリスの工場・日本の工場』文庫版上巻一八六―一八七頁。

17　職種別組織が発達していなかった地域では、おなじ職場で働く人々の仲間意識の方が相対的に強くなり、企業別組合ができやすいともいわれる。労働史研究者の二村一夫は、日本だけでなく、中南米やアジアには企業別組合が少なくなかったとしている。二村一夫「戦後社会の起点における労働組合運動」坂野潤治・宮地正人・高村直助・安田浩・渡辺治編『シリーズ　日本近現代史』第四巻『戦後改革と現代社会の形成』岩波書店、一九九四年所収、五二頁。

18　協約賃金については、田端博邦『グローバリゼーションと労働世界の変容』旬報社、二〇〇七年が概括している。

19　西村純『スウェーデンの賃金決定システム』ミネルヴァ書房、二〇一四年、第三章では、産業レベルでの産業横断賃金表の作成実状と、産業横断的な賃金表を作成しようとした経緯などが記されている。
20　木下前掲『日本人の賃金』一六五頁。
21　小野塚前掲『クラフト的規制の起源』一六八―一七一頁。
22　Washington CORE L.L.C. 前掲『雇用システム改革及び少子化対策に関する海外調査 雇用システム編』五〇頁。
23　同上レポート三七、四八頁。労働協約で拘束される二〇一三年の旧西独地域の従業員比率は、公共セクターや社会保障関連では八九％にのぼるが、製造業では五五％、新興産業である情報通信では一五％にとどまるとされる（一五三頁）。本文に引用した同レポート四八頁のＩＴ専門家の協約適用率は、各種産業のＩＴ専門家の回答の集計である。
24　同上レポート三八頁。
25　ドーア前掲『イギリスの工場・日本の工場』第四章には、一九六〇年代末のイギリスにおける実情が記されている。ドイツの従業員代表制度による事業所委員会とその現状については、ベルント・ヴァース、仲琦訳「ドイツにおける企業レベルの従業員代表制度」『日本労働研究雑誌』第六三〇号、二〇一三年参照。
26　田端前掲『グローバリゼーションと労働世界の変容』第四章。
27　葉山前掲『フランスの経済エリート』一〇頁。
28　Boltanski, L., *The Making of a Class: Cadres in French Society*, Cambridge University Press, Cambridge, 1987. 水島和則「フランスにおける『カードル』の形成」『社会学年報』第一八号、一九八九年および松田京子「フランスにおける『カードル（cadre）層』の形成過程」榎・小野塚編著前掲『労務管理の生成と終焉』所収なども、ボルタンスキーの見解に沿っている。
29　葉山前掲『フランスの経済エリート』一三―一九頁。
30　イエスタ・エスピン-アンデルセン、岡沢憲芙・宮本太郎監訳『福祉資本主義の三つの世界』ミネルヴァ書房、二〇〇一年。エスピン-アンデルセンは、こうした福祉レジームの相違は政治過程の相違から生じるとしている。
31　土田武史『ドイツ医療保険制度の成立』勁草書房、一九九七年、第一～第三章。
32　加藤榮一『福祉国家システム』ミネルヴァ書房、二〇〇七年、二四七、二四八頁。

33 土田前掲『ドイツ医療保険制度の成立』二一七―二二四頁。加藤前掲『福祉国家システム』二四八頁。

34 加藤前掲『福祉国家システム』二四八頁。

35 土田武史「戦後の日独医療保険政策の比較」『生活福祉研究』第七九号、二〇一一年、三頁。なおドイツの年金は医療保険より統合的であり、企業を横断した労働者年金保険と職員年金保険が中心で、さらに職業別の医師、薬剤師、弁護士、高級官僚、農民、鉱夫などの年金があった。加藤前掲『福祉国家システム』二四七頁。

36 中村亮一「ドイツ医療保険制度（1）」ニッセイ基礎研究所レポート、二〇一六年。https://www.nli-research.co.jp/report/detail/id=52514?site=nli

37 コッカ前掲『工業化・組織化・官僚制』一二二―一二四頁、壽里茂『ホワイトカラーの社会史』日本評論社、一九九六年、第六章。

38 土田前掲「戦後の日独医療保険政策の比較」一九頁。

39 もっとも一九七〇年代においても、アメリカの衣服や靴産業はクラフト労働市場が存在した。P・B・ドーリンジャー、M・J・ピオーレ、白木三秀監訳『内部労働市場とマンパワー分析』早稲田大学出版部、二〇〇七年、五四頁。

40 ジャコービィ前掲『雇用官僚制』五一、五二頁。

41 同上書四三―五〇頁。

42 テイラーの発想は、フレデリック・テイラー、有賀裕子訳『新訳　科学的管理法』ダイヤモンド社、二〇〇九年参照。

43 L・T・C・ロルト、磯田浩訳『工作機械の歴史』平凡社、一九八九年、第七章参照。

44 ジャコービィ前掲『雇用官僚制』六八―七二頁。

45 ロルト前掲『工作機械の歴史』第十章。

46 田中和雄「『職務』の成立と労働組合」『専修ビジネス・レビュー』第一二巻第一号、二〇一七年、五一頁。

47 以下の経緯は、ジャコービィ前掲『雇用官僚制』一七九、一八九、一九一、二三四、三〇六―三〇八頁。職長の権力を制限し、職務分析や先任権などいわゆる「ニューディール型労使関係」が成立した経緯については、伊藤健市「人事管理から人的資源管理へ」伊藤健市・田中和雄・中川誠士編著『現代アメリカ企業の人的資源管理』税務経理協会、二〇〇六年所収も参照。人事部と労働組合の志向の共通性を重視するジャコービィよりも、伊藤は人事部が労働組合を抑えるためにこうした関係を導入したという視点で整理している。

48　ジャコービィ前掲『雇用官僚制』二九四頁。

49　この経過は赤岡功「職務給と企業間賃金格差」『経済論叢』第一〇八巻二号、一九七一年参照。

50　ジャコービィ前掲『雇用官僚制』二九二、二八六—二八八頁。

51　一九七〇年代のアメリカのブルーカラー組織労働者は、労働組合がキャリアのルールを確立しており、日本よりも経営が恣意を許さないルールが確立されていた。小池前掲『職場の労働組合と参加』二一七頁。

52　ジャコービィ前掲『雇用官僚制』三〇八、三一三頁。

53　同上書二七九、二八五頁。

54　同上書六四、三二二頁。

55　ドーア前掲『イギリスの工場・日本の工場』文庫版上巻一二〇頁。

56　岩出博『英国労務管理』有斐閣、一九九一年、一二六、一三〇頁。

57　田中前掲「『職務』の成立と労働組合」五五—五六頁。

58　石田光男・樋口純平『人事制度の日米比較』ミネルヴァ書房、二〇〇九年、第二・第三章を参照。同書第三章には、アメリカでも職務記述書の作成を単純化し、上司による面接をこれに代える企業が出てきていることが紹介されている。ただしこれは、人事のコストを減らし、現場の裁量に委ねるためであって、昇給なども現場管理職の裁量に任される傾向にあり、むしろ人事部の権限は低下している。またこれは、市場の賃金動向をみきわめ、いち早く昇給させることで人の移動を抑える機能も果たしている。これは、総人件費の抑制のために人事を厳格化して、むしろ人事部の統制機能を強めている日本企業の「成果給」とは、かなり性格が違うといえよう。コンピテンシーの概念と運用については伊藤健市・田中和雄・中川誠士編著『アメリカ企業のヒューマン・リソース・マネジメント』税務経理協会、二〇〇二年が詳しい。

59　石田・樋口前掲『人事制度の日米比較』二一四頁。

60　遠藤前掲『日本の人事査定』一〇九頁。

61 同上書一〇八頁。

62 同上書一四七、一四九頁。アメリカ連邦政府では一九三五年から査定成績の分布制限は廃止されており、一九七九年の実施規則は禁止を明文化したものだった。

63 同上書九七―一〇一頁。

64 同上書一〇三頁。

65 ジャコービィ前掲『雇用官僚制』二九五、二九六頁。

66 田中前掲『現代雇用論』三八二―三八三頁。

67 小川前掲「学位からみたアメリカ教育大学院」一六四頁。

68 F・ルドルフ、阿部美哉・阿部温子訳『アメリカ大学史』玉川大学出版局、二〇〇三年。

69 クラーク前掲『大学院教育の国際比較』一五〇―一五八頁。

70 小川前掲「学位からみたアメリカ教育大学院」一六四頁。紹介されている定義はSchein, E.H. and Kommers, D.W., *Professional Education: Some New Direction.* New York: Mcgraw Hill Book Company, 1972. のもの。

71 同上論文一七四頁。教育大学院で特に重要な専門職業団体は、National Council for Accreditation of Teacher Education (NCATE) とAmerican Psychological Associationである。

72 同上論文一六四頁。同上論文一七九頁によれば、大学の上級管理職のプログラムには専門職業団体の認定が不要で、プログラムが乱立して「大学のアドミニストレーターに比較的PhD保持者が多い」という現象が発生しているとされている。

73 以下、イギリスの土木技師会と会計士協会の事例は、ロナルド・ドーア、松居弘道訳『学歴社会　新しい文明病』岩波書店、一九七八年、岩波同時代ライブラリー版一九九〇年。同時代ライブラリー版三五、四〇―四二頁。土木技師会と教育機関の関係は池内前掲「イギリスにおける産業専門職の制度化」に詳しい。

74 ドーア前掲『学歴社会　新しい文明病』四三頁。

75 南前掲「手工業の資格制度と『準専門職化』」三〇七―三一九頁。

76 早島瑛「ディプローム・カォフマン資格の制度と機能」望田編著前掲『近代ドイツ＝「資格社会」の制度と機能』所収、二六五―二六七頁。
77 ただしフランスでは、「職métier」の概念を再編成して労働者を把握しようとした労働局の意向があったことや、一九一九年職業教育法や一九二五年職業教育税の制定など、政府主導の傾向が強かった。清水克洋「19世紀末・20世紀初頭フランスにおける「職」の概念」『商学論纂』第四八巻第五、六号、二〇〇七年および清水克洋「伝統的、経験主義的徒弟制から体系的、方法的職業教育へ」『大原社会問題研究所雑誌』第六一九号、二〇一〇年参照。
78 ドーア前掲『イギリスの工場・日本の工場』文庫版上巻三〇四頁。Job right は「仕事への権利」と訳されている。
79 宮本前掲『日本の雇用をどう守るか』九八頁。
80 ドーリンジャー、ピオーレ前掲『内部労働市場とマンパワー分析』序論三、四頁では、企業内労働市場だけでなく、クラフト労働市場も内部労働市場と位置づけられている。
81 ただし野村正實『日本の労働研究』ミネルヴァ書房、二〇〇三年は、ドーリンジャーとピオーレの内部労働市場論が日本に紹介された経緯を研究し、クラフト労働市場と企業内労働市場の二つを内部労働市場としていたドーリンジャーとピオーレの研究が、日本の雇用慣行を説明できるかのようにバイアスがかかって紹介されたと位置付けている。
82 「渡り職人」に注目したものとして、兵藤釗『日本における労資関係の展開』東京大学出版会、一九七一年がある。
83 同上書第二章、第三章。
84 尾高煌之助「『日本的』労使関係」岡崎哲二・奥野正寛編『現代日本経済システムの源流』日本経済新聞社、一九九三年、一六六頁。
85 小池前掲『職場の労働組合と参加』二〇、二一頁。
86 ドーア前掲『イギリスの工場・日本の工場』下巻第15章。
87 宮本前掲『日本の雇用をどう守るか』一〇四、一〇五頁。
88 伊藤・田中・中川編著前掲『現代アメリカ企業の人的資源管理』六〇頁。
89 ジャコービィ前掲『雇用官僚制』三五、三六頁。

第4章　「日本型雇用」の起源

第4章の要点

・高度成長前の日本企業にも、三層構造はあった。しかし、職務よりも学歴で処遇が決まっていた点は、他国と異なっていた。

・このしくみの起源は、明治期の官庁制度にある。そこでは、俸給は経済原則や職務ではなく、実質的に学歴と勤続年数によって決定された。

・官庁の「任官補職」原則と、軍隊型の階級制度が、明治期の日本企業に広まった。これは、戦後の日本企業にも職能資格制度という形で残り続けた。

・戦前の職工差別は激しく、彼らに年功制や長期雇用は適用されていなかった。これは学歴による「身分差別」だと受け止められていた。

日本の雇用慣行は、どう形成されてきたのか。[1]その歴史を検証するにあたり、ジェームス・アベグレンの一九五八年の著作『日本の経営 The Japanese Factory: Aspects of Its Social Organization』を紹介しよう。「終身雇用」という言葉は、この本から広まったといわれる。

アベグレンは一九五五年から五六年に日本に滞在し、一九の大企業と三四の小企業の工場を調査した。彼は戦争中に海兵隊員として日本語教育を受け、戦略爆撃調査団の一員として広島を調査したことから日本研究に縁を持った。そして社会人類学者のロイド・ウォーナーのもとでフィールド調査を学び、アメリカの工場で機械工として働きながら参与観察調査をしたあとに来日した。アメリカ人の調査が珍しかったせいか、「各企業の経営幹部から異例なほどの協力がえられた」という。[2]

こうした経歴からわかるように、当時のアベグレンは社会人類学者であって、経済学者ではなかった。そのため彼の調査は、日本企業の組織的な慣行という、経済学者とは異なる対象に注目したものとなった。

学歴による三層構造

アベグレンは、「ある大手製造業企業」の管理職の全員と、職員・工員の一〇%を対象に、組織内の階層と学歴の関係を調べた結果を示している。そこで彼は、従業員が「大きく三つのグループに分類される」ことを見出した。すなわち、大卒の上級職員、高卒の下級職員、中卒の現場労働者である。[3]

アベグレンは三つのグループを、家庭背景も含めてこう記述する。[4]

まず、中学から採用された工員のグループがある。工員は通常、農村出身であり、貧しい家の出である。工場で採用され、その工場で集団研修を受け、全員が養成工、未熟練労働者として、ほぼ同じ立場で工場内に配置される。

従業員にはもう一方の極に大学卒業者のグループがあり、同じ大学か、ごく少数の似た位置にある大学を卒業している。出身がどこであれ、全員が一時期を大都市で、それも大部分は東京ですごしている。全員が同じ地位で入社し、個々の工場にではなく会社に帰属し、忠誠心をもっている。少なくとも中流以上の家庭の出身であり、ほとんどの場合、父親が専門職や経営者、経営幹部である。家族、生活様式、機会、経験、教育など、ほとんどすべての面で、このグループと中卒の工員グループとの間には接触がなく、態度、目標、経験の共通点がない。

この二つのグループの中間に新制でいえば高校を卒業した従業員のグループがあり、

全国のいくつかの地域の出身で、都市部の出身者も少なくなく、父親は熟練労働者か下級のホワイトカラーであり、他の二つのグループとは経験や性格が違っていて、もっと多様性のあるグループになっている。

企業に三層構造があるのは、日本だけではない。だがアベグレンの観察では、日本企業にはいくつかの特徴があった。

第一に、日本企業では、職務に対応した専門能力を重視していない。三つのグループとも、採用にあたって筆記試験を課すが、一般的な知識を問うているだけだった。[5]

第二に、社内の三層構造がほぼ一〇〇%、学歴と対応している。ただしその学歴は、職務上の能力とは関係がない区分指標であり、低すぎてもいけないが、高すぎてもいけない。工員は中卒者に限定されており、高卒以上は募集されていない。この企業の人事部によると、約三〇〇〇人の工員のうち、高卒が二〇名ほどいたが、彼らは「高校卒業の学歴をうまく隠して工員としてはたらいている人」だった。[6]

そして第三に、採用では職務能力ではなく「人物」を厳重に審査しており、その手段として学校の紹介が重視されていた。[7]

上級職員は、五つの指定大学（東大、京大、一橋大、早大、慶大）だけから採用される。まず教授の推薦を得て人物を確かめ、徹底した身体検査で障碍者を排除し、本人と家族の素行も調査する。そして当時の大企業は、学校紹介を経ない応募は、いっさい受けつけていなかった。

下級職員は、全国の約一〇〇校の高校卒業者から、やはり学力試験と身体検査を経て選ばれる。そして工員は、全国の公共職業安定所に紹介を依頼し、中卒者だけが筆記試験と面接を経て採用される。いずれの場合も、採用者はまず学校の紹介で選抜されていた。

こうして雇用された人々は、社内の職務を異動させられながら、定年まで雇用されるのが原則となっていた。アベグレンはいう[8]。

> ……企業に採用された人は、定年まで勤めるものだとされている。採用する人員を選ぶためにかなりの注意が払われており、採用された人は引退するまでその企業の終身の構成員になる。
>
> この制度では、選考し採用した段階で、企業は事実上、その人の能力が不足していると判断する権利を放棄している。個々の従業員は、特定の職務のために雇ったのではなく、工場の操業のために役立つ技能を身につけているから雇ったわけではない。経歴、人物、一般的な能力の質を評価して雇ったのであり、これらの質が高いからといって、

有能な従業員になるとはかぎらない。
だが、ある従業員が役立たないと判断しても、解雇することはできず、その従業員の地位の範囲内で、ひとつの職務から別の職務へと配置転換し、最終的には役には立たないとしても、少なくとも害にならない職務を見つけるしかない。

日本企業では職務が決まっていない。いちど雇ってしまえば、職務をこなす能力がなくても解雇されない。だから、入社選考は厳格に行なう。そこで問われるのは、職務能力ではなく、学校で教師たちが観察した「経歴、人物、一般的な能力」である。
つまりここでの学歴とは、指定された学校の紹介であり、事前選抜である。そのため、大学卒の学位ならどこでもよいというわけではなく、どの学校を卒業したかが重要になるのだ。

企業との「恋愛結婚」

こうした選抜過程を経て、企業は従業員と関係を結ぶ。この関係を、アベグレンは「終生のコミットメント a lifetime commitment」とよんだ。これは、「終生の誓い」とか「変わらぬ愛」といった意味の英語である。これが変形して、「終身雇用」という、アベグレンの著作には使われていなかった言葉が、のちに流布することになった。[9]
第7章で後述するが、日経連（日本経営者団体連合）の一九六九年の報告書は、「終身雇用制は企業と従業員との間の恋愛結婚である」と述べた。[10] この「恋愛結婚」の方が、「終身雇用」よりもアベグレンのいう「終生のコミットメント a lifetime commitment」のニュアンスとよく適合している。
ただしアベグレンは、中小企業従業員、臨時工、女性職員などは流動性が高く、彼らに生涯雇用など存在しないことを認めていた。もともとアベグレンは経済学ではなく、社会人類学のトレーニングを受けた人だった。結婚式で永遠の愛を誓うことは、社会のモラルを示す行為ではあるが、その社会に離婚が存在しないことを意味しない。彼は「終生のコミットメント a lifetime commitment」という言葉で、経済学的な雇用形態というよりも、社会人類学的な規範意識を論じていたと考えたほうがいいだろう。
そして日本企業では、女性の地位はきわめて低い。アベグレンが調査した「ある大手製造業企業」では、高卒の下級事務員や中卒の工員には多数の女性がいたが、大卒の上級職員については女性は採用対象外だった。彼はこう記している。[11]
社内での女性の地位が低いという問題は、能力と責任の点で最低水準の仕事しか与えられていないことに止まるものではない。事務所では男性の訪問客にお茶を用意してだし、同僚のために使い走りをし、その他の単純作業や召使のような仕事すらもすることになっていて、本来の仕事以外の面でも地位の違いが強化されている。……

……戦後、女性が大量に大学教育を受けることが可能になった。企業や研究所、専門職などではたらくことを希望する女性が急増した。人事問題に関して全般には欧米化されている企業を対象に、女性の地位をくわしく調査した。この企業は戦後、大学卒業の女子を何人か採用した。これらの女性は少なくとも部外者の目には、社内での地位にあきらかに不満をもっており、憤慨すらしているようだった。この状況に対して会社は、大学卒業の女子の採用を取り止め、女子の採用は高校卒業者と中学卒業者にかぎる対策をとった。

アベグレンの目に映った一九五五年の日本企業は、現代の日本企業と共通しているところと、違うところがある。職務が不明確であること、専門能力や学位が問われないことは、現代と共通している。しかし一九五五年の日本企業には、三層構造が厳然と存在する。そこには、「社員の平等」はみられない。

以下では、こうした特徴が一九五五年までにどう形成されてきたか、その後にどう変容していったかを検証する。まず本章では、明治期から戦前にかけての歴史をみていこう。

混沌から身分秩序へ

もともと日本には、ヨーロッパのような職種別組合の伝統はなかった。江戸時代に職種別団体はあったが、大名から御用を受注する組織という性格が強く、藩ごとに分断され全国的なものではなかった。[12]

こうした前提条件のもとで、日本ではどんな企業秩序ができていったか。明治大正期の官営八幡製鉄所の記録を調査した菅山真次の研究から、その形成をみてみよう。

創立期の八幡製鉄所には、長期雇用や新卒採用など、ほとんど存在しなかった。職工も職員も、採用者の多くはすでに職歴があり、標準的な勤続年数は一年から二年だった。[13]

また経営側がひんぱんに配置転換しており、入社時に熟練職種として雇われた者でさえ、半分以上が職種変更させられていた。その背景として菅山は、ドイツから導入された最新鋭の鉄鋼一貫設備が、日本の在来技術と隔絶していたことを指摘している。[14]

在来技術との隔絶は、もう一つの特徴を生んだ。それは八幡製鉄所の技術者に、教育をうけて官職に就いた職歴の者が多かったことである。[15]

たとえば大分県で一八七〇年に生まれた士族出身の技術者は、最初は簿記学官用科（学校名は不明）を卒業し、広島始審裁判所会計課の雇だった。一年半でその職を辞した彼は、岐阜県の三菱合資会社の茂住鉱山精錬科に勤め、東京工手学校の採鉱冶金両科に入りなおした。卒業後は鉱山会社を二つ転々としたあと、九州の豊州鉄道採鉱部に勤務し、一九〇〇年に八幡製鉄所に技術者として雇われたのである。

ほかにも、一八六八年生まれで私塾で漢学を学んだのち、私立中学を修了して尋常小学校教員を務め、さらに福岡県内務部で土木管理の職を得て、その後に工手学校土木別科を卒業して一九〇〇年に八幡製鉄所で技術者となった者もいた。このように、中等・高等教育をうけたあと、事務系の官職から技術者になった者が少なくなかったのである。

なお、八幡製鉄所に一九〇〇年に採用された職員一五八名のうち、士族は七五名（四七％）だった。[16] 事務職員や技術者といった知識職に就くうえで、旧秩序の知識層だった士族が、有利なスタートを切っていたことがわかる。

中等・高等教育をうけた元士族が、官職を皮切りに、職種にこだわらず知識層として職を得る。これは、明治期によくみられたキャリア形成であった。夏目漱石が一九〇六年に発表した小説『坊っちゃん』の主人公も、私立の物理学校を卒業後、四国の中学校教師となり、その後に東京市街鉄道の技術者になっている。

とはいえ、日本では士族の退潮は早かった。八幡製鉄所においても、その後に職員に占める士族出身者の比率は急速に低下していった。

ヨーロッパの貴族は土地を所有しており、それを基盤にその後も地位を保ち続けた。それに対し、日本の武士は土地と切り離され、城下町に住んで俸禄を受け取っていた家臣団にすぎなかった。そのため、明治の秩禄処分後は退潮したといわれる。[17]

また明治の日本では、有力な民間産業も育っておらず、職種別の組合や協会も力を持っていなかった。そのため、近代教育を事実上政府が独占しただけでなく、近代教育を受けた者の初職も官職になりがちだった。

つまり職種へのこだわりもなく、近代教育を受けた少数の人材をさまざまな知的職種に使いまわすことが、明治日本のあり方だった。その一方で、長期雇用や新卒一括採用といった慣行も、育ってはいなかった。

だがそうした混沌状態のなかで、八幡製鉄所の秩序となったものがあった。アベグレンが一九五五年の日本企業にみたような、学歴に対応した上級職員・下級職員・現場労働者という三層構造である。

その背景は、八幡製鉄所が官営工場で、官庁の官制が適用されていたことだった。職員は高等官・判任官・雇にわかれ、その下に守衛・小使・給仕などの傭人がおり、その下には現場労働者の職工たちがいた。職員の任用で重要視されたのは学歴で、正規の中等学校卒業以上の者は「職員相当」とみなされていた。[18]

創立期の八幡製鉄所を分析した長島修によれば、一九〇一年の時点からすでに学歴別の採用基準が設けられており、「一九一〇年段階では、早くも学歴と身分、給与に厳然とした格差と差別ができあがっていた」とされている。[19] 職員の俸給も、官庁の官等で決まっていた。[20]

ところで、官庁の官制とは何か。これを理解するには、明治の官僚制度について説明しなければならない。

官庁身分制度

官庁の三層構造は、じつは現在でも受けつがれている。公務員制度の研究者である川手摂は、官庁の三層構造を以下のように説明している。[21]

まず最上層には、「キャリア」と通称される上級職員がいる。彼らはおおむね二年ごとにさまざまな部署を異動しながら、いちはやく昇進していく。

その下に、「ノンキャリア」と通称される下級職員がいる。彼らは限定された範囲で異動し、その範囲での実務に習熟する。実務能力ではしばしば「キャリア」より優れているが、「キャリア」を補佐して働き、昇進は限定されている。

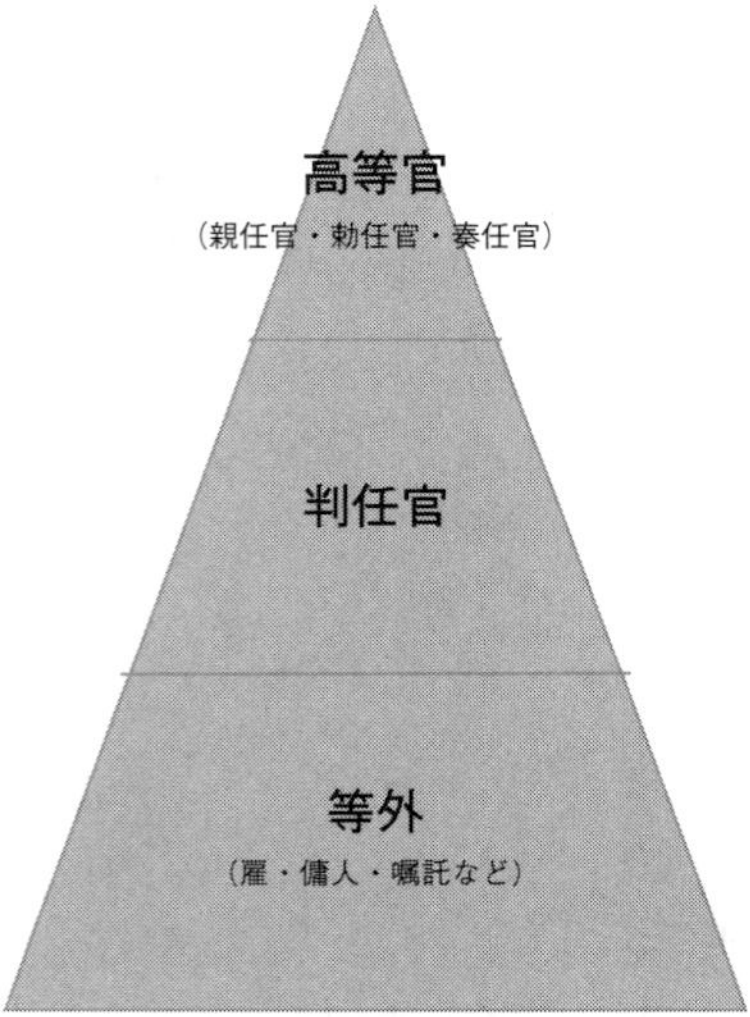

図4―1　戦前官庁の三層構造

この二つは、いずれもいわゆる「本庁」で採用される。またどちらも、文科系の事務職員と、理科系の技術職員がいる。

さらに下には、現場労働をになう地方職員がいる。そこには非正規職員も含まれる。彼らは「本庁」ではなく、地方支分局で採用される。このように「キャリア」「ノンキャリア」「地方職員」が、ピラミッド型の三層構造をなしているのだ。

現代では、こうした三層構造の人事処遇に、必ずしも法的な根拠はない。だが戦前では、これは法的に決められた身分だった。戦前の官吏は、上級職員である高等官、下級職員である判任官、その下に雇・傭人・嘱託がいたのである。官営八幡製鉄所の秩序となっていたのは、これだった。

官吏を勅任官・奏任官・判任官の三つに分けたのは、一八六九（明治二）年にさかのぼ

	陸軍階級	文官	警察	文部	司法	逓信
親任官	大将	大臣	内務大臣	文部大臣	大審院長	逓信大臣
勅任官一等	中将	知事・長官・次官・局長	警視総監	帝大総長	控訴院長	次官
勅任官二等	少将	同上（省庁等による）	同上	高等師範学校長	大審院検事長	総務局長
奏任官一等	大佐	書記官（本省課長級）など	副総官	分科大学長（学部長に相当）	始審裁判所長	駅逓局長
奏任官二等	中佐	同上（省庁等による）	一等警視	帝大教授	大審院判事・検事	
奏任官三等	少佐		二等警視警察医長	同上	控訴院判事・検事	逓信管理局長
奏任官四等	大尉		三等警視	帝大助教授	始審裁判事・検事	一等郵便局長
奏任官五等	中尉		四等警視	尋常中学校長	同上	
奏任官六等	少尉		五等警視			
準奏任		試補			試補	
判任官一等	准士官		警部	尋常小学校長	判事補・検事補	二等・三等郵便局長
判任官二等	曹長					
判任官三等	一等軍曹			教諭		
判任官四等	二等軍曹			助教諭	看守長	
等外	兵卒	雇	巡査		看守	

資料：内閣記録局編『明治職官沿革表』別冊付録『官等・俸給』、1894年、復刻版原書房、1979年、57―64頁の1886（明治19）年官等表より作成。対応関係には幅もある。

図4―2　1886（明治19）年における官等と職務の対応関係

る。一八七一年にはこれが一五の等級にわけられ、三等以上を勅任、七等以上を奏任、それ以下を判任とした。その後に変更や整理がなされたが、基本的な形態は一九一一年に固まり、戦後の一九四九年に廃止されるまで継続した。[22]

どの官等の者がどの役職に就くかは、詳細に定められていた。図4―2は一八八六年の官等表をもとに、官位と職務の関係を略図化したものである（ただし官等と職務の関係は省庁などによって多少の幅がある）。[23]そこでは帝大助教授や一等郵便局長など、それぞれ職務がちがっていても、奏任官四等という身分と基本俸級においては統一されていた。

高等官は、天皇の親任式を経る親任官を頂点とする。親任官は、武官なら陸海軍大将にあたり、文官なら内閣総理大臣や各省大臣などの職務に就いていた。

親任官の下には、天皇の勅命で任官される勅任官がいた。勅任官一等・二等は武官なら中将と少将にあたり、文官なら各省の次官・局長や帝国大学総長、警視総監、府県知事（戦前の知事は選挙ではなく内務省の派遣官吏）などの職務に就いていた。

その下には、天皇への奏薦で任官される奏任官がいた。奏任官一等は、武官なら大佐であり、文官ならば現代の中央官庁課長クラスにあたる職務に就いた。

高等官は、現代の「キャリア」にあたる、少数のエリートだった。陸軍ならば陸軍士官学校、海軍ならば海軍兵学校を卒業した者たちで、文官ならば帝国大学を卒業して高等文官試験に合格した者たちである。

文官高等試験に合格した「高文組」の文官は、きわめて昇進が早かった。試験合格後に入省した後は約二年ごとに部署を異動しながら官等があがり、入省一〇年ほどで課長クラスの職務に就く書記官（奏任官一等、陸軍なら大佐に相当）となる。[24] そして政治学者の水谷三公の調査によると、内務省の場合では一九二〇年代までに入省した「高文組」のうち、半数ほどは勅任官まで昇進していた。[25]

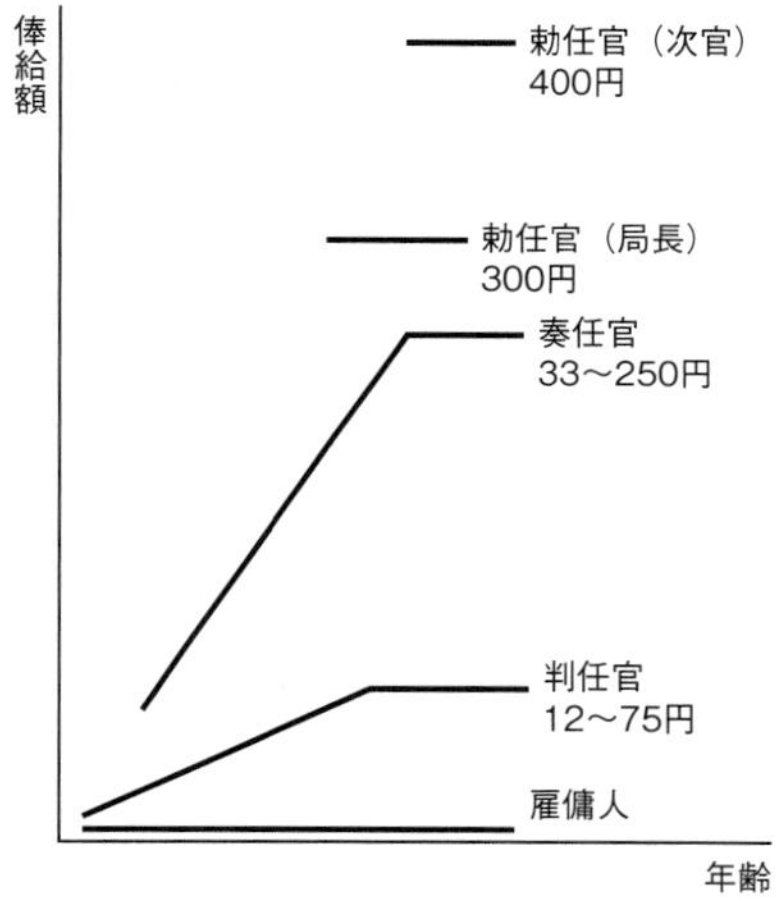

（出典：稲継裕昭『公務員給与序説』有斐閣、2005年、189頁）

図4—3　明治期官吏の月俸

それにたいし、高等官の下に位置する判任官は、現代では「ノンキャリ」にあたり、戦前の軍では下士官に相当していた。文官の判任官は、事務職員や下級技術者など、官庁の実務的な仕事をする人々だった。優秀で長年の経験を積んだ判任文官は、下級の奏任官待遇になることもあったが、基本的にそれまで勤務していた局や課を離れることはなかった。[26]

そして、等外の雇や傭人は官吏ではなく、いわば臨時職員だった。一定以上の勤務のあとに判任官に任命される者もいたが、上位まで進むことは限られた。

奏任官は官等の昇進が早く、それに沿って俸給が上がったが、判任官は昇進も俸給も一定までで頭打ちだった。雇や傭人は昇給の明確な規定がなく、俸給はほぼ一定だった。

行政学者の稲継裕昭が図式化した俸給差は、この階層構造をはっきりと示している（図4—3）。とくに奏任官の右上がりの俸給が、その後の日本企業の年功賃金と類似していることに注意されたい。なお一八九九年の文官任用令改正で、勅任官の任用も原則として文官高等試験合格者に限定され、奏任官からの昇進者がその地位に就くことになった。

この官制は、戦前においては全社会をおおっており、人々にとって身近なものだった。というのも、学校、警察、町村役場、鉄道、官営工場など、国営部門にこの制度が適用されていたからである。また徴兵による軍隊経験を通じて、多くの男性がこの制度に組みこまれた経験をしていた。

結論を先取りしていえば、この制度が、日本型雇用の起源となった。それは、職務ではなく、組織内の等級で俸給が決まる制度なのだ。

身分給としての俸給

官吏は、天皇によって与えられる身分であった。大日本帝国憲法第一〇条は、天皇が文官・武官を任命し俸給を定めると規定しており、官吏服務規律・高等官官等俸給令・判任官官等俸給令・文官任用令などは勅令で定められていた。

官吏の俸給は上位の者ほど高く、きわめて格差が大きかった。一八八六年の俸給表では、各省大臣や陸海軍大将は年俸六〇〇〇円だが、判任官一〇等（警部補や看守補など）は月俸一二円にすぎない[27]（図4―4）。

俸給表

高等官年俸

官	等	上	中	下
勅任官	内閣総理大臣	九千六百圓		
勅任官	各省大臣	六千圓		
勅任官	一等	五千圓		四千五百圓
勅任官	二等	四千圓		三千五百圓
奏任官	一等	三千圓	貳千八百圓	貳千六百圓
奏任官	二等	貳千四百圓	貳千貳百圓	貳千圓
奏任官	三等	千八百圓	千六百圓	千四百圓
奏任官	四等	千貳百圓	千百圓	千圓
奏任官	五等	九百圓	八百圓	七百圓
奏任官	六等	六百圓	五百圓	四百圓

判任官月給

等	上	下
一等	七拾五圓	六拾圓
二等	五拾圓	
三等	四拾五圓	
四等	四拾圓	
五等	三拾五圓	
六等	三拾圓	
七等	貳拾五圓	
八等	貳拾圓	
九等	拾五圓	
十等	拾貳圓	

判任技術官月給

等	上	中	下
一等技手	八拾圓	七拾圓	六拾圓
二等技手	七拾圓	六拾圓	五拾圓
三等技手	五拾五圓	五拾圓	四拾五圓
四等技手	五拾圓	四拾五圓	四拾圓
五等技手	四拾五圓	四拾圓	三拾五圓
六等技手	四拾圓	三拾五圓	三拾圓
七等技手	三拾五圓	三拾圓	貳拾五圓
八等技手	三拾圓	貳拾五圓	貳拾圓
九等技手	貳拾五圓	貳拾圓	拾五圓
十等技手	拾八圓	拾五圓	拾貳圓

（出典：内閣記録局編『明治職官沿革表』別冊付録『官等・俸給』64頁）

図4―4　1886（明治19）年の俸給表

それでも、これは民間からみれば破格の給与であった。第三回『日本帝国統計年鑑』によると、一八八二年の男子日雇い労働者の日銭は平均〇・二二円であり、月に二七日働いて五・九円にしかならない。綿力紡績女工の日銭はそれより低い〇・一六円で、二七日で四・三円だった。稲継裕昭は、この年において「日雇いの六年分の年収を勅任官は一ヶ月で稼いでいた」と形容している。[28]

また月給が得られる官吏には、日銭を稼ぐしかない民間労働者にくらべて、収入が安定している特権もあった。一八七一年生まれの歴史学者の喜田貞吉は、一八八〇年代を回想してこう述べている。[29]「自分の中学時代の月給取は大したものだった。何しろ病気で休んでも、日曜日であっても、乃至夏休みまでも一定の給料が貰へて、其の日稼ぎの労働者や、農民などとはとても比較にならぬ収入があり、世間からは尊敬されて、衆人羨望の的となったものだった」。

そして、こうした官吏の採用では、学歴が重視されていた。軍では陸軍士官学校や海軍兵学校が育成機関だったが、文官では文部大臣が認める教育機関がそれに相当したからである。

一八八七年、高等官の採用のため文官試補試験が実施されたが、帝国大学法科大学・文科大学卒業生は試験を免除されていた。この試験免除は、一八九三年に文官高等試験（高文）が導入されるとともに廃止されたが、文部大臣が認めた高等教育を終えた者はその後も予備試験が免除されていた。

そして判任官は、普通文官試験を経て任用されたが、中等学校を卒業した者は試験を免除されていた。これらにより、高等教育卒業者が高等官、中等教育卒業者が判任官になることが慣例化していった。

その結果として、学歴の差は官位の差となり、俸給の差となって表れた。喜田貞吉は、彼の中学時代だった一八八〇年代をこう回想している。[30]

最下級としては先づ指を小学教員に屈すべく、其の頃師範卒業生の初任給が徳島県で金六円……中等学校の先生となると通例十五円から三十円、そこへ法学士某氏が校長として月給六十円、高等師範出身の某氏が教頭として月給四十円……当時自分等は一ケ月僅に一円五十銭の賄料で生活し得たのだったから、前者は四十人、後者は三十六、七人を養ひ得た訳なのだ。県令さんとなると更に大したもので、月給正に二百五十円……高給者に対する世間の尊敬も亦著しく、随って其の威力もすばらしいものだった。

喜田が挙げている俸給を一八八六年の俸給表と対照すると、高等師範卒の中学教頭は奏任六等（陸軍なら少尉に相当）、大学卒の校長は奏任五等（中尉に相当）、県令（県知事）は勅任二等（少将に相当）だったと考えられる。かりに師範学校卒の小学教員の月給六円を現在の月給一八万円とするなら、校長は月給一八〇万円、県令は月給七五〇万円に相当する。

一八九二年に福井県知事になった牧野伸顕の回想によると、地元民は土下座をして知事をむかえ、「東京山の手の住宅地を歩くと、目立つような邸宅は大抵役人のものであった」という。[31] こうした状況は、民間企業が台頭する大正期には変わっていくが、明治期の官吏の威信は大きいものであった。

当時はまだ民間産業が育っておらず、安定的な収入を得られるのは官吏や教員など公務セクターに限られていた。その状況のなかで、学歴を重視する公務セクターの俸給が、社会に強いインパクトを与えていった。

「任官補職」の原則

こうした状況は、激しい学歴競争を誘発したが、それについては述べない。ここで重要なのは、官吏の俸給が身分給で、職務に対する賃金ではなかったことである。

官吏は、天皇と政府に対する無限の忠誠と、その対価としての終身保障を特徴としていた。すなわち官吏は、「天皇陛下及天皇陛下の政府」に「その身分に伴う忠実無定量の服務の義務」をもち、「その俸給は官吏としての地位や体面を保持するにふさわしいもの」とされていた。[32]つまり彼らは、国家に対し「終生のコミットメント」を誓う代わりに、終身保障を約束された人々だった。

官吏は「無定量勤務」が原則であったため、勤務時間が設けられていなかった。そして明治初期の官庁の勤務時間は、きわめて短かった。省庁の執務時間規則はあったものの、一八六九(明治二)年の規則では、午前一〇時登庁、午後二時退庁、昼休みが一時間で、実働時間は三時間だった。[33]

これは一八七一年には九時から三時となり、一八八六年には九時から五時となった。とはいえ、夏季の勤務は午前中までという慣習が昭和期まで続いた。そのうえ実態においては、実務を担う判任官は定時に登庁したが、高等官は一〇時に登庁するのが慣行だった。高等官の上司が登庁しないと仕事にならないため、定時に出勤した判任官たちは「新聞や雑談で時間をつぶした」ことが多かったという。[34]

そして官吏は、退官後の終身保障として、国家予算から恩給が与えられた。恩給の額は、到達した官等と連動していたため、高級軍人や高級文官は退職後も威厳ある生活を保つことができた。

官等が高いほど、勤務時間が短く、俸給が高く、恩給も多い。ある意味でこれは、経済学の原則に反している。しかし官吏や軍人は、経済活動をしているわけではなかった。彼らの俸給は、どれだけの経済的利潤を生んでいるかではなく、彼らが身分相応の地位や体面を保持できることを基準に決まっていた。

またそうである以上、彼らの俸給は、職務の対価ではなかった。彼らの俸給は、どの職務に就いているかではなく、基本的にはどの官等かで決まっていたのである。

すでにみたように、官吏の俸給表では官等（たとえば勅任官一等）によって俸給が定められていた。重要なのは官等で、職務は副次的であった。そのため、次官や警視総監、大学総長などは職務がちがっていても、基本は勅任官一等の俸給だったのである。

この原則の典型は、軍隊である。海軍少将は、艦隊司令部で作戦を立てることもあるし、戦艦の艦長になることもある。たとえ彼に得意分野があったとしても、上層部の判断で、さまざまな職務に就く。だが基本の俸給は、彼が少将であることで決まるのだ[35]。

この原則は「任官補職」とよばれる[36]。つまり、まず官に任ぜられ（任官）、そのあと職務が与えられるのである（補職）。

そして現在でも、日本の公務員の俸給は、官等（号俸）と職務（級）の組み合わせで決まる。「号俸」は勤続年数その他で決まる資格等級で、「級」は課長・係長・係員などの役職である。軍隊ならば、「号俸」は少将などの階級、「級」は艦長などの任務にあたるといえるだろう。これに諸手当がついたものが、公務員の給料となる。

もっともこの原則そのものは、軍隊ではどこの国でも一般的である。また日本がモデルにしたドイツやフランスの大陸型官僚制も、給与等級と職務は二本立てになっている。[37] その意味では、軍隊や官庁では、それほど珍しい制度ではない。

日本に特徴的な部分があったとすれば、これが八世紀の律令制から続く官位の延長と位置づけられていたことである。[38]

明治初期の太政官制では、「正二位」「従三位」など律令制に由来する位階がとられていた（図4―5）。これは一八七一（明治四）年に廃止されたが、一八七七年の叙位条例で叙勲の位階として再編され、昇進で到達した官等と連動した叙勲が慣例化した。このため官等は、単なる給与等級である以上に、身分的なステイタスの意味を持ったのである。

		神祇官	宣教使	太政官	舎人局
勅任	従一位			左右大臣	
	正二位				
	従二位	伯		大納言	
	正三位		長官（自神祇官兼之）	参議	
	従三位	大副	次官	大弁	
	正四位	少副		中弁	
	従四位	大佑	判官	少弁	
奏任	正五位	権大佑	権判官 / 大博士		
	従五位	少佑	権大博士	大史	
	正六位	権少佑	中博士	権大史	
	従六位	大史	権中博士	少史	長
判任	正七位	権大史	大主典 / 少博士	権少史	助
	従七位	[illegible]	権大主典 / 権少博士		権助
	正八位	[illegible]	少主典 / 大講義生	主記	
	従八位	史生	権少主典 / 中講義生	官掌	大舎人
	正九位	官掌	史生 / 少講義生		権大舎人
	従九位				
		使部			小舎人 / 直丁

（出典：内閣記録局編『明治職官沿革表』別冊付録『官等・俸給』6頁）

図4―5　1870（明治3）年の官制表

そしてこうした官等は、横断的な労働市場とは無縁であった。各国の軍隊は排他的な忠誠を要求する単位であり、軍隊どうしの横断的労働市場は存在しない。その国の軍隊のなかで、昇進していくしかないのだ。

そして日本のもう一つの特徴は、こうした軍隊や官庁の制度が、民間企業にまで影響したことである。後述するように日本企業では、官庁と同じく、等級によって給与が決まる資格制度が発達していったのである。

ピラミッド構造

官制は、少数の者を頂点としたピラミッド構造だった。第五四回『日本帝国統計年鑑』によると、一九三五年における各省庁などの文官のうち、勅任官は一六〇九人、奏任官は一万三九八五人、判任官一二万〇〇九八人だった。それにたいし非正規労働者である雇は三五万八八八〇人で、文官全体の七三・六%である。そして高等官（勅任官・奏任官）は、人数では全体の三・一%にすぎないが、俸給全体の一二・七%を占めていた。[39]

戦前の「雇」「傭人」「嘱託」は、政府の現場機関が雇う非正規労働者だった。[40] おおむね「雇」が官吏を補佐する事務労働者、「傭人」が公務現場の肉体労働者で、「嘱託」は官吏の定員不足などを臨時に補う場合などに雇われていた。

高等官や判任官は文官任用令で身分が規定されていたが、雇・傭人・嘱託は私法上の契約で政府機関に任用されていただけで、官庁の業務量の増減に即応して雇われ、そして解雇された。俸給にも統一基準はなく、各省庁が予算の許す範囲で独自の内規で支給していた。行政史研究者の川手摂は、「官吏ですらない雇や傭人は、天皇を中心とした同心円上の外の方に位置していた」と形容している。[41]

事務員である雇や嘱託たちは、下級職員の判任官や、若い高等官たちとしばしば類似の職務に就いていた。だが当時の官庁における差別は露骨であり、食堂や屑かごには「高等官専用」のものがあり、高等官の机には緑色の生地が敷かれていた。トイレは入り口こそ一つだったが、その先で高等官専用とそれ以外に分かれていたため、「ズボン」と俗称されていたという。[42]

そして本書の文脈で重要なのは、この官等の秩序が、経済界にまで波及したことである。

その波及は、まず官営工場から始まった。海軍省の管轄だった横須賀造船所では、一八七七年の太政官達で、奏任官四〜六等から判任官一〜一七等までの技官と、等外の工手に分けられた。[43]そしてすでにみたように、官営八幡製鉄所では設立当初から、官等による階層構造ができていた。

八幡製鉄所の一九二一年の従業員構成は、一七四五人の「職員」と、一万八二四九人の「職工」だった。職員のなかでも、高等官一〇一人、判任官三〇三人、さらに雇・傭員一三四一人の階層があった。その下で働く職工たちは、長期雇用の本職工と、臨時採用や試験採用の臨時工・試験職工がいた。職員の任用で重要視されたのは学歴で、正規の中等学校卒業以上の者は「職員相当」とみなされていた。[44]

この制度は、他の官営企業でも同様だった。たとえば国有鉄道（国鉄）でも、一八八五年の鉄道局官制で官等にもとづく秩序が導入されていた。そして地方の駅長は、尋常小学校長や二等・三等郵便局長と同じく判任官の職務とされていた。[45]

そして労働時間でも、官営工場には身分構造が持ちこまれた。一八七二年における海軍省管轄の造船所や兵器工場では、「官員」は午前八時から一二時までの四時間勤務なのに対し、「職人」は午前六時から午後四時までの一〇時間勤務であった。[46]

明治期の企業や工場は、どのような近代的秩序を作るか模索しており、その秩序は固まっていなかった。そしてこの混沌状態は、あたかも触媒を投じられた薬剤が一気に凝固するように、官庁の制度をモデルとし構造を与えられていった。

民間企業に波及した官制

明治後期になると、上級職員・下級職員・現場労働者の三層構造は、官営企業のみならず、民間企業にも現れた。この三層の身分は、社員・準社員・職工とも総称された。[47]

たとえば三菱財閥は、一九一九年三月以降、職員を「正員」と「准員」に分けた。「正員」は高等教育修了者に対応し、三菱合資会社の本社で採用され、一九一九年以前は「本社使用人」とよばれていた。[48]一方で「准員」は中等教育修了者に対応する資格であり、製図係・電気係・勘定係・庶務係などの下級職員で、各事業所で採用されるため一九一九年

等級＼役名	管事	理事	賛事	主事	事務技士	事務補技士補
一等	八〇〇	六〇〇	五〇〇	四〇〇	三〇〇	一五〇
二等	七〇〇	五〇〇	四五〇	三六〇	二八〇	一四〇
三等	六〇〇	四〇〇	四〇〇	三三〇	二六〇	一三〇
四等	五〇〇		三五〇	三〇〇	二四〇	一二〇
五等			三〇〇	二七五	二二〇	一一〇
六等			二六〇	二五〇	二〇〇	一〇〇
七等			二三〇	二二五	一九〇	九〇
八等			二〇〇	二〇〇	一八〇	八五
九等				一七五	一七〇	八〇
十等				一五〇	一六〇	七五
十一等				一三五	一五〇	七〇
十二等				一二〇	一四〇	六五
十三等					一三〇	六〇
十四等					一二〇	五五
十五等					一一〇	五〇
十六等					一〇〇	四五
十七等					九〇	四〇
十八等					八五	三六
十九等					八〇	三三
二十等					七五	二八
二十一等					七〇	二五
二十二等					六五	二二
二十三等					六〇	二〇
二十四等					五五	
二十五等					五〇	

（出典：『三菱社誌』第23巻3189頁）

図4—6　三菱の俸給表（1917年）

以前は「場所限傭員」とよばれていた。[49] もちろん彼ら職員のさらに下には、現場労働者である職工たちがいたことはいうまでもない。

そして三菱の俸給は、職務とは無関係な「役名」と「等級」に沿って決まっていた。図4―6は、三菱が一九一七年一月から施行した「使用人進級内規」の等級表である。一目でわかるように、これは官庁の俸給表と酷似している。役名は「管事」「理事」「賛事」「主事」「事務/技士」「事務補」「技師補」に分けられており、それぞれ等級がつけられている。[50]

歴史を先取りして述べるならば、このシステムは、戦後日本の大企業にも受け継がれた。

図4―7は小西六写真工業の人事担当者が一九七八年に紹介していた資格制度だが、ほぼ同じ形式である。明らかに、「資格等級」とは別個に「役職」が存在する任官補職の原則がとられていることがわかる。そして大卒・高卒・中卒、そして「大卒A」「大卒B」などによって、入社時の初任等級が異なっている。

この慣行は、戦後には資格制度とよばれていた。小西六の図にある「役職別資格範囲」は、役職にふさわしい資格の範囲を指している。すなわち、連隊長なら大佐、中隊長なら大尉といった対応関係である。

戦後の経済人たち自身も、こうした資格制度を軍隊の比喩で理解していた。一九八八年から日経連（日本経営者団体連盟）の常務理事を務めた成瀬健生（一九三三年生まれ）は、二〇一〇年にこう述べていた。[51]

「兵隊の給料は階級で決まるのであって、今役割を与えられているオペレーションで決まるのではないんだと。職能資格というのはそういうものだ、それ〔資格等級〕で給料が決まるんだと」。「同じ軍艦の艦長といったって、駆逐艦の艦長と戦艦・航空母艦の艦長では、職能資格が違う。潜水艦とか駆逐艦だったら少尉、中尉ぐらいでもなれるけれども、大和〔太平洋戦争中の大型戦

職務等級	役職系列	資格等級 役職別資格範囲	資格等級 等級	資格等級 初任格付
	部長 部次長 （同等職）	参与 〜 副参事	参与	
			参事	
			副参事	
	課長 課次長 （同等職）	参事 〜 主事補	主事	
			主事補	
級 11、10、9	係長 （同等職）	副参事 〜 主管補	主管	
			主管補	
9、8、7	組長 組長代理 （同等職）	主事 〜 社員1級	主務	
			社員1級	大卒 A以上
6	一般	主事補 〜 社員4級	社員2級	大卒B、 短大卒A
5			社員3級	短大卒B、 高卒
4			社員4級	中卒

（出典：雇用振興協会編『高齢・高学歴時代の能力開発』日本経営者団体連盟弘報部、1978年、101頁）

図4—7　小西六写真工業の資格制度

艦」だったら大将か元帥でなければ」。

民間企業において、職務と別個の社内等級が広範に存在する社会は知られていない。イギリスのEE社と日本の日立製作所を調査したロナルド・ドーアは、こう述べている。[52]

> ……EE社では、資格（ranks ── たとえば「大尉《キャプテン》」）と職務（functions ── たとえば「中隊長《カンパニー・コマンダー》」）を区別していない。肩書き〔課長や職長など〕はすべて一定の職務を表示している。ところが、日立では両者を明確に区別していて、職務内容が変わらなくても資格が定期的にあがっていくような昇進制度が可能となる。

さらにドーアは、日本型の制度の心理的影響についても述べている。

イギリスでも兵士は、知能検査と身体検査を受けて軍に入り、入隊後に所属部隊で訓練される。民間の職業訓練で技術を覚えてから、軍に雇われるのではない。そうなれば、「何の職種（trade）に就いているかよりも、どこの部隊（corps）に属しているかのほうが重要」になる。そしてイギリスでも、軍隊には同志愛や家族主義があり、在籍年数が長いほど尊敬される傾向があった。

ドーアはこう述べている。日本的経営が日本文化の産物だというのは誤りで、「日立の組織形態は決してイギリスと無縁のものではなく、イギリスの軍隊や官庁の型とよく似ている」。そして、「日本が独得なのは、大部分の西欧諸国では軍隊や官庁にのみ向いていると考えられている組織の型を産業にも適用したという点にある」。

ドーアは日本企業と官庁の歴史を調べたのではなく、印象論として両者の類似を指摘しただけである。だが、彼の直感は正しかったといえるだろう。

学歴と年功による秩序

このような資格制度における昇進は、どのように決まっていたのだろうか。

一例として、石川島重工（一九四五年までは株式会社石川島造船所）が戦前期に採用していた「昇格詮衡基準表」をみてみよう。これは一九六〇年当時の勤労部次長が、日経連の出版物で公表したものである（図4—8）。

勤労部次長の説明によると、戦後の労働運動による「差別撤廃」要求で一九四八年に改正になるまで、この「旧規定」が適用されていた。つまりこれは一九四〇年代のものだが、戦前期の状況を推し量る材料にはなる。

これをみると、学歴と勤続年数によって、昇格が詳細に規定されていたことがわかる。石川島重工では、社内資格の最低は「傭雇員」だった。これには、小学校・高等小学校

昇格銓衡基準表　（旧規定）

申請資格	勤続年数	申請年度当時年令	学校程度	昭和23年12月1日昇格標準	勤続年数	年令	学校程度	昭和23年昇格標準(案)
傭雇員		16	高等小学校	昭22年以前		16	高等小学校	昭22年以前
		16	小学校	〃20年〃		16	新制中学校	〃23年〃
準社員	2年以上	25	準専以上	〃20年〃	2年以上	25	準専以上	〃20年〃
	3年〃	25	甲実	〃17年〃	3年〃	25	甲実	〃17年〃
	4年〃	27	乙実		4年〃	27	乙実	
	5年〃	30	高小		5年〃	30	高小	
社員	準社員として2年以上	26	私専以上	昭18年以前	準社員として2年以上	25	専門	昭21年以前
	〃	28	準専 夜専	〃17年〃	〃	28	準専	〃17年〃
	〃 3年以上	29	甲実	〃12年〃	〃 3年以上	29	甲実	〃12年〃
	〃	31	乙実		〃	31	乙実	
	〃 5年以上	35	高小		〃 5年以上	35	高小	
主事補	勤続3年以上	32	官大	昭16年以前	勤続3年以上	33	大学	昭15年以前
	〃	33	私大(A)	〃15年〃				
	〃	34	〃(B)	〃14年〃				
	〃 4年以上	35	官専	〃12年〃				
	〃 5年〃	37	私専	〃10年〃	勤続5年以上	36	専門	昭11年以前
	〃	37	準専	〃7年〃	〃	37	準専	〃7年〃
	〃 6年以上	38	甲実	〃4年〃	〃 6年以上	38	甲実	〃4年〃
	〃	41	乙実		〃	41	乙実	
	〃 7年以上	45	高小		〃 7年以上	45	高小	

（出典：日経連弘報部『資格制度の考え方と実際』日本経営者団体連盟弘報部、1960年、121頁）

図4—8　石川島重工の昇格詮衡基準表①（1948年以前）

を卒業した一六歳以上の者が応募(申請)できる。この制度が撤廃された一九四八(昭和二三)年一二月一日を基準とすれば、一九四五年以前に小学校、一九四七年以前に高等小学校を卒業した者なら応募できる。

つぎの資格は「準社員」である。小学校卒はこれには進めない。高等小学校卒の学歴があり、傭雇員として勤続五年以上であれば昇格を申請できるが、そのときには年齢三〇歳になっている。しかし準専門学校以上の学歴があれば、勤続二年で昇格できる。甲種実業学校なら勤続三年、乙種実業学校なら勤続四年が必要だ。

さらに大学を出ていれば、準社員を経なくとも、新卒後に見習一年で「社員」になれる。そこから上は、官立大学・私立大学A・私立大学B・官立専門学校などで昇格に差がつけられていた(図4—9)。

石川島重工では、ノンエリートの世界にも、学歴と勤続年数がつきまとった。「女子準社員」に昇格するには、五年制高等女学校(男子の中学校に相当)を出ていても、傭雇員として勤続七年、高等小学校卒なら勤続一〇年が必要だった。学歴不問の領域としては、守衛になるには巡視として勤続八年、職長になるには職長補として三年が必要だった(図4—10)。

職長は、現場の職工たちの監督だった。それよりも下の職工たちについては、この表で

申請資格	勤続年数	申請年度当時年令	学校程度	昭和23年12月1日昇格標準	勤続年数	年令	学校程度	昭和23年昇格標準(案)
主事	主事補として3年以上	35	官大	昭13年以前	主事補として3年以上	36	大学	昭12年以前
	〃	36	私大(A)	〃12年〃	〃			
	〃	38	〃(B)	〃11年〃	〃			
	〃4年以上	37	官専	〃8年〃	〃4年以上	40	専門	昭7年以前
	〃5年〃	40	私専	〃5年〃	〃5年〃			
	〃6年〃	44	準専		〃6年〃	44	準専	
	〃	44	甲実	大正11年〃	〃	44	甲実	
	〃7年以上	48	乙実		〃7年〃	48	乙実	
参事	主事として6年以上	41	官大	昭7年以前	主事として6年以上	42	大学	昭6年以前
	〃	42	私大(A)	〃6年〃	〃			
	〃	43	〃(B)	〃5年〃	〃			
	〃	43	官専	〃2年〃	〃			
	〃7年以上	47	私専	大正12年〃	〃7年以上	47	専門	大正14年以前
	〃	52	準専		〃	52	準専	
	〃	52	甲実	大正13年〃	〃	52	甲実	大正13年以前
	〃	56	乙実以下		〃	56	乙実以下	
理事	参事として5年以上	47	官大	大正15年以前	参事として6年以上	50	大学	大正12年以前
	〃	50	私大(A)	〃12年〃				
	〃	51	〃(B)	〃11年〃				
	〃	51	官専	〃8年〃				
	〃7年以上	56	私専	〃3年〃	参事として6年以上	55	専門	大正4年以前
	〃9年〃	60	準専以下	〃	〃9年〃	60	準専以下	

(出典：日経連弘報部『資格制度の考え方と実際』122頁)

図4—9　石川島重工の昇格詮衡基準表②

申請資格	勤続年数	申請年度当時年令	学校程度	昭和23年12月1日昇格標準	勤続年数	年令	学校程度	昭和23年昇格標準（案）
守衛	巡視として8年以上				巡視として8年以上			
女子準社員	7年以上		5年制高女	昭14年以前	7年以上		5年制高女	昭14年以前
	10年 〃		高小	〃10年〃	10年 〃		高小	〃10年以前
技術員（職長）	（抜補）職長補として3年以上				（抜補）職長補として3年以上			
定期採用の資格		大学官専 見習1ヶ年後社員 私専 見習1ヶ年後準社員 中等 傭雇員				大学 見習1ヶ年後社員 専門 見習1ヶ年後準社員 中等 傭雇員 新制中学 傭雇員見習1ヶ年		

（出典：日経連弘報部『資格制度の考え方と実際』123頁）

図4—10　石川島重工のノンエリートの昇格詮衡基準表

は何も書かれていない。勤労部次長の説明によると、「一等工手」「二等工手」という区分——おそらく軍隊の「一等兵」「二等兵」にならったもの——が便宜的にあっただけだとされている。[53]

私立大学が帝国大学より初任給などで低く位置付けられていたのは、一九一八年の大学令以前は修業年限が帝大にくらべて短かったからだという説もある。[54] また製造業の大企業は、百貨店や卸売業などより学歴重視の傾向が強かったと指摘する研究もある。[55] それを考えれば、石川島重工の例で全体を語ることはできないし、もちろん戦後の日本企業まを論ずることはできない。

とはいえ第2章で引用したように、全能率連盟の一九七六年の調査報告は、こう述べていた。「二二歳で大学を卒業すると、三二歳前後でまず係長となり、それから五年たって三七歳前後で課長、それからさらに八年たって四五歳前後で部長となるのが一般的な昇進コース」で、「業種による差異も規模による差も奇妙に少ない。このことは、調査された第一部上場企業に関する限りでは、社会的相場のごときものが企業をこえて形成されていることだ」と。

この年齢と役職の対応関係は、石川島重工の内部規定と似ている。こうした規定が典型だったという証拠はないが、これが例外的な企業の例外的な規定だったと言い切ることもできないだろう。

そしてこのような資格制度は、各社がばらばらに導入したもので、他社との互換性がなかった。ある企業で勤続を重ね、たとえば参事二級にのぼりつめたとしても、他社では一文の価値もない。そうであれば、他社に職を求めるといった行動をするはずがないのである。

民間のモデルだった官庁

それにしても、なぜ日本企業は、このような官庁型の制度を導入したのだろうか。日本の大企業の雇用慣行は、三井越後屋など江戸期の大店に起源があるという説もある。だが一方で、明治期の日本大企業が、中央官庁を手本にしていたのではないかと示唆する研究者もいる。[56]しかしこれまで、こうした指摘は断片的な示唆にとどまり、官庁と民間企業の影響関係については研究がなかった。[57]

そして石川島重工は、海軍省が管轄していた官営石川島造船所が、一八七六年に民間に払い下げられて発足した企業だった。また三菱も、官営の工部省長崎造船局の施設を払い下げられたことで発展した。石川島や三菱にかぎらず、日本の鉱業や製造業は、官営企業の払い下げが基礎を作った。

そして官営企業は、民間への払い下げ以前から、官庁の三層構造と官等を採用していた。おそらく払い下げを受けた民間企業は、こうした官庁の組織編成を、アレンジしながら受けついだものと考えられる。

たとえば一八八三年創設の日本セメントは、大蔵省土木寮建築局が一八七二年に建てた官営セメント製造所を払い下げられたことで発展した。この会社は一九一三年六月に社則を改定したが、それ以前から職員・月給雇員・日給雇員の三層構造が存在していたという。[58]

また当時は「官尊民卑」の傾向が強く、官庁や官営企業は尊敬の的だった。一八九五年に三井銀行に入社した池田成彬の回想によると、当時の「財界の大御所」といわれた渋沢栄一ですら、「官尊民卑で頭が固まつて居て、役人を呼んで銀行集会所で宴会をする時などでも、役所の人が来ると手を膝の下まで下げてお辞儀をする」という状態だった[59]。

そのうえ、官民の俸給格差もあった。のちに住友財閥の総裁になった小倉正恒の回想によると、東京帝国大学法科を卒業して内務省官吏になったあと、先輩に請われて一八九九年に二四歳で住友に入社したものの、年俸一二〇〇円が月給三五円に下がった[60]。また一九〇六年の小説である『坊っちゃん』の主人公は、松山の中学校教師として月給四〇円で任官したが、辞職後は東京市街鉄道の技手になり月給二五円に下がっている。

しかもこれらは当時、単に給与が下がったというだけではなかった。前掲の一八八六年の俸給表でいえば、小倉は奏任官四等から六等へ、「坊っちゃん」は判任官四等から判任技術官七等に降等したことに相当したからである。

これを軍隊でいえば、小倉は住友に転職したことで、大尉から少尉に降等したことになる。そのうえ小倉の回想によると、当時の住友銀行は従業員も江戸時代の商店さながらの和服に前垂れ掛けの服装で、洋服はほとんど見られなかったという。

民間企業は、こうした状況のなかで、帝国大学卒業生の人材を官庁と争っていた。池田成彬の回想では、三井のトップだった中上川彦次郎は、「銀行員というものはずつと社会的にも上位にあつて、官吏と同等の地位にあるべきだ」という考えを持ち、「学校出を沢山入れ、月給もぐんぐん高くして、官尊民卑を打破しようとした」という。[61]

この中上川の言葉は、威厳の維持を基準に金額を決める身分給の発想を、そのまま銀行員に適用したものといえる。企業が官庁と人材獲得競争をするなかで、企業の側も、身分給の原理に立つようになっていたことがわかる。

中上川が三井銀行の理事になったのは一八九一年である。池田によると、当時の三井銀行の俸給は民間としては破格で、「重役は三〇〇円から三五〇円、その下の支配人で一五〇円、小さいところの支店長は四〇円くらい」だった。[62]これを一八八六年の官等俸給表と対比すると、三井銀行の重役は勅任二等（陸軍なら少将）、支配人は奏任二等（中佐）、支店長は奏任六等（少尉）と同等である。おそらく、同学歴・同年齢の官吏の俸給も参考にしながら、俸給を決めていたのだろうと推測される。

このことは、三井に限らなかった。財閥系企業は、同学歴で官庁に勤めた場合とほぼ同じ初任給を、高等教育卒業者に提示していたようである。

経済雑誌『実業之日本』は一九三一年に、明治後期に就職した財界人たちの学歴と初任給を聞くという企画を行なった。それによると、明治四〇年前後に帝大法科や東京高商

（のちの一橋大学）を卒業した者は、大蔵省に入省した場合でも、三井銀行や三菱合資に入社した場合でも、いずれも初任給は四〇円だったことがわかる。[63] これはおそらく、三井や三菱が、文官高等試験に合格して官吏に採用された場合の初任給を基準にしたためだろう。

なお前掲の官等俸給表でみられるように、文官の判任官よりも、技官の判任官の方が、同じ等級でも月給が五円から一〇円高く規定されていた。おそらくそれに倣って、財閥系企業でも、技術系大学卒業生は文科系大学卒業生より、また工業実業学校卒業生は商業実業学校卒業生より、初任給が高かった。[64]

一九〇二年度末の東京帝国大学卒業者の追跡調査によると、法科大学卒業生のうち二五・六％が行政官吏、二〇・六％が司法官吏、一一・九％が大学院生、七・七％が弁護士、一二・三％が「銀行及会社員」となっている。[65] この比率から明らかなように、高等教育卒業者の人材市場における官庁の存在感は大きかった。大手民間企業はこうした人材獲得競争のなかで、官庁と同等の俸給と、それに類似した組織構造を整えていったと考えられる。

そしてこのことは、企業の職員の給与が、職務や市場経済とは関係なく決まる構造が形成されたことを意味した。官吏や軍人の俸給は、彼らがどんな職務に就き、どれだけの経済的利潤を生んでいるかとは無関係に、おもに学歴と勤続年数で決まっていた。官庁と人材獲得を競争する民間企業も、それに影響されざるをえなかったと考えられる。

軍隊型世界観の影響

また日本の企業では、俸給額を社内等級とみなす傾向がもともと存在した。三井物産を研究した若林幸男は、一九〇三年の三井物産に、俸給額の高い順から記載した職員録が存在したことを明らかにしている。[66]

この職員録の特徴は、職務が何であるかに関係なく、俸給額の高い順に記載されていることだった。これは日本に職種別組織の伝統がなく、職務へのこだわりが薄かったことが背景にあっただろう。またもう一つの背景として、俸給額が上司の評価だと受け止められていたことも関係していたと考えられる。

当時はまだ、企業組織も固まってはいなかった。従業員の昇給や昇進は、役職者の「さじ加減」で決まるのが実情だった。[67] そのため、勤続年数と無関係な抜擢も少なくなかった。一九〇三年の三井物産の職員録も、勤続年数の長短にかかわりなく、俸給の高い順に記載されていた。

こうした秩序においては、俸給をいくらもらっているかが、そのまま上司の評価であり、組織内の序列だった。一九〇五年に三井物産に入社した伊藤与三郎（のち常務）は、一九七六年にこう入社当時を回想していた。[68]

現在のように社員が大勢だと手がつけられないが、われわれのときはずいぶん抜擢人事が行われた。それで月給が一円でも高いと序列が違ってくるわけです。だから、金そのものではなく序列が高くなりたいから月給が一円でも二円でも余計に上がることを希望したわけです。特別職員録というのがあり、これは重役と部店長しか持っていないが、月給順に名簿に並んでいるのです。……アイウエオ順でもイロハ順でもない。月給が高い人が上の方に書いてある。

このことは、職務とは無関係に、俸給で序列を作る意識が、すでに企業に存在していたことを意味する。そこに官庁型の等級を導入することは、それほど違和感なく行なわれただろう。俸給額順の「特別職員録」に、等級を付記すればよいだけであるからだ。

また当時の人々は、企業組織や教育を論じるさいに、軍隊の比喩で物事を理解しがちだった。そしてそこでは、高等教育を受けた者が将校、中等教育を受けた者が下士官、初等教育を受けた者が兵卒になぞらえられた。

たとえば文部大臣だった榎本武揚は、一八八九年に東京職工学校（東京工業大学の源流）の卒業式で訓示を行ない、工場組織は「工師・職工長・職工の三等に分ち得へきこと恰も兵に将・校・卒の別あるか如く」と述べた。そして、将校にあたる「工師」の養成は「工科大学の専門」であり、下士官にあたる「職工長」の養成が「当職工学校の主務」だと位置づけた。[69]

同様の比喩は、企業にもみられた。一九一六年の三井物産支店長会議で、本社人事課長は「高等教育ヲ受ケタル者」を企業の「高級将校」になぞらえながら、「商戦ハ尚兵戦ト同シク下級ノ将校並下士卒モ亦其必要高級将校ニ譲ラサルモノナリ」と語っている。一九一四年には三井物産の常務が、学卒者の人事配置を「実戦」「戦闘員」といった言葉で述べていた。[70]

ほかにも戦前の三井物産に勤務していた者には、「商業学校出身者――現役志願の鬼軍曹または古参兵、大学出身者――見習士官の卵の二等兵」といった比喩を述べる例がみられた。若林幸男は、こうした秩序意識が「ごく一般的な感覚であった可能性が高い」としている。[71]

つまり当時の企業人たちは、二つの序列意識を共有していたといえる。一つは、職務と無関係に俸給額を企業内序列とみなす意識。もう一つは、学歴別に「将校」「下士官」「兵卒」を序列化する意識である。その二つが存在しているなかでは、官庁・軍隊型の資格等級制度は、企業に浸透しやすかったであろう。

「身分差別」の秩序

学歴別の社員・準社員・職工の三層構造は、とくに製造業の大企業に広まっていった。一九三〇年代の日立製作所日立工場では、全体がホワイトカラーの「社員」と、ブルーカラーの「職工」にわかれていた。さらに「社員」は、上級事務員や上級技術者の「職員」と、下級事務員や下級技術者の「雇員」にわかれていた。そして一九三二年から三八年に採用された職員の九八％が高等教育機関卒、見習生・雇員の八五％が実業学校卒だった。[72]

それにたいし現場労働者の職工は、日立の「社員」とみなされていなかった。一九一〇年代までは、日本でも親方が労働者を集める請負制が多く、企業は職工を直接雇用していなかった。直接雇用が行なわれるようになってからも、まず日雇工に雇われたあと、行状がよければ定雇工になるという採用方法だった。[73] 職工たちは、官庁の「等外」と同じく、秩序外の存在だった。

八幡製鉄所がそうだったように、日立製作所でも配置転換が頻繁であり、労働者自身にも職種意識へのこだわりはみられなかった。一九二〇年から三三年の日立工場でも、ほぼ七年で在籍する労働者全員が組み替えを経験するほどだった。イギリスでみられたような、企業を横断した職種別標準賃率という考え方が存在した形跡はなかった。[74]

職員は官吏とおなじく年俸や月給で、勤務時間もあいまいだった。それに対し職工は日給で、明文化された昇給規定もなかった。日立製作所での職工の作業は五～六人単位の組で行なわれ、組長は定額の日給を払われたが、他の者は出来高や労働時間によって組のなかで配分された。年に二回の昇給はあったが、アメリカの一九二〇年代の労働者がそうであったように、職長や職員の気まぐれに左右されていた。[75]

これらの事情は、日立製作所だけではなく、一般的なものだった。王子製紙の労務担当者は、職工の賃金は「上司の家に薪割りや、煙突掃除を手伝いに行くかどうか、といったようなことで、上司に気に入られた者とそうでない者とで昇給に差がつくということも少なくなかった」と回想している。[76]

王子製紙の労働組合員は、一九五七年に戦前を回想してこう述べている。[77]

昔の職員は神様扱いだった。カードを捺さなくても良かったから、いつ会社へ出て来ていつ帰ったのか、われわれ若い平職工は顔さえ知らなかった。時々番方の工頭から誰々の家へ行って手伝って来いと言われて、いやいやながら薪割り、円筒掃除、雪はねをやらされたものです。職員の私的生活に下男のように使われることはあたり前のことでした。一二時間の夜勤明けに使役にやらされるのは全く嫌になったものです。……職員に口答えでもしようものなら「明日から会社へ出て来なくてもよい」と一ぺんに怒鳴られたものです。

王子製紙においても、学歴と身分の対応は明確で、その傾向は各種の学校制度が社会に普及した大正期以降に顕著になった。一九三〇年の文部省実業学務局の調査をもとに、経営学者の間宏が算出した数字では、大卒・高専卒は九二％が職員だったが、尋常小学校卒は〇・五％が職員だったにすぎなかった[78]。

日立製作所日立工場の三つの身分には、大きな所得格差があった。菅山真次が一九三六年時点の職員給与を分析したところ、職員は年功給となっており、勤続二〇～二四年では〇～四年の三倍に達した。とはいえ官立大卒の上級職員と、実業学校卒の下級職員では差があった。各年齢層の職工を基準にすると、賞与と住宅手当を含めた年間所得の平均は、二五～二九歳の官立大卒の上級職員で三・五倍、四〇～四四歳で六・一五倍だった。同様に実業学校卒の下級職員は、二五～二九歳が同年齢層の職工の一・七倍、四〇～

四四歳が四・四一倍だった。職員に貸与された社宅は「役宅」とよばれ、離れて位置していた職工たちの住宅は「職工長屋」と呼ばれていた。[79]

もちろん職員は、ごく少数の特権階層だった。一九三五年の王子製紙では、准雇員以上の職員は全体の一二・五％、正社員の比率は五・五％だった。職工から准雇員以上へ昇進した者もいたが、その比率は職工のうち六％だった。[80]

職員と職工では門や食堂、便所なども別だった。戦後の一九四六年一月に日立製作所日立工場の労働組合が提出した「差別待遇撤廃」の要求項目には、社員の遅刻・早退の公認をやめること、図書室を工員にも開放すること、工員だけに入退出時に身体検査を課さないこと、などが列挙されていた。[81]

そして人々は、こうした秩序が学歴によって決まっていることを意識していた。日立製作所のある労働者は、自分が若かった戦前の時代を回想してこう述べていた。[82]

若い見習生に頭の禿げた職工さんがおこごとを頂戴している姿を見てそれは自分の姿のように見えた。そうだ学校出は偉いのだと思う時情けないよりは悔しくてたまらなかった。

こうした秩序は、当時の人々からは「身分」とみなされていた。そして人々は、これが官庁型の秩序であることも意識していた。八幡製鉄所の工場課長は、製鉄所機関紙『くろかね』一九二六年六月一日号でこう述べている。[83]「職工身分を職員身分より下等であると感ずるのは官尊民卑の思想と労働蔑視の観念に囚はれたものである。尤も此かる思想、此かる観念は製鉄所特有のものではなく我国に於て広く且つ長く瀰漫した一般の風潮である」。

ただし職工の間にも、一種の序列があった。秩序だった昇給はなく、職員のような資格等級もなく、日給は上役の気まぐれで左右された。しかし、精勤を重ねて上司に気にいられれば昇給したため、日給の金額は、雇主による評価の蓄積という性格を持った。そのため一九〇三年の三井物産がそうであったように、どれだけの日給をもらっているかが、職工の企業内序列という性格を帯びることになった。

戦前の八幡製鉄所の記録を調査した森建資によると、職工は昇給がない限りは日給額が変わらなかったが、職種や職場は頻繁に替えられた。そのため職種が彼らのアイデンティティにならなかった反面、日給額が「背番号のようにその職工の標識となった。製鉄所は職工すべてに背番号を割りあてるが如くに特定の日給額を割りあてて管理を行ったともいえる」と述べている。[84]

また経済学者の禹宗杬は、職工の内部にも「リーダー格」「定雇」「臨時雇」の三層があったことを指摘している。そして横須賀造船所や八幡製鉄、国鉄などの官営企業では、「リーダー格」は官吏に準じた待遇がなされ、「定雇」は自分たちの身分上昇と引き換えに「臨時雇」を排除する傾向がみられたという。[85] 彼らは身分的には官吏ではありえなかったが、その上層部分の位置は、等外ではあるが判任官に準じていた「雇」にあたるものであったろう。

これらのことは、戦後の日本において、工員にまで資格等級をともなう「社員の平等」が広がり、非正規労働者や女性がその外部として排除されていく下地をなすことになる。

英米との相違

戦前日本の職工差別は激しかったが、企業に三層構造があることは、日本に特異なことではない。

第2章で述べたように、第一次大戦前のアメリカの労働者の状況も劣悪だった。彼らの生殺与奪権を持っていた職員は、いわば雲の上の存在だった。

アメリカ労働史を研究したサンフォード・ジャコービィによれば、第一次世界大戦以前のアメリカでは、年俸制や月給制の上級職員は「紳士として遇せられた」。彼らの身分は保障されており、「一九一〇年代に至るまで、アメリカの裁判所は、月給や年俸の支払いをもって、雇主が、俸給制従業員を勝手に解雇しないという報酬期間に関する暗黙の雇用契約を結んだ証拠、と解釈していた」。現場労働者が簡単に解雇されたのと対照的に、上級職員は失敗があっても重要でない閑職に配置換えされるだけで済むことが多かった。[86]

労働史研究者の二村一夫は、企業内の階級差別はイギリスも激しかったと指摘し、戦前日本企業のそれは「おそらく、工場制度とともに〔西洋から〕移植された慣行であろう」と述べている。[87] 職工には長期雇用や年功賃金などなかったことから、戦前日本の労働市場や労使関係は「西欧社会にみられたものときわめて類似していた」と隅谷三喜男は指摘していた。[88]

だが日本企業の秩序は、英米などとは異なる要素を含んでいた。それは、職務と分離した社内等級と学歴重視だった。日英の企業を比較調査したドーアは、イギリス企業にも三層構造があることを述べながら、日本企業の方がはるかに学歴重視だと指摘している。[89]

ドーアが調査した一九六九年になっても、イギリス企業では学歴よりも、技能資格の方が重要だった。彼が調査したイギリスEE社の管理職および高級技術者の一六七人のうち、大学卒業者は二四％、全日制技術専門学校卒業者は一〇％にすぎなかった。残りの者は、夜学の職業専門学校に通ったか、会計や技術などの職種別協会が出した資格証明を得た者だった。

そしてドーアによれば、当時のイギリス企業で重役に昇進する条件として重要だったのは、「学歴でなく階級」だった。上流階級らしい優雅で威厳ある物腰や言葉づかいの方が、学歴以上の指標となっていたのである。

ドーアは一九五八年のイギリス企業のサンプル調査結果として、大卒は一流企業の最高幹部二〇〇名のうち二四％、企業経営者の二一％にすぎなかったことを挙げている。ドーアはこうした事情を、「幹部職員のほとんどが大卒である日本とは対照的」だと評した。[90]

また第一次世界大戦以降のアメリカでは、職務分析の導入と雇用慣行の変化がおきた。第5章で述べるが、一九二三年には連邦公務員に職務分析と職務給が導入され、職務上の能力を持たない者を任用する防止策が設けられた。[91]これらを機に、官庁や民間企業で職員に求められる基準は、「紳士」であることから、職務能力や学位に変わっていった。

それに対し近代日本では、職務分析の導入などは進まなかった。職種別協会が発行する技能資格も、上流階級らしい優雅な物腰も、あまり意味を持っていなかった。そうしたなかで、唯一の指標となったのが学歴だった。そして学歴という指標を重視する慣行は、まず官庁から始まったのである。

だが日本での学歴は、専門的な能力を証明する学位という意味はなかった。職務上の訓練や昇進は、個別企業で学歴と勤続年数を基準に行なわれた。そこでの「××大学卒」は、職務上の能力の指標とはみなされず、単に「学校出」という「身分」としか受け止められていなかった。

日立製作所で労務担当をしていたある上級職員は、一九三三年に社会主義労働運動に参加した若い職工たちと会話したことを回想している。[92] なお文中の「日専校」とは、日立製作所の職工養成所だった日立工業専修学校で、この職工たちは日専校の卒業者だった。

> ……話をしているうちに、だんだん話が通じるようになりましてね。卒業して設計に配属の連中など、机を並べて仕事している大学出や専門学校出た者より最初のうちは日専校出のものが仕事ができる。中には小学校で一緒でその頃は自分の方が成績がよかったというものもある。なにしろ日専校出は一生職工扱いだが、専門学校以上卒は始めから職員、社工員は身分制的な差別扱いでしたから、俺だって金さえあって大学に行っていればと思うようになり、河上肇の『貧乏物語』など読んで、世の中の矛盾を痛烈に感じるようになって左翼運動に関心をもつようになって飛び込んで行ったというような話をしていましたが……

日本の慣行では、学位と職務は連動していなかった。そのため彼らは、大卒者と同じ職務に就く機会があり、自分たちの方が優れた能力があると感じていた。それでも境遇に差があるのは、学歴による「身分制的な差別」だとしか受け取られなかったのである。

こうした学歴の機能は、他の社会とやや異なるものであった。イギリスなどの場合、学位の証明による業績主義（メリトクラシー）が、上流階級出身者を役職に就ける慣行を時代遅れなものにしていった。ここでは、学歴と身分は対立関係にあった。

ところが日本の場合、士族が早々に退潮してしまった[93]。そのことが、学歴が一種の身分的指標に転化するという、ある意味で矛盾した現象がおきた背景と考えられる。

第1章で述べたように、労働経済学者の氏原正治郎は一九五四年に、日本の労働市場は二重構造だと指摘した。氏原は一九五九年には、日本の大企業には「社員」「準社員」「工員」という三層の「経営身分秩序」があったと指摘し、こう述べている[94]。

……日本の労働市場は、まずなによりも、従業員グループ別・学歴別労働市場として形成された。……もちろん、いずれの国であっても、教育程度は、その人の能力と素養を規定する大きな要因だから、労働市場は多かれ少かれこのような性質をもっている。

だが、これがとくに顕著な形をとり、とくに慣行としてではあるが、制度として「身分的」な階層性を形づくっていたのは、日本的特殊性だといってよい。

氏原は、この秩序の起源については何も述べていないし、他国の企業秩序との比較も行なっていない。とはいえ、学歴との極端な結びつきを「日本的特殊性」と位置づけたのは、結果的にまちがってはいなかったというべきだろう。

ただし注目すべきことは、長期雇用や年功賃金が職工には適用されていなかったことである。官庁型の年功昇進は広まってはいたが、それは戦前では職員層に限られたものだった。すなわち、「社員の平等」など存在しなかったのである。

そしてアベグレンや氏原が三層構造の存在を指摘した一九五〇年代には、戦前の企業秩序は、まだ色濃く残っていた。それはその後、どのように変容し、「社員の平等」を形成していったのか。また、新卒一括採用や定期人事異動をはじめとした一連の慣行は、どのように形成されてきたのか。それらについては、まだ次章以降の検討を必要とする。

1　本章の内容は、日本の雇用慣行における「官僚制の移植」を実証しようとしたものである。日本の雇用慣行に対する官庁の影

響は、これまで労働史や経済史で断片的に言及されてきたが、このテーマを正面から扱った研究は管見の範囲では見当たらなかった。また行政史においても、官等が中央官庁ばかりでなく、学校や軍隊、国鉄や郵便局などを通じて社会全体に影響を及ぼしていたことに配慮した研究は、管見の範囲では見当たらなかった。経済史などの諸研究でのこのテーマへの言及は、本章の各注に紹介してある。

2 ジェームス・C・アベグレン、山岡洋一訳『日本の経営』日本経済新聞社、二〇〇四年、「はじめに」xviii—xix、新訳序文v、一九五、一九六頁。

3 アベグレン前掲『日本の経営』四一、四二頁。

4 同上書六一頁。

5 同上書四〇、四七、五一頁。

6 同上書五一頁。

7 以下、同上書四四—五二頁。

8 同上書五九頁。引用にあたり改行を加えた。なお、「社内」を異動するといっても、大卒職員は全社単位で雇われ各事業所のさまざまな職務を異動するのに対し、中卒工員は事業所や工場で現地雇いされてその事業所の中で異動する。その意味では差があるが、中卒工員も異動によって解雇を避けると観察されていることは、戦前との差異を示している点で興味深い。

9 一九五八年の翻訳出版であるJ・C・アベグレン、占部都美監訳『日本の経営』ダイヤモンド社、一九五八年は、a lifetime commitmentを「終身関係」と訳し、さらに“permanent” or “eternal” employeesを『終身的』ないし『恒久的』従業員」と訳した(一七、一九頁)。これらが入り混じって、「終身雇用」という、アベグレンが使ってはいなかった言葉が生じたと考えられる。「終生のコミットメント lifetime commitment」は「定常雇用 permanent employment」と異なり、雇用関係を示す経済学的な用語とは言いがたい。本章で述べたように、社会人類学の訓練を受けたアベグレンは、この言葉で社会の規範意識を表現したのだと思われる。

10 日経連能力主義管理研究会『能力主義管理』日経連出版部、一九六九年、新装版二〇〇一年、新装版八四頁。

11 アベグレン前掲『日本の経営』四一、一三七—一三八頁。

12 二村一夫「日本労使関係の歴史的特質」『社会政策学会年報』第三一集、御茶の水書房、一九八七年所収、八二—八六頁。

13　菅山真次『「就社」社会の誕生』名古屋大学出版会、二〇一一年、八九頁。
14　同上書三八、五四、五五頁。
15　以下二つの例は、同上書七四、七五頁。
16　同上書七〇頁。
17　上山安敏『ドイツ官僚制成立論』有斐閣、一九六四年、六―一二頁。
18　菅山前掲『「就社」社会の誕生』六五、九五頁。
19　長島修「創立期官営八幡製鐵所の経営と組織」『立命館経営学』第四七巻四号、二〇〇八年、二〇七、二〇六頁。
20　森建資「官営八幡製鉄所の労務管理（1）」『経済学論集』第71巻1号、二〇〇五年、一三―二六頁。
21　川手摂『戦後日本の公務員制度史』岩波書店、二〇〇五年、序章一―四頁。
22　時野谷勝「判任官」『日本大百科全書』https://kotobank.jp/word/%E5%88%A4%E4%BB%BB%E5%AE%98-607141　二〇一九年六月四日アクセス。
23　役職と俸給の詳細は内閣記録局編『明治職官沿革表』、一八九四年、復刻版は原書房、一九七九年の別冊付録『官等・俸給』を参照。武官の場合、官等と階級はイコールであり、職務は「艦長」や「参謀」などとなる。重巡洋艦の艦長は大佐、駆逐艦の艦長は少佐など、おおむねの相場は決まっていても、「艦長」という職務と階級（官等）は必ずしも一対一対応ではない。文官の場合、奏任官三等といった官位はあっても、軍隊の「大佐」にあたる階級はない。表に示した「局長」「教授」などは「艦長」にあたる職務であり、したがって官等表でも奏任官一等でも二等でもよいといった幅が設けられている場合がある（ただし帝国大学教授で奏任官五等ということはない）。一八八六年の官等表でも、対応する官位が一つだけの職務（大臣など）と、対応する官位に幅がある職務（知事や教授など）の違いがある。このことが、俸給表の「上中下」とも関係していると考えられる。このほか一八八六年の時点では「親任官」という名称はまだ記載がなく、判任官は一〇等まで記載されているなど、本文中の表とは相違があるが、わかりやすくするために簡略化した。
24　川手前掲『戦後日本の公務員制度史』一一頁。
25　水谷前掲『官僚の風貌』一三七頁の図五参照。

26　こうした者は省内で「理事官」という特別な職名が与えられたとされている。川手前掲『戦後日本の公務員制度史』一三頁。

27　内閣記録局編前掲『明治職官沿革表』別冊付録六四―七八頁。明治一九年一二月三一日制定の官等俸給表。小池和男「戦前日本の軍のサラリー」小池前掲『日本産業社会の「神話」』一一八―一二三頁は一八九〇年の陸軍給与令から陸軍の俸給をみているが、『明治職官沿革表』別冊付録二八五頁以下で同年の武官の俸給も記載されており、高等官は一八八六年とほぼ同金額である。判任官は一般に武官の俸給のほうが文官より低いが、これは軍の下士官が兵営内居住で宿舎と食事が提供されていたからだと考えられる。

28　稲継前掲『公務員給与序説』一〇頁。

29　喜田貞吉『還暦記念六十年回顧』私家版、一九三三年。天野郁夫『学歴の社会史』新潮社、一九九二年、四八頁より重引。

30　天野前掲『学歴の社会史』四八―四九頁より重引。

31　水谷前掲『官僚の風貌』文庫版八一頁より重引。

32　人事院「戦前の公務員制度（官吏制度）」『平成20年度　年次報告書』第一篇第二部第一節1。http://www.jinji.go.jp/hakusho/h20/032.html　二〇一九年六月四日アクセス。この説明は戦前のスタンダードな法解釈であり、美濃部達吉『日本行政法』上巻、有斐閣、一九三六年、六八三頁もほぼ同様の解釈をしている。

33　鈴木淳「二つの時刻、三つの労働時間」橋本毅彦・栗山茂久編著『遅刻の誕生』三元社、二〇〇一年所収、一一六―一一八頁。

34　同上論文一一八頁、水谷前掲『官僚の風貌』六六、六八頁。

35　内閣記録局編前掲『明治職官沿革表』別冊付録五四―七八頁に載っている明治一九年一二月三一日制定の官等俸給表では、将官は職務による俸給の差がない。佐官は「歩兵大佐」「憲兵大佐」「工兵大佐」などによって俸給に多少の差が出て、さらに尉官では一等・二等の差が出る。なお小池前掲「戦前日本の軍のサラリー」は、これらを民間企業の職務給および範囲給にあたるとみなして分析しているが、その見方は疑問である。

36　人事院『平成19年度　年次報告書』「第1篇　人事行政」。http://www.jinji.go.jp/hakusho/h19/009.html　二〇一九年六月四日アクセス。

37　村松編著前掲『公務員人事改革』一五七、二一三頁。

38　日本においては、官位の優先度が高い傾向が、八世紀に大宝令と養老令で律令制が導入され、官僚制が整備された時点からあったともいわれる。当時の日本がモデルにしたのは、中国の王朝である唐の律令制で、そこでも官職と官位の二本立てがとられていた。しかし中国では、官僚の序列を決定するのは官職の方であり、官位（品階）は官職の等級を示す指標にすぎなかった。ところが日本では、官位（位階）によって序列を定め、官位に相当する官職に補するという原則がとられた。

この日本のあり方は、日本史研究者から官位相当制とよばれている（大隅清陽「官位相当制」『日本史大事典　2』平凡社、一九九三年）。中国では王朝が実質的な官職を与える力を持っていたが、日本では実質的な力を持っていたのは豪族たちで、その士族たちに天皇が官位を与える形で序列を作ったため、こうした方法がとられたとされている。天皇が実質的な権力を失った江戸期でも形式的に官位を与える慣習は残っており、このあり方が明治維新後の官僚制に適用されていったとも考えられる。

とはいえ本文で述べたように、給与等級と職務の二本立てそのものは、日本の官僚制に特異ではない。また八世紀の日本の官僚制と、中国の官僚制に相違があったとしても、それが一九世紀以降の日本の官僚制の特徴にまで連続している証拠はない。こうした議論は検証が必要であり、いたずらに日本特殊論を唱えることには慎重であるべきだろう。

39　内閣統計局編『第五四回　日本帝国統計年鑑』東京統計協会、一九三五年、四〇八頁。

40　濱口桂一郎「非正規公務員問題の原点」『地方公務員月報』二〇一三年一二月号は、雇人・傭人を非正規公務員の原点としている。

41　川手前掲『戦後日本の公務員制度史』一六頁。

42　同上書一一頁。

43　西成田豊『経営と労働の明治維新』吉川弘文館、二〇〇四年、一八一―一八二頁。

44　菅山前掲『「就社」社会の誕生』九五、九六頁。

45　国鉄の身分制度については、禹宗杬『「身分の取引」と日本の雇用慣行』日本経済評論社、二〇〇三年、第一章第一節参照。

46　鈴木前掲「二つの時刻、三つの労働時間」一一四、一一五頁。ただし夏季の勤務時間。

47　氏原正治郎「戦後労働市場の変貌」『日本労働協会雑誌』一九五九年五月号、氏原正治郎『日本の労使関係』東京大学出版会、一九六八年所収。

ただし三層構造という見方は、やや単純ともいえる。官庁においては、事務員だった「雇」は肉体労働者の「傭人」より上位であり、民間企業における雇員や職長も職工よりは上位にあった。彼らを独立した階層とみなすなら、三層ではなく四層となる。また民間企業における「準社員」は官庁の判任官と「雇」のどちらにあたるのかは、判別がむずかしい。これは、第2章注2で言及したフランスの「下士官」というべき「中級カードル」を独立した階層とみなすか否かの問題と重なる。なお氏原は、「社員・準社員・工員・組夫」という四層の図式を提示しているのだが、ここでは三層に簡略化した。

48　吉田幸司・岡室博之「戦前期ホワイトカラーの昇進・選抜過程」『経営史学』第五〇巻第四号、二〇一六年、八頁。なお市原博「三菱鉱業の技術系職員・現場職員の人的資源形成」『三菱史料館論集』第一三号、二〇一二年は、主として技師の正員には、准員からの昇進が多かったことを明らかにしている。

49　中西洋『日本近代化の基礎過程』下巻、東京大学出版会、二〇〇三年、四六三頁の図参照。

50　なお一九一九年九月の改定では、この等級表や役名は「正員」に適用されるものだと記され、「事務補技師補ノ役名ハ新ニ入社スル者ニ附スルコトトス」と定められていた。『三菱社誌』第二六巻四九一七頁。復刻版は三菱社誌刊行会編『三菱社誌』第三〇巻、東京大学出版会、一九八一年。

51　成瀬健生「『新日プロ』の起源と背景」八代充史・梅崎修・島西智輝・南雲智映・牛島利明編『『新時代の「日本的経営」』オーラルヒストリー』慶應義塾大学出版会、二〇一五年、第一章、八五頁。

52　以下、ドーア前掲『イギリスの工場・日本の工場』文庫版上巻一〇七、四五八、四五九頁。ただし、邦訳では「何を専門(trade)としているかよりも、どこの兵科（corps）に属しているかというほうが重要である」となっているが、本書の文脈に沿ってtradeとcorpsの訳を変えた。

53　大堀照司「石川島重工における資格制度の実際」日経連弘報部『資格制度の考え方と実際』日本経営者団体連盟弘報部、一九六〇年、九八頁。

54　若林幸男「1920−30年代三井物産における職員層の蓄積とキャリアパスデザインに関する一考察」『明治大学社会科学研究所紀要』第五三巻一号、二〇一四年。ただし、八幡製鉄所など一部の旧官営系企業では初任給格差が残る傾向があったとされている。

55　藤村聡「戦前期企業・官営工場における従業員の学歴分布」『国民経済雑誌』二一〇巻二号、二〇一四年を参照。
56　たとえば小池前掲『日本産業社会の「神話」』一〇六頁。
57　野村正實『日本的雇用慣行』ミネルヴァ書房、二〇〇七年、七三頁は、官業払い下げから「国家官僚組織のあり方が、払い下げ以後の民間会社の経営秩序を規定した可能性が強い」と述べている。しかし、官庁制度との類似性をそれ以上には具体的に検討していない。
58　宇佐美卓三「日本セメントにおける資格制度の実際」日経連弘報部前掲『資格制度の考え方と実際』所収、六六頁。
59　池田成彬『私の人生観』文芸春秋新社、一九五一年、四七頁。野村正實『学歴主義と労働社会 ―― 高度成長と自営業の衰退がもたらしたもの』ミネルヴァ書房、二〇〇四年、一二五頁より重引。
60　水谷前掲『官僚の風貌』八三頁。
61　池田成彬述『財界回顧』世界の日本社、一九四九年、四七頁。野村前掲『学歴主義と労働社会』一二六頁より重引。
62　池田前掲『財界回顧』四七頁。野村前掲『学歴主義と労働社会』一二六頁より重引。
63　初任給が四〇円だった者は、明治四一年に帝大法科卒で大蔵省専売局に入省した松本弘造、同年に東京高商卒で三菱銀行に入社した鹿村美久、明治三八年に帝大法科卒で三菱合資に入社した加藤恭平がいる。岩瀬彰『「月給100円サラリーマン」の時代』講談社、二〇〇六年、ちくま文庫版二〇一七年、文庫版一八二、一八三頁。
64　野村前掲『日本的雇用慣行』二四、二五頁。野村が挙げているのは一九三〇年代の王子製紙の事例だが、王子製紙は三井系であった。日本における文系・理系の区分、それに対する官庁の影響については、隠岐さや香『文系と理系はなぜ分かれたのか』星海社新書、二〇一八年、一〇〇―一〇二頁。
65　追跡調査表は福井康貴『歴史のなかの大卒労働市場』勁草書房、二〇一六年、一六頁に掲載。
66　若林幸男『三井物産人事政策史1876―1931年』ミネルヴァ書房、二〇〇七年、一六二頁。
67　野村前掲『日本的雇用慣行』二四八頁。
68　日本経営史研究所『回顧録』一九七六年、一五三頁。若林前掲『三井物産人事政策史1876―1931年』一六二頁より重引。

69　東京工業大学『東京工業大学六十年史』東京工業大学、一九四〇年、六七頁。市原博「『学歴身分』制度の再検討」若林幸男編『学歴と格差の経営史』日本経済評論社、二〇一八年所収、二八五頁より重引。
70　若林前掲『三井物産人事政策史1876―1931年』一六九、一七八頁より重引。
71　同上書一七〇頁。ただし若林は、この「感覚」を「大学・高等高専出身者＝高級士官、商業学校卒業者＝兵卒」と要約しているが、後者は正確には「下士卒」とするべきであろう。回想の引用は矢野成典『商社マン今昔物語』東洋経済新報社、一九八二年、一〇―一一頁、若林前掲『三井物産人事政策史1876―1931年』一七〇―一七一頁より重引。
72　菅山前掲『「就社」社会の誕生』一七六頁。
73　同上書一七八頁。
74　同上書五二、一七八頁。
75　同上書一七九頁。
76　田中博秀「連続インタビュー　日本型雇用慣行を築いた人達＝その三　元・十條製紙副社長　田中慎一郎氏に聞く（1）」『日本労働協会雑誌』第二八九号、一九八三年、四三頁。石田光男「十條製紙の職務給の変遷（上）」『評論・社会科学』第四四号、一九九二年、四四頁より重引。
77　王子製紙労働組合『王子製紙労働組合運動史』王子製紙労働組合、一九五七年、七三頁。野村前掲『日本的雇用慣行』一八八―一八九頁より重引。
78　間宏『日本労務管理史研究』御茶の水書房、一九七八年、一九七―一九八頁。
79　菅山前掲『「就社」社会の誕生』一七七、一八〇、一八一頁。
80　石田前掲「十條製紙の職務給の変遷（上）」四六頁に掲載の表より計算。ただし工場長以下の数字で、役員は除かれている。
81　野村前掲『日本的雇用慣行』三四、三五頁。
82　菅山前掲『「就社」社会の誕生』一八〇頁より重引。
83　野村前掲『日本的雇用慣行』六頁より重引。
84　森建資「官営八幡製鉄所の賃金管理」（1）『経済学論集』七一巻四号、二〇〇六年、二四―二六頁。なお同論文によると、官営八幡製鉄所が一九〇〇年の職工規則で職工の日給を定めたさい、原案段階では職工を三〇の等級に格付けし、その等級の日給を支払うことになっていた。ところが最終的な規則案では職工の等級はなくなってしまい、段階別の賃金表だけが決められたという。

なお石田前掲「十條製紙の職務給の変遷（上）」三九頁によると、一九四三年の制度改正以前の王子製紙では、職工に四等から一等の等級があったが、それは「等級が日給を決定するための区分になっておらず、逆に、日給の水準により等級が決まるという転倒的なものであった」という。これは三井物産にみられた俸給順の職員序列と、等級が俸給を決める官庁型資格制度の、二つの序列の中間的形態であると考えられる。これが一九四三年の制度改正では、職工差別解消の一環として、職員の資格制度と同等の「三級工員・二級工員・一級工員・上級工員」に改められることになる。

木下前掲『日本人の賃金』六七頁は、明治六年の横須賀造船所の月給職工に、左官職と似た等級別の賃金があったことを挙げ、これが企業横断的な職務賃金であった可能性を示唆している。たしかに当時の職工の流動性を考えれば、上記のような企業内で賃金等級が、労働市場の影響をうけた賃金相場に等級を付していた可能性はある。とはいえ、本文で述べたように、菅山真次は職種別標準賃率はなかったとしている。そうだとすれば、上記のような職工の賃金等級も、単なる企業内秩序だった可能性もある。本書では、どちらとも判断しがたい。

85 禹宗杬「日本の労働者にとっての会社」榎・小野塚編著前掲『労務管理の生成と終焉』日本経済評論社所収、三二三―三二四、三三七―三三八頁。

86 ジャコービィ前掲『雇用官僚制』三二五頁。

87 二村一夫「戦後社会の起点における労働組合運動」坂野潤治・宮地正人・高村直助・安田浩・渡辺治編『戦後改革と現代社会の形成』岩波書店、一九九四年、五九頁。

88 隅谷三喜雄『日本賃労働の史的研究』御茶の水書房、一九七六年、五四頁。

89 以下、ドーア前掲『イギリスの工場・日本の工場』文庫版上巻六六、六七頁。

90 ドーア前掲『学歴社会　新しい文明病』八二頁。ドーア前掲『イギリスの工場・日本の工場』同時代ライブラリー版上巻六七頁。

91 村松編著前掲『公務員人事改革』二〇、二二頁。

92　菅山前掲『「就社」社会の誕生』二〇〇頁より重引。

93　明治初期に藩士から登用された「維新官僚」と、試験を経た「学士官僚」の対立などはあったが、身分と学歴が対抗関係になった歴史は小規模で短かった。清水唯一朗『近代日本の官僚』中公新書、二〇一三年参照。

94　氏原前掲「戦後労働市場の変貌」氏原前掲『日本の労使関係』所収、七五頁。

第5章　慣行の形成

第5章の要点

・新卒一括採用、定期人事異動、定年制、大部屋型オフィス、人事考課などは、いずれも明治期の官庁や軍隊にその起源を求めることができる。

・それが波及した背景は、教育をうけた人材が不足していた明治期の事情だった。

・日本の学校が果たした役割は、企業に対して人材の品質を保証する紹介機能だった。これは他国の場合、職種別組合や学位が果たした機能である。

・ドイツにも、官庁の制度が企業に影響した歴史はあった。しかしドイツの場合、民間の職種別組織や、職員の地位向上運動の存在があったため、日本とは異なる形となった。

軍隊や官庁に職務と別個に給与等級があることは、日本だけの特徴ではない。[1] とはいえ、第2章で述べたように、ドイツやフランスの官僚制には新卒一括採用や定期人事異動、大部屋主義といった特徴はない。

それでは、こうした日本の特徴は、どのような経緯から生じたのか。結論からいえば、それは日本の近代化のあり方に関わっていた。

近代ドイツの官僚制と高等教育

日本の官吏の試験任用制度は、プロイセンの制度を参考に制定された、一八八七年公布の文官試験試補及見習規則から始まった。これは文官試験を高等試験（高等官採用）と普通試験（判任官採用）に分けたうえで、高等試験合格者を試補候補に、普通試験合格者を見習候補として認定し、これを各省が必要に応じて試補・見習に採用して、三年間の事務練習を経て試補は奏任官に、見習は判任官に正式任用されるというものだった。[2] 情実による任用を防止し、能力に基づく任用を確立することが目的だったとされる。

たしかに日本の官僚制は、ドイツと類似した点が多い。たとえばドイツでも、官吏は労働契約ではなく、国家への忠誠勤務によって俸給を得ている。そのため給与は労働の対価ではなく、生活と独立性を確保するための身分給で、引退後も恩給が支給される。さらにドイツの官僚制も、職務とは別の給与等級があり、高等教育・中等教育・義務教育に即した階層秩序がある。[3]

だが当時のドイツと日本では、制度を参考にしたとしても、社会条件に違いがあった。最大の相違は、高等教育を受けた人材の数だった。

プロイセンでは、すでに一九世紀前半に、大学卒業者が供給過剰だった。一八二〇年の高級官吏ポスト総数が五九八だったのに対し、大学生の総数は三一四四人（うち法学部九三八人）だった。しかもその後の一八三一年には、高級官吏ポストは四七六に減り、大学生数はその前年までに六一六〇人（うち法学部一六二八人）に増えていた。[4]

さらに、高級官吏の俸給を得られるまでの期間が長かった。一八四六年制定のプロイセンの制度では、以下のようになっていた。

まず古典語・近代語・歴史・数学・経済学・工学などを大学で最低三年学んだのち、裁判所で修習生として働き、第二次法律学試験を受験し、上級裁判所の試験合格通知が届いたあと、県長官を議長とする口頭試験を経て、ようやく行政試補見習 Referendar になれる。さらに県でさまざまな実務を修練し、県長官の修了証明書と内務・大蔵大臣の同意を得て、裁判文書にもとづく論文を提出し、筆記試験と口頭試験から成る大国家試験を通過すると、行政試補 Assessor となる。ただし試補は無給が原則で、有給ポストである参事官に到達するには、勤務状況や能力にかかっていた。[5]

そのうえ、一八六六年に周辺諸州がプロイセンに併合され、これらの州の官吏をプロイセンがひきうけたため、官吏が過剰になって、一八六九年には試補の採用が一時中止されたりもした。二〇世紀初頭のプロイセン一般行政官吏では、行政試補に採用された平均年齢は二九・五歳、参事官に昇進したのは平均四〇・二歳であった。[6]

つまり高級官吏になるには、およそ四〇歳まで、何らかの手段で生計を確保しなければならなかった。親が資産家か貴族、あるいは資産家の娘を妻にするのでなければ、それは困難だった。一八七六年から一九〇〇年のヴェストファーレン州高級官吏のうち、父親が大土地所有者である者が二九％、高級官吏が三〇％、経営者が一二％、将校が六％で、中級官吏や教員などの中間層以下は一〇％にすぎなかった。[7]

第2章で述べたように、ドイツの官僚制は欠員ができたときに公募する方式をとっており、新卒一括採用といったものはない。上記のような経緯を考えれば、ポストに欠員ができたときに採用する形にしかなりえなかったであろう。

新卒一括採用の起源

しかし明治の日本では、同時代のドイツにくらべ、高等教育を受けた人材が不足していた。文官試補試験が制定された前年の一八八六年に、帝国大学卒業生は全学で四六名、そのうち法科大学は一一名にすぎなかった。法科大学の卒業生は、日清戦争が始まる一八九四年でも七七名にすぎない。[8]

一方で省庁側は、増加する行政需要に対し早急な人材供給を求めていた。このため、大学卒業生は優遇されていた。帝国大学法科・文科卒業生は、行政官としての専門学を学んでいるとされ、無試験で試補に採用される特権があった。試験を経て任用されたのは、特別監督学校（私立学校）の卒業生だった。[9]

また人材不足を早く満たしたかった省庁は、高等試験の合格者よりも、無試験の帝国大学卒業生を試補に採用するほうを好んだ。試験合格者は年に一度しか行なわれない試験を待たなければ採用できないが、試験が免除されている帝国大学卒業生は随時採用できたからだった。[10]

こうして無試験の帝国大学卒業生が優先的に採用される一方、試補試験合格者の需要は減った。一八九一年には、帝国大学卒業生で省庁の採用が埋まり、行政官試補の需要がゼロになって、試験そのものが中止になった。[11]実質的に、帝国大学を卒業すれば、無試験で新卒採用される状況になってしまったといえる。

また試補は奏任官待遇とされ、試用期間であるにもかかわらず、相当の年俸が保証された。そのため帝国大学卒業生には、早く収入を得ることを目的として、官界入りした者もいた。[12] こうした状況は、同時代のドイツとは異なっていたといえる。

試補試験が機能不全になってしまったため、一八九三年には文官任用令で制度改正がなされた。その趣旨は、帝国大学卒業生の無試験任用特権を廃止し、全員に文官高等試験を義務づけたことだった。

しかし同時に、文官高等試験に合格すれば、試補としての試用期間を経ずに、奏任官として執務できることとされた。人材不足に悩む省庁にとって、三年の試用期間は悠長であり、より早く本官として採用することを望んだのである。[13]

さらに各省庁は、従来通り帝国大学卒業生を確保したうえで、採用後に試験を受けさせた。優秀な学生を七月の大学卒業と同時に属官として採用し、一一月の文官高等試験まで事実上の休暇を与えて、試験準備にあたらせたのである。[14]

これは、事実上の新卒一括採用の始まりであった。その背景となったのは、行政事務の拡大に比して、大学卒業生が不足していたという事情だったといえる。

こうした状況のため、近代日本では、富裕層や貴族層でなければ高級官吏になれないわけではなかった。出自を問わず帝大生になれる可能性があったという意味でも、同時代のドイツより明治の日本は平等だった。[15]

だが一方、いったん帝大を出て官吏になってしまえば、隔絶した特権階級になれた。このことは、日本における学歴が、ヨーロッパにおける身分の代用として機能する傾向を強めたといえる。

年功昇進と定期人事異動

また近代日本の官庁は、別の慣行も生み出した。年功昇進と定期人事異動である。

行政学者の川手摂は、勤続年数にもとづく昇進が慣例化した契機として、一八八六年に出された高等官官等俸給令を挙げている。[16]この俸給令は、一つの官等に五年以上勤務をしなければ、より上位の官等に昇進できないことを定めたのだった。

この前年の一八八五年には官員数が一〇万人に達しつつあり、国家予算の二八％が俸給費を占める事態となっていた。そのため一八八六年には、大規模な行政整理が行なわれ、官員数は約五万五〇〇〇人まで削減された。もっとも大幅に整理されたのは非正規公務員というべき等外の雇などで、判任官・高等官は増加し続けていた。[17]俸給費の削減は当時の政府課題であり、高等官の昇進制限もその一環だったと考えられる。

また川手は指摘していないことだが、一八七四年の陸軍武官進級条例の第四条には、ある官等に一定以上の年数在籍しなければ進級できない「実役停年」という規定があった

（図５―１）[18]。ある階級に「停めおく」年数を、「停年」としていたのである。海軍もまた、同様の制度を設けていた。武官にこうした規定があったため、文官もこれに倣ったとも考えられる。

この高等官俸給令の規定は、三年に緩和されるなど何度かの変更を経たあと、一八九五年九月の改正で二年となった。この時期は、同年四月の日清戦争の勝利で植民地ができるなど、行政領域が拡大しており、政府の官員数も増大に転じていた。また前年の一八九四年は、帝国大学卒業生が文官高等試験を受ける初年度だったが、帝大卒業生が無試験特権の回復を求めて試験をボイコットしてしまっていた。彼らに一一月の試験を受けるようにさせるためには、待遇改善を打ち出す必要も出てきていた。そうした時期に、昇進制限期間が二年に緩和されたのである[19]。

階級		大将	中将	少将	大佐	中佐	少佐	大尉	中尉	少尉	曹長	軍曹	伍長	一等兵卒	二等兵卒
実役停年最下限	平時		歴職	三年	二年	二年	三年	四年	二年	二年	二年	一年	一年	一年	一年
	戦時			一年半	一年	一年	一年半	二年	一年	一年	一年	半年	半年	半年	半年

（出典：内閣官報局『法令全書』一八七四（明治七）年版、一〇〇六頁）

図５―１　陸軍武官進級条例の「実役停年」規定

このことはしかし、想定外の効果を生み出した。すなわち、文官高等試験合格者（「高文組」）が入省後、二年ごとに部署を異動しながら昇進するという慣例をうながしたのである。

この規定は、昇進のための最低年限を決めただけで、二年で昇進させると規定したものではなかった。しかしその後、「高文組」たちは二年ごとに異動しながら一つずつ官等をあげ、入省後一〇年で奏任官一等（武官なら大佐）になって課長クラスに就任するという昇進パターンをたどるようになった。川手は、「2年ずつの在職で昇叙を繰り返す高文組のキャリアパス」が、こうして定着したと述べている。[20]

これは実質的に、年功昇進と年功昇給の定着といってよかった。官吏においては、官等があがれば自動的に昇給する。二年刻みの勤続年数で昇進すれば、俸給は年功カーブを描くことになる。またこうした昇進パターンによって、官等を一つずつあげるために、いくつもの異なる職務に就く傾向が強まったとも考えられる。

さらにこうした昇進制限によって、官吏として昇進するには、新規学卒ですぐ任官し、内部昇進するのが有利となった。低い官等に年齢が高くなってから就いても、昇進に年齢的な限界がきてしまう。また第4章で前述したように、一八九九年には勅任官も文官高等試験に合格していることが原則とされ、外部から幹部職への途中採用は実質的に閉ざされた。

そして第2章で述べたように、新規学卒者を一括して大量採用すると、定期人事異動を誘発しやすい。毎年四月に入ってくる新規採用者に職務を与えるためには、その職務にいる者を異動させる大規模人事が必要だからだ。そのうえに、全員を二年ごとに昇進させるという慣行がくわわれば、大量の人事異動がおこりやすくなる。

新卒一括採用と定期人事異動の関係については、示唆はされているものの、実証的研究は少ない。その数少ない例であるトヨタ自動車を分析した研究によれば、定期一括採用の定着と人事異動の定期化には、約二〇年のずれがあったとされている。[21]おそらく、組織が定期一括採用を開始して二〇年が経つと、定期人事異動を行なわざるをえない状態になるのだと考えられる。

中央官庁で定期的な人事異動が行なわれるようになったのは、一九〇〇年前後だとされている。これは文官試補試験が開始されてから約二〇年で、帝国大学から新卒採用された「学士官僚」が幹部クラスに昇進した時期にあたる。[22]学士官僚たちが各省庁のトップクラスにまで到達した一九一〇年代には、ほぼこうした慣例は定着していた。

こうした慣行は、民間にも波及した可能性がある。石川島重工が昇進にあたり一定の勤続年数を規定していたことは第4章でみたが、第6章や第7章で紹介するように、勤続二年から三年ごとに資格等級を昇進させる制度を導入した企業は少なくなかった。

なお、戦後に高等官官等俸給令は廃止された。しかしその後も、キャリア官僚が二年ごとに異動して昇進するという慣例は残った。また一九二〇年まで旧制大学は九月入学・七月卒業で、新規学卒者は七月に入省したため、戦前の官庁では六月から七月に人事異動が多かったが、いまでも官庁の人事異動は七月に多い。いったん組織内に形成された慣行は、その根拠がなくなっても、継続性を持つのだろう。

職務を明確化したアメリカとプロイセン

こうした展開は、他国の官僚制度とは異なっていた。

アメリカの連邦政府も、コネ採用などによる猟官に悩まされた。初期の連邦政府公務員の六五%は、大地主や大事業家などの富裕層出身だった[23]。

これに対する世論の批判が高まったあと、とられた対策は、職務分析の導入だった。これによって、職務能力のない者がコネ採用されることを防ごうとしたのである。

こうした原則は一八八〇年代から採用されはじめ、一九二三年の職務分類法によって確定した。分類された職務ごとに、ポストがあいたときに部内か部外から公募され、公開競争試験や過去のキャリア成績で任用する制度である。同一価値労働同一給与を原則とし、勤務成績が基準に達しない者は免職されることも原則とされた。[24]

一方で日本が参考にしたドイツやフランスは、試験でスクリーニングした高級官僚有資格者を採用し、官僚制内部で昇進させる制度を採用していた。そのため現在でも、アメリカのようには、官庁と民間との人材交流は盛んではない。しかし試験通過後の任官と昇進は欠員補充と公募で、定期人事異動というものはない。[25] 前述したように、同時代のプロイセンでは、大学卒業生や試験合格者が官庁の空きポストより多く、欠員補充で十分だった。

またプロイセンの君主は、官僚たちに、職務上の専門家であることを要求した。それは、君主と官僚が対立関係だった歴史に由来している。

プロイセンの官僚はながく貴族たちが占め、官職を利用した役得が絶えなかった。ホーエンツォレルン家の家訓は「官吏は多ければ多いほど盗人が多い」であった。一八世紀のプロイセン王政は官僚を信用しておらず、官僚の中にスパイを放ち、勤務報告書を国王に届けさせた。その内容は、官吏の業績、国庫に対する貢献度、職務上の能力、職務遂行のスピードなどに及んでいた。また官僚の共謀や独断を防ぐため、行政活動はすべて文書によって管理された。[26]

プロイセンで一八世紀に官吏任用の試験制度が導入されたのも、日本とおなじく、情実人事を排除するためだった。[27]しかし官僚制と王政の緊張関係が、結果として官僚の専門化と、職務および権限の明確化・文書化を促した。ドイツ史研究者の上山安敏は、こうした緊張関係の有無が、プロイセンと日本の官僚制の相違を生んだと指摘している。[28]

一九世紀末までには、ドイツの官僚層の文書主義と職務上の専門能力は、定評を得るようになっていた。マックス・ウェーバーは官僚を「専門人」の典型と位置づけ、その文書主義を嘆きながらも、「官僚層は、明確に限定された専門的なことがらに属する職務上の課題について」は「すばらしい真価を発揮した」と述べた。[29]

現在のドイツ連邦共和国基本法第三三条二項でも、官吏の任用と昇進は「専門的技量fachlichen Leistung」によることが明記されている。[30]連邦省共通事務規則（GGO）では、各職員の職務と責任範囲を明確にすること、職員は作成した文書に署名することが規定されている。[31]とはいえこれらは、単なる法文上の規定以上に、歴史的な慣行になっているのだろう。

日本を含むどこの国でも、情実人事を排除するために、官吏の試験制度を導入した点では共通している。しかしそれぞれの国の歴史を反映して、その結果としてできた官僚制のかたちは、違ったものになったといえるだろう。

「大部屋」の起源

アメリカやドイツのような経緯をたどらず、職務の範囲が明確にならなかったことは、官庁における「大部屋」での共同作業を可能にした。

物理的な空間としての「大部屋」という意味では、日本の官僚制には、当初から個室がなかった。一八七二（明治五）年の大蔵省駅逓寮に翻訳係として出仕した高橋是清は、「当時は長官も、課長も課員も広い部屋の中に、皆一しょに事務を執っていた」と回想している。[32]

しかし物理的な空間以上に注目したいのは、「課」より下の職務分担を明確化することが要求されなかったという事情である。

明治の日本は、行政組織も急ごしらえだった。そのため、とりいそぎ様々な官庁が設置され、その管轄の行政事務は後から法文化された。

しかも各省庁の設置通達は、「銀行課　諸銀行ニ関スル事務ヲ掌ル」「翻訳課　外国ニ関スル一切ノ文書ヲ掌ル」（一八七九年「大蔵省達」）といった、きわめて漠然としたものであった。[33]こうした規定は、職務分析を導入したアメリカや、君主が職務の明確化を要求したプロイセンとは異なり、現場の官吏たちの拡大解釈が可能なものであった。

またこうした省庁設置通達では、どの「課」が何を所掌するかまでしか、決められていなかった。つまりそこでは、課の所掌が定められているだけで、各職員の職務と責任範囲は定められていなかったのである。

このことは、現在でも基本的に変わっていない。行政学者の大森彌は、日本の官僚制では「課までしか所掌事務は定められていない」と述べたうえで、「通常は一課一部屋の間取りになっている」ことを指摘している。[34] つまり、所掌が規定されている「課」の単位までは部屋が分かれているが、「課」の内部では仕切りのない大部屋になっているのだ。

建造物とは、それを利用する人々の意識を、目に見える形に表したものだ。明治初期の建造物に個室が存在しなかったとしても、各職員の職務が明確化され、各自に個室が必要だという意識が形成されれば、個室がある建物は作られただろう。現在でも「課」や「室」を単位にした大部屋の建物が使われているのは、「課」や「室」までしか所掌事務を定める必要がないという意識の反映にほかならない(図5―2)。

またこのことは、「課」が長官から分離し、いわば独立の個室を獲得したことを意味した。前掲の高橋是清の回想では、「長官も、課長も課員も広い部屋の中に、皆一しょに事務を執っていた」とされている。しかしその後の官庁では、課長と課員は大部屋で働いたが、長官は個室に分離されたのである。

大森は、大部屋の単位となっている課は一種の独立王国で、「課長は一国一城の主のよ

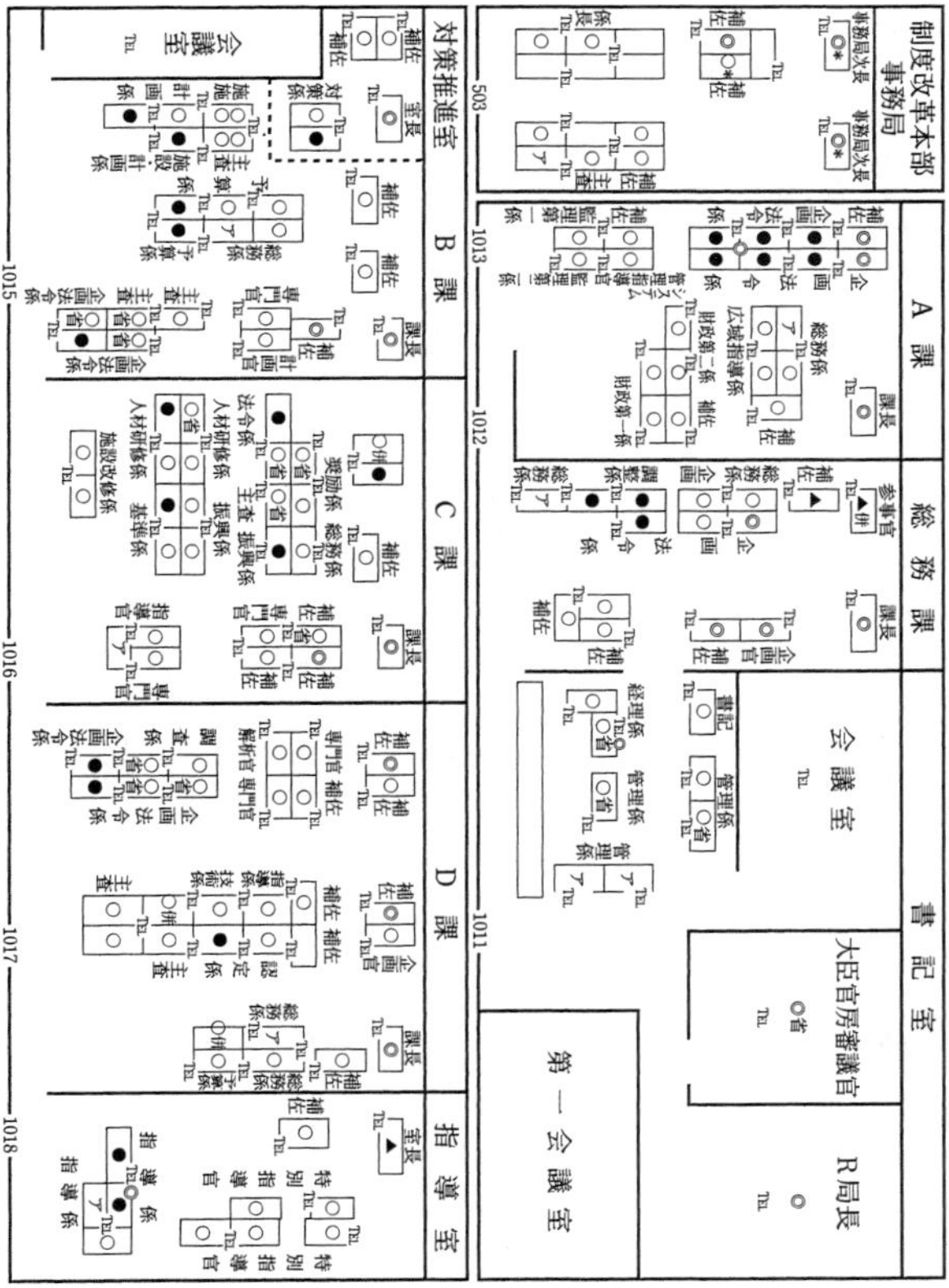

注：2000年代初頭の「K省R局」。◎はキャリア、○はノンキャリア、▲はノンキャリアの上位ポスト、●は自治体からの出向研修員、「ア」はアルバイトの補助員。「省」は省内他局の定員、併は局内併任、＊は主として本務部局にて勤務の職員。TELは電話機。

（出典：大森彌『官のシステム』東京大学出版会、2006年、56頁）

図5—2　日本の官庁の職員配置例

うな存在になる」と指摘している。課にはそれぞれ、所管する法律や、監督する業界がある。そのため、「所管事項についていえば、本府省各課が、事実上、日本国政府そのものであるといってよい」。そして「課は行政活動単位であり、その間の局や部は調整単位である」。各省庁は、独立した部屋を持つ「課」を集めた課連邦であり、「日本国政府は一つではなく『合省国』といってよい」と大森は述べている。[35]

つまり「課」や「室」を単位とした大部屋主義は、個々の議員の職務が明確に定められていないことと同時に、「課」が周囲から独立した「一国一城」の権限保有を主張する意識の表れである。その背景は、プロイセンの君主や、アメリカの世論といった、官庁を監視する対抗権力がなかったことである。日本の「大部屋主義」の起源があるとすれば、明治初期の建造物の構造以上に、こうした緊張関係の有無だといえるだろう。

試験成績の重視

ところで、個々人の職務が明確でないとすれば、何を基準に昇進を決めるのか。

結論からいうと、戦前の官庁で基準となったのは、勤続年数と成績だった。前述のように、文官高等試験を通過した「高文組」は、二年ごとに異動しながら官等を上げていた。そしてどのくらい高位に就けるかは、文官高等試験の順位と、大学時代の成績で決まっていた。
政治学者の水谷三公は、一九九九年の著作でこう述べている。[36]

……伝統ある内政官庁の主流を歩いた官僚OBとの軽い茶飲み話の際、出世が話題に上った。「そりゃあなた、成績ですよ、学校や公務員試験の成績」という簡明で率直な返事が返ってきた。戦後の大蔵省についても……公務員試験成績が一〇〇番を下るようでは採用は難しく、将来順調に出世していくには一〇番以内に入っているのが望ましいらしい。……

昭和四十年代から五十年代にかけて大蔵省の採用にも「青田刈り」があった。……その基準について、「学籍簿の優の数です。とくに東大法学部では優の成績が非常に権威があり、私がいたころは学期平均で二つくらいしかとれなかった。だから優が二ケタもある学生は、第二次（公務員試験の最終結果）発表がなくても軽くパスします」と、大蔵省秘書課課長補佐経験者は証言する。

水谷はこれを確認するため、一九一二年から一九一八年までの文官高等試験トップ七〇名、下位七〇名の経歴を追跡した。それによると、勅任官クラスの役職（中央官庁の局長・

長官、内地の知事など）に到達した者の比率は、上位七〇名が約六〇％、下位七〇名は約二〇％だったという。[37]高文試験の成績がすべてというわけではないが、強い相関があったといえる。

こうした成績重視の慣習は、採用や昇進だけでなく、日常生活までつきまとった。政治学者の神島二郎によれば、戦前の東京帝大では「誰彼の成績を終生忘れず、そのためか、同窓会名簿はしばしば〔成績の〕序列にしたがって配列され、それを確認する手段を提供していた」という。[38]

だが成績重視の起源は、明治中期の規定であった。一八八九年の内閣訓令で、大学卒業試験の点数で試補の俸給額を定めていたのである。[39]

これは、試補に任官される帝国大学卒業生に対し、卒業試験平均点数が八五点以上は年俸六〇〇円、八〇点以上八四点までは五五〇円、七一点以上七九点までは五〇〇円、七〇点以下は四五〇円としたものであった。

この当時は、法科大学卒業生は試補試験が免除されており、代わりに課した措置だったのかもしれない。この措置はまもなく廃止されたが、これが点数順の昇進という慣例を作りだした可能性がある。

なお年俸五〇〇～六〇〇円という相場は、一八七八年の事件から発したものらしい。この年、東京大学卒業生が判事補に任官したところ、初任給が月給二五円だった。その安さに怒った在学生が、この俸給ならば翌年から民業に就くと決議したため、政府は初任給を四五円で任官させると約束したのである。[40]これは当時の俸給表でいえば、判任官三等ではなく、一等で任官することに相当した。[41]

そして第4章で述べたように、明治末期の民間企業の初任給も、官庁と連動して月給四〇円を基準線としていた。皮肉にも、一八七八年の東京大学在学生の就官拒否事件で決まった金額が、そのまま大学卒業生の初任給相場を決めることになったともいえる。

陸海軍の「考課表」

成績重視の傾向は、武官も同様だった。

陸軍の進級においては、陸軍士官学校の卒業席次がまず重要で、つぎに陸軍大学校（本科）を卒業したか否かが決定要因だった。陸大には、中・少尉時代に所属長の推薦を得て受験・入校することになっており、陸大修了の有無とその成績が、少佐への進級の重要な要件になった。そして、少佐進級時の陸士同期生中の席次順位が、将官へ進級する席次になった。実証研究によると、陸大出身者は、七割強が将官にまで進級したとされている。[42]

そのため軍隊においても、成績はつねに意識された。前述の神島二郎は、陸軍少尉として太平洋戦争のフィリピン戦線に従軍したが、「軍学校内の序列意識は〔東京帝大よりも〕さらに顕著であり、恩賜組〔陸軍士官学校首席卒業者〕はもとより序列がつねに差別待遇をともない、指揮順位、会合席順、中告順位などにつら貫かれて、その印象はいっそう深刻であった」と回想している。[43]

ただし武官では、試験成績だけでなく、総合的な人物評価も制度化されていた。これが「考課（考科）」である。

軍人の進級審査は、陸軍は「考科」、海軍は「考課」とよばれた。これらの審査は、陸軍は一八七五年の「陸軍武官考科表並其趣旨」で規定された「考科表」、海軍は一八九〇年の「武官考課表規則」で規定された「考課表」によって行なわれていた。これらの「考課表」は、進級候補者の「人物」を総合判断して点数化したうえ五段階で評語をつけ、上官所見を加えた形がとられていた。[44]

海軍人事取扱内規による「人物評価」の項目は、下記のとおりである。実務上の実績よりも、どの職務に配置しても対応できる潜在能力が重視されていたことがわかる。[45]

（二）人物評価

五、人物ノ評価ハ性行、技能、勤務、体格ノ四要素ニ就キテ行ヒ就中人格徳操ヲ最重

視シ至誠誠忠ノ士ヲ重用ス
六、性行ノ評価ハ次ノ諸点ニ就キ検討ス
（イ）人格（軍人精神体得ノ程度ニ依リ評価ス）
（ロ）性格（剛毅、堅忍、果断、敏捷等軍人ニ必要ナル資質ニ就キ評価ス）
（ハ）思想、信仰
（ニ）服従、調和
（ホ）言語、態度
（ヘ）趣味、嗜好
七、技能ノ評価ハ次ノ諸点ニ就キ評価ス
（イ）智能（理解、着眼、判断、想像ノ優劣）
（ロ）識見
（ハ）技量
（ニ）学識
（ホ）経験
（ヘ）実行力
八、実務ニ関スル評価ハ勤務ノ勤怠及其ノ成績ノ優秀ニ就キ検討ス

九、体力ノ評価ハ次ノ諸点ニ就キ評価ス
（イ）健康及ビ体力
（ロ）視力、聴力
（ハ）適正

戦前の陸海軍で、部下を持つ立場になった者は、こうした考課（考科）表を作成する経験を持った。なお経済学者の遠藤公嗣によると、日中戦争開始直後の一九三七年一〇月ごろから、民間企業の人物評定法を論じていた日本能率連合会常務理事などの著作が、「考課」や「考課表」という言葉を使い始めたという。[46]

またそれ以前にも、三菱合資会社が一九一六年一〇月に定めた「使用人進級内規」には、上司による「考覈《こうかく》」の規定があった。第4章で述べたように、三菱は社内に資格等級を設け、給与を決めていた。この規定は、「課長並ニ場所長ハ所管使用人ノ性格技能勤怠等ヲ考覈シ左記期日迄ニ所属部専務理事ニ進級ノ申立ヲナスヘシ」として、六月に進級させる者は三月末、一二月に進級させる者は九月末までに審査結果を出すよう求めている。[47]

三菱の進級内規が定めた評価項目である「性格」「技能」「勤怠」は、海軍の人事取扱内規における「人物評価」の項目と共通である。三菱は海軍長崎造船所から発展した企業であったから、海軍の「考課」の影響がこの時期から及んでいたのかもしれない。
こうして一連の慣行が、明治中期までに官庁や軍隊で形成された。それらは、日本の近代化のあり方を背景としていたが、当初は臨時措置や突発的事件といった偶然から始まったものも多かった。だが、あたかもいったん敷かれたレールがその後の軌跡を決めていくように、それらの慣行は社会全体に影響していったのである。

陸海軍の「停年」規定

官庁および軍隊から民間企業への影響として、「定年」を挙げることができる。これは戦前には「停年」とよばれていた制度であり、表記が「定年」になったのは、戦後の人事院が「定年」という表記を使って以降だとされている。[48]

法令上で「停年」という言葉が初めて現れたのは、一八七四年の陸軍武官進級条例だった。[49] 前述したように、これは進級にあたり、少尉で二年・少佐で三年など、ある官等で一定以上の年数をすごす「実役停年」を定めたものだった。

これと並行して、一定年齢で退役させる制度が陸海軍で作られた。一八七五年の海軍退隠令では、「海軍武官及ヒ乗艦官吏」について、「定限ノ在職年数ト年齢」を経た者は「退隠料」を支払うと規定し、官等ごとに「退隠」する年齢（大将六五歳、中将六〇歳、少将五五歳、大佐五〇歳、中佐以下四五歳）を定めた。また翌一八七六年の陸軍恩給令でも、同様に官等別に服役解除の「年齢定限」を定めた。[50]

さらに一八九〇年には、官吏恩給法が制定された。これは在官満一五年以上を経た官吏で、傷病、非職、および「年齢六十歳」を越えて退官した者は、在官年数と退官時の俸給に即した終身恩給を給すると定めていた。また同年には、公立学校職員や市町村立小学校教員に、やはり在職満一五年と年齢六〇歳を基準とした「終身退隠料」の受給権が規定された。[51]

ただし文官についての規定は、恩給受給権を定めたもので、その年齢で強制解雇するものではなかった。そもそも「天皇の官吏」は終身職で、戦後の一九八一年に国家公務員法が改正されるまで定年はなく、退職勧奨によって自発的に辞職する慣例になっていた。[52]ただし司法官は年齢による在職制限があり、帝国大学も内規で教授の「停年」を設けていたが、文官に定年はなかったのである。一九三〇年代前半に、官僚制改革の一環として、文官に「停年」を設けようという動きがあったが、実現しなかった。[53]

しかし陸海軍の規定は、文官とは異なり、階級ごとに一定年齢に達した者は退役することを要求していた。その年齢は階級によっては現在の定年より低く、一八七六年の陸軍恩給令では中尉や少尉は四五歳、下士官や兵卒は三五歳が「年齢定限」とされていた。文官と異なり、体力を要求される軍人だからこその規定だったと考えられる。

ところがこの規定が、別のかたちで軍の官営工場に波及した。職工を、一定年齢で強制解雇する制度が導入されたのである。

定年制の歴史を研究した荻原勝によると、企業における「停年」の起源は、一八八七年の海軍火薬製造所の職工規定である。そこでは、「職工ハ年齢満五五年ヲ停年トシ此期ニ至ル者ハ服役ヲ解ク」と規定された。ここでは、進級制限の用語だった「停年」が、退役の「定限年齢」の意味に転化していた。一八八九年には、横須賀海軍工廠も、満五〇歳で「解傭申出ヘシ」と規定する「傭職工解傭規則」を出した。[54]

ただしこれらの規則では、熟練技術があり身体強壮な者は、年限を延長する可能性があるとされていた。これはほとんど同じ規定が海軍退隠令や陸軍恩給令にもあり、それに倣った規定だったと考えられる。

こうした各工場の個別規定を、全海軍の工場に適用拡大したのが、一八九六年の「海軍定期職工条例」だった。そこでは、「定期職工ニ採用スヘキ者ノ年齢ハ満二十一年ヨリ満四十五年マテトシ、其ノ就業年齢ハ満五十五年迄トス。但特別ノ技能アル者ハ満六十年マテ就業セシムルコトヲ得」と規定されていた。類似の規定は、一九〇四年の「海軍職工規則」や一九一一年の「海軍工務規則」に受けつがれた。[55]

民間に波及した「停年」

これと同様の規定が、他の官営工場や民間企業に波及することになった。一八九四年に松山紡績株式会社、一九〇七年に八幡製鉄所が「職工規則」を出した。これらはいずれも、満五〇歳ないし五五歳で解雇し、技能優秀など特別の事情があるときは数年の延長就業を認めるという内容を含んでいた[56]。

大正期から昭和期にかけて、こうした強制解雇の規定は、職工だけでなく職員にも広がった。一九一六年には横浜正金銀行内規が「書記ニシテ満六〇歳ニ達シタルトキハ特ニ留任ヲ命セサル限リ退職スヘキモノトスル」と定め、一九一七年には三菱合資会社が「当会社正員の在職定限年齢を満五五歳とす」「但会社の都合により在職の必要を認むるときは、特に命じて留任せしむることあるべし」などと定めた。一九二六年の三井銀行の「勤務定限年齢規則」も、ほとんど同じ規定だった[57]。

文面から明らかなように、細部に違いはあっても、年齢による強制解雇と、とくに選ばれた者だけ就業延長を認めるというパターンは共通だった。これらは各企業がそれぞれに発していた内規だったが、おそらく海軍定期職工条例が原型となって流布していったものと考えられる。

なお一八九七年の三菱長崎造船所の職工救護法は、職工のなかに役職（「小頭」「組頭」など）に応じた等級を付し、等級によって異なる退役年齢を設定して、「退隠手当」を支給すると規定していた。[58]これは陸海軍の恩給法が階級ごとに退役年齢を違えていたことを模した規定であると同時に、実質的に退職金の起源とも考えられる。

一九一六年の横浜正金銀行や、一九二二年の安田生命保険相互会社も、年齢による解雇規定とともに「慰労金」や退職金の制度を導入していた。そして陸海軍と同じく、社内の資格等級ごとに「定限年齢」を変え、「五等級以上ヲ満六十歳トシ、六等以下ヲ満五十五歳トス」といった規定を設けた合資会社稲畑染工場のような事例もあった。[59]

企業がこうした定年制を導入した理由は、高齢労働力の排出だった。当初は漫然と組織を拡大し、高齢従業員を個別的に退職させていたのだが、組織の膨張とともに明文規定が必要になったのである。

たとえば『住友銀行史』は、一九一四年に「停年規定」を設けた理由を、「組織が膨大になったため、その運営上停年制度が自然必要となった」と記している。また『東京瓦斯七十年史』は、一九二七年の金融恐慌を機に「使用人停年制の実施」にふみきったと述べている。[60]三菱が定年を定めた一九一七年は、第4章で述べたように官庁型の等級制を導入した年でもあった。

ただし社会保障史研究者である宮地克典は、この時期の「停年」の導入には、一種の社会保障政策の意味もあったと指摘している。

東京瓦斯株式会社が一九三一年に停年制を導入したさいに主導者となった桂皋《かつらたかし》は、停年制の目的は「企業の能率保持」と「企業の社会的責任の一部の実現」の二つだと述べていた。桂によれば、停年制は「本邦特有とも称すべき退職手当制度と相俟つて、産業社会化の重要方策」であり、従業員の退職手当を積み立てる責任を企業に課するものだった。実際に、桂が中心となって導入された東京瓦斯の退職手当は、当時の民間企業としては破格の金額であった。なお桂は戦後には、政府の社会保障制度審議会の委員にも就任している。[61]

つまり定年制は、中高年労働者を排出する「企業の能率保持」であると同時に、老後保障の退職手当支給という「企業の社会的責任」でもあった。停年制がもともと陸海軍の恩給法から端を発し、退職手当の支給と一体だったことを考えれば、この二つの組み合わせは当時においては当然の発想だったのだろう。

定年制は、「企業の能率保持」と「企業の社会的責任」の両面から広まっていった。昭和恐慌期には、日本銀行・芝浦製作所・福島紡績などが停年を五年引き下げ、中高年労働者を強制解雇した。世界恐慌をうけて解雇と労働争議が多発したため、政府は一九三五年に「退職積立金及退職手当法」を成立させ、これがいっそう定年制を普及させた。一九三二年の全国産業団体連合会調査では一六二社のうち七一社、同年の内務省社会局調査では三三六工場のうち一四〇工場で、定年制が導入されていた。[62]

戦前の人々にとって、徴兵は共通の体験だった。そうした社会では、軍隊用語だった「定限年齢」は、おなじく軍隊用語だった「現役」と同じく、受け入れられやすい概念だったと考えられる。

第3章で述べたように、アメリカでは性別や年齢による差別が禁じられており、年齢を理由とした解雇は違法である。ただしアメリカにおいても、警察官、消防士、航空管制官、軍人などは、年齢による制限や定年制が認められている。[63] その意味において、日本企業は軍隊に似ているというドーアの指摘は、定年制の普及度においても適合するといえよう。

「社員」という呼称

また官庁から民間企業への影響として、従業員を「社員」とよぶ慣習を挙げることができる。

「社員」という言葉そのものは、明治一〇年代からあった。しかしそれは従業員ではなく、出資者を意味する言葉だった。いまでも日本国の法律では、「社員」とは出資者のことである。

これが変化したきっかけは、政府が一八九〇年に発した「出納官吏身元保証金納付ノ件」という勅令であった。[64] これは役人の使い込み防止のために、一定以上の現金や物品をあつかう官吏に、身元保証金を預けることを義務付けたものである。

当時の政府は、官吏が現金亡失などの事故を起こした場合に、官吏当人が国家に対して賠償責任を負う義務を課していた。これは帝政フランス時代の会計法に起源をもち、明治政府のフランス人顧問の指導下で整備された会計法に導入されたものだった。この制度が物品の賠償にまで範囲が広げられ、さらに身元保証金の納付にまで至ったのである。[65]

この身元保証金制度は、まず官営企業に広まった。一八九三年には、逓信省が出納官吏身元保証金取扱規定を定め、これが国有鉄道に適用された。[66] さらに一八九〇年代には、上級職員に年間所得の二倍未満の身元保証金を会社に預ける義務規定が、民間企業に広まった。[67]

この慣行が、職員が「社員」とよばれるようになった起源ではないかと指摘されている。[68] 当時は株式会社の黎明期で、出資者の投資リスクを減らすため、経営者に一定数の株式を保有させることを定款で義務づけた会社が多かった。そして職員から集められた身元保証金も、会社が運用していた。[69] このことから、身元保証金を会社に預けることが、事業経営の出資者となったことと同一視されるようになったというのである。

身元保証の慣習は江戸時代の商家にもあった。また現在の欧米企業でも、幹部職員が企業に出資金を出し、その配当を受けとるストック・オプションの制度がある。とはいえ、日本の近代における身元保証金制度の起源は官庁と官営企業であったことは、留意されてよい事実といえよう。

新卒採用の「紹介者」だった大学

官庁から始まった新規学卒者採用は、一九〇〇年前後から民間企業に広まった。企業の新規学卒者採用は、一八九五年の日本郵船と三井から始まったとされている。[70] 八幡製鉄所でも、着工の年である一八九七年に帝国大学卒の技術者、翌年には同じく帝国大学卒の事務職員の新卒採用が始まった。[71] 新規学卒採用は、一九〇〇年代には財閥系の大企業などで一般化し、第一次世界大戦の好況期には中規模企業にまで広まった。

とはいえ企業側が、大学で学んだ知識が職務に役立つと期待していたとは考えにくい。それ以前の時代は、一四歳前後で一応の読み書き能力のある者を「児飼養成」するのが一般的だった。会計などの「能力的事務」に関しては、商業学校出身者を下級職員に採用することも行なわれていたとはいえ、帝国大学の法科や文科で学んだ知識が役立つ機会は少なかった。[72]

一九〇五年の『現代就職案内』は、以下のように記している。[73]

会社銀行等へ入ってから、学校で学んだ中の何が役に立つかと云ふに、余り学校で重きを置かれなかった物が役に立って、却って非常に苦心した国際公法、契約法、其他は役に立たない。然らば会社員として日常の用に供する事は何なりやと云へば、先づ和算、字を早く奇麗に書く事、及手紙を巧に書く事、それから簿記などである。……此様の事なら高等の学校を卒業しないで、簿記などばかり学んだ方が善かりさうであるが、簿記だけでは十五円位の口は或は商家などにあるかも知れぬが、到底中以上の会社銀行等ではないのだ。

それでは、企業はいったい、何を大学に期待していたのか。おそらくそれは、一般的な知的能力や「人物」の情報を、スクリーニングする役割だった。

現在でもそうだが、企業が採用時に得られる個人情報には限りがある。そして、すべての応募者を独自の試験や面接で選抜するのは、労力とコストがかかりすぎる。

そこで利用されるのが、応募者の履歴、学位、成績、あるいは応募者をよく知る人の推薦など、事前のスクリーニング情報である。現代の欧米などの企業では、大学院の学位、語学試験のランク、他企業での職務経験、公的職業訓練機関の修了証や技能資格などが活用される。二〇世紀のイギリスでは、民間協会の発行する会計士免許や、労働組合が公認した熟練工証明なども、こうした役割を果たした。

だが明治期の日本のように、制度的な資格証明が整っていない社会では、応募者をよく知る人の紹介が果たす役割が大きかった。こうした紹介や縁故、あるいは保証人を立てることなどは、明治中期の企業の採用では一般的なものだった。[74]

そして大学の役割も、まずは縁故の一環として始まった。明治期の大学卒業生の多くも、知人や有力者の紹介で就職していたのだが、大学教授もそうした紹介者の一部だった。大卒労働市場の歴史を研究した福井康貴は、その状況を以下のように述べている。[75]

一九〇四年に出版された『大商店会社銀行著名工場　家憲店則雇人採用待遇法』という書籍では、調査対象として四三社が掲載されている。そのうち一八社は、学卒者の採用にあたり、「名望信用ある人」や会社関係者の紹介を要件としていた。

そのため当時の大学生たちは、県人会や同窓会などのネットワークを使って、紹介者を探していた。大学はそうしたネットワークの一つで、教授の紹介は有力な手段だった。明治中期までの慶應義塾卒業生は、福沢諭吉の紹介で職を得た者が少なくなかったという。教授の個人的紹介、学校名に対する信用、高等教育修了者への評価などは、いわば混在していたようである。

上記の一九〇四年の書籍は、明治火災保険運送株式会社について、「同社に慶應義塾の出身者が多いのは、阿部社長が同塾に在った縁故」であると記されている。また同書では、三井物産は「無試験採用は帝国大学、高等商業学校、慶應義塾大学部等の出身者で、名望信用ある者より紹介ある時欠員の都合によって採用する」と記していた。

これらはいわば、学校名にたいする信用と、個人的縁故の中間状態といえる。また後者の記述からわかるように、一九〇四年当時は、新規学卒採用とはいえ欠員補充だったようだ。

人材不足から新卒一括採用へ

だが当時は、高等教育卒業者が少なく、人材獲得競争も激しかった。大学令によって一九二〇年に慶應・早稲田・明治・法政・中央・日本・國學院・同志社などの八校が大学として認可されたが、それ以前の大学卒業生は年間約二〇〇〇人にすぎなかった。

また第一次世界大戦の余波で日本が好況を迎え、企業は急激に膨張し、高等教育修了者の奪いあいが生じていた。そのなかで、新規学卒者を四月に一括採用するという慣行が定着していった。

三井物産の人事課は一九一八年に、東京高等商業学校の卒業生を採用するにあたり、「卒業期ハ四月又ハ六月ナルモ大抵其年ノ始メカ又ハ其前年末ニ於テ人選」していること、それでもなお「卒業期ニ至リ急ニ之ヲ傭入ントスルモ能ハサルヲ以テ明年卒業スヘキ者ヲ年内ニ予約シ置クノ姿ナリ」と説明した。そのうえで、各課に対して、次年度に必要な人員をなるべく早く人事課に提出するよう要請している。[76]

明治末期になると、在学中に一一月の文官高等試験に合格し、省庁の内定を得ている帝大生も出てきていた。一九一〇年に在学中合格していた河合良成（のち農林次官、厚生大臣）は、教授から住友への就職を斡旋されたが、試験に合格していることを理由に断っている。[77]

また前述したように、帝大生を新卒時に省庁に採用し、その後に文官高等試験を受けさせることも常態化していた。卒業前年に「予約」をしないと採用できないという三井物産の事情は、こうした事情にも影響されていただろう。

若林幸男の調査によると、三井物産は一九一六年までは採用者に一年の見習期間を設けており、学卒採用者の本採用辞令は通年にわたって個々に出されていた。しかし一九一七年に見習期間は三ヵ月に縮小され、本採用辞令が七月と八月に集中するようになった。これは見習入社が四月に集中する慣行ができたことを意味しており、この時期に欠員補充から新卒一括採用への転換がおきたといえる。[78]

おりしも一九一八年の大学令発布前後からは、高等教育機関の卒業時期も、三月に統一されていった。最後に残った帝国大学の卒業時期も、一九二〇年には、七月から三月に変更になった。この時期が、高等教育修了者の四月一日入社の原型ができた時期と考えられる。また前述したように、この時期は、官庁型の資格制度と定年制が、民間企業に広がりだした時期でもあった。

成績から「人物」へ

当初は、企業が高等教育機関からの情報として重視したのは、卒業時の成績であった。これは前述のように、官庁で卒業試験の成績が重視されていたため、それが波及したものだったようである。一九〇七年に上京して東京帝国大学で事務員をしていた野間清治（のちに講談社を創設）は、こう回想していた。[79]

……当時は、卒業試験の点数によって、大蔵省に行けるとか、内務省に行けるとか、どこの役所には七十五点以上でなければ絶対に採用されないとか、実業界においても、やはり点数を以て採否を決定するという傾向があった。

学生が就職を依頼するために、深切〔ママ〕で世話好きな教授を訪ねるにしても、便宜上、自分の名刺の上に点数を書きこんでいく、といった具合で、某教授は七十点以下の者に対しては、「面会しても無駄だから」といって会ってくれなかったとか、そんな噂まであった時分であります。

前述したように、官庁は成績で初任給を変えていた時期があった。これが波及したためか、一九〇〇年に三井物産に入った者には、成績がよかったので同じ帝大法科卒で入社した同期生より初任給が五円高かったと自慢げに回想している事例がある。[80] この金額差は、官吏でいえば一等級高く任官されたことを意味していた。

一九〇八年の八幡製鉄所では、長崎高等商業学校から送られてきた履歴書と成績表だけをチェックして、新卒者とまったく接触せずに採用を決めた事例も確認されている。[81] 当時の企業が学校のスクリーニング情報に大きく依存していた一例といえる。

新規学卒者の採用を増やしていた三井物産は、一九一二年にそれまで庶務課で行なわれていた人事に関わる仕事を独立させ、人事課を創設した。だが全従業員が一〇〇〇人を超えていたのにたいし、最初の人事課は兼任の六名にすぎなかった。[82]この人数で応募者を選抜する労力を考えれば、過去に採用実績のある学校からの紹介と成績は、重要な情報だったろう。

ところが一九二〇年代に入るころから、企業は成績や紹介よりも、「人物」を重視した選考を行なうようになった。卒業時の成績は、応募時に中程度以上が求められはしたが、応募後はそのなかから面接で選抜された。福井康貴は、その理由をいくつか挙げている。[83]

まず大正期の教育改革で、成績評価は点数ではなく、優良可などの段階方式で行なうようになった。そのため、一点刻みの評価が不可能になった。また企業は、新規学卒者を使用した経験から、成績優秀者が必ずしもビジネスで有能でないことに気づいた。

しかし最大の背景は、大学令によって私立専門学校が「大学」として認可され、大学と大学卒業生が急増したことだった。一九一九年までは二〇〇〇人に満たなかった大学卒業者は、一九二四年には六〇〇〇人を超え、一九二七年には八〇〇〇人、一九三〇年には一万人を超えた。

こうなると、大学の成績や紹介のスクリーニング機能が落ちた。学生数が限られており、同質的な人々の内部での交際圏の範囲にとどまっていた時期とは、質的な変化がおきたのである。そのため企業は、自社による面接などで、「人物」を見定める選抜に比重を置くようになったのだった。

制度化した学校紹介

一九二〇年代には、大学卒業者が増え、明治期のような売り手市場ではなくなっていった。月給を得る職員層も増え、「腰弁」や「サラリーマン」などの、やや軽蔑的な呼称がつかわれるようにもなった。

しかしその後も、学校による紹介は続いた。むしろ学校側は、就職紹介の専門部署を作り、紹介を制度化するようになった。企業は特定の学校と関係を築き、学校に学生の推薦を依頼した。そして学校側は、成績その他で推薦する学生を選抜した。

もともと明治期から、企業が学校に望んでいたのは、専門能力を保証する学位の発行よりも、「人物」を事前にスクリーニングする機能だった。学校側は、学校紹介の制度化という形でスクリーニングの機能を上げ、一九二〇年代以後の状況に対処しようとしたともいえる。

とくに新興の私立大学にとって、卒業生の就職実績は学校経営に影響し、就職の斡旋は重要な課題であった。早稲田大学は一九二一年に臨時人事係を設置し、これを常設化して一九二五年には人事課に昇格させた。明治大学も一九二四年には人事課を設置し、有力教授・理事で就職委員会を組織した。卒業生が就職難になると、ますます大学側は、就職斡旋に力を入れるようになり、東京帝国大学が一九三一年に就職調査委員会を、慶應義塾が一九三九年に就職課を設置した。[84]

こうした動向は大学ばかりでなく、下級の技術者や職員を供給する中等学校や実業学校にも広まった。[85]

内務省中央職業紹介事務局（のち内務省社会局社会部、厚生省社会局、厚生省職業部）による一九二七年の調査では、全国の資本金一〇〇〇万円以上の企業で回答のあった一〇九社のうち、四四％で学卒者の定期採用が行なわれており、とくに銀行・信託・保険では七七％に及んだ。この年は鉱工業での新卒定期採用は二三％にとどまっていたが、一九三五年調査ではそれも六三％に上昇した。そして企業側は、指定した学校から成績上位者を紹介させ、そこから面接で「人物、智識、体格」を基準に選抜していた。[86]

福井康貴は、内務省中央職業紹介事務局とその後身組織の調査から、就職決定数に占める学校紹介の比率を計算した。その比率は、一九三四年には大学卒の七四・八％、専門学校の七八・五％、甲種実業学校卒の八五・九％におよび、その後も一九三九年まで着実に上昇していた。[87]

こうした経緯をみると、日本の学校が一貫して果たした機能は、労働者の品質保証だったことがわかる。学校が長期的に観察し、信頼がおける人物とされた者を推薦してくれれば、企業は選抜コストを削減できる。それが当初は縁故や個人的紹介として始まり、やがて学校の組織的推薦という形に制度化していったといえる。そしてそれは、社内の昇格でも参照される基準となった。

高等教育が生産性に及ぼす影響が不明であったとしても、能力の指標（シグナル）としての機能を持つことは、経済学では「シグナリング」とよばれる。そのこと自体は、洋の東西を問わず存在するものだ。

とはいえ日本で学校紹介が上記のような展開をとげたのは、企業側が職務に対応した学位を求めていなかったこと、職種別組織の資格証明などが発達していなかったことが大きな要因だったろう。また日本政府が、学校のカリキュラムなどを統一していたことも背景だったと考えられる。

サンフォード・ジャコービィは、二〇世紀前半のアメリカの雇用主にとって、信頼できる個別情報がない新卒者を長期雇用するなど、「思いもよらぬこと」だったと述べている。その一因は、アメリカの教育制度が州や教育区で異なっており、統一的な能力比較が不可能だったことだった。アメリカの雇用主が労働者を長期雇用したのは、一定の試用期

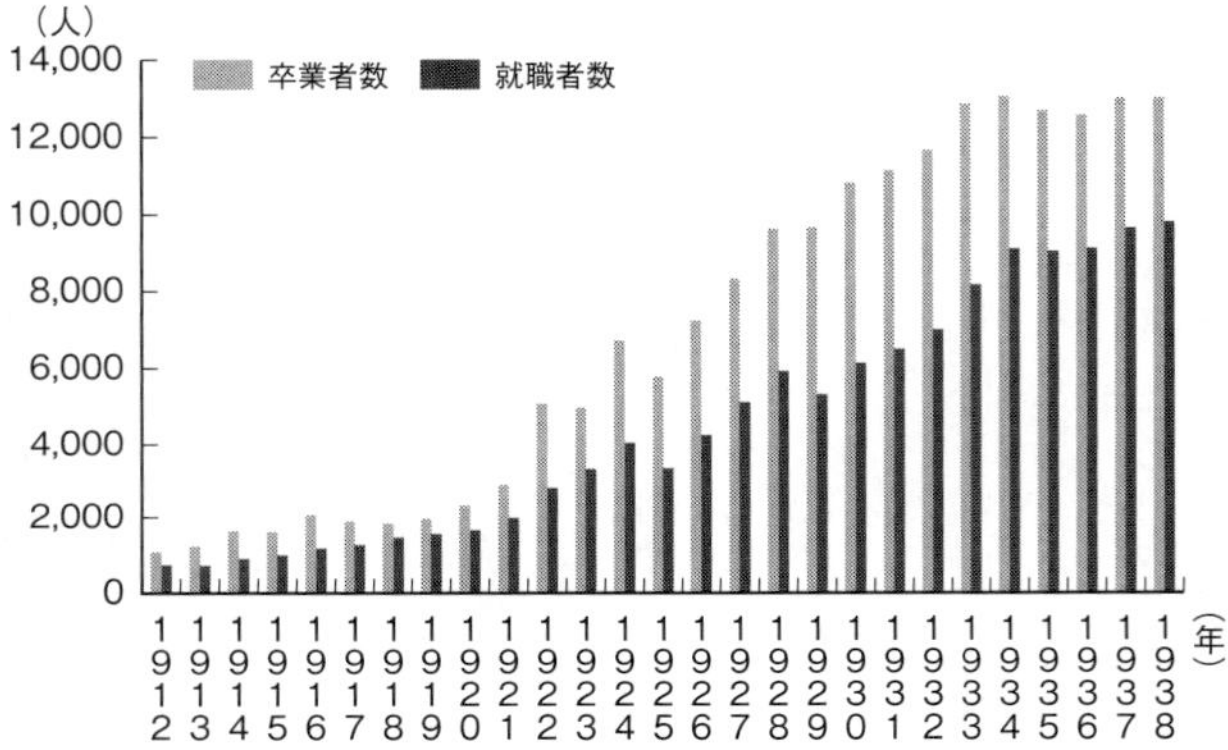

（出典：福井康貴『歴史のなかの大卒労働市場』勁草書房、2016年、45頁）

図5―3　大学の卒業者数と就職者数

間を経て、雇用主や職長が「慎重かつ長時間にわたる選抜」をした後に限られていたという。[88]

高等教育市場の限界

一九二〇年代末から三〇年代初頭には大卒就職率が悪化し、「大学は出たけれど」という映画が一九二九年に作られた。これは当時の不況のためでもあったが、大学卒業者の急増に、需要が追いつかなくなったためでもあった。[89] 当時の大学卒業者数と就職者数の推移をみると、就職者数（企業の採用数）が減ったのではなく、むしろ卒業者の過剰供給が就職難を招いていたことがうかがえる（図5―3）。

一九三〇年代に入ると、一九三七年の日中戦争に伴う戦時景気で需要が増えるまで、専門学校を含めた高等教育全体の在学者数は頭打ちとなっていた。[90] 戦前の社会構造では、これ以上は高等教育卒業者が増えても、吸収できない状態になっていたという形容もできるだろう。

もっともこれは、官庁や企業の三層構造を前提とすれば、当然のことでもあった。第4章で述べたように、一九二一年の八幡製鉄所の従業員構成は、高等官一〇一人、判任官三〇三人、雇・傭員一三四一人、職工一万八二四九人だった。学歴別の三層構造を維持したまま、大学卒業生は高等官になることを前提とするなら、大卒者が一人増えるごとに、中等教育修了者が一六人、初等教育修了者が一八二人増えなければならない計算になる。

つまりこの構造を前提にする限り、ピラミッドの上層部分は、一定以上には増えようがなかった。一九二〇年の国勢調査では、俸給生活者は一六〇万人弱、全国の就業者比率では五・七%にすぎなかった。[91] ちなみに上記の八幡製鉄所の構成では、高等官・判任官が全体に占める比率は二・〇%、雇・庸員まで含めた職員の比率は八・八%である。

職工が多かった八幡製鉄所の構成比率を、社会の典型とみなすのは無理もある。とはいえ一九二九年でも、公務員や民間企業で俸給を得ている人々に、医師などの専門職を加えた数は、当時の就業人口の七%に満たなかったと推計されている。[92] 一九三〇年の日本では、第一次産業の従事者が約五割を占めていたことも考慮するなら、七%でも十分に多かったといえるだろう。

第4章で、学歴による企業の三層構造を「日本的特殊性」と形容した氏原正治郎は、以下のように記していた[93]。内務省社会局の資料から推計すると、一九三一年の中等教育進学率は約三一％、大学・高専卒は小学校卒業者総数の約三％で、大卒に限れば小卒総数の〇・八％だった。つまり「昭和初期には、毎年、小学校卒業生にたいして、四～三人に一人の中幹層、三〇〇～一〇〇〇人に一人の指導者層の候補者が労働市場に現われている」。そして、「このときでさえ、知識層の過剰が叫ばれていたのである」。

じつは高等教育卒業者が多すぎるという意見は、もっと早くから現れていた。一九一六年の三井物産の支店長会議で、本社支店長は「高等教育ヲ受ケタル者」は「高級将校」だと述べたうえで、こう主張していた[94]。

……当社ニ在リテハ将校ノ数多キニ反シ下士卒少数ニシテ上下ノ階級聊カ権衡ヲ失スルヲ以テ向後ハ之レカ調和ヲ図ルコトニ留意シ甲種程度ノ商業卒業生ヲモ比較的多数ニ採用シテ頭大揮ハサルノ弊ヲ避ケサルヘカラアス

大卒の「高級将校」が多すぎて、組織が「頭大」になっており、「下士卒」が足りない。組織のバランスを維持するため、むしろ中等教育卒以下の採用を増やせというのである

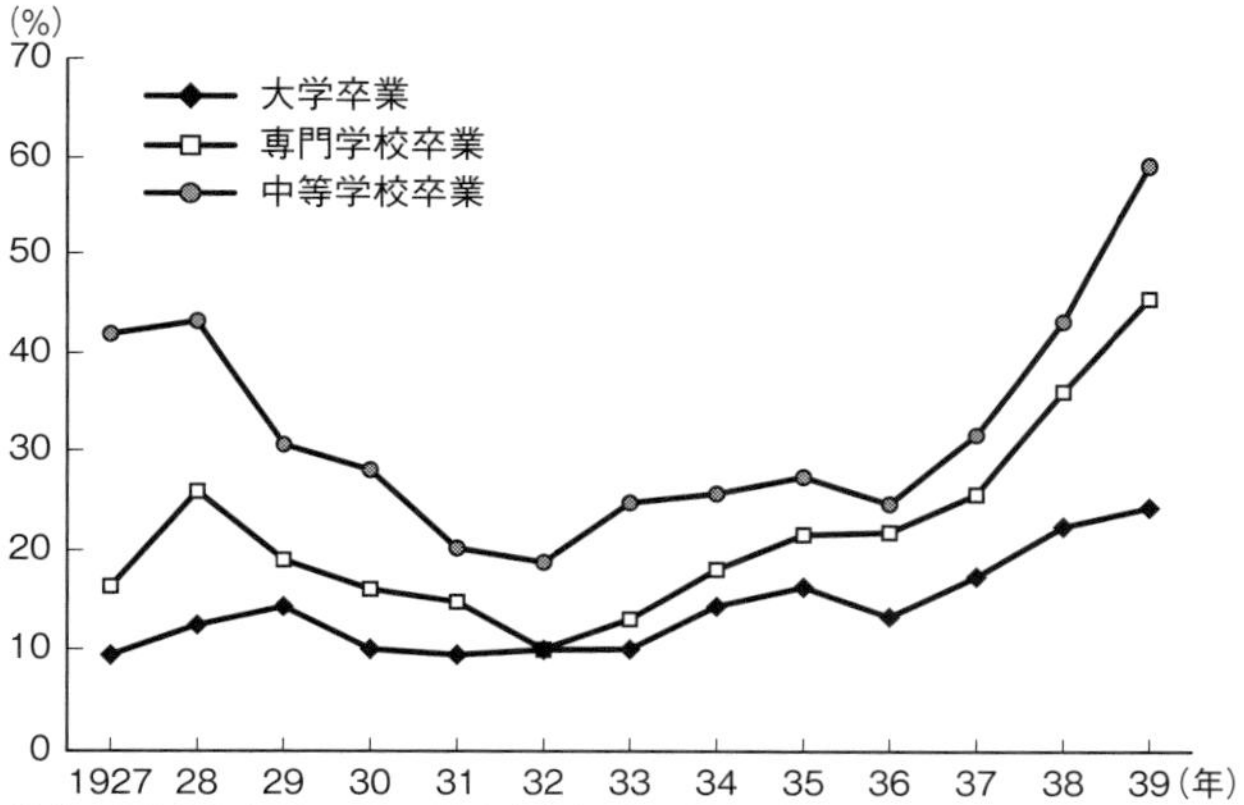

（出典：福井康貴『歴史のなかの大卒労働市場』勁草書房、2016年、77頁）

図5—4　採用率の推移（学校段階別）

る。

実際に大学卒業生が増大した一九二〇年代後半になると、学歴が高いほど、企業の採用率（採用者数／入社希望者数）が低いという傾向が現れた。

福井康貴が内務省中央職業紹介事務局とその後身組織のデータから作成した図をみると、採用率は大学卒が最低、中等学校卒が最高である。しかも軍需景気で就職状況が好転した一九三七年以後も、中卒のほうが採用率上昇のカーブが大きかった（図5—4）。

高学歴層の就職率低下は、一九二〇年代から三〇年代には社会問題とされていた。一九三〇年の就職案内書は、こう述べていた。[95]

「最も憂慮すべきことは知識階級が就職困難のため自由労働者の中に入り込みつつあるこ

とで……思想的に極端に左傾し社会を呪詛し、無智な自由労働者に社会主義思想を吹込み、彼等を煽動する危険あり、之が警戒防止は失業問題の対策として最も急速に考究すべき点であるとされている」。

ただし高学歴者の就職難と、社会主義の台頭が、事実として連関していた証拠があったわけではない。上記の文章も、「中等程度以上の学力を有するもので自由労働者の群に投じて居るものが東京市内のみにても三百名に達するといはれている」という、漠然とした数字を挙げているだけである。しかも、その数は三〇〇名にすぎない。

こうした表現は、実証的な事実の指摘というよりも、秩序の動揺に対する不安の表現だったとみなした方が適切である。氏原正治郎はこの時代の論調について、こう述べている。[96]「数からいえば問題にならないほど少い、知識階級の失業問題が、失業問題一般とは別に特別の社会問題として取り上げられざるを得なかった一つの重要な理由は、この階層の過剰がまさに秩序そのものの存立と関連していたからにほかならない」。

日本の社会は、職務を問わない学歴別の階層構造を築きあげた。しかしその構造では、高等教育修了者が増加すると、就職率が落ちてしまう。このジレンマは、氏原もいうように「秩序そのものの存立」に関わる問題だった。

そして高度成長期に、進学率が戦前とは異次元なレベルで上昇すると、戦前企業の三層構造は変容を強いられていくことになる。これについては、第7章でみることとしよう。

女性事務員の活用

そしてこうした構造を維持するために、事務系の「下士卒」とされていったのが、女性の事務職員だった。一九二〇年代になると、タイプライターや計算機の普及により、女性事務員の増加がおこっていたのである。

若林幸男は、一九二一年の三井物産支店長会議において、以下のような会話がなされていたことに注目している。[97]

A　機械的ノ仕事ニハ女事務員ヲ試用スルモ一方法ナリ

B　木材部ニテハ店限雇〔現地限定採用〕ヲ置キ給料ノ昇進モ遅クシ居レルカ、夫レニテモ経費ハ増加シ行ク有様ナリ、従来ノ如ク当社商売高モ増加シ来ル時代ナラハ夫レニテ差支ナキモ、時々経費ノ節約ヲ必要トスル時期来ルカ如クニテハ生涯一定ノ収入ニテ満足シ行クヘキ人ヲ作リ置クコト必要ナラスヤ

C　例ヘハ当社ニテハ百円以上ニテハ不必要ナリト思フ者モ他ノ社員ト共ニ昇給セシメサルヘカラサルコトモ起ルナリ

B　併シ当社ニ人才ノ集ルハ夫レアルカ為メナルヘシ
D　婦人抔ナラハ一定ノ収入ニ甘ンスヘキモ男子ニハ向上心アルヲ以テ六ヶ敷カルヘク、又其希望ニ依リ仕事モ為シ得ヘキ次第ナレハ其辺誠ニ六ヶ敷シ

三井物産に人材が集まるのは、当人の職務能力が高い給与に値しなくても、一律に昇給していくからだ。現地採用の下級職員さえ、昇給を期待している。そうであれば、官庁型の年功賃金をやめるわけにはいかない。だがそれを続ければ、経済が停滞したときに、経費の増加に耐えられない。だから、「生涯一定ノ収入ニテ満足」する人間を雇わなくてはならない。その具体例は、女性事務員である。以上が、上記の会話のあらましだ。

しかし日本企業は、固定の職務給で人を雇う制度にはなっていなかった。そのためこうした女性事務員には、昇給する前に退職させる方法がとられた。

三井銀行が女性臨時雇を採用し始めた当初の一九三四年の規則では、雑務に従事する臨時雇いの定年は満二〇歳であった。その後、女性事務員を正規職員に準じた待遇で採用し始めた一九三八年になっても、定年は満二二歳だった。[98]

なお女性であっても、職員のように年功で昇給しない女工の場合は、こうした若い定年規定はみられなかった。[99] ただし女性職員の若年定年制を明示的に導入した企業は少数

で、多くは慣例ないし非公式の勧告で退職していたのが実態だったようである。

女性事務員は、企業の「下士官」にあたる、中等教育卒のノンキャリア下級事務員だった。一九三七年の大阪府社会部の「職業婦人に関する調査」によれば、女性事務員のうち七六・七%が高等女学校などの中等教育卒だった。そしてその勤続年数は、五年以内が八一・八%、三年以内が五三%だった。[100]

中高年になるまで給与が上がり続ける男性職員にくらべ、女性事務員は、はるかに経費のかからない存在だった。このため下級事務員、とくにタイピストは、男性から女性への置き換えが急速に進んだ。

戦前の中等教育は男女別学で、高等教育は原則として男性だけだった。しかし一九一八年に北海道大学が女性を「選科生」として受け入れたのを端緒に、京都帝大や東京帝大、早大などが女性の「聴講生」を受けいれた。また一九二三年以降、同志社大、九州帝大、東京文理科大、広島文理科大などが、「学生」としての入学を許可していた。[101]

そのため少数ではあったが、女性で高等教育を受けた者は存在した。だが企業は、大卒の女性を受けいれようとしなかった。一九三六年の内務省社会局の調査は、資本金一〇〇〇万円以上の大企業にその年の新規採用を尋ねたが、「大学卒業以上」は二二九二人のうち女性は二名、「専門学校卒業以上」は二〇九七人のうち一六名だった。[102]

一九一〇年代から二〇年代に、タイピストをはじめ下級事務員に女性が採用されていったこと、その理由が女性の低賃金にあったことは、アメリカなどでも起きた現象である。その点は、日本だけが特殊だったわけではない。しかしそれが、男性の年功賃金制を背景とし、女性の若年定年制という制度を伴っていたことは、日本のバリエーションだったといえるだろう。

ドイツとの相違

さらにいえば、官庁や軍隊の慣行が民間に影響したことも、日本に特殊な現象ではない。

たとえば、フランス語のカードル cadre という言葉は、士官学校卒の将校を指す言葉が、民間企業の幹部を意味する言葉に転化したものであった[103]。また人間の性格的要素を評価する評定法は、アメリカのカーネギー技術研究所で一九一六年に考案されたあと、第一次世界大戦下のアメリカ陸軍が将校を急速養成するさいの選抜に活用され、これを簡素化したものが民間企業や連邦政府公務員の勤務評定に導入された経緯がある[104]。

近代化の過程で、官庁や軍隊の制度が民間に影響したのは、日本に特殊なことではなく、むしろ一般的な現象だった。ただし、官庁の制度に対抗する社会慣行の有無と、官庁制度そのものの性格の相違によって、その後の経緯がわかれた。日本との比較で興味深いのは、ドイツである。

日本とおなじく後発国家だったドイツでも、政府の官僚制が企業に波及した。歴史家のユルゲン・コッカは、ドイツでは「官僚制化は工業化に先行した。したがって、官僚制の構造・過程・価値観がドイツの工業化の過程と性格を大きく方向づけた。これは、イギリスやアメリカ合衆国とは対照的であった」と述べている。[105]

プロイセンの官僚制は、国家への無定量の忠誠勤務を要求し、その代わりに官吏には高い俸給と恩給を与えていた。郵便局員や警官などの下級官吏でさえ威信が高く、人気がある職業だった。またドイツでは、鉱山業や道路建設をはじめとして、政府が企業を運営していた。コッカの推計によると、一八九〇年ごろのドイツにおける政府職員の社会全体に占める比率は、イギリスの約二倍だったという。[106]

また大企業の役員には、元将校や国家官僚が加わっていた。ジーメンスの創業者はベルリンの軍事技術学校で訓練され、起業前に約一五年を軍隊ですごし、造兵廠に勤務していた元技術将校だった。コッカはジーメンスの文書化された工場規則や、階層的な命令系統などが、官僚制の強い影響を受けており、それは「工業の外部で発展した伝統的な組織のモデルが受け入れられた結果」だったと指摘している。[107]

また日本における「現役」「停年」「課長」などと同じく、官庁や軍隊と同じ用語が、ドイツの産業界にも波及した。

一九世紀末から二〇世紀のドイツ大企業では、「職員 Beamte」「下級職員 Angestellte」「労働者 Arbeiter」という三層構造があった。ドイツ語の職員 Beamte という言葉は、もともと国家官吏という意味で、企業の職員たちは「私的官吏 Privatbeamte」とよばれていた。[108] コッカは、事務職員や技術者が自らを「私的官吏」とみなすようなことは、英米ではなかったことだと指摘している。[109]

コッカによれば、ジーメンスの職員たちの地位は「多くの点で公務員の地位との類似性」があり、年功が重視されていた。企業側にとっても、忠誠を重視する「官吏エートスは経営陣の利害にかなっていた」。大学出身者だけが到達できる管理職やスタッフ職が数多くあった点、採用・報酬・昇進などの一般的規則があった点などでも、「官公庁に似ていた」。またドイツ語の技師 Ingenieur も、一九世紀の半ばまでは、軍の工兵部隊の軍事技術者を意味する言葉であった。[110]

ただし、ドイツと日本の類似はここまでである。ドイツも日本も、官僚制が産業化に先行し、官僚制が産業界に影響をあたえた点では共通していた。しかし、影響をあたえた官僚制の性格が、ドイツと日本ではちがっていた。

コッカは官僚制を定義づけるにあたり、ウェーバーの定義をそのまま使っている。すなわちそれは、「一定の形式に則った任用・俸給・年金・昇進・専門的訓練と分業・明確な権限・文書主義・上下の階層的秩序によって特徴づけられる」[111]。このなかの「専門的訓練と分業・明確な権限・文書主義」は、ドイツの官僚制には顕著だったが、日本の官僚制には必ずしも備わっていないものであった。

そのため、コッカが指摘するドイツ産業界への官僚制の影響も、「専門的訓練と分業・明確な権限・文書主義」を特徴としていた。コッカによれば、ジーメンスの職員たちは、工業や商業の専門教育資格を基準に採用され、「高度に特定化され、手順の決まった職務を遂行した」。工場の生産は文書化され標準化されたプロセスで行なわれ、販売部門や現場事務所も「本部で作成されたきわめて詳細な規則に従って仕事をした」という[112]。

コッカによれば、ドイツではこうした官僚制の影響によって、一九〇〇年代から職務の細分化と明確化が進んでいた。これは結果としてテイラー主義に似ていたが、それがドイツで進行したのは、アメリカからテイラー主義が輸入される前のことだった。さらにドイツでは、工科大学や工業専門学校の充実も、こうした専門化と並行して進んだ[113]。

こうした経過は、日本とは異なっていた。日本企業が官僚制に影響されたと考えられる慣習は多いが、それは新卒一括採用であり、大部屋であり、定期人事異動であった。同じく官僚制の影響があったとしても、日本とドイツでは官僚制のあり方が異なっていたといえる。

職種別組織の存在

さらに日本と違っていたのは、ドイツ社会の技能資格の根強さと、技師や職員の社会意識だった。

クルップのような近代製造業の大企業では、在来の徒弟制度では対応できない技術を使っていた。クルップは工場徒弟制度を設けて、労働者に近代技術を学ばせ、優秀な者は企業内資格である工場マイスターとして認定していた。[114]

ところがドイツでは、企業を横断する職種別の徒弟制度が根強かった。企業の側も、まったくの素人を教育するよりは、徒弟訓練を経た者を雇い、たとえば錠前工から仕上工に転用することを好んだ。企業が独自の訓練制度を作ったのも、徒弟経験者だけでは不足だったことと、腕に自信をもつ徒弟経験者の定着率が低かったためだった。

またドイツでは、企業の資格よりも、社会の資格の方が公認度も高かった。そうしたなかで企業側は、企業内の技能認定を、従来の職業資格と同列のものとして、社会に認めさせる方向で努力するようになった。

一九〇〇年代から二〇年代にかけて、各企業の資格を統一する動きが広まり、職種の規定や訓練期間の統一化がなされた。その結果として、一九三八年に国民教育大臣の省令によって、在来の手工業職人試験と同等の公式性を持つことが認められた。

こうした動向の背景には、在来の手工業の側も、近代化にあわせて職業資格を再編成していた経緯があった。一九三五年には、資格証明制が導入されて、全国で統一的にマイスター資格が規制されるようになった。試験の専門的規定も完成し、一九三七年には徒弟訓練や試験の定式化も行なわれた。

こうして技能資格は、個々の親方や組合の慣例ではなく、統一され規格化された近代的制度になっていった。この過程で、手工業会議所と企業は必ずしも対立していたのではなく、合同して試験委員会を組織することもあった。こうした両側面からの動きが発展して、公的な工業マイスター制度やデュアルシステム（職業訓練制度）にまで至ったのである。

また職業訓練と資格の統一化は、工業技術の地位を高めようとする技師たちの運動によっても促進された。[115] ドイツの技師たちは各種の協会を作り、自分たちの地位を高めるため、さまざまな運動を行なった。その一つが、工業技術の専門教育機関を充実させ、その卒業証明書を専門的能力の資格として認知させることだった。

彼らの競争相手は、企業内の訓練だけを経て、技術者や製図係になった下級職員だった。それにたいし技師たちは、工科大学や工業専門学校の専門化・細分化を進めることで、自分たちを企業内熟練工とは区別し、地位を高めようとした。

一八八四年に設立されたドイツ技術者連盟は、技術専門の中等教育を終えていることを会員資格の前提とみなした。こうした運動の過程で、職場による熟練ではなく、理論的な職業教育をうけた技術者を指す言葉として、ドイツ語の技師Ingenieurという概念が成立したのである。またこれと類似の動きは事務職員にもおこり、企業内で養成された会計係や注文係と競争して、独自の職種集団を作っていった。

第3章でも述べたように、ドイツの職業教育と技能資格は、ギルドの伝統がそのまま続いたものではない。それは手工業者や技師たちの運動の結果として、近代的・統一的な制度として定着したものだった。そしてそれが、アメリカとは違った経緯で、職務の明確化・細分化と横断的な労働市場を作りだしたのである。

このため自社養成を重視していたクルップのような企業でも、企業横断的な職業訓練や階層の影響が大きかった。田中洋子の調査によると、一九世紀末のクルップの上級技術者には、もとから身分が高かった者が技術系の高等教育をうけたあと、二〇代から工場長や研究所長などに抜擢された例が目立っていた。製図工・書記・技術者といった下級職員にも、クルップ以外ですでに職員として働いた経験があったり、あるいは徒弟期間を経て雇われたりした者が多く、中途採用でも俸給などに不利はみられなかった。[116]

労働運動の影響

ドイツの技師や職員たちが地位向上運動をおこした理由は、企業内で訓練された熟練工や下級職員との競争だけではなかった。彼らの運動は、労働者の労働運動に対抗して、職員の独自性を強調するものでもあった。

第3章で述べたように、技師Ingenieurとおなじく、下級職員Angestellteも運動のなかで形成された類型だった。もともと「下級職員Angestellte」は被雇用者のことで、政府においては、官吏Beamteとはちがって私法契約で政府に雇われた事務労働者を指していた。[117]日給の現場労働者Arbeiterとちがい、月給払いも多かったため、日本語では「サラリーマン」と訳されたこともある。[118]

個々の企業でそれぞれの職務に就いていた下級職員は、一八八〇年代までは共通の行動をとったり、共通の組織に加入したりはしていなかった。一九世紀末のクルップでも、書記・製図工・監督・倉庫管理人などは、上級職員Beamteでも労働者Arbeiterでもないという以外の存在ではなかった。[119]

ところが労働者の労働運動が高まってくると、さまざまな職種の下級職員たちが、自分たちと労働者を区別する形で共同行動をとるようになった。そして職員たちは、自分たちの待遇を、労働者よりも官吏に近づけるように運動したのである。

その象徴が、一八八一年に創設されたドイツ私的官吏協会Deutscher Privatbeamten-Vereinだった。[120] 技師、帳簿係、事務員、銀行員など多様な職員たちを含んだこの協会は、退職後の官吏の給付にできるだけ近い年金保険をめざした。ビスマルクの社会保険制度の導入により、年収が一定額以下の下級職員たちは、労働者とおなじ老齢年金に加入させられていた。彼らはこれを嫌い、自分たち独自の年金保険を要求したのである。

この運動の成果が、一九一一年の職員保険法だった。労働運動の台頭を危惧し、下級職員を味方につけようとした政府と政党が、この保険法を支持した。そしてこの運動の過程で、下級職員Angestellteという類型ができあがっていったのである。

フランスのカードルも同様である。カードルという言葉は軍隊起源だったが、第3章でも述べたように、カードルという社会類型ができあがったのは、一九三〇年代以降にさまざまな職種の職員や技術者が共同運動を行なったことによってだった。そして彼らは、カードルとしての年金保険や全国労働組合を持っている。

またこれも第3章で述べたように、アメリカでは一九六〇年代の公民権運動以降、差別撤廃の規制が定着し、恣意的な査定ができなくなった。そのため、アメリカ陸軍から民間企業に広まった人物評定法は、一九七〇年代以降には廃れていった。[121]

イギリスでも、企業を軍隊のイメージでとらえる経営者はいた。一八三六年にマンチェスター近郊で鋳造所を開設したネイスミスは、お気に入りの職長を「職場の中尉たち」とよび、組合が発行する熟練資格を無視して、企業で雇った者を社内訓練することを志向した。自分の命令一下で動く軍隊型の企業秩序を夢見る者は、どこの社会にもいるものだ。しかしイギリスでは、企業を横断して存在する組合の力が強く、そうした試みは広がらなかった。[122]

近代化の過程で、軍隊や官庁の制度が民間企業に影響するのは、どこでも起きた現象である。しかしドイツやフランス、アメリカ、イギリスでは、企業を超えた労働運動や職員運動、公民権運動などの影響が、日本とは異なった展開を作り出したといえる。

日本にも、フランスやドイツの職員運動と、類似の動きがなかったわけではない。一九一九年には俸給生活者組合（略称はＳＭＵ、Salary Men Union）が結成され、一九二七年には社会大衆党と提携して俸給生活者保護法の制定を試みた。[123] 前述のように、一九二〇年代には高等・中等教育をうけた職員の地位も低下しており、下級職員の生活は苦しくなっていたからである。

だがSMUの組織率は、一九二六年で俸給生活者の一%ほどにすぎなかったと推計されている。[124]また彼らは労働運動との差異化ではなく、提携を唱えた。そして日本政府は、社会主義労働運動の弾圧と並行して、SMUの活動も抑圧した。こうした展開は、ドイツの職員運動の経過とは対照的である。

その一因として考えられるのは、ドイツのような労働運動の高まりがなかったことだったと考えられる。労働運動が高まらなかったがゆえに、職員運動が自分たちと労働運動を差別化するという志向も高まらなかったし、政府も職員運動を味方につけて労働運動に対抗するという動機を持たなかった。

職員独自の運動が高揚しなかったことは、戦後日本の職員と工員が、おなじ企業内組合に所属することの前提となった。こうして生まれた企業内組合は、第6章で述べるように、職員と工員の差別撤廃を要求した。そしてそれは、官吏と職員という限られた領域で形成されていた慣行が、現場労働者をふくむ全ての「社員」に広がっていくという、他国とは異なった展開を準備することになる。

1　本章の内容は、本文中に紹介した個々の研究で言及されていた事実を、「官僚制の移植」の視点から総合し、さらにドイツとの

比較を行なったものである。本書全体にいえることだが、このようなかたちで個別の事実を総合して全体の「しくみ」を提示することは、管見の範囲における過去の研究で行なわれていない。

2 清水唯一朗『政党と官僚の近代』藤原書店、二〇〇七年、二六頁。

3 村松前掲『公務員人事改革』一五四―一五九頁。

4 野村耕一「官吏資格の制度と機能」望田編前掲『近代ドイツ「資格社会」の制度と機能』所収、四四頁。

5 同上論文二一、二二頁。

6 同上論文二四、三四頁。

7 同上論文三四、二八頁。

8 水野前掲『官僚の風貌』一一一頁。

9 清水前掲『政党と官僚の近代』二七頁。

10 清水唯一朗「明治日本の官僚リクルートメント」『法学研究』第八二巻二号、二〇〇九年、一九九―二〇〇頁。

11 同上論文一九九頁。

12 清水前掲『政党と官僚の近代』三七、五八頁。

13 同上書四六、四二頁。

14 清水前掲「明治日本の官僚リクルートメント」二一〇―二一四頁。ただし一九一〇年代になると、新卒採用されて休暇後に試験を受ける「ファーストクラス」と、試験合格後に採用される「セカンドクラス」ができていたとされている。

15 第一高等学校（当時の東京帝大予備門）学生の家庭背景を分析した竹内洋によると、一八八六年では士族出身者が六〇・九％だったが、急速に低下して一九一〇年には二七・一％になった。また一九一〇年から一三年の学生父兄の職業は、官吏八・九％、会社員・銀行員八・一％、専門職一八・六％、商工業自営一九・二％、農林水産業一六・七％、軍人二・〇％、地主および議員一・三％、ブルーカラーおよび店員〇・四％、無職六・一％、死亡三・四％、不明・分類不能一五・三％となっている。竹内洋『学歴貴族の栄光と挫折』中央公論新社、一九九九年、一七三、一七七頁。

16 川手前掲『戦後日本の公務員制度史』一一、一二頁。

17 清水前掲『政党と官僚の近代』五二、五三頁。
18 「陸軍武官進級条例」明治七年一一月一八日、陸軍省達布四四八号。内閣官報局『法令全書』明治七年版所収。
19 時期的背景の教示は清水唯一朗氏による。官員数の増大は清水前掲『政党と官僚の近代』五二頁。
20 川手前掲『戦後日本の公務員制度史』一二頁。ただし川手は「明治27年勅令123号」による高等官官等俸給令の改正で二年になったと記しているが、正しくは明治二八年勅令一二三号(九月二一日公布)である。清水唯一朗氏の教示による。
21 辻勝次「戦後トヨタにおける人事異動の定期化過程」『立命館産業社会論集』第四七巻三号、二〇一一年、七三、七四頁。
22 清水唯一朗氏の教示による。
23 村松編著前掲『公務員人事改革』二〇頁。
24 村松編著前掲『公務員人事改革』第二章。ただし、長官や次官などは政治任用職である。またカーター政権下において、職務との固定的な関係から柔軟なリーダー人材育成として上級管理職(SES)の制度が設けられたが、SESに合格しても専門的職務を変えたがらない者が多く、二〇一七年時点でSES職員の機関間移動は一一%にとどまっていた。同書四〇頁参照。
25 村松編著前掲『公務員人事改革』第四・五章。
26 上山前掲『ドイツ官僚制成立論』二二一、二三七、二三八頁。
27 同上書二四〇頁。
28 同上書第一章第三節。ただしここで上山が日本の官僚制の特徴として重視しているのは、職務の明確化の不足ではなく、伝統的価値体系の温存と非人格化の不徹底といった側面である。これは、丸山眞男の問題意識をうけついだ、近代化の不徹底についての指摘であるといえる。
29 マックス・ウェーバー、中村貞二ほか訳「新秩序ドイツの議会と政府」『政治論集 2』みすず書房、一九八二年、三八四頁。
30 山口和人「ドイツ公務員制度の諸問題」『レファレンス』七六四号、二〇一四年九月号、八頁より重引。
31 Grundgesetz für die Bundesrepublik Deutschland, Art. 33, http://www.fitweb.or.jp/~nkgw/dgg/ 二〇一九年六月四日アクセス。
第一一、一七条。邦訳は古賀豪「ドイツ連邦政府の事務手続」『外国の立法』二一四号、二〇〇二年に所収。
32 水谷前掲『官僚の風貌』七〇頁。

33　「大蔵省達」（明治一二年一二月一六日各局課）。赤木須留喜『〈官制〉の形成』日本評論社、一九九一年所収、一二一頁より重引。
34　大森前掲『官のシステム』一三九、一四二頁。
35　同上書一三九、一四二頁。
36　水谷前掲『官僚の風貌』一三八―一三九頁。
37　同上書一四三頁。
38　神島二郎『近代日本の精神構造』岩波書店、一九六一年、一〇四頁。
39　「帝国大学卒業者ヲ試補ニ採用ノ際俸給額ノ件」明治二二年七月、内閣訓令二三。海軍大臣官房『海軍制度沿革』巻四、一九三九年、九〇一頁。
40　竹内前掲『学歴貴族の栄光と挫折』六四頁。竹内は一八七七年当時の官等月給表を添付している。
41　一八八六年の俸給表では、奏任官六等は年俸四〇〇円から六〇〇円の幅が設けられており、一八八九年の成績による俸給差はこの範囲に収まっている。したがって、俸給差がただちに官等の差に結びついていたとは判断できない。結びついていたとすれば、この俸給差は、判任官二等から五等の月給に、手当を足した程度に相当する。
42　石田京吾・濱田秀「旧日本軍における人事評価制度」『防衛研究所紀要』第九巻第一号（二〇〇六年九月）五八頁。
43　神島前掲『近代日本の精神構造』一〇四頁。
44　考科表・考課表の規定や運用については石田・濱田前掲「旧日本軍における人事評価制度」および海軍大臣官房前掲『海軍制度沿革』第六篇第二章第一節参照。
45　石田・濱田前掲「旧日本軍における人事評価制度」の「資料1」七六―七七頁より重引。各科少佐、大尉の考課に適用する規定。
46　遠藤前掲『日本の人事査定』一二四頁。ただし遠藤は、明治初期から陸海軍が「考科表」「考課表」を作成していたことは看過している。遠藤は「考課」が中国古典で官吏の成績判定の意味で使われていたこと、古代日本の律令制でもこの言葉が使われていたことに言及しながらも、日本の人事査定制度はアメリカの一九二〇年代の手法を起源としていると位置づけ、「古代中国や古代日本の官吏『考課』制度と、米国の人事査定制度を起源とする現代日本の人事査定制度とは断絶している」としている（一一五頁）。とはいえ明治以降に旧日本軍が「考課」という語を使っていた以上、その影響の可能性を再検証する必要もあろう。

47 前掲『三菱社誌』第二三巻、三一九〇頁。

48 野村前掲『日本的雇用慣行』一一〇頁。

49 天沼寧「定年・停年」『大妻女子大学文学部紀要』第一四号、一九八二年、七三頁。

50 荻原勝『定年制の歴史』日本労働協会、一九八四年、二一六頁。

51 同上書六一八頁。

52 人事院「国家公務員における定年制度の経緯等」。https://www.jinji.go.jp/kenkyukai/koureikikenkyukai/h19_01/shiryou/h19_01_shiryou10.pdf 二〇一九年六月四日アクセス。

53 川手摂「昭和戦前期の官吏制度改革構想」『都市問題』二〇一五年七月号、九八一一〇二頁。もっとも天沼前掲「定年・停年」七八頁に引用されている一九三三年の平凡社大百科事典の「停限年齢」という項目は、陸軍武官服役令について説明しながら、「停年と同義であって、即ち官吏が一定の年齢に達すると当然退職することを要する場合の年齢を指称する」としている。おそらく恩給受給権が発生する年齢をもって退職することが、慣例化していたのだと推測される。

54 荻原前掲『定年制の歴史』一、二頁。荻原前掲書には多くを依ったが、荻原は事実関係のみを記載しており、相互の影響関係や制度の類似性は論じていない。戦前の定年制については、野村前掲『日本的雇用慣行』第2章や、隅谷三喜男「定年制の形成と終身雇用」『年報・日本の労使関係』日本労働協会、一九八〇年などが検討しているが、なぜか陸海軍からの影響関係を論じていない。なお退職金については、山崎清『日本の退職金制度』日本労働協会、一九八八年、第一章および野村前掲『日本的雇用慣行』二六九一二七〇頁が戦前の事実関係を記しているが、やはり陸海軍からの影響は論じていない。

55 荻原前掲『定年制の歴史』八一一一頁。

56 同上書一一一一三頁。

57 同上書四一一四五頁。

58 同上書一二頁。

59 同上書四二、五五頁。
60 同上書四四、九四頁。
61 宮地克典「戦前期日本における定年制再考」『經濟學雜誌』第一一五巻第三号、二〇一五年。引用は桂皋「工業労働者の停年制度に関する一考察（上）」『社会政策時報』一二一号、一九三〇年、六六頁。宮地前掲論文二八九、二九〇頁より重引。
62 荻原前掲『定年制の歴史』九四、一〇二、一〇三、一〇七頁。
63 プレイヤー前掲『アメリカ雇用差別禁止法』一二八、一三〇頁。
64 「出納官吏身元保証金納付ノ件」明治二三年一月二〇日勅令第四号。内閣官報局『法令全書』明治二三年所収。
65 甲斐素直「会計事務職員の弁償責任と不法行為責任の関係」『会計検査研究』第九号、一九九四年。
66 日本国有鉄道『日本国有鉄道百年史』年表、成山堂書店、一九九七年。
67 金子前掲『日本の賃金を歴史から考える』四〇頁。ただし明治期の八幡製鉄所では、職工による材料などの盗難が多く、賃金から身元保証金を差し引いて納付（退職時に返金）することを義務付けていた。その意味では、身元保証金は上級職員にだけ適用されていたのではない。長島修「創立時官営八幡製鐵所における下級補助員に関する一考察」『立命館大学人文科学研究所紀要』九三号、二〇〇九年、一七二頁。
68 金子前掲『日本の賃金を歴史から考える』四〇頁。
69 三井物産における身元保証金制度とその運用については山藤竜太郎「三井物産の人材採用システムと学校教育システムの変遷」若林前掲『学歴と格差の経営史』所収、一八四―一八六頁。
70 竹内前掲『日本のメリトクラシー』一六二頁。
71 菅山前掲『「就社」社会の誕生』九八、九九頁。
72 天野前掲『学歴の社会史』二六〇頁。
73 『現代就職案内』（『成功』第六巻第一号附録、一九〇五年一月）二〇、二一頁。天野前掲『学歴の社会史』二六五―二六六頁より重引。
74 天野前掲『学歴の社会史』二六〇頁。

75　以下、福井康貴『歴史のなかの大卒労働市場』勁草書房、二〇一六年、一八―二二頁。なお清水前掲「明治日本の官僚リクルートメント」二一三頁によると、帝国大学生の官庁への文官試験前採用も、明治末期までに教授の斡旋が常態化していた。
76　若林前掲『三井物産人事政策史1876―1931年』一五四、一五五頁より重引。
77　清水前掲「明治日本の官僚リクルートメント」二一三頁。
78　若林前掲『三井物産人事政策史　1876―1931年』一五五頁。
79　野間の引用は野間清治『私の半生・修養雑話』野間教育研究所、一九九九年、一七五、一七六頁。福井前掲『歴史のなかの大卒労働市場』三〇―三一頁より重引。
80　岩瀬前掲『「月給100円サラリーマン」の時代』一八二頁。
81　菅山前掲『「就社」社会の誕生』一〇九頁。
82　若林前掲「1920―30年代三井物産における職員層の蓄積とキャリアパスデザインの一考察」一二四頁。
83　以下、福井前掲『歴史のなかの大卒労働市場』三六、三八、四五頁。
84　同上書六八頁。
85　この経緯は菅山前掲『「就社」社会の誕生』第二章に詳しい。
86　同上書一二七、一二八頁。
87　福井前掲『歴史のなかの大卒労働市場』七五頁。
88　ジャコービィ前掲『雇用官僚制』一三頁。
89　藤井信幸「両大戦間日本における高等教育卒業者の就職機会」『早稲田大学紀要』二三号、一九九一年、一〇九頁。
90　文部省『日本の成長と教育』一九六二年、第二章第二節五「高等教育の拡大」。http://www.mext.go.jp/b_menu/hakusho/html/hpad196201/hpad196201_2_014.html　二〇一九年六月四日アクセス。
91　高橋正樹「『社会的表象としてのサラリーマン』の登場」『大原社会問題研究所雑誌』五一一号、二〇〇一年、二〇頁。
92　岩瀬前掲『「月給100円サラリーマン」の時代』二八頁。
93　氏原前掲「戦後労働市場の変貌」七九頁。

94 若林前掲『三井物産人事政策史1876―1931年』一六九―一七〇頁より重引。
95 井上好一『大学専門学校卒業者　就職問題の解決』新建社、一九三〇年、八二頁。福井前掲『歴史のなかの大卒労働市場』七二頁より重引。
96 氏原前掲「戦後労働市場の変貌」七七頁。
97 若林前掲『三井物産人事政策史1876―1931年』二〇〇頁より重引。
98 同上書二〇一頁。
99 全国産業団体聯合会事務局編『我国に於ける労務者退職手当制度の現状』全国産業団体聯合会事務局、一九三二年によれば、現業労働者の停年は調査対象となった大企業一六二社のうち七一社だったが、多くの企業では男性は五五歳ないし五〇歳、女性は五〇歳と定めていた。宮地前掲「戦前期日本における定年制再考」二八五頁。
100 野村前掲『日本的雇用慣行』三一頁。
101 同上書八三、八四頁。
102 同上書二六頁。
103 葉山前掲『フランスの経済エリート』序文i頁。
104 遠藤前掲『日本の人事査定』一一六―一一八頁。韓国でも一九六〇年代に、アメリカで発達した管理システムが軍隊を通じて導入され、それが民間の企業内訓練に影響したとされている。安熙卓「韓国企業の人材形成の新たな展開」『経営学論集』第二五巻四号、二〇一五年、二頁。
105 コッカ前掲『工業化・組織化・官僚制』一〇九頁。
106 同上書一〇九、一一〇頁。
107 同上書一一一頁。
108 田中洋子『ドイツ企業社会の形成と変容』ミネルヴァ書房、二〇〇一年、一六六―一六八頁。ただし田中も指摘するように、雑多な非上級職員がAngestellteと総称されるようになるのは二〇世紀に入ってからである。
109 コッカ前掲『工業化・組織化・官僚制』一一七頁。

110 同上書七九、八七、一一二、一一四頁。

111 同上書一〇五頁。該当箇所はウェーバー前掲「新秩序ドイツの議会と政府」三五〇頁。

112 コッカ前掲『工業化・組織化・官僚制』一一三、一一四頁。

113 同上書八四、一一四頁。

114 以下、ドイツの企業内資格と職業資格の形成経緯は、田中洋子「大企業における資格制度とその機能」望田編前掲『近代ドイツ=資格社会の展開』所収、二三一―四三頁。

115 以下、コッカ前掲『工業化・組織化・官僚制』八二―八九頁。

116 田中前掲『ドイツ企業社会の形成と変容』一八一―一九〇頁。

117 公務員における下級職員 Angestellte と労働者 Arbeiter は、どちらも私法上の雇用関係で政府に雇われていたが、適用される労働協約が違っていた。これらは戦前の日本政府における「雇」や「傭」と類似した存在だったといえる。ドイツ連邦共和国政府および市町村では二〇〇五年一〇月から、州では二〇〇六年一一月から、両者に同一の労働協約が適用され、区別がなくなったとされている。村松前掲『公務員人事改革』一九五頁。

118 ジークフリート・クラカウアー、神崎巌訳『サラリーマン』法政大学出版局、一九七九年。

119 田中前掲『ドイツ企業社会の形成と変容』一六八頁。

120 以下、下級職員の運動と形成については、コッカ前掲『工業化・組織化・官僚制』一二一―一二五頁。

121 遠藤前掲『日本の人事査定』一四二―一四九頁。

122 小野塚前掲『クラフト的規制の起源』一八四、一八五頁。

123 SMUについては、高橋前掲「『社会的表象としてのサラリーマン』の登場」が詳しい。

124 同上論文二二頁。

第6章　民主化と「社員の平等」

第6章の要点

・戦時期の総力戦体制から戦後の民主化のなかで、「社員の平等」への道が開かれた。その背景は、戦争による一体感の高まりと、敗戦後の生活苦による平準化だった。

・戦後の労働運動は、年齢と家族数に応じた生活給のルールを確立した。

・しかし戦前の三層構造は、簡単に崩れなかった。また生活給は、勤続年数とは連動していなかった。労使交渉のなかで、勤続年数を重視する傾向は出てきていたが、「日本型雇用」が完成するのは高度成長期以後である。

・一九五〇年代半ばから、大企業と中小企業の「二重構造」が注目された。大企業で「社員の平等」があるていど達成されたため、代わって大企業と中小企業の格差が目立ってきた反映と考えられる。

・社会保障制度も、こうした二重構造に沿って一九五〇年代後半に制度化した。これによって、「カイシャ」と「ムラ」を基本単位とする制度が作られた。

・一九六〇年代前半までの政府と財界は、職務給と普遍的社会保障、企業横断的労働市場による変革を構想した。しかし経営者たちは企業横断的なルールの導入を嫌った。

愛国心と「差別撤廃」

戦争は雇用のあり方に、大きく二つの影響をもたらした。[1] 一つは、労働者不足と戦時体制による格差解消。もう一つは、ナショナリズムの高まりと連動した身分差別批判である。

これらは二つとも、戦後に「社員の平等」が達成される下地となった。まず前者の、労働者不足と戦時体制の影響から説明しよう。

戦争による軍需景気は、労働者不足をもたらした。これは労働者の賃金を上昇させ、待遇の悪い企業から労働者が離職する傾向をひきおこした。

その結果、企業は労働者の待遇改善を行なわざるを得なくなった。王子製紙が一九四三年四月に工員の待遇改善を行なったさい、その背景として挙げられたのは、「支那事変以来労働力が逼迫し退職者累増し、之が補充に苦慮してきた」ことだった。[2]

並行して、職員と現場労働者が一体で増産に励むべきだという主張が高まった。一九四〇年一〇月に政府の企画院が作成した「勤労新体制確立要綱原案」は、企業は経営者・職員・労務者が一体の「生産経営体」になるべきだと主張し、「身分種別ノ如何ヲ問ハズ」に能力を発揮せよと主張した。[3] また大日本産業報国会は一九四一年一一月に、日給制が一般的だった職工に、月給制を採用した企業を紹介したパンフレットを出版している。[4]
こうした状況のなか、日立製作所日立工場では、一九三九年一月に「職工」という名称が「工員」に改められた。[5] また王子製紙でも、一九四三年四月に「職工」を「工員」と名称変更し、上級工員を月給制として、職員への昇進ルートを制度化した。[6]
とはいえ第3章でも述べたが、総力戦体制の直接的影響は限定的だった。職工を工員と名称変更したところで、現場の実態はそれほど変わらなかった。大日本産業報国会が奨励した工員の月給制も、実際に導入した企業は限られた。[7]
むしろ戦争の影響で大きかったのは、インフレがもたらした平準化と、ナショナリズムの高まりからおきた運命共同体意識だったと思われる。これが企業内の身分差別批判につながり、戦争による第二の影響となった。
戦争による労賃上昇と、インフレによる金融資産の目減りは、労働者の地位を相対的に上昇させた。西洋の「自由主義」への批判や、「贅沢は敵だ」というスローガンがとびかい、「資本主義」と旧特権階級を批判する風潮が高まった。
不動産や株式で収入を得ていた批評家の清沢洌は、戦中の日記で、こうした状況を批判的に記録している。彼は人夫の労賃上昇を嘆きながら、「我ら〔知識階級〕の収入はますます減少し、逆に労働者の収入は天井の如く高くなる」と記した。戦時下で「女中を使うなどは贅沢だ」という批判が出ていることも彼を懸念させ、「この大戦の結果、資本主義の変形はやむを得ない」と考えざるをえなかった。[8]

ナショナリズムの高揚と特権層への批判は、戦時動員とあいまって、差別撤廃への志向を生んだ。王子製紙の労務担当者は、一九四三年四月に工員の待遇を改善した背景をこう回想している。[9]

支那事変以来、兵役法が拡大され職員も工員も差別なく兵役義務が課されるようになり、また生活物資の配給制の実施で国民等しく耐乏生活を強いられるようになり、皇国勤労観に基づく新産業労働体制への切替えということで、平等思想が昂ってきて職工員の身分的差別が如何にも時勢に合わない古くさいものと感ぜられるようになってきた。

戦争の経験は、敗戦後の労働争議にも影響した。一九四五年九月から始まった読売新聞争議では、高学歴の幹部職員が率先して「身分制」の撤廃を掲げた。その一人だった政経部次長は、「読売争議に参加する出発点」となった戦争経験をこう回想している。彼が九州の特攻隊基地を取材したさい、若い特攻隊員が農家に宿泊していた一方、将校たちは「兵舎のいいところに陣どって」いたという。[10]

海軍航空隊の下士官パイロットは、戦後にこう述べている。[11]「戦地において、下士官の宿舎と士官の宿舎は、ひどいときは四キロ、五キロ離れています」。「自分の部下たちがどんな生活をし、どんなものを食べて戦闘してくれるのか、見に来た士官は一人もいないんですよ」。「たまに私が用事があって四キロ離れた士官宿舎へ行くと、くちばしが黄色い、二、三日前、延長教育をやっと終わってきた連中が、中尉様ですから、我々のところには防腐剤の入ったビールも回ってこないのに、一人前に（敵地で分捕った）ジョニ黒を飲んでいる」。こうした戦争経験から、既存体制に疑問を抱き、それが戦後の民主化志向につながったという回想は少なくない。[12]

戦争はまた、経営陣や管理職への批判意識をも培った。当時の軍需工場には優先的に物資が割り当てられており、経営者や管理職がそれらの物資を横流しすれば法外な利益を得られた。当時の「H製作所」に動員されていた女性は、こう回想している。[13]

毎日の新聞に日本の戦勝を人々に印象づけようとする報道が出つづけていても、工場の現場で働く人たちは、「こんなことで勝てたらえらいもんだ」と仲間同士では常に話しあっていた。日本の飛行機の骨をつくっている自分たちの鋳型工場から生産高がどのように報告されていようとも、それらの製品の中にどんなに不良品が多いかということを最もよく知っているのは、現場で働くこれらの人たちである。そしてそうした不良品の原因が、当時の日本の窮迫によるだけではなくて、上役による材料の横流しや、いろいろの嘘によっていることを知っているのも彼らであった。

戦争経験と戦後の民主化の関係は、明示的に語られることは少ない。しかし後述するように、戦後の労働争議では、「身分制」の撤廃、企業幹部の戦争責任追及、そして「産業復興」が掲げられることが多かった。これらの要求は、企業幹部が不正によって生産能率を下げ、国を破滅に導いたことを、労働者たちが怒っていたことを間接的に物語っている。戦後の労働運動は、こうした背景のもとで行なわれたのである。

企業別混合組合の台頭

敗戦後の一九四五年一〇月、占領軍は一連の指令を発し、労働組合の結成を奨励した。これを機に労働組合が各地で急速に結成され、一九四五年九月に二組合一〇七七人にすぎなかった労働組合結成数は、一九四九年六月には三万四六八八組合六六五万五四八三人となり、推定組織率は五五・八％まで高まった。[14]

一九四七年八月、東京大学社会科学研究所が、労働組合の大規模調査を行なった。その結果、調査対象のほとんどが事業所別ないし企業別の組合で、しかも八〇・七％は工員・職員の混合組合であることが判明した[15]。

当時の日本共産党や総同盟は、これにとまどった。欧米では、ブルーカラー労働者の産業別組合が主流で、そこに職員は含まれていないのが常識だった。戦前の日本の労働運動は盛んとは言えず、組織率は一九三一年の七・九％が最高だったが、産業別や職業別の労働組合がめざされていた。

そのため一九四六年一月、総同盟拡大中央準備委員会は、企業別に従業員組合を作ることを「迷蒙」だと批判した[16]。しかし、労働運動の傾向は変わらなかった。

なぜ戦後日本の労働組合は、職員・工員を混合した事業所別・企業別の組合だったのか。戦争中の産業報国会が企業別の従業員組織で、その体験の影響も指摘されているが、産業報国会がそのまま労働組合になった具体的事例は知られていない[17]。

それでは、なぜ企業別の混合組合だったのか。労働史研究者の兵藤釗や二村一夫は、ヨーロッパのような職種別組合の伝統が日本になかったことを理由に挙げている[18]。また戦前の労働組合運動の経験をもつ労働者が少なく、職員と労働者を区別して組合を作る慣習が広まっていなかったことも指摘されている。東大社研の調査でも、組合結成にあたり中心になった人たちのうち、労働運動の経験があった者は九・九％にすぎなかった[19]。

さらに二村が挙げている背景は、戦争から敗戦の時期に、企業が生活に重要な場になっていたことである。戦争で物資が配給制になり、企業は物資や食糧の配給ルートとして重要になっていた。戦後の食糧難は、むしろその傾向を強めた。二村は日本鋼管川崎製鉄所の組合史から、一九四六年五月の記述を挙げている。[20]

五月一七日組合大会を召集、川鉄のすべての機関、機能を総動員して、従業員の食生活を確保しようと食糧危機突破委員会が設けられた。……この委員会の性格は、全力をつくして全従業員の飢餓突破に邁進することを目的とし、その方法としては、厚生課の協力によって、委員会で一切の食料の購入、配給を管理し、厚生課長に購入した物資を保管してもらい、委員会と協議の上で配分することにした。……先ず手始めとして、食塩製作の許可を所長に頼み、各支部を単位として食塩作りが始った。敗戦後、会社の機能もストップしていたので、人人は、グループをつくって海水を汲んでは会社の燃料で塩を作り、それを食料と交換していたのである。生産意欲を増進するため、たくさん生産した支部にはその量に応じて増配された。

ここでは、企業はまさに生活共同体であった。日本鋼管川崎製鉄所では、野菜やイモの生産のため会社が社有地を従業員に開放し、コークスなど社有品も提供したという。

敗戦期の都市は産業が壊滅し、人々は食料がある農村に縁故を頼って疎開していた。二村は「焦土と化した都会にとどまったのは、帰るべき田舎をもたない人びとであった。彼らにとって、企業は最後の拠り所となった」と述べ、これが企業別の混合組合を生んだ大きな背景だったと指摘している。[21]

差別撤廃と「社員」

さらに影響したのが、戦争中に高まった差別撤廃志向、ナショナリズム、そして生活苦だった。

一九四七年の東大社研の調査で、調査対象となった労働組合は、職員と工員の混合組合にした理由をいくつか挙げている。多かった回答は、「職員も工員も共に従業員である」「労働者の本質には職員、労務員の差異は存在しない」といったものだった。[22]

敗戦後の労働組合は、経済的な要求だけでなく、差別の撤廃を要求した。たとえば通用門の一元化、職員専用施設の開放、職員にも出社・退社時間を順守させること、工員の給与や休日の規定を職員と同等にすることなどだった。[23]

このことが、職員と工員を、一体の組合にするべきだという発想と結びついた。東大社研の調査をまとめた経済学者の大河内一男は、『混合組合』の理念はそのまま組合としての『身分制撤廃』という平等思想の産物」だったと形容している。[24]

また戦争末期から、「身分差別」を撤廃して科学的な生産体制を築くことが、生産増大と産業復興に有効だという主張が出てきていた。[25]東大社研の調査では、混合組合にした理由として「産業復興のために」と回答した労組が多かった。職員と工員を一体化し、「頭脳労働も、筋肉労働も、一本にしなければ能率が発揮できない」というのが、ある組合の回答だった。[26]

こうした「産業復興」への志向は、ナショナリズムとも結びついていた。一九四六年一〇月、電力産業の組合である電産協（日本電気産業労働組合）の委員は、生活を維持できる賃金を要求して、経営側にこう主張した。[27]

我々を乞食にして産業復興ができるか。我々は本当に国を愛する。愛する日本の国を再建させたいのだ。そのために我々は先ず食って再生産をしなければならぬ。如何にしたら国を助けることができるか。その原動力を養わなければならぬと言っておる。……俺たちが死んで日本の再建ができるか。あなたはそれをはっきり考えなければならぬ。あなたが本当に愛国心があるならば、それに対する正当な判断はできる筈なんだ。

ここでは、生活の維持、産業復興、そして「愛国心」が混然一体となっていたことがうかがえる。

当時の生活の苦しさについて、郵政労働者の労組である全逓（全逓信労働組合）の委員長になった宝樹文彦は、こう回想している。一九二〇年生まれの宝樹は、一九四六年一月に軍隊から復員し、復職して郵便局で働き始めた。しかし月給は七五円だったのに対し、闇市場でコメ一升（一・八リットル）が六五円だった。「これでは母親と妹を養うことができません」。そのため彼は、自転車で千葉まで通って落花生を買いつけ闇市で売り、郵便局で働くかたわら、「昭和二十一年には三月まで、アメ屋横丁でヤミ屋をやっていた」という。[28]

こうした状況では、経営側も労働者の要求に同情せざるを得なかった。日本鋼管の労務担当だった折井日向（のち同社取締役）は、敗戦直後を回想してこう述べている。[29]

……団体交渉の席上、「工員食堂をみろ、米の顔をみない日は何日続いた。味噌の味もしない汁にダンゴ薯が四つ五つ、これで産業再建の重労働ができるか。物価はあがる。配給ものすら公然と二倍三倍とハネ上がる。日に一合の米が欲しい。買う金が欲しい」などと大声でどなられたりしたが、まったく同じようにロクな物を食べていなかったわれわれとしても、ギリギリの最低生活の苦しさがよく理解できるだけに、経営側の姿勢はとかく受身的にならざるを得なかった。

ここには、職員も工員と共通の生活苦のなかにあったことと、それを背景にした一体感がうかがえる。このことも、混合組合の結成を促した。東大社研の調査では、混合組合にした理由として、「職員も工員も待遇が等しく劣悪である」「職員の労働者層への転落」といった回答が挙がっていた[30]。

戦前の職員は特権層であり、職工との差別は激しかった。それを考えれば、戦前の労働運動で混合組合が広まりえなかったのは、当然のことだった。企業別の混合組合は日本の文化的伝統などではなく、戦争と敗戦による職員の没落を背景として生まれたものだったのである。

また職員のなかには、企業の将来に不安を抱き、敗戦後の混乱のなかで方針を出せない経営者に批判的な者が多かった。これらはしばしば、民主化や経営参加の要求、戦争責任追及などと結びついた。

たとえば千代田生命従業員組合は、会社役員の選任にあたり、「学歴、年齢にとらわれず経営に積極性ある人物」「組合運動に理解ある人格高潔なる人物」といった条件をつけた。国鉄従業員組合準備会は、「無能または反民主主義的幹部の整理」「学閥による昇進の独占反対」「東大法学部閥の粛正」などを要求した。[31] 無能でも学歴で経営幹部に昇進できた戦前の企業秩序は、若手職員から批判を浴びたのである。

敗戦後の混乱のなかで、こうした批判は、生活上の要求と混然となっていた。敗戦後の日立製作所日立工場では、幹部の横流しや不正、一部社員を優遇した物資配給、「私的感情ニ依ル昇給賞与ノ査定」、そして「軍国主義的工員指導」などに対し、「轟々タル非難ノ声」があった。そして一九四六年一月に組合が提出した要求事項には、「差別待遇撤廃」「幹部粛清」「賃金二倍値上げ」「八時間労働制確立」などが並んでいたのである。[32]

こうした「差別待遇撤廃」の象徴的な要求となったのが、「社員」という呼称だった。王子製紙の組合連合会が一九四七年四月の中央経営協議会に出した「身分制度撤廃案」は、以下のようなものだった。[33]

1、職員、工員の名称及差別を廃し一律に社員とすること。
2、社員、準社員、雇員、上級工員、一、二、三級工員制度を撤廃すること。
3、身分制度は一切設けざること。

戦前においては、「社員」とは職員であり、特権層のことだった。戦後の労働運動は、全員を「社員」にすることの要求から始まったのである。

日立製作所でも一九四七年一月には、「社工員の身分を撤廃し新たに所員とする」という労使の協定が成立した。[34] こうした要求はしばしば、日給が一般的だった工員に、職員とおなじく月給制を適用することと並んで掲げられた。

経済学者の遠藤公嗣は、「役職位と学歴にかかわらない企業内の平等処遇が、日本の労働者が理解した戦後民主主義であった」と述べている。[35] 日本の労働者にとっての「戦後民主主義」は、全員を「社員」、すなわち大卒幹部職員と同等に待遇せよという要求として現れたといえる。

年齢と家族数で決まる生活給

とはいえ、企業に三層構造があること、職員の勤務時間がフレックスであること、工員が日給で職員が月給であることなどは、戦前日本に特殊なことではない。

第2章でみたように、アメリカの労働法規の論理でいえば、工員は時間単位で労働を売っているから勤務時間が決まっており、日給や週給が一般的で残業代がつく。だが上級職員は、時間単位で成果を測れる労働をしていないので、勤務がフレックスで月俸や年俸になる。これは賃金を払う原理の違いであって、必ずしも「身分差別」とはいえない。

だが日本の労働者にとっては、職員が月給であること、出勤時間や退出時間が自由であることは、差別としか映らなかった。それは、通用門が違うといった不合理な差別と、一体のものと意識されていたと考えられる。

それでは、職員と工員の区別を撤廃したら、どういう基準で賃金を決めるのか。敗戦後の労働運動は、賃金は生活を維持できる金額であるべきだとして、年齢と扶養家族数で決まる賃金を要求した。これは「生活給」とよばれる。

一九四六年一〇月、電力産業の労働組合である電産協は、「資格、階級制度並ビニ学歴、性別ニ依ル賃金不平等ノ撤廃」を要求した。[36] そして電産協は、成人に必要なカロリー計算にもとづき、電産型賃金とよばれる賃金体系を実現させた。

電産型賃金の最大の特色は、労働者の年齢と扶養家族数で約七割が決まってしまうことだった。つまり、家族もちの中高年に高賃金を払うべきだというコンセプトだった。

図6―1でみるように、電産協が要求した賃金体系は、能力給や勤続給、諸手当もついていた。とはいえそれらの比率は少なく、年齢で決まる本人給と、家族数で決まる家族給が多くを占めていた。

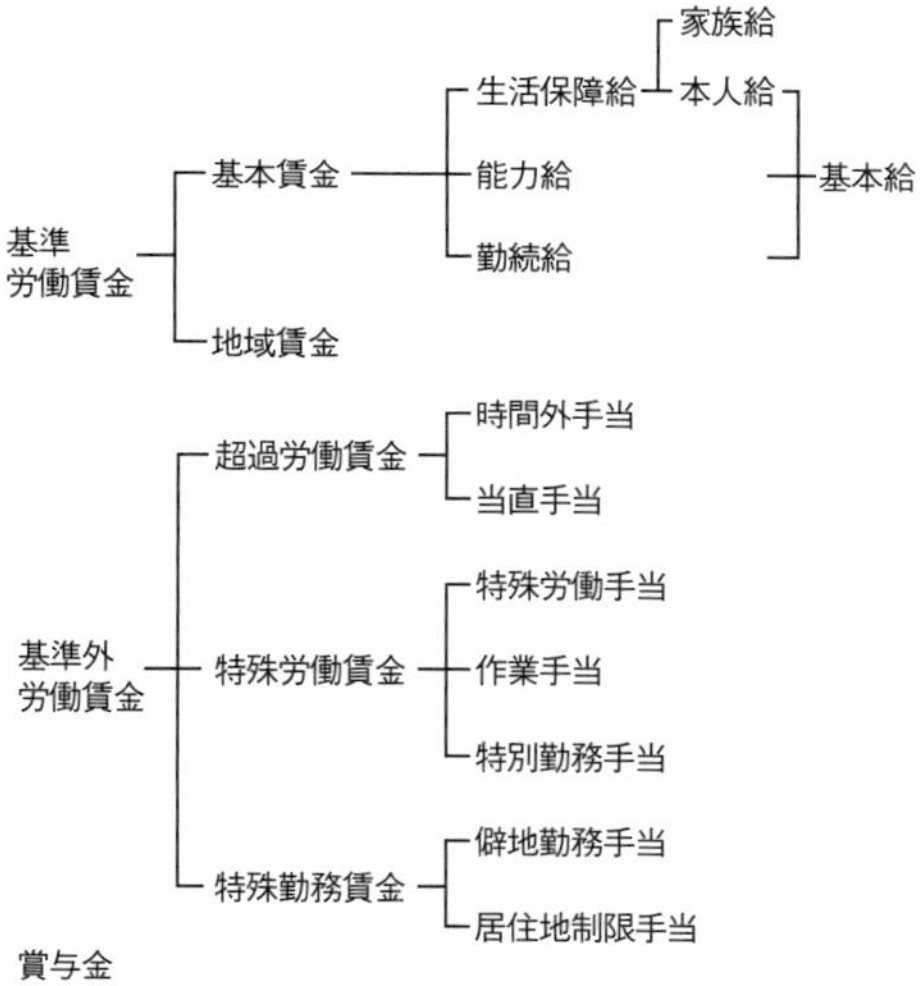

（出典：遠藤公嗣『日本の人事査定』ミネルヴァ書房、1999年、226頁）

図6—1　電産型賃金体系

この電産型賃金は、敗戦後の各地の労組の要求として、広く模倣された。その背景は、当時のインフレと生活苦だった。敗戦直後の飢餓状況では、家族に必要な食料を買うことを基準に賃金を決めることが、当然の要求だと考えられたのである。

生活給という考え方そのものは、戦時期に政府が主張していたことでもあった。戦時インフレで生活が苦しくなったことに対処するため、一九四三年三月に閣議決定された「賃金対策要綱」は、「年齢、勤続年数ニ応ズル基本給制度」を確立して「勤労者ノ生活ノ恒常性」を確保することを掲げていた[37]。賃金統制下にもかかわらず、一九四〇年から家族手当の支給は認められ、家族イデオロギーで正当化された。

とはいえ、生活給がこの時期に定着したとは言いがたい。家族手当は戦時期に普及はしたが、実収賃金の一割程度で推移し、二割を超えることはほとんどなかった。[38] 生活給が広範に実現したのは、戦後の労働運動を通じてだった。

こうした賃金体系が広まった影響を、四国機械工業（のち住友機械工業）に一九四九年に入社した労務担当者は、こう回想している。[39]

社長はまだ四七〜四八でしたけれども、社長の車の運転手が六〇ぐらいで定年を過ぎている人だったんです。この人の給料のほうが社長よりも上だったんですから。全部年齢給でした。職務による賃金に差がないんです。

生存に必要なカロリーという点では、社長の家族と運転手の家族に、差があるはずもない。食べることが最重要だった敗戦後では、能力や職務ではなく、生存を基準にして賃金の差が決まるべきだと考えられたのである。

もっとも上記の労務担当者の回想は、いささか割り引いて読む必要がある。実際には賃金格差は消滅したわけではなく、たとえば国鉄では、敗戦直後でも最上級職と最下級職には約六倍の差があった。[40]とはいえその国鉄でも、戦前にくらべて職員と現場労働者の賃金差が縮小し、生活給の傾向が強まったことは事実だった。

こうした賃金体系は、「年齢の平等」というべきものであった。だが一面においては、これは現場労働者の賃金を、年功型の職員の給与に近づけたものでもあった。

じつは電産型賃金をつくった電産協の組合幹部には、戦前の京都帝大法学部や東北帝大工学部などを卒業した職員や技術者たちがいた。こうした高学歴の職員の間には、中年になったとき家族を扶養できる年功型の給与が、戦前から広まっていた。

だが戦前の労働者の賃金は、必ずしも男性一人で家計を維持できるほど高くはなかった。経済学者の野村正實は、男性の賃金だけで家族が養われるべきだという理念が、電産型賃金という形で、高学歴の組合リーダーから広められたのではないかと述べている。[41]

こうした現象は、戦後日本の労働組合が、職員・工員の混合組合だったから起きた現象であった。ドイツやフランスでは、職員は独自の組合をつくり、労働者よりも好待遇を要求した。しかし日本では、職員組合の発達が弱かったうえ、敗戦後は職員も工員も生活苦に悩まされていた。こうした条件のもとで、混合組合と生活給が広まり、労働者の待遇が職員に近づいていったのである。

軍隊経験の影響

そして敗戦後の労働運動について、踏まえておかねばならないことがある。軍隊経験の影響だ。

敗戦後の労働運動を担った人々は、その多くが兵役経験者であり、復員兵であった。自身も復員兵だった宝樹文彦は、一九四六年五月に帝国劇場で開かれた全逓の結成大会に参加した時のことを、こう回想している[42]。

〔帝国劇場に〕入って驚きました。そこに集まった人間の服装は、と言えば、ほとんどが軍隊の戦闘帽を被った人、雑のうを背負った人、兵隊の水筒を腰につけた人、履いている靴は軍靴、着ているのは軍服、海軍の水兵服を着ている人もいます。もっといいのは、航空隊の上等な飛行服を着た人もいる。

軍服姿が多かった理由は、物資不足だけではなく、軍服が一種の礼服と考えられていたからでもあった。宝樹によると、郵政労働者でもスーツを持っていた者は「結成大会だということで、ピシッと服を着込んで、ネクタイを締めてきている人もいました」が、「私たちのような、兵隊あがりの若い者は、背広も持っていないし、兵隊の服を着て行った」という。

こうした当時の労働者たちは、軍隊や愛国心に、アンビヴァレントな感情を抱いていた。前述のように、電産協の委員たちは、「愛国心」「産業復興」を唱えながら生活給を要求した。だが同時に、同じ委員が、「戦争中、愛国心の空念仏を唱えさせたのは誰だ。愛国心愛国心と言って、国民を死地に押込めたじゃないか」と述べていた。[43] 戦争中のスローガンや振る舞いは、彼らにとって愛憎双方の対象として、深く身についたものだったのである。

そのため当時の労働運動は、戦争反対や平和主義を掲げながら、奇妙に軍隊じみた行動が多かった。戦前のマルクス主義者だった荒畑寒村は、敗戦直後に関東金属労働組合の初代委員長になったが、「私が歴訪したうちの品川の大きな工場では、従業員が隊伍を組み歩調をとって整列し、引率者が『委員長どのに敬礼！』という号令で一斉におじぎをした」と回想している。[44]

このような形で、労働者に根付いていた軍隊の慣習は、電産型賃金の交渉にも影響した形跡がある。それは、人事考課の項目だった。

前述したように、電産型賃金は年齢で決まる本人給と、家族数で決まる家族給を中心としていた。しかしそこには、比率は低かったが「能力給」も入っていた。そして一九四六年一〇月の組合側の要求では、能力給は「各人ノ技術、能力、経験、学識等ヲ総合加味」して査定することになっていた。[45]

そしてこの四項目は、第5章で紹介した海軍の考課表の評価項目と酷似していた。海軍の考課では、「技能」の評価として、「(イ) 智能 (ロ) 識見 (ハ) 技量 (ニ) 学識 (ホ) 経験 (ヘ) 実行力」を総合することになっていたのである。

当時の組合側が、なぜこうした査定項目で「能力」を計測することを要求したのかは、明らかでない。当時の組合幹部は、「概念的な考え方だけで、具体的な査定の方法はなにももっていなかった」と後年に述べている。[46] この過程を調査した遠藤公嗣も、残された資料には「これらの定義も測定方法も述べられていない」としていた。[47]

とはいえ当時の人々は、陸海軍で部下を持つ立場になっていたならば、こうした規定に沿って考課(考科)表を書いた経験があった。とくに高等教育を受けた者は、戦争中の幹部不足のため、予備士官に任命されることが多かった。そうした人々が、復員して労働組合に入り、あるいは企業の労務担当になっていたのである。

遠藤は、日本軍からの影響の可能性については述べていない。彼が挙げているのは、アメリカ陸軍の人物評価法の影響である。[48]

第5章で述べたように、人物の性格を評価する評定法は、第一次世界大戦時のアメリカ陸軍で採用され、将校要員の選抜に活用された。一九二〇年に日本の心理学者がこの評定法を米軍将校評定法として日本に紹介し、さらに産業能率研究所の研究員などに広まった。

そして一九四六年一〇月、戦前にアメリカの人物評定法を紹介していた日本能率連合会常務理事が、『米国文官能率評定法』という冊子を発刊した。そして電産型賃金の交渉過程において、当時の関係者たちが出版されたばかりのこの本を参考にしたのである。

とはいえそれは一九四七年春になってからのことで、四六年一〇月の「各人ノ技術、能力、経験、学識等ヲ総合加味」という最初の要求が、どこから来たのかは不明である。当時の日本企業では、体系だった人事考課や査定制度は未整備で、誰もが模索状態だった。おそらく、さまざまな影響が複合的に作用したなかで、日本軍や米軍の考課方法が、戦後日本企業の査定項目に反映したのだと考えられる。

だが当初の時点では、査定の対象となる能力給は、その比率も小さかった。だが後述するように、経営側の巻き返しがおきると、最初は小さかった能力給の比率が増えていくことになる。

いずれにせよ、こうして戦争と民主化を経て、一つの秩序ができた。それは「社員」を平等に待遇し、年齢と家族数で賃金が決まる秩序だった。「能力」による査定も含まれていたが、その比率はまだ小さかった。こうして、すべての「社員」が年功賃金をうける日本型雇用が、戦争と民主化のなかで準備されていったのである。

日本型の「紛れのないルール」

とはいえ敗戦後にできた秩序は、その後の日本型雇用とは異なってもいた。違いの一つは、勤続年数の評価である。じつは電産型賃金体系で重視されていたのは年齢と家族数で、勤続年数の比重は大きくなかった。

経済学者の西成田豊は、一九四六年には、男女とも勤続年数ではなく、年齢で賃金が上昇していたことを指摘している[49](図6―2)。また敗戦後の一時期は、敗戦の打撃が大きかった大工場よりも、小回りがきく中小工場の方が民需転換や操業再開が早く、操業率や賃金も高い傾向があり、企業間賃金格差は事実上消滅していた[50]。誰もが生存ぎりぎりの状態だったこの時期は、企業規模を問わず、年齢で賃金が決まる生活給の傾向が強かったといえる。

こうした事情は、政府の統計のとり方にも影響していた。一九四六年六月の『賃金調査報告――厚生省臨時勤労者給与調査』では、年齢と賃金の相関しか調べておらず、勤続年

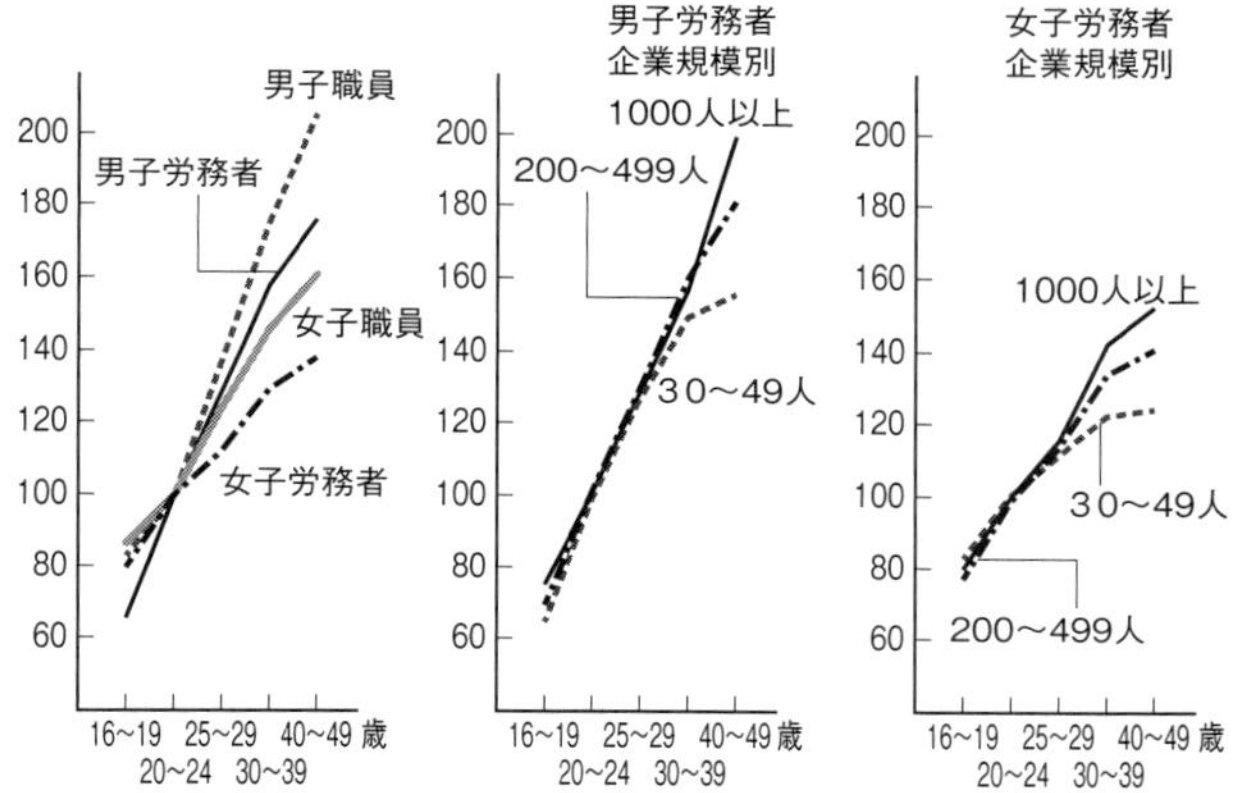

資料：中央労働学園『賃金調査報告—厚生省臨時勤労者給与調査—』1946年6月調査。
（注）工業労働者233,971人についての調査。50歳以上は調査の対象に入っていない。
（出典：西成田豊「日本的労使関係の史的展開（下）」『一橋論叢』第114巻6号、1995年、18頁）

図6—2　年齢別賃金（1946年、20～24歳＝100）

数のデータがなかった。西成田によると、政府の賃金調査が勤続年数を重視するようになるのは、一九五〇年代になってからである。[51]

この傾向は、一九六五年になっても残っていた。西成田がこの年の「賃金構造基本統計調査」から作成した次頁の図6—3をみると、男性職員は勤続年数がゼロでも、年齢によって賃金が上がっていたことがわかる。ただし女性労務者はすでに生活給の体系から外れており、男性職員も勤続〇年と勤続二〇〜二九年では三〇%の賃金差がついていた。[52] とはいえ、勤続年数ゼロでも右肩上がりの男性職員の賃金グラフは、敗戦後の生活給がどのようなもの

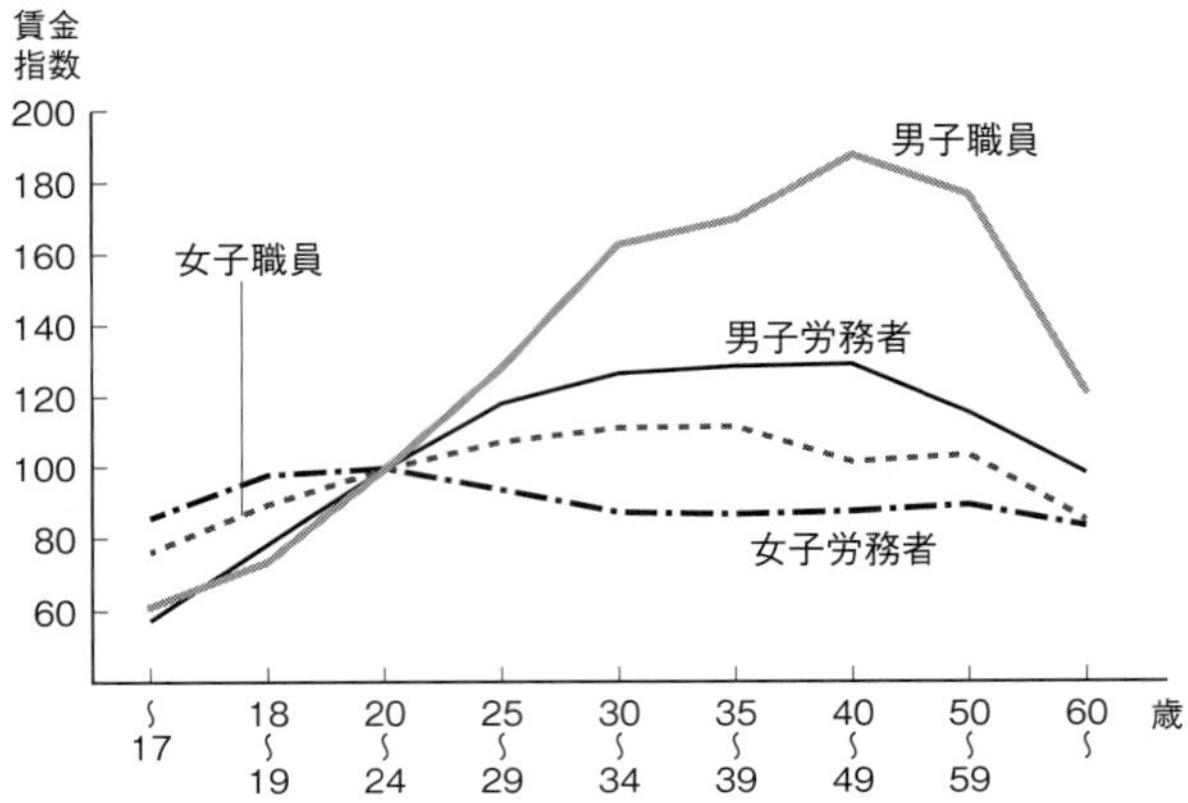

資料：労働大臣官房労働統計調査部『賃金構造基本統計調査報告』1965年、第1巻。
（注）20〜24歳を100とした指数
（出典：西成田豊「日本的労使関係の史的展開（下）」17頁）

図6—3　年齢と賃金の相関（1965年、製造業、勤続0年）

だったかを示しているといえよう。

勤続年数を重視しない点は、その後の日本型雇用とは異なる。またこのことは、組合と経営の力関係に関わっていた。

賃金は、経営者と労働者の交渉で決まる。総じて経営者は、経営側の裁量の範囲を広げようとする。場合によっては、経営者が気に入った労働者を、厚遇しようとするかもしれない。

それに対し労働者側は、経営の裁量をできるだけ狭めようとする。そのさい有効なのは、ルールを明確化することだ。たとえばアメリカの労働運動がそうしたように、職務記述や査定基準を明示するよう要求すれば、人種差別や性差別を防ぐことができる。

敗戦後の日本の労働組合は、職務記述の明示などは要求しなかった。だが年齢や家族数は、経営の裁量で変えられない客観的指標だった。それは勤続年数とは無関係で、中途採用者が不利にならない企業横断的な指標ですらあった。

そして年齢の重視は、欧米の労働組合も、先任権などの形で経営側に要求していたことだった。つまり当時の日本の労働運動もまた、経営者の裁量を狭め、明示的なルールを導入しようとしていたともいえる。

これに限らず当時の労働運動は、経営の裁量を狭めようとする志向が強かった。敗戦直後に労使間で結ばれた労働協約には、採用、解雇、転勤、昇進、賞罰など広範囲の事項について、組合の同意を義務づけたものが多かった。労働現場における組合の支配力は強く、たとえば一九五三年の大争議以前の日産自動車では、日産労組(全自動車・日産分会)が賃金、昇進、生産ラインのスピード、職務の配分などを決めていた。[53]

現在の目から見れば、これは行きすぎのようにもみえる。だがこれは、戦前の職場秩序が、経営や職長の独裁に近かったことへの反動でもあった。

たとえば戦前の炭鉱では、賃金は出来高払いが多かった。しかし出来高は、採取が楽な鉱脈に配置されれば上がりやすいし、危険な鉱脈に配置されれば上がりにくい。戦前では、どの鉱脈に誰を配置するかは、職制の権限で決められていた。これが職員や職長の権力の源であり、労働者の憎悪の的でもあった。

それに対し戦後の労働組合は、職場のルールを確立しようとした。三井三池炭鉱労組の職場委員会は、職務の配置、出来高賃金の規制、坑内の安全確保などについて発言権を確保した。[54] その目的は「我々を搾取しようとする独善的な動きを是正すること」であり、「正常な労働の提供は当然であるし、一般的作業指示を拒否したり、怠けたりすることが目的でないことは言うまでもない」と組合側は説明していた。[55] こうした労働者による職場制御は、第3章でみたように、他国にもみられたものだった。

労働研究では、経営の恣意を排した職場秩序を「紛れのないルール」と呼ぶ。敗戦後の日本の労働運動は、人事や昇進、安全管理、賃金などで「紛れのないルール」を志向していた。査定項目の明確化や、年齢と家族構成で決まる生活給も、その一つであったといえるだろう。そして生活給は、職員と労働者の格差を縮める「社員の平等」でもあったが、企業横断的な「年齢の平等」という側面も持っていたのである。

持続した三層構造

しかし旧来の三層構造は、簡単にはなくならなかった。名称が「社員」に統一され、賃金が生活給の傾向を強めても、秩序そのものは残っていた。

たとえば日立製作所の経営陣は、一九四七年一月に「社工員の身分を撤廃」することを宣言した。ところがその後に経営側が提案した新秩序は、社内を「職能」で区分するというものだった。具体的には、まず「智能労働」と「筋肉労働」に二分し、さらに智能労働を「企画」と「執務」に分けるという秩序だった。これは旧来の三層構造を維持するに等しかったため、組合側は「身分臭濃厚で納得し難い」と反発した。[56]

同様の動きが、王子製紙でもあった。一九四七年四月に組合連合会は「一律に社員とすること」を要求したが、会社側は「職能制度」を主張した。その職能制度は、まず全体を「業務員」と「生産員」にわけ、さらに業務員を「事務員」と「現務員」にわけたものだった。結局この提案が実現したが、交渉で組合側は「身分制への再転落・復活化の防止を力説」した。[57]

経営の巻き返しは、一九四九年から顕著になった。GHQ顧問として一九四九年二月に来日したジョセフ・ドッジの勧告で、重要産業への各種補助金が廃止された。この政策でインフレは止まったが、デフレ不況が訪れ、大企業での解雇があいついだ。一九四九年から五〇年に各社が通告した整理人員数は、東芝が現在人員の二一%、日本電気が三五%、日立製作所が一七%、日産自動車が二三%、トヨタ自動車が二一%などに及んだ。[58]

さらに一九四九年六月には労働組合法が改正になり、敗戦後の労働協約の多くは無効になった。経営側は「経営権」の回復をうたい、人事や昇進、解雇などの決定権を取り戻すことをめざした。

こうした背景のもと、一九四〇年代末から一九五〇年代には、大規模な争議とストライキが相次いだ。一九四九年四月にトヨタ自動車に入社した上坂冬子は、一九五〇年の争議の様子を、こう回想している。[59]

社員食堂で、蒸したサツマイモが一人三個ずつ配られたあの時代にさらに職を失うということになると人々の不安は一通りではない。「合理化案」が発表されると同時に、鍛造工場、鋳物工場のあたりからナッパ服の人々が文字通り怒濤の如く二階建の事務所めがけて押し寄せた。正面玄関の植込みの松の木によじ登って赤旗をなびかせつつインターを歌いつづけたのは、事務所の二階で行われていた労使交渉応援のためである。当時、交渉の山場にさしかかると組合側は「イエスか、ノウか」とせまりつつテーブルの上の灰皿をやにわに経営側になげつけたりしたと伝えられている。申すまでもなくかつてシンガポール攻略に成功した山下奉文大将の〔敵将に降伏を迫ったさいの〕科白の乱用であった。

しかし一連の争議は、職員をはじめとした離反者が第二組合を設立し、第一組合が孤立して敗北するパターンをたどった。[60] 敗戦直後の生活苦のなかでは結束していた職員と工員が、インフレの終息とともに結束が崩れ、混合組合の弱点を露呈させたともいえる。

こうして経営側が人事権などをとりもどすとともに、旧秩序への揺り戻しがおきた。たとえば日立製作所では、一九五〇年一一月に職群制度が導入された。これは全従業員を企画職・執務職・直接現業職の三つに大きく分け、そこに運転や荷造りなどの間接現業職、医務や調理などの特務職などを加えたものだった。日立製作所の勤労部長は一九五八年に、「皆の感じ方として、企画職が昔の社員、執務職が準社員、そうして現業職という感じを持っておる」と述べた。[61]

また八幡製鉄は一九五三年四月に、事務職・技術職・作業職の「職分」制度を導入した。勤続年数や勤務成績で昇進の可能性はあったものの、工員が職員になる道は実質的に閉ざされていた。[62] 会社の提案に接した組合員は、期せずして「身分制の復活だ」と叫んだという。[63]

こうした旧秩序の回復は、資格等級の復活も伴っていた。日経連が一九五八年に全国一〇五三社を調査したところ、全体の四七%、三〇〇〇人以上の大企業では六割以上が資格制度を採用していた。[64]関西経営者協会の一九五五年の調査では、会員企業六一社のうち三四社が資格制度を設けており、そのうち一九社は職員と工員で区別していた。[65]
この時期に復活した資格制度は、戦前の制度を多少手直ししたものが多かったようである。

たとえば石川島重工は、敗戦後の労働運動によって「身分制度」を一九四八年に廃止した。しかし会社側は、「これまで長年かかってできている現場慣行」は無視できないと主張し、一九四九年一二月に新たな資格制度を採用した。[66]これを手直しした一九五三年の資格制度では、昇格は図6―4のように規定されていた。これをみると、その基本型は、戦前の制度とほとんど違わないことがわかる。

もっとも労働者たちは、差別の撤廃を要求しながらも、資格の上昇を望んでもいた。それは、学歴差別を批判しながらも、有名大学卒にあこがれることにも似ていた。

たとえば、電産協は一時的に資格制度を撤廃させたが、それはすぐ復活した。しかも電産協幹部の藤川義太郎によれば、「資格、階級制度」の復活は組合員からの要求だった。藤川は、こう証言している。[67]

当時、技術系は技師・技師補、技手・技手補とか、事務系は主事・主事補、書記・書

資格	学歴	年令	現資格年数	卒業後年数
参事			副参事として3年以上	
副参事	大学		主事 〃 3年 〃	
	専門		〃 〃 4年 〃	
主事	大学	36	主事補 〃 3年 〃	14年以上
	専門	40	〃 〃 4年 〃	19年 〃
	準専	44	〃 〃 6年 〃	
	高校・甲実	44	〃 〃 6年 〃	28年以上
	乙実	49	〃 〃 7年 〃	
主事補	大学	33	事務員 技術員 〃 3年 〃	11年以上
	専門	36	〃 〃 5年 〃	15年 〃
	準専	37	〃 〃 5年 〃	19年 〃
	高校・甲実	38	〃 〃 6年 〃	22年 〃
	乙実	42	〃 〃 6年 〃	
	中学・高小	46	〃 〃 7年 〃	
事務員 技術員	大学		事務員補 技術員補 〃 1年 〃	2年以上
	専門	25	〃 〃 2年 〃	3年 〃
	準専	28	〃 〃 2年 〃	8年 〃
	高校・甲実	29	〃 〃 3年 〃	13年 〃
	乙実	32	〃 〃 3年 〃	
	中学・高小	36	〃 〃 5年 〃	
事務員補 技術員補	準専	25	雇員 〃 2年 〃	5年以上
	高校・甲実	25	〃 〃 3年 〃	8年以上
	乙実	28	〃 〃 4年 〃	
	中学・高小	31	〃 〃 5年 〃	

（出典：日経連弘報部編『資格制度の考え方と実際』125頁）

図6—4　石川島重工の資格制度（1953年）

記補という身分・資格がありました。これを撤廃したわけです。出勤簿なども、それまでは職位順だったのを、ぜんぶアイウエオ順に並べ直しましたが、これは一年ぐらいで元に戻りました。というのは、労働者はやはり「資格」が欲しいんです。……
……純粋にたたきあげの労働者ですが、彼は私に「やっぱりオレたちはなにか一つ上の身分になりたいと思って働いているんで、『資格』をなくされると目の前の目標がなくなったような気がする」といっていました。

日立製作所の勤労部長も、こう証言していた。[68]「現業職より執務職の方がいい、執務職は企画職にならなければだめなんだ、企画職になったら赤飯をたいてお祝いするんだという感じがあるんですね」。労働者たちに染みこんでいた旧秩序意識は、根深かったのである。

じつは、石川島重工においても、組合側から一九四九年に「身分制度を撤廃し、資格制度を採用する」ことを提案していた。[69]労働者が資格の上昇に価値を置いていたばかりでなく、大卒職員たちを含んでいた企業内組合としては、学歴と年功を重視する資格制度を提案することも不自然でなかったのかもしれない。

こうして揺り戻した旧秩序には、戦前以来の区分が色濃く残っていた。一九五七年九月に労働省が実施した「給与制度特別調査」によれば、労務者・職員ともに月給制をとる企業は調査総数一五七〇社の二四・九％で、支払形態が異なる企業は五割を超えていた[70]。戦争と敗戦を経ても、三層構造は容易に崩れなかったのである。

労働者まで広がった資格制度

とはいえ、戦前の秩序がそのまま復活したわけではなかった。戦争と民主化を経て進んだ平等化は、そう簡単にゼロに帰さなかったのである。

たとえば、官庁型の官制を採用していた国鉄である。一九四一年の国鉄は、奏任官〇・四％、判任官一五％（判任官待遇の鉄道手を含む）、雇員四四％、傭人四一％の構成だった。それが戦後の一九四六年には、二級官（奏任官から名称変更）〇・六％、三級官（判任官）三一％、雇員六四％、見習雇員（傭人）三％となった[71]。

つまり三層構造は維持されていたものの、全体に一段階ずつ上がり、平等化が進んだのである。たとえ構造そのものは変わらなくても、個々の労働者たちにとっては大きな変化だった。

一九四〇年代から五〇年代の一連の大争議で、経営側は、敗戦直後に失った経営権をとりもどした。しかし長期の大争議は、しばしば数ヵ月から一年近くもの操業停止を招き、企業に大きな損失をもたらした。職場に敵対意識が残ったり、労務担当者が苦い経験をした例も多かった。

こうした経緯のあと、一九六三年の日経連第一六回総会は、総会文書でこう述べた[72]。「戦後一八年を通じて労使は双方共に尊い体験を経て今日に至った。労使の階級対立感、政治闘争偏重主義、組合に対する偏見等がいかに労使関係ならびに社会秩序の混乱を数多く招いてきたかを身をもって経験した」。

一連の大争議を経たあと、教訓を学んだ経営側は、労働組合と妥協する道を選んだ。そうして定着していったのは、解雇に慎重であることと、定期的な昇給を行なうことだった。これらは実質的には、戦前には職員に限られていた長期雇用と年功賃金を、現場労働者レベルに拡大することを意味した。

そして、一九五〇年代に導入された資格制度も、戦前とは異なる特徴を持っていた。それは、現場労働者にも資格等級を付与したものが少なくなかったことである。

戦前には、企業の「社員」である職員には資格が付されていたが、職工にはそうしたものはなかった。また一九一九年の三菱の使用人進級内規では、「正員」には役名（「管事」「主事」など）があったが、「准員」は金額と等級があるだけで役名はなかった[73]。

しかし第4章で述べたように、戦前の職工たちも、自分たちの賃金額を事実上の等級と

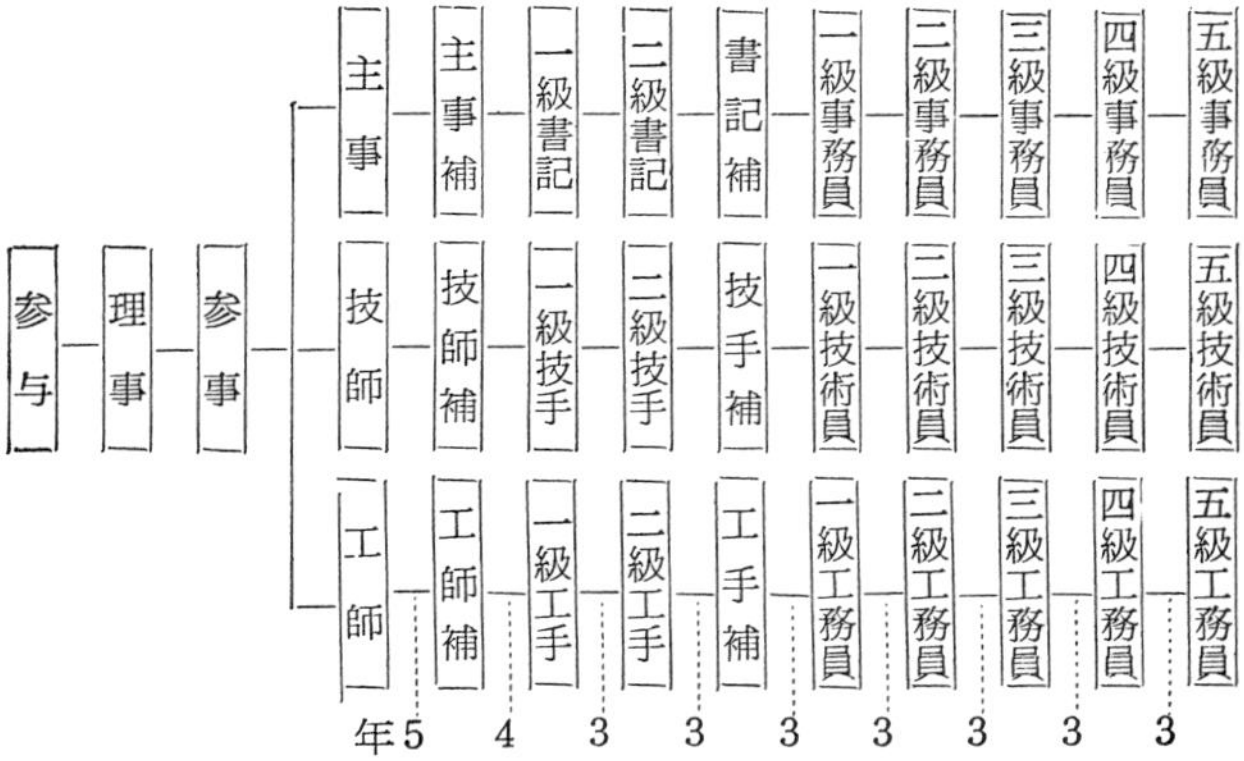

(出典：日経連弘報部編『資格制度の考え方と実際』145頁)

図6—5　日本軽金属が1953年に導入した資格制度

みなす習慣があった。そのため戦前にも、企業が職工を賃金額で格付けし、「一級職工」「二級職工」などと分類する慣行ができていた。[74]

とはいえ戦前のほとんどの企業では、職工から職員に昇進するルートはなかった。敗戦後の労働運動が資格制度の撤廃を要求したのは、このためでもあった。

しかし一九五〇年代に導入された資格制度は、それとは異なったものだった。この時期の資格制度には、八幡製鉄の一九五三年の職分制度のように、ブルーカラーの「作業員」にはまったく資格が付されないものもあった。[75]だが一方で、形式的にせよ、工員と職員に同等の資格をあたえ、工員でも幹部まで昇進できることを示唆したものも少なくなかったのである。

たとえば一九五三年に日本軽金属が導入した

資格制度は、図6―5のようなものだった。これは、旧来の職工である「工務員」も、旧来の職員である「事務員」「技術員」も、並列して資格を付与している。また工務員であっても、参事にまで昇格できる可能性を制度的に設けていた。

もっとも、この図が示す昇格に必要な勤続年数を数えると、五級工務員で採用された者が参事まで昇格するには最低でも三〇年かかる。そして就業規則には、「初任資格」は「学歴を尊重」することになっており、一五歳（中卒）で入社するものは五級、一八歳（高卒）は四級、二二歳（大卒）で入社する者は二級が初任資格となっていた。[76] それを考えれば、実質的には工員が幹部に昇進する可能性は低く、大卒者が圧倒的に有利だった。

だがそうであっても、戦前の制度にくらべれば、形式だけでも工員と職員が同等であるかのような資格がついたことは、大きな変化であった。そしてこれは、戦前には職員の特権だった年功による昇進と昇給を、工員たちに拡張することでもあった。

なおこの日本軽金属の資格制度は、一九六〇年九月の労働協約改正で改められ、「事務員」と「技術員」の二系列になった。工員たちを中心とした労働組合との協約で、「工務員」を廃止して「技術員」に合体させたのである。

そうした意味では、資格制度が導入されたとはいえ、いやむしろ導入という形をとって、着実に「社員の平等」は進んでいた。日本軽金属の労務担当者は、「二系列を総合した適当な資格名が表示できるならば、これを一本の系列にしたいと考えている」と一九六〇年に述べていた。[77] そのような、全員を「社員」として資格を付与する制度は、第7章で述べるように六〇年代後半に実現していくことになる。

「能力」としての勤続年数

こうした経緯のなかで定着していったのが、勤続年数重視の傾向だった。

経営側は敗戦後の生活給を見直し、人事査定で賃金を決めることをめざした。だが労働側は、戦前のような恣意的な査定や、学歴による不利な扱いを嫌った。

その妥協点として浮上したのが、勤続年数だった。なぜなら勤続年数は経営側にとって、企業での熟練度と関係する点で、年齢や家族数よりも好ましかった。そして労働側にとって勤続年数は、経営の裁量では変えられない指標であると同時に、戦前の職員なみの年功給を実現する手段にもなりえたのである。

経営側と労働側のせめぎあいのなかで、勤続年数が妥協点になっていった経緯は、国鉄の賃金決定にみることができる。

一九四七年四月、労使交渉の結果として、国鉄や郵政公社など官公労働者の賃金体系が図6—6のようになることが妥結した。基本賃金は三つの部分、すなわち年齢で決まる本

<table>
<tr><td rowspan="4">基準
労働賃金</td><td rowspan="3">基本賃金</td><td rowspan="2">生活保証金
保証給</td><td colspan="2">家族給</td></tr>
<tr><td>本人給（年齢給）</td><td rowspan="2">基本給</td></tr>
<tr><td colspan="2">能力給</td></tr>
<tr><td>地域賃金</td><td colspan="3">都市給・寒冷地給</td></tr>
</table>

（出典：禹宗杬『「身分の取引」と日本の雇用慣行』日本経済評論社、2003年、145頁）

図6―6　官公職員待遇改善委員会の合意案（1947年4月）

人給、家族数で決まる家族給、そして能力評価で決まる能力給から構成されていた。[78] これは、生活給である電産型賃金とほぼ同じ構成だったが、能力給の比重が増していた。

そして議論になったのは、「能力」をどう評価するかであった。「能力」を教育程度で測るのか、経験や熟練で測るのかが、問題になったのである。

一九四七年八月、国鉄当局は職務評価を行なう職能代表者会議で、「一　教育、二　経験、三　創造性又は器用さ」を重視する提案を出した。[79]「教育」と「創造性」を高く評価するとは、学歴の高い職員に高賃金を払うことにほかならない。

ところが労働側の対案は、「一　経験、二　訓練、三　努力」「一　どの程度の熟練を必要とするか、二　一人前になる迄の期間、三　最高どの程度の努力が要るか」といったものだった。[80] つまり労働側は、中高年の現場労働者が有利になる「経験」や「努力」を評価せよと主張したのである。

労使の交渉は難航し、賃金体系そのものも変更になったが、その過程で労働側は、勤続年数を評価に含めることを主張するようになった。勤続年数は「経験」と同じく、中高年の現場労働者に有利な指標だったのである。

一九四八年一一月、国鉄労働組合は「能力は勤続年数に比例する」という見解をとった。熟練度を能力と考えれば、それは勤続年数とイコールだという論法だった。この交渉過程を研究した禹宗杬は、「勤続を能力に解釈替えしたのは、それを通じてのみホワイトカラー並みの年功カーブが享受できると判断したからであった」と評している。[81]

もともと生活給は、敗戦後の生活苦に対応するものだったと同時に、職員の特権だった年功給を労働者にまで拡げるものでもあった。経営側の巻き返しがあったとき、労働者側は勤続年数を能力の指標だと主張することで、生活給の達成を維持しようとしたともいえる。

それと同時に、これは資格制度の揺り戻しとも合致していた。禹宗杬は、当時の国鉄において勤続年数が評価に加えられたのは、「戦前判任官への登用資格が基本的に『学歴＋勤続年数』の形態をとっていた」ことの応用でもあったと述べている。[82] すなわち勤続年数の重視は、戦前の官庁型秩序になじんでいた労使双方にとって、受け入れやすいものだったのである。

「同一労働同一賃金」と「経験年数」

こうしたなかにあって、一九五二年の日産自動車労組においては、「同一労働同一賃金」の原則と、「経験年数」を評価せよという要求が混在していた。この経緯は、注目に値する。

一九五二年夏、自動車産業の産業別労働組合であった全日本自動車産業労働組合（全自）は、賃金三原則を打ち出した。このうち第二原則では同一労働同一賃金をうたい、「年齢が低く家族が少ないからという理由で、賃金を低く抑えてはならない」「男女の別、国籍、その他の理由で、賃金の差別をつけてはならない」とうたっていた。そして第三原則では、この原則を「自動車産業共通の原則として、企業のワクをこえて貫かれるべきものである」としていた。[83]

本章でも後述するように、敗戦後に占領軍が職務給を奨励し、同一労働同一賃金の原則はそれなりに知られるようになっていた。日本の労働組合も、これに学ぼうとする傾向が存在したのである。

それにもかかわらず、一九五二年九月の日産自動車の賃上闘争において、組合側は、各人の賃金差は「経験年数」で測られる熟練度によって決まるべきだと要求した。しかもここでの「経験年数」は、年齢や家族数も暗黙に加味したものとなっていた。組合側は、経験ゼロ年の「未熟練労働」が「独身者の生活を保証するに足る賃金」、経験八年の「中級熟練」が「本人、妻、子供一人を養いうる最低生活費を保証する賃金」という形を想定していたのである。[84]

つまり日産労組(全自日産分会)は、同一労働同一賃金を掲げながら、年齢と家族数で賃金が上がるように「経験年数」を設定した要求を出した。なぜそのような、一見すると矛盾した要求になったのだろうか。

じつは全自の賃金三原則のうち、第一原則は「たとえ技能が低くとも、どんな企業でどんな仕事をしていても職場で働いている限り、人間らしい生活をして、家族を養い労働を続けうるだけの賃金を、実働七時間の中で確保する」ことを掲げていた。つまり、第二原則と第三原則では企業を超えた同一労働同一賃金をうたっていた一方で、第一原則では生活給を要求していたのである。

敗戦直後のインフレは脱したとはいえ、生活はまだ貧しかった。アメリカの労働運動が同一労働同一賃金を掲げていることは知られてはいても、当時の日本にそれを機械的に適用したら、全員が低賃金になってしまう可能性もあった。そこで第一原則として、家計を維持できるだけの賃金を要求するという原則を設けざるを得ない状況があったのである。

そして、同一労働同一賃金と生活給という二つの原理を、いわば妥協させる地点となったのが「経験年数」だった。全自の第二原則も、性別や国籍、年齢による差別は排除しながら、その労働者が就いている職務の「労働の強度」「仕事の難易」「熟練度の高低」による賃金差は認めていた。そして、「経験年数」は熟練度を反映していると考えられたのである。[85]

こうした「経験年数」の組み込み方は、ブルーカラーの現場労働者たちの声を反映したものでもあった。一九五二年一一月の機関紙『全自動車』は、職場討論でのホワイトカラー（A）とブルーカラー（B）の議論をこう記している。[86]

A　今度の賃上要求の賃金格差の物指しが経験年数一本だということは、やはり心細いよ。技能格差、発揮能力はあるのだ。これが要素になってよい。……

B　君は学校出だからよくわからないかもしれないがね！　経験とは朝お日様がでて夕方日が没する。これで一日。一日が三六五で一年。さういう簡単なものではない。寒い時、暑い後、空襲、油で手が切れそうな時もある。いやなことをいわれて歯を食いしばったこともある。そうなんだ。それが経験なんだ。その中に技能も発揮能力もあるんだ。……君がそれほど経験がわからなければ、君の身体に経験というイレズミをしてやろうか。

もっとも当時の日本企業は、まだ後年ほど均質な集団ではなかった。日産労組が、勤続年数ではなく「経験年数」という表現をとったのは、他企業を経て入った労働者が多かったことや、兵役で勤続年数が短くなった者に配慮したためだったようである。

経済学者の吉田誠は、一九五二年の日産自動車における交渉過程を調査し、鋳造型仕上班の職場委員が保存していた一七名分の労働者の意見書を紹介している。それによると、一七名のうち一一名が社外勤務経験があった。また「復員がおくれたばっかりに、兵役に関係ない人、又早く復員した者と比較して賃金に相当ひらきがある」といった声もあった。[87]

吉田によると、兵役や在学期間、他社での経験などを「経験年数」にどうカウントするかは、日産労組内でも固まっていなかったという。[88] 全自が掲げていた第三原則は、前述のように「企業のワクをこえて」第一・第二原則を適用すべきだというものだったが、これは当時の自動車産業労働者が、現在よりも企業を越えて移動していた事情も反映していたかもしれない。

このような揺らぎを含みながらも、敗戦後の年齢重視の生活給は、勤続年数重視の年功賃金に近づいていった。第8章で述べるが、じつは日本の正社員給与は、二一世紀になっても基本体系としては一九五〇年代のまま ともいえる。ただし時代を経るほど、査定で決まる能力給の比重があがり、さらに勤続年数よりも「成果」その他の比重が増していった。とはいえ体系そのものの原型は、一九五〇年代にほぼ固まったとさえいえる。

つまり戦後の年功賃金は、いくつもの影響が合流して形成されたものであった。まず、戦前の職員の年功型俸給が、めざすべき目標として存在した。つぎに、敗戦後の労働運動で獲得された生活給が、年齢による賃金をもたらした。そして、経営側の巻き返しと労働側の対抗の妥協で、勤続年数を能力評価に含めた年功賃金ができあがったのである。

年功給の内部と外部

だが勤続年数は、年齢で決まる生活給とは異なり、特定の企業の勤続年数に左右される。そして一九五〇年代以降、とくに女性が、その外部に位置づけられていった。

西成田豊は、そのことを統計的に示している。一九四六年では、男女ともに年齢で賃金が上昇していた。だが一九五四年になると、男性は年齢と勤続年数の双方で賃金が上がるようになり、女性は年齢では賃金が上がらなくなった。

そうした状況を反映してか、一九五〇年代になると、政府の賃金調査が勤続年数を重視するようになった。一九五四年の労働省『職種別等賃金実態調査・個人別賃金調査結果報

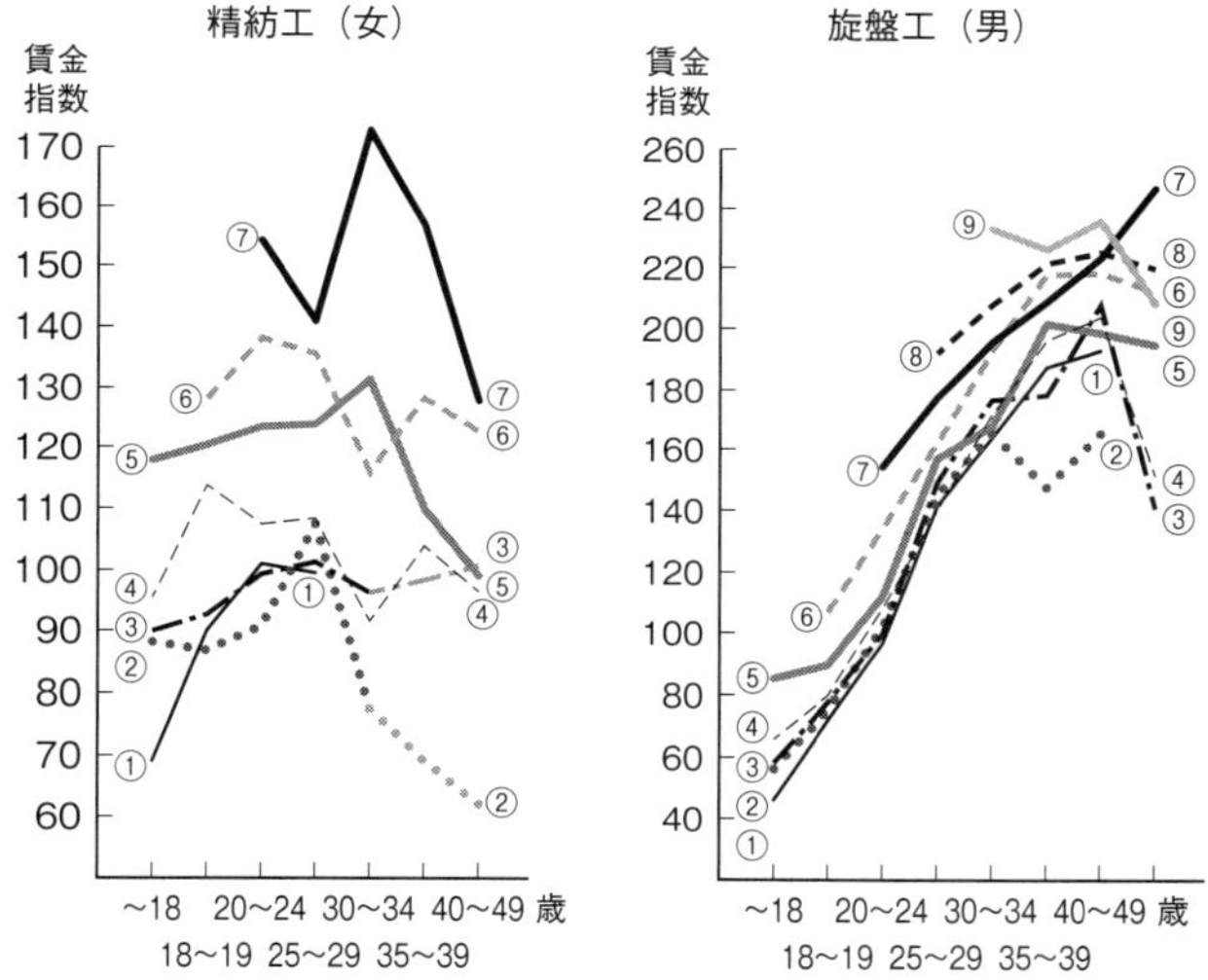

資料：労働省労働統計調査部『職種別等賃金実態調査・個人別賃金調査結果報告書』1954年、第2巻、第4巻より作成。
（注）①勤続年数または経験年数6ヵ月未満、②同6ヵ月以上1年未満、③同1年以上2年未満、④同2年以上3年未満、⑤同3年以上5年未満、⑥同5年以上10年未満、⑦同10年以上15年未満、⑧同15年以上20年未満、⑨同20年以上30年未満、グラフは20～24歳で勤続年数または経験年数1年以上2年未満の賃金を100として指数化したもの。
（出典：西成田豊「日本的労使関係の史的展開（下）」20頁）

図6—7　年齢別勤続年数別賃金（1954年）

告書』をもとに、西成田が旋盤工（男性）と精紡工（女性）の賃金をグラフにしたのが図6—7である。[89] これをみると、男性は年齢と勤続年数の両方で賃金が上昇している。それに対し、女性は年齢では賃金があがらず、勤続年数だけが影響していたことがわかる。

　つまり男性の旋盤工は、年齢で決まる生活給の性格を残しながら、勤続年数の影響が増していた。しかし女性の精紡工は、すでに生活給の対象から外されており、年齢では賃金が上がらなくなっていた。しかし彼女たちは出来高払いが多く、そのため勤続年数で決まる企業内の熟練度によって、賃金が上がっていたのである。

　前述のように、一九四六年の電産協は「性別ニ依ル賃金不平等ノ撤廃」を主張してはいた。しかし一方で、労働組合が組合書記の賃金に男女格差を設け、組合リーダーが「女子の賃金が男子にくらべて低いのは、日本の社会通念ではないか」と主張した例まであったのが当時の現実であった。[90] 電産型賃金が、男性稼ぎ主モデルの家族形態を前提にしたものでもあったことは、前述したとおりである。

　ここで、第4章で紹介したアベグレンの調査を想起されたい。アベグレンが調査した一九五五年の大企業では、三層構造は厳然として残っていた。しかし同時に、工員にまで長期雇用や年功賃金が及んでおり、勤続年数で賃金が上がっていた。そして同時に、女性はそうした「終生のコミットメント」から排除されていたのである。

　戦前においては、長期雇用や年功賃金は職工には適用されていなかった。アベグレンが調査した企業秩序は、その点で戦前の秩序とは大きく違っていた。しかし三層構造が明確に残っている点で、高度成長後の日本型雇用とも異なっていた。さらに、賃金決定での勤続年数の比重が高まっていた点で、敗戦直後の生活給とも異なっていた。

つまりアベグレンがみたのは、一九五五年の時点における、日本企業のスナップショットであった。それは戦前の三層構造を残しながら、「社員の平等」が大幅に拡張しつつあったという、過渡的状態だったのである。

二重構造論の出現

だがこの時期には、そうした「社員の平等」を達成していたのは、おもに大企業だった。前述のように敗戦後の一時期は、中小企業の方が大工場よりも、操業率や賃金が高い傾向すらあった。だがそうした時期がすぎた一九五〇年代には、企業規模による賃金格差が広がっていた。

企業規模による賃金の格差は、戦前からあったとされている。[91] しかし、それが社会的な問題として注目され話題になったのは、一九五〇年代後半のことだった。

第2章で述べたように、アメリカやヨーロッパでは、企業規模による賃金格差は重要な話題ではない。職務や職種による賃金格差の方が重要だからである。

また戦前の日本でも、このテーマは、さほど話題とならなかった。戦前にも大企業と中小企業の賃金差はあったが、それよりも大企業内の職員と現場労働者の賃金差が明白だったことが、一因だったと考えられる。

だが戦後日本では、職員と現場労働者が混合組合に加入し、組合がある企業内では「社員の平等」があるていど達成された。だが企業別労働組合は、企業間の格差には交渉力がなかった。そうした背景のもと、大企業と中小企業の賃金格差が、一九五〇年代半ばに問題として意識されるようになったのである。

その学問的な表れが、二重構造論だった。第1章で述べたように、これは一九五七年の『経済白書』によって広まった言葉であり、「近代的大企業」と「前近代的な労資関係に立つ小企業及び家族経営による零細企業と農業」の関係を、「一国のうちに、先進国と後進国の二重構造が存在するに等しい」と位置づけたものだった。

そして第1章で述べたように、この『経済白書』は、労働市場も大企業と中小企業の「二重構造的封鎖性」があると唱えていた。この労働市場の二重構造論は、これも第1章で紹介したように、経済学者の氏原正治郎が唱えた学説だった。

氏原はしかし、当時の二重構造論者たちと同じ考えに立っていた。彼はこうした二重構造が生じるのは、日本が近代化していないためだと考えたのである。彼の説を要約すると、以下のようになる。

氏原によれば、大企業には勤続年数で賃金があがる「年功的職場秩序」がある。企業をやめれば「永年かかって獲得してきた既得権の放棄」になるので、大企業の労働市場は封鎖的な性格を帯びる。[92] ではなぜ、勤続年数によって賃金が上がるのか。
氏原の考えでは、日本の製造業は作業の標準化が進んでおらず、労働者の教育程度が低かった。そのため、農家や商店で育ったまったくの素人が、企業ごとに違う作業方法や機械操作を、経験で覚えていくしかなかった。そうした「カン」や「コツ」は標準化されていないため、特定企業の勤続年数には比例するが、他の企業では使えない。勤続年数で賃金があがる年功的秩序ができたのは、そのためだというのである。[93]
そのため氏原は、労働者の教育程度が上がり、製造工程の合理化が進めば、こうした慣習は変わると考えた。彼は「工業技術の立ちおくれは、技能を客観化し教育しうるものにせず……技能をその会社でしか通用しないものにしてきた」と述べ、「しかし、このような熟練の特殊性格も、技術水準の高度化、作業過程の合理化とともに変質してきている」と近代化への希望を語っていた。[94]
また氏原は、日本には自営業や農業の比重が高く、低学歴でスキルのない過剰労働人口が供給され続けていることが、こうした問題が発生する前提だと考えていた。これは当時の二重構造論の典型的な見解で、やはり近代化が進めば解決されるはずの問題であった。[95]
現在の目からみると、当時の二重構造論は、近代化に期待しすぎていただけでなく、日本の実態をとらえきれていなかった。氏原の考えがあてはまるのは、勤続年数だけで賃金があがっていく女性紡績工のような人々だった。年齢と勤続年数の双方で賃金があがっていくタイプの年功賃金は、氏原のような経済分析では読み解けないものだった。

そして、氏原の分析がいささか単純すぎたことは、のちに明らかになる。

「地元型」「残余型」の形成

現実には、むしろ二重構造を追認し、強化する形で近代化と制度化が進行した。その一つが、社会保障制度である。

結論から先にいえば、日本の社会保障はまず大企業従業員をカバーする制度からでき始め、その残余をカバーする制度が後からできた。それによって、「大企業正社員」と「それ以外」の分断を強化することになった。

日本の社会保障の起源は、官吏の恩給だといえる。だが通常は、一九〇五年に鐘淵紡績会社で設立された鐘紡共済組合が起源とされることが多い。[96] これは雇用者全員を組合員とし、組合員の拠出金と会社からの補給金、関係者の寄付金などによって、業務災害を含む傷病治療や退職後の年金支給を行なうものだった。

一九〇七年には、国営企業だった国鉄従業員にむけて、帝国鉄道庁救済組合ができた。これは現業員を強制加入させて保険料を徴収するとともに、政府が総額の三分の二を補助するものだった。国鉄の職員は官吏なので恩給があり、それと現業員の格差を埋めることが目的の一つだった。

こうした共済組織が大正期に増え、それを追認する形で、一九二二年に健康保険法が公布された。これは工場法と鉱業法の適用をうける事業所の常用労働者と年収一二〇〇円以下の職員を対象に、常時三〇〇人以上を使用する事業所では健康保険組合を作らせ、それより小さい事業所では政府が管掌するとしたものだった。工場法・鉱業法の適用外の小企業は、どちらも適用されなかった。

これはつまり、大企業では組合を作らせ、それが無理な中企業は政府が管掌し、小企業は適用外という趣旨だった。農家や自営業者は、はじめから想定の外だった。対象となった被保険者数は、一九三〇年の就業人口の六％程度だった。[97]

この制度は、ドイツを参考にしたものだと説明されることが多い。鐘紡共済組合は、ドイツの重工業企業であるクルップの共済金庫を参考にしていた。[98] またドイツも日本も、「職域」を単位とした保険制度から出発したと形容されることもある。[99]

しかし第3章で述べたように、ドイツの疾病金庫の多くは職種別に企業を横断して作られていた。クルップのように企業を単位とした疾病金庫もあったが、それが主流だったとは言いがたい。そして政府は、民間の疾病金庫を追認するにとどまっていた。

しかし日本の「職域」は、企業を単位としたものだった。そして大企業では企業別の保険組合が作られ、中企業は政府が管掌し、小企業・自営業・農家は制度の残余となった。こうして、残余部分が制度的に形成されたといえる。

一九五七年の『経済白書』で「後進国」に例えられたのは、実質的にはこの残余部分だった。それには自営業も雇用労働者も含まれており、業種も雑多で、「近代的大企業」の残余としか形容できない性格の類型だった。

この残余部分をカバーする制度として作られたのが、国民健康保険だった。この制度は一九三八年に、「国民皆兵」をもじった「国民皆保険」として導入されたが、地域を単位に保険組合を作らせるというものだった。

一九三八年の国民健康保険制度の原案を作った内務官僚の川村秀文は、「国保の構想はどこの国にも例のないものであった」と述べている。川村によると、外国の制度を調べたが参考になるものが見つからなかった。そこで、「日本の農村には家族制度及び封建制度の産物である郷土的団結が未だに強く従ってそこには隣保相扶の美風が伝わっている。この郷土的団結を基盤とする一定地域を劃して国及び地方公共団体の指導監督の下に地域疾病金庫を作らせる」ことを考えたという[100]。

ただし、日本の国民健康保険が「どこの国にも例のない」というのは誇張である。ドイツでもビスマルク期には、どの疾病金庫にもカバーされない強制被保険者を対象にして、市町村Gemeindeが医療保険を作っていた。ただし他の疾病金庫が発達していたこともあって、規模も大きくなく、一九一一年には廃止された。[101] ゆえに結果的にいえば、日本の国民健康保険組合は、他国では例が少ないものだったといえるだろう。

つまり日本では、まず大企業、つぎに地域を単位として、健康保険組合が作られた。第1章で述べたように、社会保障の研究者である広井良典は、これを「日本の制度は、『カイシャ（職域）』と『ムラ（地域）』という、日本社会において基本的な単位となる帰属集団をベースとして組み立てられた」と形容している。

とはいえこうした「カイシャ」と「ムラ」は、伝統的に存在した実体というよりは、近代的な政策で作られた類型だった。その場合の「ムラ」は、「カイシャ」の残余である雑多な人々の寄せ集めで、実体があったわけではなかった。むしろ社会保障制度が、「カイシャ」と「ムラ」を日本社会の基本的単位とみなす慣行を制度化したとさえいえる。

こうしたあり方は、年金制度もほぼ同様だった。一九四四年に小企業をのぞく雇用労働者を対象とした厚生年金法ができ、残余部分をカバーする国民年金は一九五九年にできた。当時の厚生官僚の回想によると、当初の要綱では「国民年金は全国民を対象にする」との原則がとられていたが、大蔵省が強硬に反対したため、国民年金は既存制度の

「未適用者だけを対象にする」という原則に変更されたという。[102] 一九八五年に国民年金は基礎年金となったが、厚生年金受給者との格差は今でも大きい。

一九三八年の国民健康保険は敗戦で事実上崩壊したが、市町村が徴収できる「国保税」を一九五一年に創設して財源を安定させ、一九五八年に市町村運営方式で再出発した。地域住民が作った組合では保険料の納入が滞るので、市町村政府が運営者となり、税として保険料を徴収したのである。

国保税の創設に関わった厚生官僚は、「日本人には保険料というと、とかく任意という感覚が強いので税の名前にすると徴収成績があがるという見込は常識として云われていた」と回想している。[103] 同じ地域というだけで残余の人々を寄せ集めても、期待されたほど「ムラ」の実体がなかったと形容できるだろう。

なお国民健康保険は、農村の相互扶助意識を想定したものだったから、「大都市にあてはめることは相当困難」と最初から考えられていた。[104] 大企業に雇用されておらず、農村部に住んでいるわけでもない人々は、いわば残余のそのまた残余だった。

これらの人々をカバーするため、一九三八年には職能別の特別国民保険組合も作られたが、その適用範囲は広いとはいえなかった。国民健康保険が市町村運営になってからも、人口五〇万人以上の都市ではほとんど実施されなかった。東京都特別区が実施にふみきり、他の都市もそれに倣うようになったのは、一九五九年以降のことだった。[105]

こうして「大企業型」「地元型」「残余型」の類型が、一九五〇年代後半の二重構造論と社会保障制度によって表現され、制度化された。それは、戦後の民主化と労働運動によって、大企業から長期雇用と年功賃金が広がったことで、形成されてきた類型だったともいえる。

占領軍と職務給

とはいえ経営側にとって、長期雇用と年功賃金の広がりは重荷だった。高度成長が本格化する以前は、企業にも余裕がなかった。

そのため一九五〇年代から六〇年代前半の日経連（日本経営者団体連盟）は、同一労働同一賃金の職務給を採用し、日本企業の雇用慣行を変えることを提唱していた。当時の政府も、これを支持する答申を出し、社会保障制度の改革を検討した。

これらの議論は、日本社会が別の道をたどる可能性があったことを示唆していた。本章の以下の部分では、この議論を検証しておく。

戦前の日本では、アメリカでの職務分析の普及は、ほとんど紹介されていなかった。[106]日本に職務分析と職務給を紹介したのは、占領軍だったとされている。

一九四六年七月、GHQの招聘で来日した労働諮問委員会Labor Advisory Committeeが、日本の労働状況を視察した。そしてこの委員会が出した報告は、「年齢、性、婚姻状態の相違に基礎をおく賃金給料制度は経済的に不健全であり関係被傭者に対しては不公平」だと批判し、「職務評価の健全な原則」にもとづいて「職務に必要な義務及び責任に基づく所の賃金給料制度」を勧告した。[107] 一九四七年四月に来日した世界労連日本調査団の報告書も、ほぼ同様の見解だった。

アメリカが模範とされていた風潮のもと、職務給志向は日本でも広まった。一九四六年一一月、日本政府の経済安定本部は「賃金支払い方法に関する基本方針案」を公表し、「賃金は職務及び作業の遂行に対して支払わるゝものなることの原則」を提唱した。[108] 同月には占領改革の一環として公務員に職務給と職務分析を導入することが指示され、翌年一〇月には国家公務員法が施行されて職階制実施がうたわれた。

財界はこれを歓迎した。アメリカ志向の風潮もあったが、職務給は中高年の賃金抑制にもなるからだった。第2章で述べたように、同一職務に同一賃金を払う職務給では、勤続年数や年齢では賃金は上がらない。当時の労働組合は、年齢で賃金を上げる生活給を要求しており、職務給はそれに対抗する論理だとみなされたのである。

一九四七年六月、東京急行電鉄の賃上げ争議のなかで、会社側が職務給を提案し、翌月から導入がなされた。日経連は一九四九年の賃金白書で、生活給を「非科学的」だと批判し、「科学的職務分析による仕事の客観的価値内容と、労働者の正しい能力評価によって定められる職務給に代替せらるべきである」と主張した。この年には十條（王子）製紙、東邦ガス、日本軽金属、川崎電工などが職務給を導入した。[109]

これにたいし労働組合は、職務給反対を主張した。職務給では中高年の賃金が下がるだけでなく、職員が知的職業従事者として高く評価され、現場労働者と格差が開くからだった。実際に一九四八年四月に職務給を導入した国鉄では、敗戦後に約六倍に縮まっていた最上級職と最下級職の賃金格差が、経営側の案通りであれば一〇倍程度に広がることが明らかになった。[110]

しかも、日本の労働組合は企業別の混合組合だった。職務給を導入すれば、どの職務が高賃金に値し、どの職務は低賃金かを決定しなくてはならない。機械工組合や会計士組合といった職種別労組ならばともかく、職員と現場労働者を混合していた日本の労組にとって、それは組合の分裂を招きかねないことだった。

一九五二年の日産自動車でも、組合は「同一労働同一賃金」の原則を導入しようとしたが、職種間の格差付けが組合内でまとまらず、「経験年数」での賃金決定を要求した経緯があった。[111] 一九五一年に労働省婦人少年局が出版した『男女同一労働同一賃金について』という書籍では、経済学者の藤本武が、「組合へ私もよく行くのですが、この職務評定の問題になると内部紛争がおこりまとまらず」「労働者の間にけんかが起る」と述べている。[112]

普及しなかった職務給

また同一労働同一賃金という原則は、必ずしも労働者の支持を得ていなかった。

やや後年になるが、ロナルド・ドーアは一九六九年の日英比較調査で、「やっている仕事が同じでも、勤続年数の長い人は短い人より高い賃金をもらうべきだと思いますか」という質問を行なった。それによると、「否」という回答はイギリスでは六七％だったが、日本では一八％にとどまった。[113]

また一九五〇年代の経営側は、中高年の賃金を切り下げる目的で、職務給を唱えていた。このため労働組合側は、同一労働同一賃金の原則は肯定しながらも、経営側が掲げる職務給には反対するという姿勢をとった。

日経連は一九五五年に報告書『職務給の研究』を作成し、「職務給の本質は、同一価値労働同一賃金の近代的賃金原則」だと主張した。[114]それに対し一九五二年一二月に総評（日本労働組合総評議会）が配布した「最低賃金制獲得闘争大衆討議資料」は、「日経連は……もつともらしく同一労働同一賃金の原則を唱え、これを職務評価とすりかえ、極端な格差賃金職階賃金を以つて労働者の生活給を抹殺しようとしている」と唱えていた。[115]

とはいえ現実には、職務給はあまり普及しなかった。一九五一年の労働省の「給与構成調査」では、職務給を採用した三〇人以上の事業所は、全産業で九・四%、製造業で七・二%にとどまった。[116]労働組合の反対があっただけではなく、職務分析がむずかしかったことも一因だった。

現代でもそうだが、漠然とした協力関係で行なわれている業務を、明確な職務に分解するのは容易ではない。それぞれの職務について、内容、困難さ、責任、必要な知識や技能などを分析し、どの職務がどの賃金に値するか格付けする必要がある。これは手間とコストがかかる作業であるうえ、企業内に摩擦を起こしやすい。

アメリカでは一九二〇年代から政府による職務分析が行なわれ、職務辞典などが刊行されていた。日本政府もGHQの示唆を受け、アメリカ労働省の資料を研究し、一九四八年から産業別の職務分析を開始した。その成果は、一九五三年に約三万四〇〇〇の職業名と職業分類表を集録した『職業辞典』としてまとめられた。[117]

だが戦後の日本企業が導入した職務給は、企業ごとにばらばらな基準で導入され、職務分析も場当たり的なものが少なくなかった。日経連の一九五五年の報告書『職務給の研究』も、それまで日本で導入された職務給については、「職務分析、評価、格付も全く不充分な方法で行われ、無理矢理に賃金に結びつけたものに過ぎなかった」と認めていた。[118] これでは、労働組合が反発したのも無理はなかった。

第3章で述べたように、アメリカの鉄鋼産業が一九三〇年代に導入した職務給も、各社ばらばらに導入されたものだった。それは、企業を超えた互換性もなければ、どういう基準で職務の賃金が決まっているのかもはっきりせず、労働者たちの強い不満を招いた。日本で一九五〇年代までに導入された職務給は、その段階にとどまっていたといえる。

西欧型社会を志向した政府

とはいえ日経連の側も、こうした問題を理解していた。一九五五年の報告書『職務給の研究』は、職務給の設定には「労使の民主的な話し合い」が欠かせないこと、「社会保障制度」「横断的労働市場」「職業教育や技能者教育」などを並行して整備する必要があることを述べていた。[119]

第2章で述べたように、職務給では中高年の賃金が下がる。アメリカでは、職務がなくなれば解雇されるのが原則となる。それをカバーするには、西欧諸国が行なったように、扶養家族がいる中高年労働者むけに、児童手当や公営住宅を整備することが有効である。さらに職業訓練や技能資格、産業別や職種別の協約賃金などを設定し、企業を横断した労働市場を作ることが望ましい。

これらが存在しない状態で職務給だけを導入すれば、住宅や教育に費用がかかる時期に家計を支えることができず、解雇された労働者は転職することができない。そのことを、当時の日経連は理解していたのである。

そして日本政府も、こうした政策パッケージを検討していた。政府の経済審議会が編纂した一九六〇年の『国民所得倍増計画』と、一九六三年の『経済発展における人的能力開発の課題と対策』は、その表れだった。

一九六〇年の『国民所得倍増計画』では、企業の労務管理は「雇用の企業別封鎖性をこえて、同一労働同一賃金原則の浸透、労働移動の円滑化をもたらし、労働組合の組織も産業別あるいは地域別のものとなる」ようにすべきだと主張された。また「年功序列型賃金制度の是正」を行なうとともに、公的年金制度をもっと体系的に整備し、「すべての世帯に一律に児童手当を支給する制度」を導入することが掲げられた。さらに「労働時間短縮」、「職業訓練制度の確立」、生活保護基準の引き上げ、「医療扶助、住宅扶助、教育扶助」の改定、公的賃貸住宅の建設などが唱えられていたのである[120]。

一九六三年の『経済発展における人的能力開発の課題と対策』は、この路線をさらに充実させた提言だった。この時期の経済審議会には、有沢広巳・東畑精一・氏原正治郎など、二重構造の解消を唱えていた経済学者が参加していた。また女性管理職の先駆者として知られ、コーネル大学で労使関係論を学んだ当時三一歳の影山裕子も、委員の一人だった。[121]

この答申も、横断的労働市場の形成、職業教育と技能資格制度の充実、厚生年金と国民年金の通算、公営住宅の整備、生活保護基準の引き上げなどを唱えていた。とくに「児童手当制度は賃金を職務給の形にし、家族（児童）の所要経費を賃金とは別の体系でカバーしようとする制度」であり、「中高年令層の移動促進に資する」ものだと明確に位置づけられていた。また「婦人労働力の活用」に一節を設け、「男女の性別にかかわりなく個人の能力と適性に応じて採用し、配置し、訓練し、昇進させるという人事方針」をも主張していた。[122]

さらにこの答申では、各企業がばらばらに職務給を導入するのではなく、「国など企業をこえた第三者機関」が職務分析を標準化することを提唱した。職務の評価基準が企業を超えて統一されていなければ、企業をこえた労働移動がおきないからである。この答申は、こう述べていた。[123]

従来労働力の移動を阻害し、また企業内における人的能力の活用面からも問題を生じつつある年功賃金制度に代つて、将来は職務給制度の導入が予想され、すでに一部には部分的実施をみているが、そのためには職種、技能の標準化、客観化が必要である。職種、技能の標準化、客観化のためには、職務分析が有効であるが、このためには基幹的職務の職務分析を、国などの企業をこえた第三者的機関によつて行なうことが必要である。

前述したように、大企業に年功制があるのは、技能が企業をこえて標準化していないからだというのが、氏原正治郎の見解だった。経済審議会の答申は、こうした経済学者たちの意見を集約したものだったといえる。

この答申はまた、アメリカの労働運動を高く評価していた。その理由は、「組合が雇入、解雇において情実、縁故の要素を排除し……すべての人事が職務要件のみによって客観的に決定されるような素地を作り上げてきたこと、同一労働同一賃金の原則を多年にわたる苦闘を通して確立せしめたこと」など、「米国において職務評価が育成されえたのは強力な労働組合による団体交渉制度の発展が背景」だったからである。[124]

しかし答申の執筆者たちは、日本の労働運動は企業別組合で、アメリカの労働運動のような方向をとっていないことを理解していた。となれば、「個別企業の立場を離れてこのような統一的な職務要件を形成しうる最もよい立場にあるのは政府であって、場合によっては統一的な基準についての見解を示すことも必要であろう」。そして将来的には、職務給と「同一労働同一賃金の原則」のもとに「賃金の産業別標準化」をめざし、「産業別交渉の労使慣行を形成してゆくことが要請される」というのだった[125]。

こうした政府の動きと並行して、日経連は一九六四年に職務分析センターを事務局内に設立し、研究チームをアメリカに派遣した。一九六二年の日経連の報告書では、まず大企業から職務給を導入し、ついで「企業間で共通の標準的職務」の「賃率を横に揃える努力」を進め、最終的には「全国的な標準化」をめざすべきだと唱えられた[126]。

このように、当時の日本政府と日経連は、横断的労働市場と社会保障拡充の政策パッケージを提唱していた。こうした一連の政策が実現していたならば、日本社会のあり方は、第2章で述べた西欧に近い形となっていたかもしれない。そうなれば、雇用や社会保障や教育のあり方も変わり、産業別組合を基盤とした社会民主主義政党が生まれ、政治の形も変わっていたかもしれない。

しかし日本の経営者や民衆は、こうした方向性を受けいれなかった。

横断的基準を嫌った企業

経済審議会が出した『国民所得倍増計画』や『人的能力開発答申』は、労働組合や教員組合から激しい批判をよんだ。

その理由は、これらの答申が、職務給導入をはじめとした「経営秩序の近代化」を唱え、「ハイタレント・マンパワー」「教育投資」といった当時としては耳慣れない言葉を多用していたからだった。そのため、中高年の賃金を切り下げて、資本主義に適合した人材を育成するものだという批判が台頭した。

こうした批判は、提唱された政策パッケージを理解したものだったとは言いがたい。だが当時の人々にとって、雇用・教育・社会保障などが一体となった政策体系を理解することは、容易でなかった。そのため、答申の全体像をよく理解しないまま、「教育投資」といったキーワードに反発する傾向もあったようである。

またそもそも、日本の官僚たち自身が、職務分析や職務給を受け入れる気がなかった。占領軍の指導で、公務員制度改革のために人事院が設立され、公務員の職務分析が開始された。しかし職務にもとづく専門能力による任用を導入したら、文官高等試験合格組の昇進に支障が出ることは明らかだった。

そのため中央政府の各省庁は、職務分析に非協力的で、職務記述書の提出を遅らせるなど抵抗した。そのため一九四〇年代末までには、公務員制度改革は骨抜きにされてしまった。結果として、学歴と勤続年数に即した等級で給与が払われる体制は維持され、それに形だけ「職階」を付した制度ができただけで終わってしまった。[127]

さらに、『国民所得倍増計画』などで唱えられた政策パッケージは、大蔵省や財界の反対をうけた。[128]

経済審議会の一連の答申をうけつぎ、中央児童福祉審議会は一九六四年に、第一子から所得制限なしで給付する児童手当を提言した。その財源としては、労働者は事業主負担、自営業者は国庫負担とされていた。

しかしこれは、政府と企業の負担が増えることを意味し、大蔵省と財界は批判的だった。児童手当制度は一九七一年にようやく成立したが、第三子から所得制限つきの給付となった。これでは、職務給による中高年の賃金低下をカバーする制度には、とうていなりえなかった。

さらに政府は、公営住宅重視の方針をとらなかった。代わりにとられたのは、高度成長下での経済刺激効果を期待しての持ち家奨励だった。一九六六年の住宅建設計画法や勤労者住宅協会法は、個人の持ち家購入重視への転換を示すものだった。

また経営者の間では、職務給の導入は技術的に困難であるうえ、自由な人事異動ができなくなるという意見が多かった。一九六三年に日本通運の副社長は、「各自の分担単位は決定しがたく……また決定してみても経営の要請の前にはあまり実益がない」「企業によっては業務量の増減に応じ別個の業務分野に転用する機動運営が要請される」と述べ、職務給導入を批判した。[129]

さらにもう一つ、経営者たちが、職務給を受け入れなかった理由があったという指摘がある。それは企業横断的な基準ができると、経営権が制約されることだった。日経連労政第一部管理課長を務めた藤田至孝は、職務給が定着しなかった理由をこう述べている。[130]

〔職務給は〕ＧＨＱの勧告でもあったし、〔日経連が〕職務分析センターもつくり、職務分析・評価を行う企業は少なくなかったのに、職務給は日本に定着しなかった。その理由はそれが企業横断的賃金をもたらす、との企業の意識じゃないでしょうか。賃金の社会化、労使関係の社会化、企業外化、つまり日本的労使関係の基本、日本的賃金決定の原点である企業別・企業内・企業単位からの離別を意味しますから。

経済審議会の答申では、政府による職務分析と、産業別の標準賃金、そして産業別の労使交渉などが主張されていた。これは経営者にとってみれば、政府や労働組合の力が強くなり、経営の手足を縛られかねないことを意味した。

日本の経営者たちは、たしかに一時は、職務給と横断的労働市場を称賛した。しかしそれは、中高年労働者の賃金を下げ、解雇を進めやすいという動機からだった。だが企業横断的な労働市場が本当にできたら、企業内だけで職務や賃金を決定できなくなる。それに気づいたとき、経営者たちは職務給を警戒したというのである。

それならば、長期雇用や年功賃金とひきかえに、企業別組合と妥協したほうが、企業内の決定権を維持できるはずだった。第3章で述べたように、アメリカにおいても、経営者たちは「経営の自由」を掲げ、政府や組合が進めた職務分析や職務給に抵抗した。それと類似の反応が、日本の経営者からもおきたのである。

こうして職務給の導入と、それに連動した政策パッケージは立ち消えとなった。代わって定着していったのは、長期雇用や年功賃金とひきかえに、企業別労組と妥協した「日本的労使関係」だった。そして高度成長のなかで旧来型の三層構造が変容し、日本型雇用が完成していく経緯が、次章での検証対象になる。

1　本章の内容は、これまでの研究に依拠しながら、「社員の平等」と年功賃金、「能力」の査定などがどのような経緯で発生したかを記述したものである。戦後の労働運動と賃金に関する先行研究は多いが、これらを総合的に記述したものは管見の範囲では見当たらなかった。なお経済審議会の一連の答申については、乾彰夫『日本の教育と企業社会』大月書店、一九九〇年が教育の観点から論じたのを端緒として、後藤道夫が社会保障の側面から、濱口桂一郎がジョブ型雇用への転換という観点から論じているが、経営者たちがそれを経営権の侵害として反発した点はこれまで注目されていなかった。

2　田中慎一郎『戦前労務管理の実態』日本労働協会、一九八四年、四六一頁。社内稟議書の記述。

3　この要綱原案については、岡崎哲二「戦時計画経済と企業」東京大学社会科学研究所編『現代日本社会4　歴史的前提』東京大学出版会、一九九一年所収、三八六―三九一頁。引用も同論文より重引。

4　兵藤前掲『労働の戦後史』上巻二五頁。

5　菅山前掲『「就社」社会の誕生』一八二頁。

6　田中前掲『戦前労務管理の実態』四六一―四六四頁。ただし月給制とはいっても、日給の合計を月払いする「日給月給制」であった。

この王子製紙の制度改正の中心は、資格と定年制を工員にも導入したことだった。上級工員・一級工員・二級工員・三級工員という資格が設けられ、昇進の最短・最長年数も明記された。上級工員は「職員に準ずる待遇」とされ、いわば准士官にあたる地位だった。さらに工員に六〇歳停年制を導入し、工頭を強制的に引退させて若手に昇進の可能性を作った。これらは、戦後に導入された工員の資格制度の先駆といえるものである。

7　兵藤前掲『労働の戦後史』上巻二八頁。

8　清沢洌『暗黒日記』岩波文庫、一九六〇年、三二八―三二九、四四、一三五頁。

9　田中前掲『戦前労務管理の実態』四六三頁。

10　宮本太郎『回想の読売争議』新日本出版社、一九九四年、八四、八二頁。

11　加藤寛一郎『零戦の秘術』講談社文庫、一九九五年、三二〇、三二一頁。坂井三郎の回想。

12　小熊英二『〈民主〉と〈愛国〉』新曜社、二〇〇二年、第一章参照。

13　武田清子「工場に見た嘘と貝殻的人間像」『芽』一九五三年八月号、四〇頁。

14 二村一夫「戦後社会の起点における労働組合運動」坂野潤治・宮地正人・高村直助・安田浩・渡辺治編『戦後改革と現代社会の形成』岩波書店、一九九四年、四一、六七頁。
15 大河内一男編『労働組合の生成と組織』東京大学出版会、一九五六年、九二頁。
16 兵藤前掲『労働の戦後史』上巻四二頁。
17 西成田豊「日本的労使関係の史的展開（下）」『一橋論叢』第一一四巻六号、一九九五年、一九頁。
18 兵藤前掲『労働の戦後史』上巻四三頁、二村前掲「戦後社会の起点における労働組合運動」五一―五六頁。二村は、戦前の労働運動経験者が少なかったことが企業別組合の背景だった傍証として、職員に労働運動が抑圧された経験をもつ鉱業や造船業では、工職別組合が少なくなかったことを挙げている。
19 大河内編前掲『労働組合の生成と組織』二六頁。
20 二村前掲「戦後社会の起点における労働組合運動」五七頁より重引。
21 同上論文五七頁。
22 大河内編前掲『労働組合の生成と組織』九三頁。
23 二村前掲「戦後社会の起点における労働組合運動」五九頁。
24 大河内編前掲『労働組合の生成と組織』一三頁。
25 小熊前掲『〈民主〉と〈愛国〉』第二章参照。
26 大河内編前掲『労働組合の生成と組織』九三、九五頁。
27 河西宏祐『電産型賃金の世界』早稲田大学出版部、一九九九年、二三〇頁より交渉議事録を重引。
28 宝樹文彦『証言　戦後労働運動史』東海大学出版会、二〇〇三年、六、七頁。
29 折井日向『労務管理二十年』東洋経済新報社、一九七三年、五頁。
30 大河内編前掲『労働組合の生成と組織』九四頁。
31 二村前掲「戦後社会の起点における労働組合運動」六四頁。
32 菅山前掲『「就社」社会の誕生』一九三、一九四頁。

33　十條製紙労働組合『組合史』、一九六一年、一四九―一五〇頁。石田前掲「十條製紙の職務給の変遷（上）」六三頁より重引。
34　菅山前掲『「就社」社会の誕生』一九六頁。
35　遠藤前掲『日本の人事査定』二七五頁。
36　東京大学社会科学研究所『電産十月闘争（一九四六年）――戦後初期労働争議資料』東京大学社会科学研究所資料第九集、一九七九年、二五五頁。
37　兵藤前掲『労働の戦後史』上巻二六頁。
38　笹島芳雄「日本の賃金制度」明治学院大学『経済研究』第一四五号、二〇一二年、三七頁。
39　C.O.E. オーラル・政策研究プロジェクト「兵頭傳　オーラル・ヒストリー」政策研究大学院大学、二〇〇三年。久本憲夫「労働者の『身分』について」『日本労働研究雑誌』五六二号、二〇〇七年、五九頁より重引。
40　禹前掲『「身分の取引」と日本の雇用慣行』一四六頁。
41　野村前掲『雇用不安』七九頁。
42　宝樹前掲『証言　戦後労働運動史』一三、一四頁。
43　河西前掲『電産型賃金の世界』二三〇頁。
44　荒畑勝三『寒村自伝』論争社、一九六〇年。岩波文庫版（一九七五年）下巻三四五頁。
45　遠藤前掲『日本の人事査定』二三九頁。検討段階では、「学識」ではなく「学歴」が基準となっていたが、要求を出す段階までに「学識」に変更された。
46　河西前掲『電産型賃金の世界』一三二頁。田中正夫の回想。
47　遠藤前掲『日本の人事査定』二三三頁。
48　以下、遠藤前掲『日本の人事査定』一一九―一二三、一二九、二六二頁。『米国文官能率評定法』を参考にしたという証言は田中正夫。ただし、参考にしたのは「在日米国空軍で使われている能率評定法」だったかもしれないとも証言している。
49　西成田前掲「日本的労使関係の史的展開（下）」一七、一八頁。
50　一九四六年一一月の大阪商工会議所の調査資料では、三〇～九九人の中小企業の賃金水準は、二〇〇人以上の大工場の一・五一倍だったとされている。橋本健二『「格差」の戦後史』河出書房新社、二〇〇九年、七四、七五頁。

51　西成田前掲「日本的労使関係の史的展開（下）」一七、一八頁。

52　同上論文二三頁。

53　アンドルー・ゴードン「職場の争奪」アンドルー・ゴードン編、中村政則監訳『歴史としての戦後日本』下巻、みすず書房、二〇〇一年所収、三七〇頁。

54　三池炭鉱労組が行なった職場秩序形成については、平井陽一『三池争議』ミネルヴァ書房、二〇〇〇年、第二章、第四章が詳しい。

55　一九五七年の釈明。内山光雄「職場闘争と労働組合の主体強化」『月刊労働問題』二七九号、一九八〇年一〇月、八九頁。ゴードン前掲「職場の争奪」三七二、三七三頁より重引。

56　菅山前掲『「就社」社会の誕生』一九六、一九七頁。「筋肉労働」も「直接作業」と「間接作業」に分けられており、職工と職長に相当する区分となっていた。

57　石田前掲「十條製紙の職務給の変遷（上）」六二、六四頁。

58　野村前掲『日本的雇用慣行』一〇二―一〇三頁。

59　上坂冬子「文庫版あとがき」上坂冬子『職場の群像』中公文庫版、一九八一年、二〇九頁。

60　二村前掲「戦後社会の起点における労働組合運動」七一頁はこのように総括している。

61　野村前掲『日本的雇用慣行』一九〇、一九一頁。引用は「トップ・マネジメントの語る昇進制度の問題点」『労務研究』一九五八年一〇月号、一九頁。野村前掲『日本的雇用慣行』一九一頁より重引。

62　兵藤前掲『労働の戦後史』上巻一五九頁。渡辺治「高度成長と企業社会」渡辺治編著『高度成長と企業社会』吉川弘文館、二〇〇四年所収、五五頁。

63　八幡製鉄労働組合『八幡製鉄労働運動史』中巻、八幡製鉄労働組合、一九五九年。禹宗杬「戦後における資格給の形成」『大原社会問題研究所雑誌』第六八八号、二〇一六年、一七頁より重引。

64　日経連前掲『資格制度の考え方と実際』四頁。

65 久本憲夫『企業内労使関係と人材形成』有斐閣、一九九八年、六一頁。
66 大堀前掲「石川島重工における資格制度の実際」一〇〇頁。
67 河西宏祐『聞書・電産の群像』平原社、一九九二年、二二七頁。
68 前掲「トップ・マネジメントの語る昇進制度の問題点」。野村前掲『日本的雇用慣行』一九一頁より重引。
69 大堀前掲「石川島重工における資格制度の実際」一〇〇頁。なおこの組合提案では、「資格によって給与は影響されない」となっていた。
70 久本前掲『企業内労使関係と人材形成』六二、六三頁。
71 禹前掲『「身分の取引」と日本の雇用慣行』一四五、一四六頁。
72 木下武男「企業主義的統合と労働運動」渡辺編著前掲『高度成長と企業社会』所収、一三一頁より重引。
73 前掲『三菱社誌』二六巻四九一九頁。
74 石田前掲「十條製紙の職務給の変遷（上）」三九頁によると、一九四三年の制度改正以前の王子製紙では、職工に四等から一等の等級があったが、それは「等級が日給を決定するための区分になっておらず、逆に、日給の水準により等級が決まるという転倒的なものであった」。これは三井物産にみられた俸給順の職員序列と、等級が俸給を決める官庁型資格制度の、二つの序列の中間的形態であると考えられる。これが一九四三年の制度改正では、職工差別解消の一環として、職員の資格制度と同等の「三級工員・二級工員・一級工員・上級工員」に改められることになる。
75 禹前掲「戦後における資格給の形成」一八頁。
76 牧内正志「日本軽金属における資格制度の実際」日経連弘報部編前掲『資格制度の考え方と実際』所収、一四五頁。
77 同上論文一四四頁。三系列を二系列にした経緯も同頁に掲載。
78 より正確にいえば、労働組合側の全官公庁共同闘争委員会が一九四七年一月に出した案では、本文図6—6のうち能力給の部分は「能力給」と「経験給」で構成されていた。つまり組合側は、学識技能で決まる「能力給」と勤続年数で決まる「勤続給」を含んでいた電産型賃金を要求したことになる。これが労使交渉の場となった官公職員待遇改善委員会で、四月に合意となったのが図6—6である。禹前掲『「身分の取引」と日本の雇用慣行』一四二—一四四頁。

79 禹前掲『「身分の取引」と日本の雇用慣行』一五二頁。正確に言えば、これは能力の評価基準ではなく、職務給導入に伴う職務評価の基準をめぐる交渉である。とはいえ、勤続年数を「能力」と読み替えていった経緯を説明するために、交渉の流れを簡略化した。
80 同上書一五二頁。
81 同上書一六六頁。
82 同上書一五九頁。
83 三原則の原文は、吉田誠『査定規制と労使関係の変容』大学教育出版、二〇〇七年、一〇―一一頁所収。木下前掲『日本人の賃金』一四七頁は、この全自の三原則を、「『電算型賃金』に比べて、はるかに志が高い賃金原則」だと評価している。
84 吉田前掲『査定規制と労使関係の変容』七二頁。
85 同上書第3章。
86 「職場討論の中から（静岡支部）」『全自動車』第一四七号、一九五二年一一月五日。吉田前掲『査定規制と労使関係の変容』七〇―七一頁より重引。
87 同上書四三、四六頁。
88 同上書七二頁。
89 西成田前掲「日本的労使関係の史的展開（下）」二〇頁。
90 塩沢美代子『ひたむきに生きて』創元社、一九八〇年、一六六頁。
91 尾高煌之助『二重構造の日本的展開』岩波書店、一九八四年参照。
92 氏原前掲「労働市場の模型」氏原前掲『日本労働問題研究』四一九頁。
93 氏原正治郎「大工場労働者の性格」氏原前掲『日本労働問題研究』所収、三六七―三六九頁。この企業特殊熟練論は、内部労働市場論を広めたドーリンジャー、ピオーレ前掲『内部労働市場とマンパワー分析』一七頁とほぼ同一である。
94 同上論文三六八頁。なお氏原は、日本にクラフト・ユニオンの伝統がないことも言及している（四〇五頁）。ただしその趣旨は、日本の労働市場には職業的封鎖性がなく、農業・自営業から過剰労働力が無限供給されることの前提条件としてである。

95　総じて氏原は、比較的新しい制度も、近代化が進んでいない身分制度のなごりと位置付ける傾向があった。たとえば氏原は、大企業の工場に並工・三等工手・二等工手・一等工手といった資格があり、勤続年数と勤務成績で選抜されていることを「身分制度」だと位置付けた（氏原前掲「大工場労働者の性格」三七八頁）。しかし前述したように、王子製紙が工員にこうした資格を導入したのは一九四三年で、その動機は工員にも昇進の道を制度化するためだった。氏原の目に身分制度とみえたものは、氏原が調査した時期においては新しいものだったのである。

　また氏原は、男性労働者に家族を扶養する生活給が支給され、女性労働者にそれが適用されないことも、「農村家族制度の再現である家父長制的労務管理の原理」だと位置付けた（氏原正治郎「日本農村と労働市場」氏原前掲『日本労働問題研究』所収、四五一頁）。しかし、男性の賃金だけで家族を扶養するという発想は、一家総出で働く「農村家族制度」とは異質である。氏原には、家父長制が近代化の一形態であるという見方はなかった。

　概して氏原は、長期雇用や年功制が古い慣行であり、近代化の遅れであるという観念が強かったといえる。なお彼は、日本企業の学歴別三層構造も、労働者の熟練が個別企業の経験に依存しているために発生するのだと考えていた（氏原前掲「日本農村と労働市場」四三四頁）。

96　以下、戦前の社会保障制度は池田敬正『日本における社会福祉のあゆみ』法律文化社、一九九四年、一五五―一六一頁。

97　同上書一五七頁。

98　同上書一五五頁。クルップの疾病・年金金庫については田中前掲『ドイツ企業社会の形成と変容』第六章参照。

99　広井前掲『日本の社会保障』三九頁など。

100　川村秀文「国保法制定の思い出」厚生省保険局・社会保険庁医療保険部監修『医療保険半世紀の記録』社会保険法規研究会、一九七四年所収、二三八、二三九頁。

101　土田前掲『ドイツ医療保険制度の成立』二二三頁。

102　小山進次郎「国民年金制度創設の舞台裏」日本国民年金協会広報部編『国民年金二十年秘史』日本国民年金協会、一九八〇年所収、四九頁。社会保障制度審議会のメンバーだった平田富太郎は、「新制度はでたらめに設立された」と憤っていたという。ジョン・C・キャンベル、三浦文夫・坂田周一監訳『日本政府と高齢化社会』中央法規、一九九五年、一〇五頁。

103 山本正淑「国保財政再建時代の回顧」厚生省保険局・社会保険庁医療保険部監修前掲『医療保険半世紀の記録』所収、二七〇頁。
104 川村前掲「国保法制定の思い出」二三九頁。
105 土田前掲「戦後の日独医療保険政策の比較」一〇頁。
106 遠藤前掲『日本の人事査定』一二六―一二七頁。
107 総評・中立労連編『職務給／その理論と闘争』労働旬報社、一九六六年、三〇頁。幸田浩文「戦後わが国にみる賃金体系合理化の史的展開（1）」『経営論集』第五六号、二〇〇二年、八一頁より重引。
108 中山伊知郎編『賃金基本調査』東洋経済新報社、一九五六年、五四六頁。幸田前掲「戦後わが国にみる賃金体系合理化の史的展開（1）」八一頁より重引。
109 幸田前掲「戦後わが国にみる賃金体系合理化の史的展開（1）」八二―八四頁。
110 禹前掲『「身分の取引」と日本の雇用慣行』一四六―一四七頁。
111 吉田前掲『査定規制と労使関係の変容』七八頁。
112 労働省婦人少年局『男女同一労働同一賃金について』、一九五一年、八二頁。吉田前掲『査定規制と労使関係の変容』八二頁より重引。
113 ドーア前掲『イギリスの工場・日本の工場』文庫版下巻三二―三三頁。
114 日本経営者団体連盟編『職務給の研究』日本経営者団体連盟弘報部、一九五五年、七頁。
115 総評「最低賃金制獲得闘争大衆討議資料」、一九五二年一二月二六日付。日経連前掲『職務給の研究』巻末資料六六頁より重引。
116 日経連前掲『職務給の研究』四四頁。
117 中島寧綱『職業安定行政史』第五章「昭和時代（2） 戦後占領期」。http://shokugyo-kyokai.or.jp/shiryou/gyouseishi/05-3.html 二〇一九年六月四日アクセス。
118 日経連前掲『職務給の研究』三九頁。

119　日経連前掲『職務給の研究』七五―七九頁。先任権制度や一時解雇といった「合理的な労働慣行」も必要事項に挙げられている。

120　経済審議会編『国民所得倍増計画』大蔵省印刷局、一九六〇年、三三、三七、六二頁。二三一頁の各部会委員名簿には、計量部会に東畑精一と有沢広巳の名がある。

121　経済審議会編『経済発展における人的能力開発の課題と対策』大蔵省印刷局、一九六三年、三四五―三四七頁に委員の一覧がある。三四五頁に「氏家正治郎　東京大学助教授」とあり、氏原の誤植と思われる。この答申の労働移動に関する記述は、大企業労働市場の封鎖性をはじめ、氏原の主張そのままである。影山裕子については、小熊英二『１９６８』新曜社、二〇〇九年、下巻九五九頁参照。

122　経済審議会編前掲『経済発展における人的能力開発の課題と対策』一三一、二六三、三二〇、三二一頁。

123　同上書五〇頁。

124　同上書一二二頁。

125　同上書一二五、一二七頁。

126　日本経営者団体連盟編『賃金管理近代化の基本方向 ―― 年功賃金から職務給へ』一九六二年、三六、三七頁。石田光男『賃金の社会科学』中央経済社、一九九〇年、四三頁より重引。

127　この経緯は、川手前掲『戦後日本の公務員制度史』第二・第三章に詳しい。

128　以下、児童手当と住宅政策については後藤道夫「日本型社会保障の構造」渡辺治編『高度成長と企業社会』吉川弘文館、二〇〇四年所収、一九九―二〇三頁。

129　入江甬男「賃金管理の日本的基盤」『経営者』日本経営者団体連盟、一九六三年九月号。兵藤前掲『労働の戦後史』上巻一七〇頁より重引。

130　藤田至孝「能力主義管理研究会がめざしたもの」八代充史・梅崎修・島西智輝・南雲智映・牛島利明編『能力主義管理研究会オーラルヒストリー』慶應義塾大学出版会、二〇一〇年所収、三六頁。

第7章　高度成長と「学歴」

第7章の要点

・進学率の上昇は、中卒就職者を減少させ、従来の三層構造の維持を困難にした。

・企業は従来の構造を維持しようとし、政府に実業教育の普及を要望したが、進学率の上昇を止められなかった。

・戦後の労働運動によって長期雇用が定着したため、採用が慎重化した。そして、学校から情報が得られる新卒一括採用が、現場労働者レベルまで拡張した。

・中卒者が不足し、高卒者が現業員に配置され、大卒者も販売などの職に就くようになった。これらは離職率の増大や学生叛乱など、社会不安をもたらした。

・こうした一連の変化に苦しめられた企業は、三層構造を解消し、全員を「社員」とした。代わりに導入されたのは、「能力」によって全社員を査定し、「資格」を付与していく職能資格制度だった。

・職能資格制度は、戦前の官庁・軍隊型のシステムの延長であり、人事担当者たちもそれを自覚していた。

敗戦後の労働運動は、あらゆる差別を批判し、「社員の平等」を追求した。[1]だが敗戦後の民主化と労働運動を経ても、一九五〇年代までは、戦前の三層秩序は根強く残っていた。

それでは、三層秩序を崩壊させ、「社員の平等」を定着させたものは何だったのか。結論から言えば、それは高度成長以後の進学率の上昇だった。

教育改革の衝撃

ではなぜ高学歴化は、三層構造を崩壊させたのか。その理由は、日本の企業秩序では、職務と学位が結びついていなかったからである。

第2章で述べたように、他国の企業では、現在でも上級職員・下級職員・現場労働者の三層構造をとっていることが多い。それは、意思決定する者・事務労働をする者・肉体労働をする者の三層構造であり、それぞれの職務に対応した資格や学位、専門能力が要求される。

そのため第2章で挙げたように、アメリカで職務記述書に書かれる要件は、以下のようなものだった。「必要な資格　会計学のカレッジ卒学位。ただし、下記を越える実務経験は学歴に代替できるとみなすことができる。三年の簿記または/および口座支払いの実務経験」。

この場合は、社会が高学歴化しても、三層構造は崩れにくい。従来は二年制カレッジ卒の学位が条件だった下級職員の職務には四年制大学卒の学士号を要求し、学士号が条件だった上級職員の職務には修士号や博士号を要求するようになるだけだからだ。

実際に二〇世紀後半のアメリカでは、大卒であっても、以前は高卒の職とみなされていたノンエグゼンプトの下級職員に就く者が増加した。[2] 職務給であるならば、ある職務に高い学位の者を雇ったとしても、それだけが理由で賃金が高くなるわけではない。

ところが日本には、こうした学位と職務の結びつきがなかった。日本にあったのは、上級職員は高等教育卒、下級職員は中等教育卒、現場労働者は義務教育卒という慣例だった。また日本企業は、職務とは関係なく、学歴と年齢で賃金を決めていた。

この秩序だと、高学歴者を雇えば、職務が同じでも賃金コストが上がってしまう。そして社会全体の進学率が上昇して高等教育卒業者が多くなったら、ピラミッド型の三層構造が維持できなくなってしまう。戦前からこの問題が、「将校」の過剰と「下士卒」の不足という言葉で語られていたことは、第5章で見た通りである。

しかも日本の場合、ここに戦後の教育改革が影響した。

戦前日本の教育制度は、西欧の影響をうけていた。一般に西欧諸国は階級社会で、高等教育を限定する傾向があった。戦前の日本でも、小学校のみが義務制で、中学校は試験を経て選抜された者だけを入学させていた。また高等専門学校や大学は、ごく少数の者だけが進学するところだった。

アベグレンは一九五八年に、「戦前の教育制度は企業の採用の仕組みとうまく適合していた」と指摘している。[3]戦前の学歴別の三層構造が成り立っていたのは、戦前の中等教育や高等教育が、限定された人数しか受け入れていなかったからだった。

ところが戦後には、アメリカの教育制度を参考にした改革が行なわれた。アメリカの教育は、階級制に根差した西欧とは異なり、普遍的に人民の教育程度を上げる志向を持っていた。そして戦後日本では、中学校も義務制になり、高校は希望者が無試験で入学できる中等教育機関になった。さらに大学として認定される教育機関が大幅に増え、高等教育の大衆化がはかられた。

そして民衆は、学歴で決まる身分秩序に反発しながらも、自分の子どもに高い学歴をつけさせようとした。一九五〇年に四二・五%だった高校進学率は、五五年に五一・五%、六五年に七〇・七%、七五年には九一・九%となった（図7―1）。敗戦直後は無試験だった高校は、入学試験を課すようになっていったが、進学率の上昇は止まらなかった。

進学率の上昇は、日本の企業秩序を動揺させた。日本鋼管の人事部考査係長は一九六四

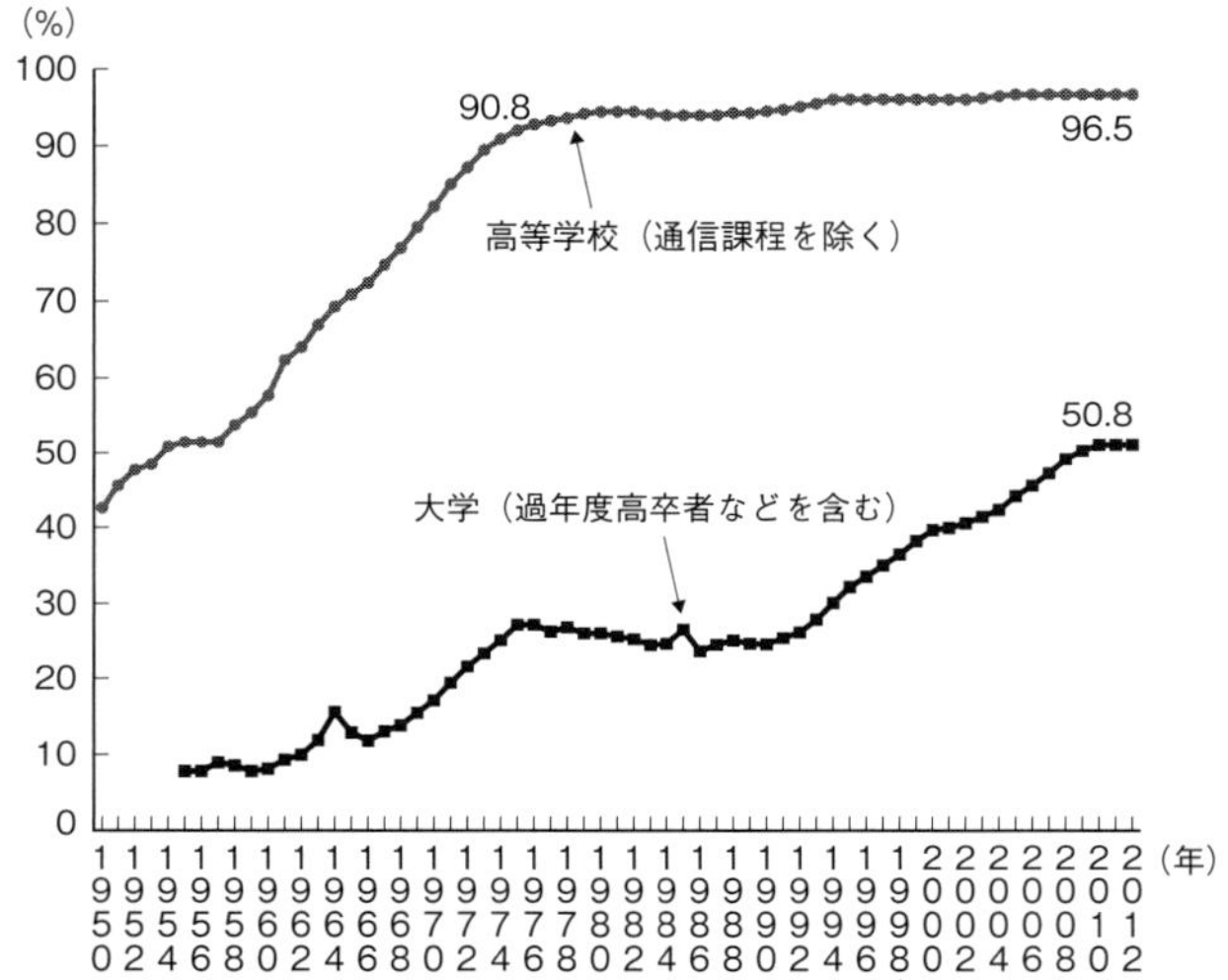

資料：文部科学省「学校基本調査」より国土交通省作成
（出典：『国土交通白書』2013）

図7―1　高等学校・大学の進学率

年に、進学率の上昇によって「企業における学歴管理というものが、根本から崩壊の危機にさらされてきた」と述べている。[4]その危機とは、どのようなものだったろうか。

学歴制限効果

アベグレンが一九五五年に日本企業を調査したとき、そこには明確な学歴別の三層構造があった。彼が調査した企業では、工員の採用で「候補者になりうるのは中学卒業者だけ」で、「新制中学卒業を超えていてはならない」とされていた。[5]

高校進学率の急上昇は、この秩序に危機をもたらした。これに企業がとった第一の反応は、数少なくなった新規中卒者の採用に固執することだった。

教育学者の倉内史郎らは、一九六二年と六三年に、代表的な製造業企業・事業所を対象にして、現業員（現場労働者）の採用に関する調査を行なった。その結果、高校進学率の急激な伸びに比べて、企業の「高卒」募集がさほど増えておらず、もっぱら「中卒または高卒」募集が拡大していたことがわかった。しかも、大企業のほうが「中卒のみ」で募集する傾向が顕著だった。[6] つまり、大企業が「中卒のみ」を継続し、中小企業はやむなく高卒者を雇っていたのである。

この調査を行なった倉内は、こう述べている。「企業にとって現業員に中卒者（義務教育修了者）を採用するということは、長く維持してきた制度として、すでに企業の体質の部分となっていた」。だが新規中卒者の急激な減少のため、「『やむをえず』ではあるが、高卒者をも現業員に採用せざるを得なくなってきた」のである。[7]

同様の傾向は、労働史研究者の菅山真次も指摘している。一九六一年の経済企画庁『新規雇用に関する調査報告』によると、京浜・中京・阪神の従業員五〇〇〇人以上の製造業大企業では、六〇年の男子高卒工員の定期採用はゼロだった。それに対し、一〇〇〇〜四九九九人の製造企業では工員定期採用の二三・三％、九九九人以下では三二・六％を、高卒に頼らざるを得なくなっていた。[8]

アベグレンが調査した一九五五年の大手製造業企業も、すでに中卒者の減少に苦しめられていた。その対策として企業側がとっていたのは、進学率がまだ低い「九州のある農業地域」の職業安定所に職員を派遣し、農村出身の新規中卒者をリクルートすることだった。高卒の下級職員の採用においてさえ、大都市の高校では優秀な者は大学に進学してしまうため、採用対象として地方の高校を選んでいた。[9]

アベグレンが調査したような大企業なら、このような手間とコストをかけてでも、企業の三層構造に適合した新規中卒者を採用できた。その結果が、大企業の方が「中卒のみ」の採用を堅持する傾向となって表れていたと考えられる。

経済学や教育学の常識論からいえば、教育程度の高い者が企業に忌避されるのは奇妙である。とくに当時は生産現場で技術革新が進み、経験にもとづく「カン」や「コツ」が意義を失って、機械のマニュアルを読みこなせる高卒労働者が有利になるといわれていた。教育社会学者の本田由紀は、企業にとって「新規中卒者より知識や能力、成熟性の水準が高い新規高卒者を大量に採用できることは願ってもないことであった」はずなのに、日本の現実はそうではなかったと指摘している。[10]

職務給ならば、労働者の学歴や年齢が高くとも、職務が同じなら賃金は変わらない。そうした社会ならば、労働者の学歴の上昇は、むしろ歓迎すべきことである。また戦前の日本ならば、現場労働者の賃金は、出来高払いなどが基本だった。

ところが戦後の日本では、労働運動と民主化の結果、臨時工などを除けば、現場労働者を含む「社員」は学歴と勤続年数で賃金が上がるようになっていた。そのため年齢の高い高学歴者を現場労働者に雇えば、職務が同じでも賃金コストが上がる状態になった。この条件では、いわば学歴制限効果が働き、企業は一八歳の高卒者よりも一五歳の中卒者を好むのである。

どこの社会でも、企業は営利を追求し、所与の条件のなかで合理的に行動する。しかし所与の条件、たとえば賃金の決め方は、その社会の慣行に影響される。そうである以上、何が合理的な行動なのかは、社会によって違うのだ。

政府の進学抑制策

この状況に対し、企業がとった第二の対応は、進学の抑制を政府に要望することだった。高度成長のなかで、大手製造業は、実業教育を卒業した中級・下級技術者の採用を望んでいた。だが普通科高校の卒業生は、一定以上は不要だったのである。

戦前の一九四〇年では、旧制中学の進学率は七％にすぎなかった。高等女学校と、各種の中等教育機関をふくめても二五%であった。[11] それが一九五五年には、新制高校の進学率が五〇%を超えた。戦前いらいの企業秩序を守るためには、進学を抑制するか、実業教育に誘導することが必要だった。

日経連は一九五六年と五七年に、「新時代の要請に対応する技術教育に関する意見」「科学技術教育の振興に関する意見」などを出した。その内容は、下級技術者と現場監督者を養成する工業高校の充実、義務教育での理科教育・職業教育の推進、中等教育の複線化(職業専門学校の設立)などだった。[12]

政府の側も、これに呼応した。一九五八年告示の小・中学校学習指導要領では、「職業・家庭科」が「技術・家庭科」に再編された。そして一九六〇年の『国民所得倍増計画』では、中等教育の「普通課程生徒数と職業課程生徒数の現在の割合六:四を、〔昭和〕四五年に五:五になるよう改善すべきである」とうたわれた。[13]

これをうけて文部省は、公立高校では新設の六〇%程度、私立では新設の三五%程度を工業課程とし、農業課程や商業課程の学級も増設する基本方針を一九六〇年に定めた。[14] 一九六二年には五年制の工業高等専門学校が設置され、各地で職業学校の新設があいついだ。富山県では、普通高校三に職業高校七の割合とする「三・七体制」がうたわれた。[15]

第6章でみたように、当時の日経連と政府は、職務給の導入と横断的労働市場への転換を提言していた。この政策パッケージは、社会保障の整備とならび、職業訓練や職業教育の充実も含んでいた。つまり実業教育の充実は、こうした政策パッケージの一部でもあったのである。

ドイツなどの社会では、企業横断的な職業別労働市場と、社会保障が整えられる。しかし同時に、高等教育への進学資格は、アビトゥーアやバカロレアなどの共通試験を通過した者に限られる。彼らは少数のエリートとして、高等教育を無償で提供される。そして大部分の者は、職業教育や職業訓練を経て、労働者になることが期待されるのだ。

当時の経済審議会の答申は、こうした西欧型の政策パッケージを念頭に置くならば、体系的な内容だったといえる。しかしそれは、戦前日本の複線型教育体制に戻そうとするものだと解釈されても、やむを得ない部分があった。当時の保守政治家などが、大衆蔑視的な発言とともに進学抑制策を説いていた状況では、それはなおさらのことだった。

民衆の反応

こうした財界と政府の動向には、激しい批判がおきた。

当時の民衆にとって、子弟を進学させることは夢であり、それを抑制するなど許しがたいものと映った。子どもたちも、親の希望を反映して、燃えるような進学熱を抱いていた。一九六五年に出版された教育関係の書籍には、熊本県の中学生女子の以下の言葉が載っていた[16]。

英語の選択の授業を受けたいといったけど、先生は受けさせてくれない。選択の英語を受けるのは高校に行く人だけだという。廊下でもいいから聞かせてくれと頼んだが、だめだった。くやしくて、くやしくて、生まれ変わって私も高校に行くようになりたいと思った。生まれ変われなかったら、私の子供にだけはこんな思いをさせたくないと思った。

この生徒にとって、英語を学ぶ目的は、英語を使う職業に就くことではなかったろう。戦前から日本社会では、学歴は職務能力とは関係がなく、身分を決定する指標であった[17]。英語を学ぶこと、高校に進学することは、差別から脱出するための象徴的行為であっただろう。

当時の教員や保護者は、政府の教育政策に強く反発し、普通科高校の増設を要求した。その象徴となったのが、「十五の春を泣かせない」というスローガンを掲げた「高校全入運動」であった。日教組、母親大会、総評などの運動を背景に、一九六二年四月には高校全員入学問題全国協議会が結成され、幅広い支持を集めた。「高校全入」というスローガンは、戦後の労働組合が、全員を「社員」と呼ぶように要求したことを想起させる。しかし、第6章で引用した遠藤公嗣の言葉を借りるなら、これが「日本の労働者が理解した戦後民主主義」であったともいえる。

こうした動向のなか、職業教育の充実を説いた一九六三年の経済審議会の答申は、強い批判を招いた。教育学者の乾彰夫は、この答申を評して、「六〇年代末以降日本社会において支配的になる『偏差値』競争的教育体制の出発点と位置づけられてきた」と述べている。[18]この答申が、横断的労働市場や社会保障改革を含む政策パッケージだったことは理解されず、普通高校増設を抑制して受験競争を激化させるものと受け止められたというのである。

こうした進学志向が強まるなか、工業高校などには優秀な生徒が集まりにくかった。「三・七体制」をうたった富山県でも、採用して「出来が良い」のは普通科出身者、「悪い」のは工業科・商業科出身者だという企業からの評判が出た。[19]

この結果、しだいに大手企業も、新規高卒者を作業員に採用せざるをえなくなっていった。日本鋼管の人事部考査係長は一九六四年に、「高校出の作業員は技術革新の結果というよりは、作業員の給源が高校卒しかいないということが実情である」と述べている。[20]

ところが民衆の側は、高卒の学歴さえつければ、戦前の職員の地位に就けると期待していた。教育学者の大田堯は、「当時多くの人々が新制高校のイメージを旧制高校になぞらえるかたちで抱いていた」「新制高校が発足すると旧制高校の象徴である白線帽を制定した例もあった」と指摘している。[21]

高校卒業後に検査工となっていた一九歳の女性は、一九六九年に労働省婦人少年局が募集した「働く青少年の生活文」への応募作文で、以下のように述べていた。[22]

高卒の女子は、事務員になる、又事務員であるのがあたりまえのような社会の中で、現業に携わることに抵抗を感じたのは、私の虚栄心からだろうか。「どこへお勤めしてはるの」「松下電器です」「事務員さん、そりゃいいですね」「いえ、あのう……」。これは、近所の人と私との会話であるが、この続きがどうしても言えない。「いいえ、製造しています」というこの一言がどうしてもいえない。

戦前の中等教育卒業者は、下級職員になるのが当然であり、職工や女工とは身分が違うとされていた。高度成長期の時点での親世代には、それが「あたりまえ」だった。そして若い世代もまた、その慣行から抜け出すのが困難だったのである。

学校紹介の拡大

こうした事態を悪化させたのは、企業側の対応だった。

現在でもそうだが、日本の企業は採用にあたり、何の職務に就けるのか説明しない傾向が強かった。上記の一九歳の検査工女性も、現業職に就かされることを採用後に告げられ、「その後の話の内容を少しも覚えていないほど」のショックを受けたと記している。

兵庫県中小企業労使センターは、一九六四年二月に、西日本の就職予定の中学三年生と高校三年生を調査した。それによると、内定先の職種が「不明」の比率は中学男子で五六・一%、中学女子で六二・〇%。高校男子で五二・九%、高校女子で三二・二%に及んでいた。それどころか、調査が行なわれた卒業間際の時期になっても、就職先の企業名や場所はわかっていても、業種や企業規模を知らない者が全体の四割に近かった。[23] つまり彼らは、就職は決まっていても、どういう企業で何の仕事をするか何も知らなかったのである。

この背景にあったのは、就職が学校紹介で行なわれていたことだった。この調査では、就職先を「自分で決めた」のは中学で一九・八%、高校で二九・一%にすぎなかった。もっとも多かったのは「先生」の勧めで決めたという回答で、中学で三四・三%、高校では四三・四%にのぼった。そのほかは、「家の人」「親戚知人」「友人先輩」などの紹介だった。[24]

第5章でみたように、日本では戦前から、学校紹介が労働者の品質保証（クオリフィケーション）の機能を果たしていた。技能資格や職種別組織が発達していなかったため、学校で教師が長期観察した情報が重視されたのである。

しかし戦前では、そうした学校紹介による採用は、おもに職員層だけだった。戦前の職工は、一部には若い養成工もいたが、請負の親方が人脈で集めるか、工場で一定期間働かせたあとに問題がない者を本工として採用するのが一般的だった。

つまり職工の採用は、職員のような厳選採用ではなかった。その背景は、戦前の職工は解雇が容易だったことだった。企業にとっては、解雇が容易であるなら、コストと手間をかけて厳密な審査をする必要は薄かったと考えられる。

しかし戦後には、状況が変わった。戦後の民主化と労働運動を経て、工員も容易には解雇できなくなった。そうなれば、採用の時点から、厳選せざるを得なくなる。

アベグレンが観察した一九五五年の日本企業でも、この変化ははっきりと表れていた。彼が観察した日本企業は、中学卒の工員も解雇せず、配置転換で対応していた。そのため中卒の工員であっても、採用時点から厳格な審査を行なっていた。

アベグレンが観察した日本企業では、大卒の上級職員と高卒の下級職員は学校紹介が必須とされ、紹介を経ない個人的応募は拒否していた。そして工員については、全国の公共職業安定所に紹介を依頼し、農村出身の「安定した性格」の中卒者を「かなりの手間をかけて」採用していたのである。[25]

一般化した新卒一括採用

じつは戦後の職業紹介所は、中学校の教師たちと提携し、それによって応募者の情報を企業に提供していた。こうした採用システムの前提になったのは、一九四九年の職業安定法の改正だった。[26]

公営職業紹介所は一九二一年の職業紹介法制定から始まり、一九三八年には軍需産業に労働力を再配置するために国営化された。戦後の民主化を経た一九四七年の職業安定法では、職業選択の自由がうたわれ、公共職業安定所以外の労働者供給事業を原則禁止した。戦前には労働者を搾取する紹介業者が多く、人権侵害が絶えなかったからだった。それだけでなく、戦前の繊維産業が貧困地帯から女工をリクルートしていたことなどを是正するため、公共職業安定所は広域の職業紹介を行なわないようにしていた。

ところがこれに、大学や高校（旧制中学）が抗議した。これらの学校は、戦前に全国の企業に生徒の紹介を行なっていた。ところが、学校の職業紹介も労働者供給事業とみなされ、労働大臣の許可がなければ職業紹介ができなくなったのである。

そして一九四九年の法改正で、労働大臣に届出をすれば、学校は職業紹介を行なうことが可能になった。あわせて、全国を対象とした職業紹介もできるようになった。また紹介のノウハウがない学校は、職業安定所の協力ないし分担で、職業斡旋を行なう選択肢も設けられた。

職業安定所との提携を規定したことは、紹介のノウハウがなかった新制中学にも、この慣行を広める契機となった。文部省の一九五二年度の『産業教育調査報告』では、新制中学の七割弱が職業安定所との協力、三割弱が分担を選んでいた。[27]

その後は、新制中学卒業者の新卒一括採用が、急激に広まった。戦前では、義務教育修了者の多くは縁故で就職していた。一九三三年三月の東京市高等小学校卒業者の男子就労は、知人や家人の紹介が六〇・六%で、学校は二六・五%、職業紹介所は一二・九%にすぎなかった。[28]しかし戦後は、職業安定所と新制中学の提携が、縁故採用を一掃したのである。

このことは、戦前には職員レベルが中心だった新卒一括採用が、現場労働者レベルに拡大したことを意味した。その背景にあったのは、戦後の民主化によって長期雇用が労働者にまで拡張し、厳選採用の必要が増していたことだった。こうして、戦前には限定された範囲で適用されていた一連の慣行が、連動しながら全体に拡張していったのである。

一方で高校は、自校で職業紹介をするか、職安との関係を分担にとどめる学校が多かった。この二つを選んだ場合は、学校は個別企業から求人票を直接受けとることができ、企業と直接に関係を築けたからだった。一九七〇年時点では、高校は三八・一%が自校による紹介、五八・八%が職安との分担を選んでいた[29]。

アベグレンは、一九五五年に彼が調査した大手製造企業が、全国約一〇〇の高校を指定校に選んでいたことを記している。また高校の校長や教師は「優秀な生徒にしっかりした就職先を世話するのは学校の責任」だと考えており、夏休みに企業を訪問して、自校の生徒の採用を働きかけていた[30]。

とはいえ労働者レベルの新卒一括採用は、それほど一気に広がったわけではない。氏原正治郎らは一九五九年に、千葉県臨海地区に進出した大企業九社を調査した。その結果では、中卒男性は新卒採用八八名に対し、中途採用四一八名であった。氏原らは、「職員については、大学・高校卒業者を卒業時に採用する。『中幹工員』については、中卒者を卒業時に養成工として採用するか、〔高校の〕工業課程卒業者をこれも卒業時に採用する。一般工員については、時期・学歴を選ばずに採用する」とこの方針を要約していた[31]。

総じて一九五九年の時点では、まだ戦前の三層構造を維持しながら、中卒新卒者の工員採用を増やしていた段階だったことがうかがえる。だが一九六〇年代半ば以降になると、大企業では新卒一括採用が主流になった。

労働史の研究者たちは、日本で新卒一括採用や「終身雇用」が定着したのは一九六〇年代だと位置づけることが多い。たしかにこうした慣習が、社会の多数派である現場労働者にまで広まったのは六〇年代になってからである。

とはいえ日本の民衆は、新卒一括採用や年功賃金、終身雇用などを、戦前の官吏や職員が享受していることを知っていた。彼らは全員が高校に進学し、全員が「社員」となることで、こうした慣行の適用範囲を大幅に拡大した。それが、「日本の労働者が理解した戦後民主主義」だったといえるかもしれない。

大卒者の急増

進学率の上昇は、高校のみならず、大学にも発生していた。

戦後には新制大学への移行にともない、多くの師範学校や高等専門学校が大学に昇格した。その結果、一九五三年には大学は二二六校に増えた。学生総数も、一九四三年度の旧制大学七万一七三七人が、一九五二年度の四年制大学四二万三五二八人と約六倍に急増した。[32]

この事態は、大学卒イコール上級職員とみなしてきた企業秩序に、動揺をもたらした。一九五五年に調査を行なったアベグレンは、「これだけ数が増えたのだから、上級のホワイトカラーとしての職は得られないのだが、学生の側、雇い主の側の姿勢と期待は変わっていない」と述べている。[33]

もっともこの時点では、問題はまだ少なかった。大企業は指定校制度をとり、数校の有名大学から紹介を受けた学生だけを採用していたからである。アベグレンは、このために「少数の有名大学に入学するための競争がきわめて激しくなった」と記している。[34]

また大学数が増加したとはいえ、それはまだ質的な変化ではなかった。戦前からの高等教育機関だった師範専門学校が、教育系大学になった新制大学が多かったからである。[35]一九五〇年代までの四年制大学・短期大学への進学率は一〇％前後、四年制大学のみの進学率は八％前後で、高等教育はまだ一部の者が受けるにとどまっていた。[36]

事態が根本から変化したのは、一九六〇年代だった。一九五六年まで八％に満たなかった四年制大学進学率は、六二年に一〇・〇％に達したあと、七〇年に一七・一％、七五年には二七・二％と急上昇していった。とくに男子は六七年には二〇％を超え、七五年には四一・〇％となった。しかも人口の多いベビーブーマーの進学のため、進学率以上に学生

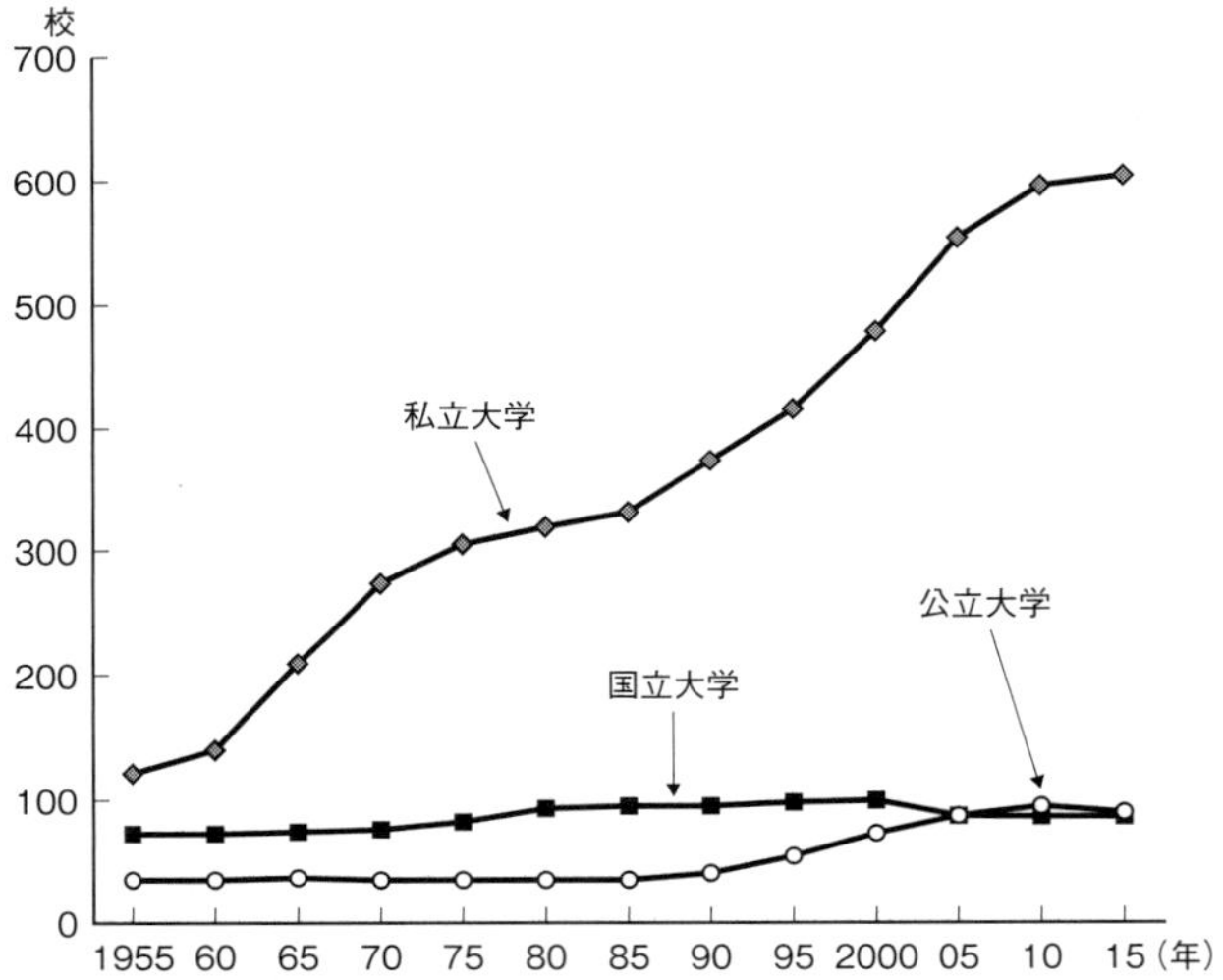

資料：文科省『文部科学統計要覧』平成30年版より作成

図7―2　大学数の推移

数が増大した。

そのうえ変化は、量だけでなく、質の面でも大きかった。一九五五年に一二八校だった大学は、六五年に三一七校、七〇年に三八二校、七五年に四二〇校に増加した。しかしこの時期に、国公立大学は九校増えただけにすぎない。増加のほとんどは、新設の私立大学だった（図7―2）。

政府の側は、国公立大学の増加を抑制しただけでなく、経済界が要求する理工系の人材育成に重点を置いていた。一九七〇年度の国立大学の卒業者は、七七％が理学部・工学部・医学部・農学部および教員養成系学部などが占めており、法・経・商・文などの学部卒業生は二三％にすぎなかった。[37]

ところが新設された私立大学は、設備に費用がかかる理工系の学部をもたない大学も多かった。戦前から存在した私大も、民衆の進学ニーズに応えて入学者数を大きく増やし、万単位の学生数が在籍する「マンモス大学」が出現した。一九七〇年度の私立大学卒業生は、国立大学とは対照的に、六八％が法・経・商・文の学部卒だった。[38]

もともと日本の雇用慣行では、理工系と教員養成系以外の高等教育は、職務上の専門能力と関係が薄かった。一九五五年以降に急増した大学卒業生は、この部分に集中したのである。

もちろん企業側は、急増した大学卒業生には「ばらつき」があるとみなしていた。しかし日本の雇用慣行では、職務に応じた学位では募集をしていなかった。そのため、すべての大学卒業生を一律に処遇しなければ、学校差別だと批判されかねなかった。

一九五七年の労働省「給与制度特別調査」では、五〇〇〇人以上を雇用している企業一二九社において、学校の種類（国立、公立、私立の区分）で大卒者の初任給を違えているのは一社のみだった。また、卒業学部で初任給を違えているのも四社のみだった。[39]

戦前では、理工系学部卒業生の初任給は、文科系より高かった。また一九一八年の大学

令以前は帝国大学と私立大学の修業年限が違ったため、初任給の違いが後年まで残ってい
た。[40]しかしこうした初任給の学校間・学部間の違いは、すでに戦前から、差別だと批判さ
れていた。[41]そして一九四〇年の会社経理統制令は、中学卒・大学卒などの学歴別に初任給
を統一し、初任給の学校間格差を最終的に解消していた。

それでも石川島重工のような企業は、内規のレベルでは官大と私大を昇進で区別してい
た。またアベグレンがみたように、一九五〇年代の大企業は指定校制度をとり、ごく少数
の大学から推薦を受けた者だけを採用し、それ以外の応募を受けつけていなかった。とこ
ろが進学競争が過熱するにつれ、大企業の指定校制度への視線が厳しくなった。

世論に押されるかたちで、文部省は一九七〇年から「新規学卒者の採用及び就業状況等
に関する調査」を開始した。この調査は、「学歴偏重の社会的風潮を是正するために、新
規大卒者の就職における排他的指定校制の実態を中心に、企業における学歴評価等の実態
を把握する目的」で行なわれたものだった。[42]

こうして企業側は、指定校制度を公然と継続するのが困難になっていった。しかしだか
らといって、急増した大卒者を、すべて旧来の地位に就かせるのは不可能だった。

大卒労働市場の変質

こうした事態にたいし、企業がとった対応は、従来は中卒・高卒者が就いていた職務に、大卒者を配置することだった。

文部省の「学校基本調査」によれば、一九五五年に「販売」の職に就いた新規学卒男子は、中卒五八％、高卒三八％、大卒四％だった。しかし七〇年には、販売的職業に就いた大卒が四〇％にまで増加した。逆に、一九五五年には法・政・商・経の学部の大卒者で「管理事務」に就く者が七九・八％いたが、七〇年には五三・一％に低下した。[43]

このことは、大学生たちのメンタリティにさまざまな影響を与えた。その反応の一つは、一九六八年におきた学生叛乱だった。

当時最大の学生叛乱がおきた大学の一つは、日本大学だった。この大学は高度成長期に入学定員を急増させた私立大学であり、一九五五年に約三万だった学生が、六八年には約八万五〇〇〇に増えていた。六八年八月に、当時の日大教授の一人はこう述べている。[44]

……一流である企業、国家公務員になった者、その他を加えても、自慢できる就職口を持つ大学卒業生は二万名くらいであろう。しかもその半数以上は五、六校の一流大学出がとってしまうのである。……

……私が教室で会った学生の中にも、大企業の宣伝部などへ行ったら、きっと腕をふるったにちがいない青年が、ダンプカーの砂利取り現場である河原の事務所長になったり、既製服のセールスマンになって、小売店を歩きまわっている。そんな仕事をするのなら、大学へ行かなくてもよかったのだ。高校で充分。……

しかも彼らの父兄は〔旧来の〕大学出にふさわしい地位――高級公務員、一流企業の社員――を自分たちの息子に望む。父兄の期待と、灰色の将来に板ばさみになった学生たちは、自分たちを、コンベヤベルトに乗せられた石ころだと思う。彼らはヒステリックに叫ぶ。

「もうけ主義の大学が、こんなに学生をとりやがるからだ。教師だって、おれを石ころみたいに黙殺する。こんな大学、ぶちこわしちゃえ。……」

この文章は、いささか学生心理への推測が多すぎるかもしれない。だが当時、類似の観測は多かった。

たとえば、当時のベトナム反戦運動に参加し、学生とも交流が多かった政治学者の高畠通敏は、一九六九年一月にこう記している。[45]「今日の学生運動が、『資本制社会』と同時に、あるいはより多く、『管理社会』に敵意を燃やすのは……身分的出世の道を閉ざされた階層的怨恨によるのかも知れない」。「それは、学生諸君のビラや演説のなかに『もはやわれわれは一生平サラリーマン・下士官クラスにしかなれない』ということばでしょっちゅうあらわれてくる」。

一九六八年に、当時の中核派全学連の委員長は、『全学連は何を考えるか』という著作でこう述べている。[46]「われわれのすべては、大きな希望をもって大学に入った」。「だが、新しい希望にもえ、現代世界に目を開いた学生に、大学が与えるものはあまりにもおそまつである」。「学生数の圧倒的増大は、学生の社会的地位をも著しく変化せしめ、大学を卒業したからといって大企業に就職するとは決していえない」。「今日の学生運動は、すでにのべたような社会的地位の変化、エリート的意識と存在の決定的欠落、そしてマスプロ化していく学園のなかにあって、たえず人間としての真実をとりかえしたいという欲求が大衆的にひろがっていくことを基礎において成り立っているのである」。「このような背景のもとでの学生の不満と不安のうっ積は、どのような契機から学園闘争が爆発しても、同じような全学的闘争にと発展してしまうのである」。

学生叛乱の分析は本書の中心テーマではない。本書の文脈で重要なのは、かつて高卒者が就いていた職務に大卒者が就くようになり、学歴への期待と社会の実情にずれが生じたとき、社会不安が発生していたという事実である。

高学歴忌避と離職率増加

低学歴者の職が、高学歴者によって代替されていく現象は、経済学や教育学では「学歴代替」「代替雇用」などとよばれる。これは社会全体が高学歴化していけば、洋の東西を問わず起きる現象だ。どこの社会でも、高度な専門的職業や管理的業務は、その比率が限られているからである。

一九五一年に、アメリカの社会学者のライト・ミルズは、事務経営者連合のこんな表明を引用していた。[47]「大学卒業者の群れに、十分満足を与えるような仕事はそう沢山はないから、かれらは高等学校卒業者をやっと満足させる程度の、あるいは今では高等学校卒業者にとっても食い足りないような仕事で我慢しなければなるまい」。

しかしこの現象は、教育程度の低い者が、教育程度の高い者に職を奪われていく問題として論じられることが多かった。経済学者のレスター・サローが一九七五年に提起した「職務競争モデル (Job Competition Model)」では、企業は訓練費用が安くて済む者を採用したがるので、同じ職務 job に採用するなら教育程度の高い者を歓迎し、教育程度の低い者は駆逐されていく。一方で賃金格差は学歴でなく職務で決まっているので、社会全体が高学歴化しても賃金格差は変わらない。そのためアメリカでは一九四六年から七二年に急激に高学歴化したにもかかわらず、学歴別生涯賃金格差はほとんど変わらなかった。[48]

そのため高学歴化は、さらなる高学歴化を生んだ。アメリカでは一九五〇年代から、二年制カレッジや四年制大学に進学しただけでは、専門職や管理・経営業務には就けない者が増えていた。それでも、より高い学位をとればそうした職を得られたため、大学院の進学率が伸びることになった（図7―3）。

ところが日本でおきたのは、アメリカとは違う現象だった。日本では一九六〇年から七五年に学歴別賃金格差が急激に縮小した一方、大学院進学率は伸びず、大学レベルでの序列化が進んだ。そして採用が優位な大企業のほうが、高学歴者を忌避する傾向があったのである。

日本リクルートセンターは一九七五年に、上場企業および有力非上場企業の合計三五〇七社に「学歴に関する企業の意見調査」を行なった。それによれば、従業員の大卒比率が五〇％以上の企業は、五〇〇〇人以上の大企業が七・七％に対し、九九人以下が二九・二％だった。また大卒が一〇

	1年から3年までの高等教育	4年間またはそれ以上の高等教育	5年以上の高等教育
専門的・技術的	22.4	50.3	74.4
管理・経営的	11.9	15.5	9.1
事務・販売	34.5	12.6	8.0
その他	31.2	21.6	8.5
合計	100.0	100.0	100.0
全就業人口に対する比率	（10.1）	（5.3）	（3.8）

（出典：潮木守一「高等教育の国際比較」『教育社会学研究』26号、1971年、15頁）

図7―3　アメリカの高等教育卒業者の職業別構成（1960年）

%未満の企業は、五〇〇〇人以上が三五・九%、九九人以下が二二・二%、一〇〇〜四九九人が一二・七%だった。[49] つまり、大企業の方が低学歴だったのである。

もちろん、中卒・高卒の現業員が多い大手メーカーは、結果的に大卒比率が低くなる傾向はあっただろう。しかし一九七七年の全日本能率連盟の報告書は、この調査結果をこう評している。[50]「〔高度成長期に〕学卒若年者が極度に不足し、中小企業等ではそれらを採用することがまず不可能であったが、高学歴者のみは比較的余裕のあった労働求源で、好むと好まざるとを問わず、高学歴者を採用せざるを得なかった企業の事情も存在した」。

また日本企業は、採用時に職務を告げず、応募者の期待とは異なる職務に配属することが多かった。この対応は、労働者の士気の低下と、離職率の増大となって現れた。

前述のように、事務職に就くことを期待していた高卒者は、しばしば現業職に就けられることを不本意に感じた。先に引用した一九歳の検査工の高卒女性は、近所の人々から「事務員さん、そりゃいいですね」と聞かれた後の応答を、こう述べていた。[51]

「いいえ、製造しています」ということの一言がどうしてもいえない。こんな会話が今までに何回あっただろうかと、思い返すだけで、自分の仕事に対する意欲のなさを感じさせ、心が沈んでしまう。私の出身高校から女子一〇〇名あまりが各会社に就職したが、そのうち製造関係の仕事をするものが私を入れて三名。一人は早くもやめてしまった。

労働省が一九六九年に公表した調査では、六六年三月卒の新規高卒者のうち、卒業後三年のうちに離職した率は男子で五一・九％、女子で五四・一％におよんだ。また当時の日経連は、不満を持つ青年労働者のなかに、共産党の青年組織が浸透する可能性を懸念していた。[52]

たしかに当時は、共産党の得票数や党員数が伸び、学生叛乱もおきていた。だが社会秩序の不安感は、しばしば実態とは無関係に、想像レベルの「社会主義の脅威」として語られるものである。一九二〇年代に、中等・高等教育卒業者の過剰が問題になり、それを社会主義運動の脅威と重ねて論じる言説が発生していたことは、第5章でみたとおりである。

また当時の企業で問題になったのは、同学歴であるにもかかわらず、職員になる者と現業員になる者が生じることだった。こうした処遇は、企業への怨恨や従業員内の対立を生みやすかった。

時計メーカーの精工舎（現セイコー）の人事担当者は一九六五年に、「同時に採用した高校生（男女を問わず）を、スタッフ部門と現場部門に分けて配置した場合の処遇問題は、当社のみにかぎらず、今後の一つの社会問題として各企業が真剣にとりくまねばならぬ労務管理上の課題となろう」と述べている[53]。学歴別の秩序に慣れていた社会にとって、同じ学歴であるのに「身分」が違い、また同じ「身分」であるのに学歴が違うことは、重大な「社会問題」だったのである。

昇進の遅れとポスト不足

そして、急激な高学歴化によって起きた現象がもう一つあった。昇進の遅れである。

アベグレンは一九五五年の大手製造企業に、この問題も見出していた。日本企業では、大卒職員の全員が幹部まで昇進することを前提に、頻繁な人事異動を行なっていた。ところが大卒者が増えたうえ、戦時増産のために職員の採用を増やしていた。

アベグレンは、「これらの要因によって、現在、日本の大企業のほとんどで、工員と事務員の人数に比較して、管理職とスタッフ部門の職員の数が不釣り合いに多くなっている」と指摘した。日本企業は「課長代理や課長補佐」といった不要なポストを大量に作っているが、そうまでしても、「企業の管理職の昇進が大幅に遅れて」いるというのだった[54]。

じつはこの問題は、戦後の官庁にもおきていた。官庁の共済組合連盟会長だった今井一男は、一九六九年にこう述べている。[55]

……戦争で相当損耗があるだろうということで、どの省も幹部候補生を、昭和一五年以降、倍の人数とった。この諸君は相当戦争に行ったが、戦争に行っても死なないんですよ。おかしいですね。戦争中は比較的ラクなところにおったとはいえるが……大体一割くらいしか減らなかった。それでここへきて行詰まってしまった。仕方がないんで、部長、次長、参事官、審議官というヘンなものをつくったでしょう。全部そのためなんです。それが〔昇進のために〕上のやつを突出すわけです。だから上のやつは長居できなくなって、公団、公社をつくらなければならん、というところまできたんです。

戦後には、戦前の恩給制度はなくなった。第5章で述べたように、一九八一年に国家公務員法が改正されるまで定年制はなく、自発的に辞職する慣例があっただけだった。そうなれば官庁内に「長居」する志向が強まりそうだが、それが組織にとって都合が悪いならば、公団や公社などへ「天下り」させるしかない。このような状況だったことが推測される。

じつは官吏の昇進の遅れは、戦前からおきていた。行政学者の水谷三公は、『内務省史』をもとにした調査から、高等文官試験に合格して内務省に入省した者のうち、勅任官まで昇進した者の比率が、年を追うごとに低下したことを示している[56]。

文官高等試験が始まって年数が浅かった時期は、組織内で少数だった「高文組」は大部分が勅任官まで昇進できた。しかし組織内の「高文組」の比率が上がってくれば、そうした状況は維持できない。組織そのものが膨張するか、他省庁の勅任官ポストに進出するのでない限り、旧来の昇進速度を維持することはできなくなる。

それでも戦前日本では、高等教育をうけた人材が少なかった。そのため現在と比較すれば、高級官吏や上級職員の昇進は早かった。第2章で述べたように、他国企業の幹部候補生はごく少数であるため、やはり昇進が早い傾向がある。

経済学者の小池和男は、戦後日本の大卒職員の昇進と、戦前日本や他国のそれを比較して、「どうやら戦後日本大企業だけがおそい昇進らしい」と述べている[57]。日本の経済学者たちは、この「遅い選抜」が従業員の競争意欲を高め、日本企業の強さを生んだと評価していた。しかし、戦後日本の大企業がそうした効果をねらって昇進を遅くしたのか、単に大卒職員が増えたために遅くなったのかは、明らかにされていないようだ。

いずれにせよこれは、日本型雇用の構造的弱点であった。大卒職員を昇進させ続けるためには、無駄なポストを増やし続けるか、組織を大きくするしかない。組織を大きくするなら、多数の新卒者を採用するしかない。だが不況がきたら、新規採用を絞らざるを得なくなる。そうなれば、部下のいない幹部が増えてしまう。このいたちごっこが、日本企業の宿命となったのである。

「同一学歴者の同一処遇」

こうして進学率の上昇は、さまざまな側面から、旧来の秩序を不可能にしていった。

日本鋼管の人事部考査係長の西川忠は、一九六四年に以下のように論じた。[58]「作業員の給源が高校卒しかいない」「その結果、企業における学歴管理というものが、根本から崩壊の危機にさらされてきた、ということがいえるであろう」。

一つの選択肢としては、三層構造を維持したまま高学歴化していく方向がありえた。そのためには、職務jobに即した雇用契約を結んでいく方針をとらねばならない。その選択をとるならば、職務に対応した技能資格や熟練工証明、専門学位などを設定し、それによって賃金や昇進を決めることになる。

日本鋼管人事部の西川も、この点は理解していた。西川はこう述べる。[59]

……例えばアメリカの職務給に例をとれば、jobというものが先ずあって、そのジョブに対する資格要件が設定される訳である。この職務の資格要件に最も適合する人間を見るとき、どの職種のどういう能力グレード、即ち熟練工の仕事、或いは未熟練工でも出来るというものが出てくるのである。

西川はいう。[60]「欧米においては……社会的に熟練工、半熟練工、未熟練工というように、能力のグレードが確立されている。そして熟練工はどこにいっても熟練工として最低賃金もきまっている」。

ところが西川が提唱したのは、まったく違う方針だった。すなわち「このような能力のグレードというものが、我が国において確立されているか、といえば、それは遺憾ながら学歴以外にはないのではないか」というのである。

ここでいう学歴は、専門学位ではない。中卒・高卒・大卒という、教育段階の区分にすぎないものだった。

しかし第1章でみたように、日本の人事担当者たちは現在でも、段階の高い入試を突破した者は潜在能力が高いと判断している。そこで期待されるのは、「地頭のよさ」「地道に努力する」「要領がよい」といった一般的能力である。これらは職務の遂行に直結はしないが、どんな職務に配置されても適応する潜在能力としては期待できるものだ。

西川が、日本における「能力のグレード」は「学歴以外にはない」というのは、そうした意味においてであった。そのうえで彼は、「同一学歴者の同一処遇」という原則から、職員と現業員の区分を撤廃するべきだと提唱した。西川はこう述べる。[61]

そうすると、学歴というものを、一つの能力のグレードとして認め、この学歴に応じた同一学歴者の同一処遇ということをブルー、ホワイト両カラーを通して考える必要があるのではないかと思われる。

この点については、ホワイト・カラーとブルー・カラーはあくまで区別すべしというのが欧米諸国のいき方であるが、我が国においては、この両者の待遇上の差別はなくすべきだと考えている。その理由は前述の通りである。すなわち、学歴を能力のグレードとみるならば、同一学歴の者が作業員に入っても、職員層に入っても同じような待遇と昇進をしていく、といったように職員・工員の対応関係を或る程度制度的に同一化する必要がある……。

「欧米諸国」とちがって日本では、学歴以外に「能力のグレード」がない。となれば、全体が高学歴化したら、全員が上級職員に昇進しうる制度に変えて、三層構造を放棄するしかない。これが、西川の「同一学歴者の同一処遇」原則だった。つまり学歴を軽視するからではなく、学歴を重視するがゆえに、三層構造を放棄するというのだ。

もともと日本企業は、欧米企業と似た三層構造をとってはいたが、それは職務による秩序ではなかった。それは、学歴別秩序が、三層をなしていたものだった。そして三層構造と学歴別秩序が両立しなくなったとき、前者を捨てて後者を優先したといえる。

西川の提言は、日本鋼管の方針転換に沿ったものだった。日本鋼管は、敗戦後も「労働秩序を乱すおそれがある」という理由で、「職・工員の身分撤廃」を拒否していた。ところが西川の論文が公表された一九六四年一月、「工員の学歴構成の向上」などに対応するため、「全従業員をすべて社員と呼ぶ」という方針を明らかにしたのである。[62]

こうした方針は、工員たちの希望を反映したものでもあった。日本鋼管が一九六三年に行なった従業員調査によると、工員（一般作業員）の七三％が「職・工員の呼称撤廃」を希望し、職員の三〇％前後をはるかに上回っていた。[63]

このような「社員の平等」への改革は、他の企業にも並行しておきた。一九六六年、八幡製鉄の労働組合は「身分的差別扱いを全廃し社員制度を一元化すること」「基本給は全社員を一本化する。さしあたって初任給を学歴別にまとめ、定期昇給の適用を全社員同一テーブルにするよう改めること」を要求した。[64] そして一九七〇年の八幡・富士製鉄の合併によって新日鉄が成立したさい、「社員制度を一元化」という要求は実現した。[65]

ここで「初任給を学歴別にまとめる」という要求が出たのは、高卒工員が増加し、高卒職員との格差が問題になっていたためだった。すなわちここでも、西川が主張した「同一学歴者の同一処遇」の原理が、職員と工員の区別を破壊していったのである。

このことは、労働組合もまた、職務よりも学歴を基本秩序と考えていたことを示していた。もし「初任給を学歴別にまとめる」のなら、高卒職員と高卒工員の初任給は同じになるが、中卒工員と高卒工員は同じ職務でも賃金に差がつくことになる。

それでも八幡製鉄労組は、「同一職務の同一処遇」よりは、「同一学歴者の同一処遇」を選んだ。それはおそらく、子弟を高校に進学させた青年労働者の家族にとっても、また子弟を持つ中高年労働者たちにとっても、「よりまし」な選択であったろう。これもまた、「日本の労働者が理解した戦後民主主義」であったのかもしれない。

軍隊型の資格制度

こうした「社員一本化」と並行して、各企業が導入したのが、職能資格制度だった。この制度が、三層構造が壊れたあとの日本企業の秩序となる。

これを説明するにあたり、まず資格制度について確認しておこう。第4章でみたように日本企業の特徴は、「主事」「参事」といった資格が、経理課長や営業部長といった職務とは別個に存在したことにある。

軍隊でいえば、「資格」は大佐や少尉などの階級で、「職務」は航空隊司令や歩兵小隊長といった任務にあたる。職務は上司の判断で随時に変わるが、配属された職務で能力を認められれば、上位の資格に昇進する可能性があり、資格に相応な職務が与えられる。そして彼らの給与は、職務ではなく、資格で決まっている。これが資格制度のあらましだ。

一方で「職能」とは何か。一九五〇年代に職務給導入のため、各企業で職務分析が行なわれた。そのなかで、「職務遂行能力」の省略形として「職能」という言葉が使われるようになったのが、「職能」の起源であったようだ。日経連教育部長は一九六〇年に、職務給の導入が難航するなかで、「職務面と人の面の中間ともいうべき職務遂行能力を中心にして経営序列の裏付けをしようとする努力が昭和26年頃から試みられるようになった」と述べている。[66]

もっとも第6章でみたように、一九五〇年前後の時点では、学歴の高い職員の地位を保障するために、「職能」という言葉が使われることが多かった。それが六〇年代になると、単に学歴だけでなく、適応力や協調性などを含む一般能力として「職能」という言葉が定着していったようである。

第5章でみたように、戦前の日本企業が大卒者の採用面接で重視したのは、「人物」や「人格」だった。また戦前の陸海軍が考課（考科）で重視したのも、どの任務に配置されても適応できる潜在能力だった。高度成長期に定着していった「職能」という言葉も、ほぼ同じ内容だったともいえる。

すなわち職能資格制度とは、どんな職務に配置されても適応できる潜在能力によって、社内の等級を与える制度だった。それは、明治期いらいの「任官補職」の延長でもあった。だが当時の財界は、労働者の「人格」や「人物」を選抜のさいに評価し、職務ではなく人に賃金を払うという意味で、『「人」中心の階層的秩序』と呼ぶことを好んだ。[67]

一九六〇年代に職能資格制度を導入した企業としては、日本鋼管が知られている。この事例から、その特徴をみていこう。

前述のように、日本鋼管は一九六四年から、全従業員を「社員」とよぶ方針をとった。しかしこのときは、まだ旧工員は「A社員」、旧職員は「B社員」と呼ばれていた。しかし一九六六年四月から実施された「能力主義に基づく新しい社員制度」では、この区別も廃止され、工員から職員に昇進する経路が制度化された。[68]

この「能力主義にもとづく新しい社員制度」で導入された職能資格制度は、図7—4のとおりである。

この制度では、学歴によってスタート地点が違っていた。具体的には、大卒者は入社時に社員一級か二級、短大卒者は社員三級、高卒者は社員五級、それ以下は社員六級ないし七級からスタートする。大卒は見習期間を終えればすぐ主事二級になり、二年ごとに選考を経て昇進していく。だが社員五級以下からスタートした高卒以下は、おそらく定年までに主事二級（旧海軍の特務少尉に相当すると思われる）までしか到達しない。

そして全員が「社員」だとはいっても、「管理職社員」「主要職社員」「監督職社員」「一般職社員」といった区分が存在する。そして管理職社員は「係長以上の職務を遂行する能力を保有するもの」、主要職社員は「事務・技術上の企画的、判定的、総括的職務を遂行する能力を保有するもの」、監督職社員は「作業長ならびに工長の職務を遂行する能力を有するもの」、一般職社員は「一定の業務処理基準に従って処理する業務を遂行する能力を保有するもの」とされた（図7―5）。

これでは戦前の三層構造と、ほとんど違いがないようにみえる。ただしこれらの区分は、「職務による分類ではなく、職務遂行能力による分類」だとされていた。[69]

そして人事部の西川が述べた「同一学歴者の同一処遇」の原則に沿って、おなじ高卒であれば、事務員であっても工員であっても、初任資格は「社員五級」であった。さらに制度上は、中卒も高卒も大卒も、事務員も作業員も、配属された職務で「能力」が評価され

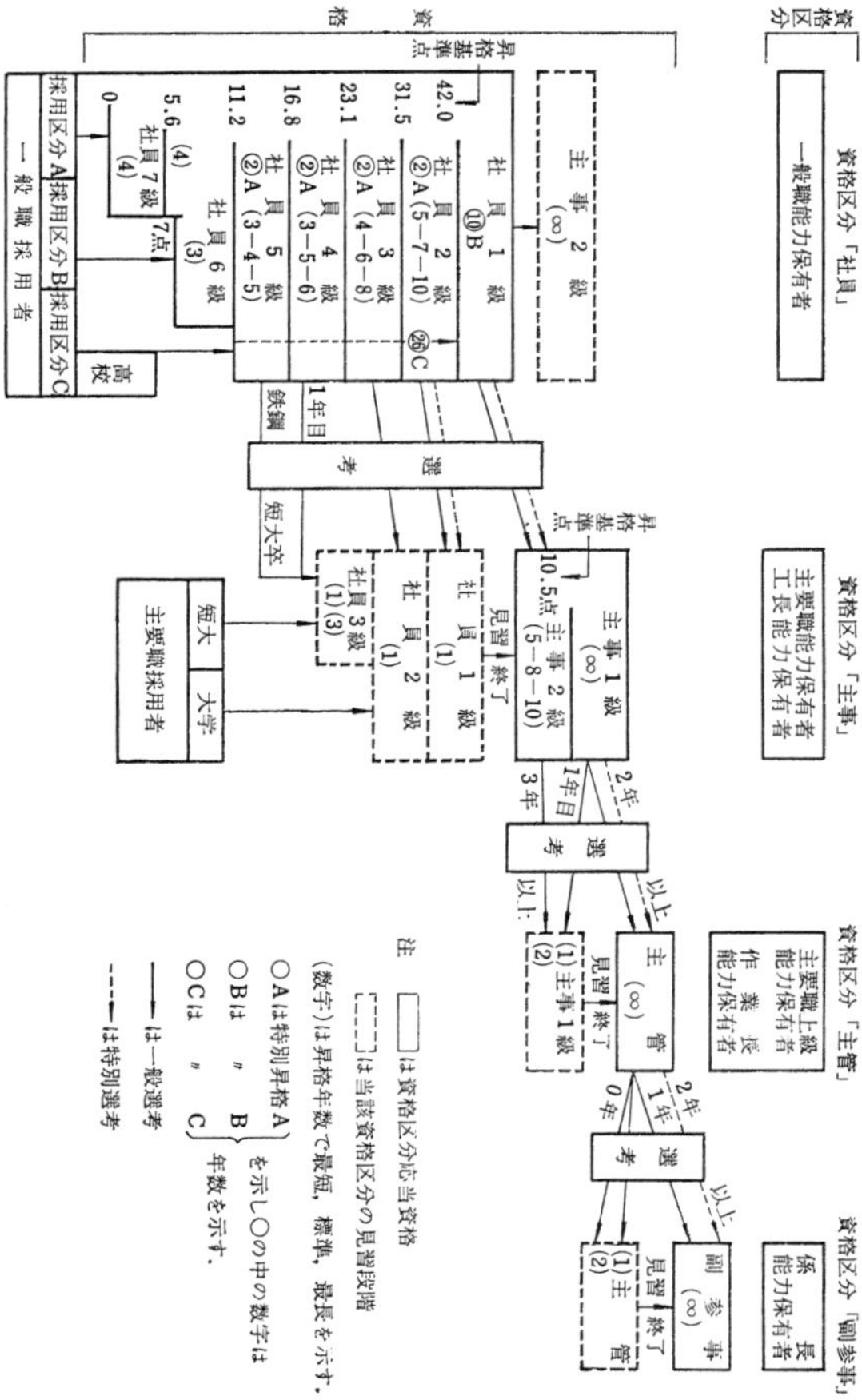

(出典：折井日向『労務管理二十年』東洋経済新報社、1973年、45頁)

図7—4　日本鋼管の職能資格制度（1966年）

れば、昇進できることになっていた。
戦前には、資格制度は職員にだけ適用されていた。戦後の民主化を経て、一九五〇年代には現場労働者にも資格制度が拡張していたが、まだ職員と労働者の資格系列が分かれていることが多かった。だが一九六〇年代の高学歴化によって、すべての従業員が「社員」として、一元的な資格等級で序列化されるようになったのである。[70]
ここでも、戦前の「社員」に適用されていた制度が、現場労働者レベルにまで拡張されていた。その意味において、これは差別の解消でもあった。日本鋼管の人事担当者は二〇〇四年に、こう述べている。[71]

戦前は、資格制度というのはホワイトカラーだけについていましたよね。現場の作業員には資格なんていうのはなかったのですけれども、現場の作業員もホワイトカラーも

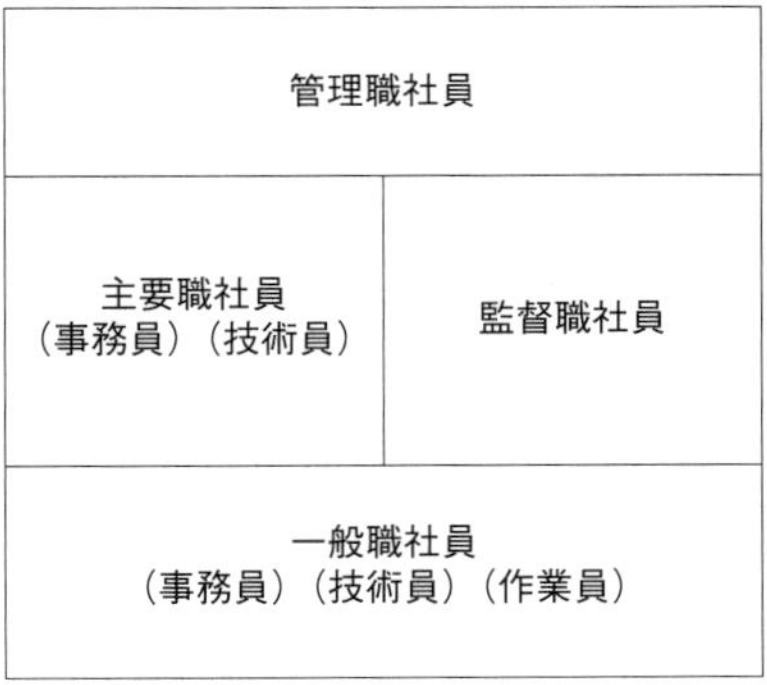

（　　）が職種区分

（出典：折井日向『労務管理二十年』41頁）

図7―5　社員区分と職種区分

入った同じ考え方の一元的資格制度というのができたり、いろんな形で身分差を解消する努力はたくさんやってきているのです。

こうして「社員の平等」は、少なくとも形式的には完成した。最初に配属された職務が何であろうと、与えられた職務で経営の期待に応えた者は、選抜されて昇進する。いわば、経営の査定が無差別に適用される意味において、「社員」は平等になったのだ。

日本鋼管の労務担当であり、のちに取締役になった折井日向は、これを「青空のみえる労務管理」と形容した。[72] この言葉は、当時の八幡製鉄のスローガンでもあった。義務教育卒の二等兵であっても、与えられた任務で「能力」を評価されれば、将校になれる制度だという意味であろう。

こうした職能資格制度に対する、労働研究者の評価は分かれている。肯定的な評価は、現場作業員に昇進の道を開いた平等な制度であり、労働者の勤労意欲を高めたものとみなす。批判的な評価は、労働者を出世競争と過剰労働に追いこみ、企業に忠誠を尽くす「会社人間」に変えた制度だったとする。[73] おそらく、これらは同じ事実の両側面なのだろう。

いずれの評価をとるにしても、こうした資格制度は各社ばらばらに導入され、互換性のないものだった。勤続を重ねてたとえば社員二級まで到達した工員が、その企業を辞めてしまえば、それまでの蓄積は無に帰する。こうした資格制度が現場労働者レベルにまで広まったことは、彼らの転職率の低下をうながす要因になったと考えられる。

定期人事異動と女性定年制

さらにこうした制度の導入にやや遅れて、もう一つの変化がおきた。全社的な定期人事異動である。

大企業で職能資格制度が広まった一九七六年、全日本能率連盟が二一三社に調査を行なった。それによると、対象企業の七〇・〇%が、大卒者を入社時に販売や生産の現業職に配置していた。だが、大卒者を現業職に就かせたままだと士気が低下するため、多くの企業が数年のうちに他の部署に動かす「配転・ローテーション制度」を採用していた。[74]

この結果、従来は相互の配置転換がなかった現業部門と事務部門をまたいで、定期的な人事異動が必要になった。[75] トヨタ自動車を対象にした辻勝次の研究によれば、当初は事務・技術系の職員層に限られていた定期人事異動が、現業部門をまきこんで全社化したのは一九八〇年代以降だとされている。[76]

戦前の官吏や大企業職員には、定期的な昇進と異動がみられた。だが職工は随時採用が多く、長期雇用も保障されず、定期的な昇進もなかった。また職員・職工をまたいだ人事交流はほとんどなかった。

それを考えれば、全社的な定期人事異動は、「社員の平等」の完成を示すものだった。トヨタを研究した辻は、新卒一括採用などの定着が一九六〇年代だったのに比べ、約二〇年遅れて全社的な定期人事異動が定着したことを評して、「人事異動の定期化という現象は、日本的雇用に関する諸制度、諸慣行の、いわば総合的、総括的な到達点だったからではないか」と述べている。[77]

そしてこの制度を裏面から支えていたのは、女性が大部分を占めていた高卒や短大卒の事務職員であった。長期雇用と年功賃金が普及した一九五〇年代後半以降、女性の賃金が上昇する前に解雇する結婚退職制や性別定年制を、明示的に規定する企業が増えていった。

女性たちの訴訟によって明らかになった事例でいえば、住友セメントが女性の定年を結婚または三五歳と定めたのは一九五八年、東急機関工業が男子五五歳・女子三〇歳の定年制導入で労働組合と協定したのは一九六六年だった。[78] いずれのケースも、定期的な昇給が重荷であったため、女性を早期退職させることを制度化したものだった。

この二つの女性定年制訴訟は、いずれも原告側が勝訴した。だが女性職員の差別は、定年だけではなかった。住友セメントに対する一九六六年の訴訟判決文は、企業が以下のような内規をとっていたことを明らかにした。[79]

〔会社は職員の採用において〕男子は大学又は高校卒、女子は原則として高校卒に限り、採用手続につき、男子は本社採用、女子は事業場において欠員の生じた都度採用とし、採用後の身分につき、男子は当初最下級の雇員であるが以後逐次昇進して幹部従業員となり得、他の事業場へ配置転換され得る。女子は結婚までの腰かけ的勤務であるから雇員以上に昇進せず、他の事業場へ配置転換されないと定めるなど、男子職員と女子職員との差異を明確にした。

この記述からは、明治期からの「本社使用人」「場所限傭人」の区別や、本庁採用の官吏と現地支所採用の雇員・傭人の区別が、形を変えて女性職員に適用されていたことがうかがえる。

さらに大手電機メーカーは六〇年代半ばから、中高年女性のパートタイマーを導入するようになった。女性の年齢別労働力率が、結婚・出産・育児期にいったん低下し、中高年期にふたたび上昇するM字型カーブを描くようになったのは、六〇年代半ばからである。[80]

経営が握った「能力」評価

職能資格制度の普及は急激だった。一九六六年の日本鋼管のあと、六七年には八幡製鉄と富士製鉄が、六八年には三菱電機が、六九年には松下電器・トヨタ自動車・三菱重工・三井造船が、七〇年には日産自動車が、あいついで新たな資格制度を導入した。[81]

八幡製鉄の労働組合は、一九六七年の新人事制度を「身分的制度を改め仕事中心に社員秩序を確立する」ものと高く評価した。禹宗杬はその理由を、この制度が現場作業員にも資格を付与し、「ブルーカラーの基本給の上がり方をホワイトカラー並みにした」からだったと位置付けている。[82]

これは現場労働者にとっては、戦前の職員の処遇が自分たちにも拡張され、「社員の平等」が達成されたことを意味した。だが経営側は、新しい制度は「能力」による秩序であり、戦前とは違うことを強調した。日経連教育部長によれば、「戦前の資格が学歴と勤続によって決定されていたのに対して戦後の新しい資格は主として能力によって決定されるところに違いがある」のだった。[83]

たしかに六〇年代の職能資格制度は、「能力」の査定による昇進・昇給が制度化されていた。それは、一九四六年の電産型賃金に含まれていた「能力給」の部分が、賃金全体のなかで比重を増していったことと並行していた。

そして関東経営者協会の一九五四年の政策文書は、「職務遂行能力」とは「経営における価値生産活動に対する貢献度」だと主張していた。[84]そしてそれは、「経営権の枠内」で「人事考課」の対象となる「能力給」に対応するものとされていた。つまり「能力」とは、企業横断的に通用する学位や技能資格ではなく、特定企業への貢献度であった。

日経連の一九六九年の報告書に付された座談会では、新しい「能力主義資格制度」のもとでは、「学歴もあり、勤続年数もあるけれども、能力ない人は昇格から落していく」とされた。たとえば「大学でても大学卒の学力なし、ストにばかり熱心」な者は、学歴を「能力とはみない」というのだった。[85]

年齢や家族構成、学歴や勤続年数は、経営者の裁量では変えられない。しかし「能力」の判定ならば、経営の裁量で決められる。これは、経営を拘束しかねない職務給や技能資格よりも、経営側にメリットがあった。

もともと財界が職務給導入を唱えた目的の一つは、中高年の賃金を切り下げることだった。だがその目標は、「能力」による査定で昇進や賃金を限定する方法でも、達成できるはずだった。そうであれば、職務給導入に固執する必要はなかった。

また職能資格制度は、あくまで社内資格であり、企業横断的なものではなかった。一つの企業内で資格があがっても、他企業には通用しない。これは経営者にとって、社内教育で育成した人材を流出させない利点があった。

一九六〇年代前半までは、政府も企業も、工業学校や職業訓練制度を充実させることを唱えていた。だが高度成長が本格化すると、企業は社内教育で人材育成を行なう傾向を強めた。その状況のなかで、政府は技能検定制度を導入したが、企業側の反応は熱心とはいえないものだった。日立製作所を調査したロナルド・ドーアは、従業員が「全国で通用する資格」を得てしまうと人材が流出することを日立が警戒し、技能検定に消極的だったことを示唆している。[86]

結果として、技術革新が進み、作業工程が標準化され、労働者の教育程度が上がっても、大企業の労働市場の封鎖的傾向は変わらなかった。氏原正治郎が一九五〇年代に予測したような事態には、ならなかったのである。

また職能資格制度は、もう一つのメリットがあった。昇進の遅れへの対応である。

八幡製鉄の人事担当者は、一九六七年に「新職掌制度」を導入した理由の一つをこう述べている。[87]「〔入社年次からいえば〕課長につけてやっていい人でもポストがないというような場合には、資格で……〔課長級の〕参事につけてやる」。軍隊でいえば、艦長のポストには限りがあるが、大佐に昇進させることはできるのである。

さらに職能資格制度では、職務が限定されていないため、配置転換が容易だった。このことが、高度成長期の技術革新において、プラスに作用した。

高度成長が本格化するにつれ、大企業は新鋭工場を建設し、既設の古い工場を合理化した。しかし日本の大企業は、一九五〇年代の大量解雇が大規模争議を招いた教訓から、解雇ではなく配置転換でこれに対応しようとした。

たとえば、八幡製鉄が新設の君津製鉄所を建設するさいに行なわれた配置転換は、「民族の大移動」とまで形容された大規模なものだった。こうした配置転換は、職務で労働者を雇用していたならば、困難なものだった。八幡製鉄労組もこれに同調し、一九六六年の定例大会議案書で「必要要員に余剰が出た場合は、終身雇傭制の立場から、応援や配置転換は一定の基準のもとに今後とも認めていく」と述べた。[88]

こうして長期雇用と配置転換は、いわばバーター関係になった。それを制度的に可能にしたのが、職能資格制度だった。日経連の一九六〇年の報告書でも、「日本のような生涯雇用的なもので、職務転換を予め予想された形で就いている場合」には「資格制度」が必要だという主張がみられた。[89]

こうした配置転換の機動性は、需要の増減が激しいサービス業でも高く評価された。一九六三年に日本通運副社長は、職務給では「業務量の増減に応じ別個の業務分野に［人員を」転用する機動運営」ができないと述べ、「職務遂行能力を主たる構成要素として、賃金体系の再編成を漸次進めてゆく」ことを提唱していた。[90]

配置転換が解雇を避ける手段と位置づけられたのは、一九五五年に日本生産性本部が設立されたさいの生産性三原則で、「能う限り配置転換その他により、失業を防止するよう官民協力して適切な措置を講ずる」とうたったことにさかのぼる。[91]とはいえ一九六〇年ごろまでは、まだ指名解雇をめぐる争議も多かった。労働史研究者の兵藤釗は、「現実に終身雇用が慣行として定着したのは、六〇年代を迎えてからである」と述べている。[92]

方針が出せなかった労組

職能資格制度に対し、労働者たちはどう反応したのか。労働者の声は多様であり、一概にはいえない。

とはいえ労働史研究者がほぼ一致しているのは、日本の労働者たちが、「能力」によって評価されることに対して、必ずしも否定的でなかったことである。彼らは、学歴で差別されることには激しく反発したが、労働者としての「能力」や「実力」を評価されることにはむしろ肯定的だった。

一九六六年に、一七歳の板金工は、高卒の工員に対する対抗心をこう述べている。[93]「私には彼らに負けない腕と自信がありますが、一つだけ弱い所があるのです。それは学歴です。……いくら実力があっても中学卒は中学卒としかみてくれません」。

しかも日本の企業秩序では、大卒者・高卒者・中卒者が同じ職務をする状況さえあった。一九六九年に新聞社で働いていた定時制高校生は、「私は生意気ながら高校卒、大学卒の方達と同じ仕事をしているので、決して負けたくはなかった」と書いている。[94]

こうした労働者の声と、経営側の主張は微妙に重なりあった。日経連の一九六九年の報告書は、新しい「能力主義資格制度」のもとでは、「学歴も年齢も勤続年数もそれだけでは能力とはみない」と述べていた。[95]

労働史研究者の二村一夫は、「日本の労働者にとっての本音の要求は『人並みに扱え』ということ、つまり、自分たちも企業の一人前の構成員として認め、能力や努力を正当に評価せよ、というにあった」と述べている。[96] 一九四七年の国鉄労働者たちが、「努力」を評価しろと要求していたことは、第6章で述べた。

また高度成長下の若い労働者には、年功賃金への不満がたまっていた。たとえば八幡製鉄が一九五八年に発足させた新鋭工場の戸畑製造所では、若い作業員の間に、こうした声が出ていたという。[97]「八幡〔製鉄所〕と同じ物をより早く作り出しているのに、オレたち〔の賃金〕が八幡の年寄りたちの何分の一にしかならないというのはなぜだ」。こうした声を考慮するなら、労働組合も、年齢で決まる生活給を主張するだけでは済まされなかった。

日本の労組は、同じ組織内に若年層と中高年、未熟練労働者と技能工、現場労働者と職員を抱え込んでいた。彼らの立場はそれぞれ異なり、組合を分裂させずに要求をまとめあげるのは困難だった。

鉄鋼労連などの労組は、比較的早くから長期雇用保障とひきかえに、経営と協力する姿勢をみせていた。だが総評などに参加していた左派系労組は、職務給には反対したが、企業を横断した産業別の賃金設定が必要だと議論していた。[98] 彼らもまた、アメリカやドイツの労働組合が、どういう運動をしてきたかを学んでいたからである。

しかし当時の労組活動家たちによれば、企業を横断した職種別賃金といった「外国における賃金支払い方法を直輸入」しても、「大衆がそれを展望として理解する条件」がなかった。石田光男が要約した当時の労働組合側の議論を読むと、「仲間割れがしないような賃金制度」が求められながら、それには「長い時間をかけてじっくりと」「下からの民主的な討論」が必要だという意見が出て、最終的には「大幅賃上げにむかっての統一と団結」が優先されていたことがうかがえる。[99]

それにくらべ、「能力」によって賃金を決めるという職能資格制度は、労働者の支持を得やすかった。なぜなら「能力」とは、どうにでも解釈できる言葉だったからである。

日本鋼管は一九六三年九月に、東大社会学研究室の協力のもと、社内意見調査を行なった。賃金評価にあたって何を重視すべきかについての回答は、「年功」はどの年代も少なく三・九％、「職務や能力」が勤続年数の浅い者を中心に八・二％、「年功を主として職務や能力を加味する」が勤続の長い者を中心に三四・九％、「職務や能力を主として年功を加味する」が全体に多く五二・六％だった[100]。

おそらく若い工員や職員たちは、新技術に対応できる柔軟性を「能力」だと考え、「職務や能力」を選んだ。中高年の工員たちは、経験が「能力」であると考え、「年功を主として職務や能力を加味する」を選んだ。だが多数派は、「職務や能力を主として年功を加味する」を選んだ。これには大卒の職員たちも、知識と学歴が「能力」であると考えて同意しただろう。

「能力主義」は、こうした多様な解釈が可能であったがゆえに、支持されたと考えられる。こうして、学歴よりも「社内のがんばり」を重視する「社員の平等」が、日本企業の新しい秩序となっていった。

そしてこれによって、ドーアがイギリス企業と対比して述べたように、「日立の鋳造工」が「日立製作所の社員である」と自称する状況が作られた。戦前の職工は「社員」ではなかったし、そう自称することもできなかった。企業内組合の労働運動によって、「社員の平等」が形成されたことではじめて、お互いに会ったこともない万単位の従業員が、「社員」としてのアイデンティティを形成しえたのである。これは、ドイツやフランスの職員運動が、アイデンティティを作り出したのと類似の現象であったといえる。

こうして一九六〇年代に、一連の日本的雇用の特徴が定着した。それは明治期いらいの慣行が、総力戦と民主化、労組運動と高学歴化などの作用によって、三層構造をこえて拡張することによって成立したのである。

「能力主義」と軍隊経験

一九六九年、日経連は『能力主義管理――その理論と実践』という報告書を公表した。大企業の人事担当者を集めた「能力主義管理研究会」の執筆であるこの報告書は、かつて日経連が提唱していた職務給導入論を放棄し、長期雇用や年功賃金などを再評価して、職能資格制度を称賛したものだった。

この報告書では、「終身雇用制は企業と従業員との間の恋愛結婚である」とうたわれた。終身雇用制や年功賃金制には、「企業に対する忠誠心を植えつける」「優秀な労働力を定着確保する」「長期の人員計画および育成計画を行なう」といった利点があるというのである。[101]

一方でこの報告書は、「少数精鋭」の企業運営を提唱し、「年功尊重から能力尊重へ」「昇進はあくまでも能力一本で行なうべきである」と説いた。[102] そのための手段が、「能力」によって査定する職能資格制度であった。

これまで述べてきたように、職能資格制度は、軍隊の制度と似ていた。そして、この報告書を書いた大企業の人事担当者たちも、それに自覚的だった。巻末付録の匿名座談会で、彼らは以下のように話しあっている。[103]

C　われわれの職能的資格制度、私は旧陸・海軍の階級制というのはまさにそれじゃなかったかと思うんです。少尉、中尉、大尉という階位は職能的でしたよ。

D　これは本当にアウトプットを中心とした、実績を中心として、それから将来を類推して昇給が決まりました。同年度に陸士〔陸軍士官学校〕や海兵〔海軍兵学校〕を卒業しても、一〇年たってまだ中尉の人ももう少佐の人もいた。卒業年次や年齢が下で階級が上の人はいっぱいいいた。

E　しかも、それに加えて同じ少尉でも中隊長もいるし、大隊長もいた。完全なツー・ラダー〔資格と職務の二本立て〕ですね。しかも少尉という資格を与えるのも、中隊長という役職を与えるのも能力主義ですね。しかも、資格と役職のむすびつけ方も、われわれの強調するレンジ〔様々な職務に幅広く配置転換する〕型だ。

G　われわれがやろうとしていることと全く同じじゃないか。

D　どうもこの研究会には海兵出〔海軍兵学校出身者〕がそろっちゃったものですから。

当時の四〇～五〇代の男性たちは、戦争と兵役を経験し、軍隊の制度になじんでいた。職能資格制度がこの時期に急速に普及したのは、総力戦の経験によって、各企業の中堅幹部層がこうしたシステムに親しんでいたことが一因だったかもしれない。

だが彼らは、重要な点を見落としていた。彼らが軍隊にいた時期は、戦争で軍の組織が急膨張し、そのうえ将校や士官が大量に戦死していた。そのためポストの空きが多く、有能と認められた者は昇進が早かった。彼らが述べている「一〇年たってまだ中尉の人もも う少佐の人もいた」「同じ少尉でも中隊長もいるし、大隊長もいた」という事態は、戦時期の例外現象にすぎなかったのである。

そして彼らがこの報告書を出した一九六九年も、日本のＧＮＰが年率一〇％前後で急成長していた時期だった。その時期には、現場労働者レベルにまで「社員の平等」を拡張しても、賃金コストの増大に対応できた。

だが一九七三年の石油ショックを境に、そうした時期は終わりを告げた。それでも、いったん拡張した「社員の平等」は、もはや撤回できなかった。そのあとの時代には、正社員の範囲だけに「社員の平等」を制限するという、「新たな二重構造」が顕在化していくことになる。

1　本章の内容は、高度成長によって高学歴化が進むなかで、日本企業が「学歴による秩序」と「経営権」を優先したがために、三層構造を放棄して「社員の平等」に至ったことを示すことにある。本章の記述にあたって最も触発されたのは本田由紀『若者と仕事』東京大学出版会、二〇〇五年、第2章であった。本田が倉内史郎の研究や西川忠の論考を参照しながら、高卒ブルーカラーの増大に伴う企業内摩擦が職能資格制度の広まりの背景だったことを指摘したのは、卓見というべきである。だが本田は、日本企業における職務と専門能力の乖離が背景にあったことや、戦前の企業秩序との関係については注目していない。また本田は、日本企業が学歴を重視するがゆえに三層構造を放棄したという関係を看過している。

2　遠藤前掲『日本の人事査定』一九二頁には、一九七二年のアメリカの論文の引用として、一九七〇年代初頭のニューヨーク市でシティバンク銀行が、進学率の上昇によって大卒者を雇うに至る経緯が記されている。

3　アベグレン前掲『日本の経営』五七頁。

4　西川忠「ブルーカラーの昇進問題」『労務研究』第一七巻二号、一九六四年二月号、一四頁。

5　アベグレン前掲『日本の経営』五〇、五二頁。臨時工・養成工ともに中卒のみの方針がとられていた。

6　倉内史郎「技術革新と技能労働力の給源」『労務研究』第一六巻六号、一九六三年六月号、一五頁。一九六二年二〇〇社、六三年は二四七社のサンプリング調査。「中卒のみ」の募集は、六二年に従業員一〇〇〇人未満の企業で五三％に対し一〇〇〇人以上で六六％。六三年に一〇〇〇人未満二五％に対し一〇〇〇人以上は三八％だった。

7　倉内前掲「技術革新と技能労働力の給源」一五、一六頁。

8　数字は菅山前掲『「就社」社会の誕生』四二九頁の表から計算した。菅山は同書四三〇頁で、中堅企業の方が「学歴別のデマケーション」から「比較的自由であった」と評しているが、筆者は中堅以下の企業も「やむをえず」の選択だった可能性が高いと考える。

9　アベグレン前掲『日本の経営』四八、五一頁。

10　本田前掲『若者と仕事』五四頁。

11　文部科学省「戦後半世紀の教育の発展とその課題」。http://www.mext.go.jp/b_menu/shingi/old_chukyo/old_chukyo_index/toushin/attach/1309725.htm　二〇一九年六月五日アクセス。

12　汐見稔幸「企業社会と教育」坂野ほか編前掲『戦後改革と現代社会の形成』、一九九四年所収、二九五頁。

13　経済審議会前掲『国民所得倍増計画』一三八頁。

14　飯田浩之「新制高等学校の理念と実際」門脇厚司・飯田浩之編『高等学校の社会史』東信堂、一九九二年所収、三八、三九頁。

15　西本勝美「企業社会の成立と教育の競争構造」渡辺編前掲『高度成長と企業社会』所収、一六七頁。

16　村松喬『進学のあらし』毎日新聞社、一九六五年、一一五頁。

17　本田由紀『教育の職業的意義』ちくま新書、二〇〇九年は、戦前の日本の企業秩序のほうが、「学歴と職務との対応が明確に成立していた」と評している（八〇頁）。その傍証として本田は、一九五三年八月に文部省と日経連が行なった調査において、高等教育卒の雇用者全体の中で「専攻学科を生かしていないもの」の比率が一一・六％にとどまることを指摘している（八二頁）。

　とはいえ本書で記述したように、戦前日本においても、理工系を除けば高等教育における専攻と職務が関連していたとは言いがたい。本田も注記していることだが、この文部省・日経連の調査は「会社、事業体において、将来その幹部となることを予想して実習見習い中のもの」「官公庁において、公務員試験に合格して採用されたもの、並びにこれに類するもの」までを「専攻学科を生かしている」と分類し、「会社・事業体、官公庁・公社」に回答させている（文部省『職場の学歴の現在と将来 —— 職場における学歴構成の調査報告書第一部』、一九六一年、一五四頁）。これは、戦前型の秩序が残っていた一九五三年当時の高等教育修了者が幹部候補生として遇されていたことを示すものであって、専攻が職務と結びついていたことを示すものとは言えない。また一九五三年当時までの高等教育は、理科系と教育系を中心とした国立大学と、技術系の旧高等専門学校が多数を占めていたことに留意すべきであろう。

18 乾前掲『日本の教育と企業社会』三八頁。

19 西本前掲「企業社会の成立と教育の競争構造」一七四頁。

20 西川前掲「ブルーカラーの昇進問題」一四頁。

21 大田堯『戦後日本教育史』岩波書店、一九七八年、一四四頁。

22 労働省婦人少年局編『伸びゆく力──働く青少年の生活記録』昭和四四年版、労務行政研究所、一九六九年、二一七、二一八頁。

23 脇坂明「新規学卒者の労働市場」玉井金五・久本憲夫編著『高度成長のなかの社会政策』ミネルヴァ書房、二〇〇四年所収、七三、七六頁。ただし乾前掲『日本の教育と企業社会』一五八頁は、八幡製鉄所の事例として、「六〇年代前半までは、高卒技能系の募集・採用については、職種別に行なわれていた。新卒者を白紙で採用し、採用後に職場配置や職種を決めるという方式が確立するのは六〇年代後半にはいってからであるという」と記している。これが八幡製鉄所の特殊事例（高卒工員の採用を比較的早期かつ計画的に始めたことで知られていた）なのか、一般的なことなのかは不明である。おそらく高校進学率が低かった時期は、高卒技能系は戦前の中等教育卒技術職の延長で処遇されており、高卒工員の採用が増加していくにつれてそうした処遇がなくなったという可能性も推測される。

24 脇坂前掲「新規学卒者の労働市場」七六頁。

25 アベグレン前掲『日本の経営』五一、五二頁。

26 職業紹介法の改正経緯は、乾前掲『日本の教育と企業社会』一四九—一五二頁および菅山前掲『「就社」社会の誕生』第五章に詳しい。

27 菅山前掲『「就社」社会の誕生』三五五、三五六頁。

28 乾前掲『日本の教育と企業社会』一五〇頁。

29 同上書一五二頁。

30 アベグレン前掲『日本の経営』四八、四九頁。
31 氏原正治郎・高梨昌『日本労働市場分析』東京大学出版会、一九七一年、上巻四〇九頁。
32 文部省「新制大学の発足」『学制百年史』帝国地方行政学会、一九八一年所収。http://www.mext.go.jp/b_menu/hakusho/html/others/detail/1317752.htm　二〇一九年六月五日アクセス。
33 アベグレン前掲『日本の経営』五八頁。
34 同上書五八頁。
35 文部省前掲「新制大学の発足」。師範専門学校学生数は一九四三年度には二七万六四二二人だったので、この昇格だけでも一九五二年度の大学生数の増加の約八割に相当した。文部省はこのほかに、外地からの引揚者や人口の自然増加、戦後に認められた女子学生の進出、夜間部などが学生数の増加をもたらしたのであって、一九五二年度の「大学・学生数は、戦前のそれに比べて必ずしも多くはなく、特に男子学生の割合はむしろ減少しているともいえる」と説明している。
36 文科省前掲「戦後半世紀の教育の発展とその課題」。
37 天野郁夫『高等教育の日本的構造』玉川大学出版部、一九八六年、一六二頁。
38 同上書一六二頁。
39 野村前掲『日本的雇用慣行』三九頁。
40 若林前掲「1920―30年代三井物産における職員層の蓄積とキャリアパスデザインの一考察」。
41 竹内前掲『日本のメリトクラシー』八六、八八頁。
42 大臣官房調査統計課「新規学卒者の採用及び就業状況等に関する調査（速報）――指定校制をとる企業減少」『文部時報』一二一巻三号、八四頁。福井前掲『歴史のなかの大卒労働市場』八九頁より重引。
43 天野前掲『高等教育の日本的構造』一六二、一六三頁。
44 三浦朱門「日本大学よ甘えるなかれ」『中央公論』一九六八年八月号、二九三―二九四頁。
45 高畠通敏「『発展国型』学生運動の論理」『世界』一九六九年一月号、二四五頁。
46 秋山勝行・青木忠『全学連は何を考えるか』自由国民社、一九六八年、一二二、一二五、一二六、一三七、一三八頁。

47 C・ライト・ミルズ、杉政孝訳『ホワイト・カラー』東京創元社、一九五七年、二三〇頁。
48 レスター・サロー、小池和男・脇坂明訳『不平等を生み出すもの』同文舘、一九八四年。アメリカと日本の学歴間賃金格差については、麻生・潮木編前掲『学歴効用論』一三八―一四二頁。
49 人間能力開発センター前掲『高学歴化の進行と労務管理』五頁。
50 同上書八頁。
51 労働省婦人少年局前掲『伸びゆく力』二一八頁。
52 同上書七一、七二頁。
53 労働法令協会編『労務管理の実際』一九六五年。本田前掲『若者と仕事』七〇頁より重引。
54 アベグレン前掲『日本の経営』一一六、一一七頁。
55 「この人と　官僚論、共済組合連盟会長、今井一男氏　連載対談・松岡英夫〈六〉」『毎日新聞』一九六九年五月二六日付。大森前掲『官のシステム』一〇八―一〇九頁より重引。
56 水谷前掲『官僚の風貌』一三七頁。
57 小池前掲『アメリカのホワイトカラー』一六九頁。ただし小池は、戦後日本の大企業以外については推測をしているにとどまっている。戦前の日本大企業の幹部職員の昇進が早かったのかは、まだ実証的分析が少ない。三菱造船の「正員」のキャリアを分析した吉田・岡室前掲「戦前期ホワイトカラーの昇進・選抜過程」では、きわめて早い昇進の事例もある一方、そうでない事例もみられる。また同論文一四・一五頁のキャリアツリーをみるかぎり、一九一八年入職の正員のほうが、時期がくだった一九二一年の正員より昇進が早いようにもみえるが、即断はしにくい。
58 西川前掲「ブルーカラーの昇進問題」一四頁。
59 同上論文一七頁。
60 同上論文一六頁。
61 同上論文一六頁。本田前掲『若者と仕事』七五―七六頁もこの西川の論文を引用し、「労働者の『潜在能力』に基づいて構成される職能資格制度が、皮肉にもその『潜在能力』の大まかな分類基準としての学歴を参照せざるをえなかった」ために、「高卒学歴と大卒学歴との間の格差」が残った傍証だと位置づけている。しかし私見では、本田の理解は、論理が逆ではないかと思う。西川は学歴を重視するがゆえに、三層構造を放棄すべきだと提言したのであり、それによって職能資格制度への道を開いたのである。

62 折井前掲『労務管理二十年』四〇頁。なお全従業員を社員とよぶ方針は一九六四年一月で、西川の論文は同年二月一日発行の『労務研究』に掲載された。

63 同上書四一、八八頁。

64 鉄鋼労連八幡製鉄労働組合「第四三回臨時大会議案書」一九六七年五月二八日。禹前掲「戦後における資格給の形成」一八頁より重引。

65 兵藤前掲『労働の戦後史』上巻一八七頁。

66 中山三郎「総論」日経連弘報部編前掲『資格制度の考え方と実際』所収、三頁。

67 入江遁男「新しい資格制度の考え方」『経営者』一九五七年六月号。兵藤前掲『労働の戦後史』上巻一六〇頁より重引。

68 折井前掲『労務管理二十年』四〇頁。

69 同上書四一頁。

70 こうした動きは、一直線に進んだわけではない。日本セメントは一九五八年に、高学歴化によって高卒工員が増加したため、「社員と工員の区別」を撤廃して統一的な「職能的資格制度」を導入していた（日経連弘報部前掲『資格制度の考え方と実際』六九、七〇頁）。もっともこの制度では、「資格系列自体はその者の従事する職務によって定まる。したがって人に従属しているわけではないので同一人でも職務が変れば資格系列が変ることとなっており、この種事例を当社では『系統転換』と呼んでいる」とされていた（同書七七頁）。これは敗戦後に導入された職務給・職務分析から、一九六〇年代後半以降の職能資格制度に移行する時期の過渡期にあたる形態として興味深い。なおこの資格制度では、一本化されていたのは職務に沿った「職級」（一級職〜七級職）であり、「資格」は「六級事務員」「六級特務員」といった二系列であった（同書九〇頁図参照）。

71 C. O. E. オーラル・政策研究プロジェクト『奥田健二・オーラルヒストリー』政策研究大学院大学、二〇〇四年。久本前掲「労働者の『身分』について」六〇頁より重引。

72 折井前掲『労務管理二十年』四〇頁。

73　肯定的な評価として石田光男や小池和夫、批判的な評価として遠藤公嗣や野村正實、熊沢誠などによるものが挙げられる。
74　人間能力開発センター前掲『高学歴化の進行と労務管理』四四頁の図表から算出。同書五六頁によると、四二・九％の企業が、現業員不足と労働力高学歴化に対する対策として、「配転・ローテーション制度」を挙げていた。
75　同上書五七頁では、高学歴者を現業職に配置するのであれば、「少なくともホワイトとブルーの管理区分の廃止ぐらいは、当然やっておかなければならないであろう」と述べられている。
76　辻前掲「戦後トヨタにおける人事異動の定期化過程」参照。
77　同上論文七四頁。
78　濱口桂一郎『日本の雇用と中高年』ちくま新書、二〇一四年、二一四、二一九頁。
79　東京地裁判決文一九六六年一二月二〇日。濱口『日本の雇用と中高年』二一五頁より重引。
80　兵藤前掲『労働の戦後史』上巻一九四頁。
81　同上書上巻一八四頁。
82　禹前掲「戦後における資格給の形成」二三、二四頁。
83　日経連弘報部『資格制度の考え方と実際』三頁。
84　関東経営者協会「定期昇給制度に対する一考察」『経営者』一九五四年九月号。兵藤前掲『労働の戦後史』上巻一五八頁から重引。
85　日経連労務管理委員会・能力主義管理研究会合同会「能力主義管理をめぐって」八代・梅崎・島西・南雲・牛島前掲『能力主義管理研究会オーラルヒストリー』所収、三七五頁。一九六八年一〇月一四日の座談会で、日経連能力主義管理研究会前掲『能力主義管理』に収録されていたものである。
86　ドーア前掲『イギリスの工場・日本の工場』文庫版上巻一〇〇頁。日立製作所が、政府の技能検定試験に消極的でありながら、検定受験を容認していた理由をこう記している。「会社の判断のもとになったのは、熟練工がやめるのを恐れて、全国で通用する資格をとらせたがらないのだ、というふうにみられては士気の上でまずいだろう、という点であった」。
87　佐藤穣「新社員人事制度による給与・処遇管理」『労働法学研究会報』第八八二号。兵藤前掲『労働の戦後史』上巻一八六頁より重引。
88 八幡製鉄労組『第四二回定例大会議案書』、一九六六年。兵藤前掲『労働の戦後史』上巻一七二頁より重引。
89 前掲「討論　資格制度の運用をめぐって」日経連弘報部前掲『資格制度の考え方と実際』一九一頁。
90 入江前掲「賃金管理の日本的基盤」。兵藤前掲『労働の戦後史』上巻一七一頁より重引。
91 濱口前掲『日本の雇用と中高年』六七頁より重引。
92 兵藤前掲『労働の戦後史』上巻一七一頁。
93 労働省婦人少年局編『伸びゆく力――働く青少年の生活記録』昭和四一年版、斯文書院、一九六六年、一八五頁。
94 労働省婦人少年局編『伸びゆく力――働く青少年の生活記録』昭和四四年版、労務行政研究所、一九六九年、二七四頁。
95 日経連労務管理委員会・能力主義管理研究会合同会前掲「能力主義管理をめぐって」三七五頁。
96 二村前掲「戦後社会の起点における労働組合運動」六〇頁。
97 「八幡製鉄の職務給を可能にしたもの」『労政時報』第一六九四号。兵藤前掲『労働の戦後史』上巻一六六頁より重引。
98 石田前掲『賃金の社会科学』五六、五七頁。
99 同上書五六、五八、六一頁より重引。
100 折井前掲『労務管理二十年』九〇頁の表5―9参照。
101 日経連能力主義管理研究会前掲『能力主義管理』八四、八五頁。
102 同上書九五頁。
103 日経連労務管理委員会・能力主義管理研究会合同会前掲「能力主義管理をめぐって」三七五頁。

第8章　「一億総中流」から「新たな二重構造」へ

第8章の要点

・大企業正社員の量的拡大は、一九七四年でほぼ止まった。また大学・短大の定員もこの時期から抑制された。そのため、増えなくなったパイの奪い合いが、受験競争の激化となって表れた。

・とはいえ一九七〇年代後半は、もっとも格差の少ない時期であった。その状態は、農家と自営業がさほど減少していなかった一時的状況に支えられていた。

・企業は「日本型雇用」の重荷に苦しみ、人事考課の厳格化と、出向・非正規・女性などの「社員の平等」の外部を作り出した。

・一九八〇年代に、従来の大企業と中小企業の二重構造に代わって、正社員と非正規雇用の二重構造が注目され始めた。

・一九九〇年代以降、「日本型雇用」の改革や成果主義の導入が唱えられたが、基本的な慣行は変わらなかった。日本の雇用慣行は、その適用対象を限定しながら、コア部分では維持されている。

ジャパン・アズ・ナンバーワン

高度成長は、日本の人々の意識を変えた。[1] NHK放送世論調査所の調査では、「日本人と西洋人の優劣」という質問にたいし、一九五一年には「日本人が優れている」が二八%、「劣っている」が四七%だった。しかし六三年にはこれが逆転し、六八年には「日本人が優れている」が四七%まで上昇した。[2]

欧米の日本評価も変化した。一九七二年には、当時の労働省事務次官がこう宣言した。[3]

日本的な雇用賃金慣行に対する関心は、近年日本に注目する欧米人に共通してみられるものである。たとえば、ピーター・ドラッカーは、その『断絶の時代』の中で、イギリスやアメリカの職業別労働組合が新しい知識を基礎とする技術・技能の進歩に十分対応できなくなっていることを指摘し、日本の生涯雇用が企業内の職務変更を円滑にし、継続的訓練を可能にしている事実に学ぶべきだと述べている。また、ハーマン・カーン、ジェームス・アベグレン、ロベール・ギランなどの日本論においても、その観点には違いがあるものの、いずれも同様にこの問題に異常なほどの関心を示している。

この言葉は、一九七二年の『OECD対日労働報告書』の日本版序文の一部だった。そしてこの報告書は、日本の雇用慣行をこう評価していた。[4]「労働者に企業の生産性に関心を持たせるとともに、職業間に厳格な障壁を持つ諸国が経験するような困難なしに、あるいは技術進歩に抵抗する原因となる、余剰労働者になるというおそれなしに、労働者が新しい職業と作業方法に適応することをも意味している」。「日本的雇用制度のもう一つの利点は、個人の生涯を通じての収入の増加が家計支出需要の増加に比較的よくみあっており、子どもの数と年齢に応じて増加しているということである」。

もっともこの報告書は、手放しで日本を礼賛していたわけではない。大企業労働市場の閉鎖性、公的職業訓練の不足、さらに大企業型の雇用慣行が「日本経済において普遍的でもないし、またこのような制度が現存する企業の全労働者に適用されているわけでもない」ことは指摘されていた。[5]とはいえこうした国際的な評価は、日本の政財界に自信を与えた。

日本政府の姿勢も変化した。一九六七年に閣議決定された「雇用対策基本計画」では、「職業能力と職種を中心とする近代的労働市場の形成」がまだうたわれていた。しかし一九七三年一月閣議決定の「雇用対策基本計画」では、「終身雇用、年功序列賃金制度、および企業別労働組合をその特徴とするわが国の雇用賃金慣行は、企業の発展に対応した技術者、技能者の養成を容易にした点において、また、それが雇用の安定と労働者の生活の安定をもたらした点において評価すべきものがある」と述べられていた。[6]

こうした自信は、一九七三年一〇月の石油ショックを境に高度成長が終わっても、揺るがなかった。むしろ、日本型雇用への評価は高まった。

石油ショックによって失業の危機がおきると、政府は日本企業の雇用慣行を活用して、解雇を避けるように補助した。その具体策として、一九七四年に雇用保険法を制定し、雇用調整給付金で休業手当を補助し、関連企業への出向を支援した。[7]

労働組合も雇用の維持を優先し、賃上げ要求を抑制して、配置転換をいっそう容認するようになった。一九七九年、大槻文平日経連会長が年頭あいさつを行ない、石油ショックを乗り切ったのは減量経営・生産性向上・賃金抑制に取りくんだ成果であり、「その背景にあるものは日本的労使慣行であり、なかでも労使一体感や運命共同体的な考えにある企業別組合の存在」だと述べた。[8]

一九七〇年代は、「日本人論」が流行した時代でもあった。一連の「日本人論」は、日本の企業経営や労使関係が「イエ社会」の論理にもとづいているとか、農村の集団主義を起源としているといった文化論をとることが多かった。だが、それらの多くは、一九六〇年代以降に大企業に普及した雇用慣行を、日本の歴史に投影したものにすぎなかった。

量的拡大の終わり

とはいえ日本型雇用は、量的拡大の時期を終えつつあった。そのことは、大企業正社員の数が頭打ちになったことに表れた。

一九七三年末の石油ショック後、大手製造業などで雇用調整が行なわれた。従業員五〇〇人以上の大企業の雇用者数は、一九七四年の九二六万をピークとして、七八年の八七二万まで減少した。その後は景気回復とともに多少の増加もあったが、雇用者総数に占める割合は七四年の三〇・六%をピークとして、その後は二〇%台後半で推移した。[9]

第1章で述べたように、労働経済学者の小池和男は、賃金が年齢とともに上昇する「右上がりグループ」の比率を推計した。同じく第1章で示したように、小池と同じ試算をしたところ、一九八二年以降の「右上がりグループ」の比率は、有業者のほぼ二七%で安定していた。小池は八二年より前の変動は不明だとしながらも、雇用労働者に占める「右上がりグループ」の比率は「一九六八年以降をみると、わずかな減少傾向にとどまる」と位置づけている。[10]

一九八二年より前の政府統計は正規・非正規という区分がないため、それ以前の推移を追うことはむずかしい。ここでは参考として、トヨタ自動車の一九六二年から八〇年の採用数の推移をみてみよう。

トヨタは一九五〇年に大争議を経験したあと、五三年に新規学卒採用を再開した。工員(「技能員」)については、六二年に高卒採用に切り替え、六三年から農閑期に期間工を採用するようになった。また「準社員」は、従来の臨時工だった。それらの採用数推移をみると、三つの傾向が読み取れる(図8—1)[11]。

第一に、従来の職員にあたる「事務員・技術員等」の採用数は、他の類型より景気動向による増減が少ない。とはいえ高度成長期には一九七四年まで漸増していたが、その後は頭打ちになっている。

長期雇用と年功昇進の組織では、定常的に新卒者を採用する必要がある。新規採用数が減ると、昇進させた中高年に、部下がいなくなってしまうからである。逆にあまりに増やしすぎると、あとで賃金コストが重荷になる。そのため、高度成長期の組織膨張が終わったあとは、採用数が一定になる傾向があったと考えられる。

第二に、高卒技能員の動向がある。彼らの採用数は、六〇年代までは景気動向で大きく変動していたが、七〇年ごろからほぼ一定となった。おそらくこの時期までに、高卒技能員は、「社員の平等」に組み込まれたのだと考えられる。

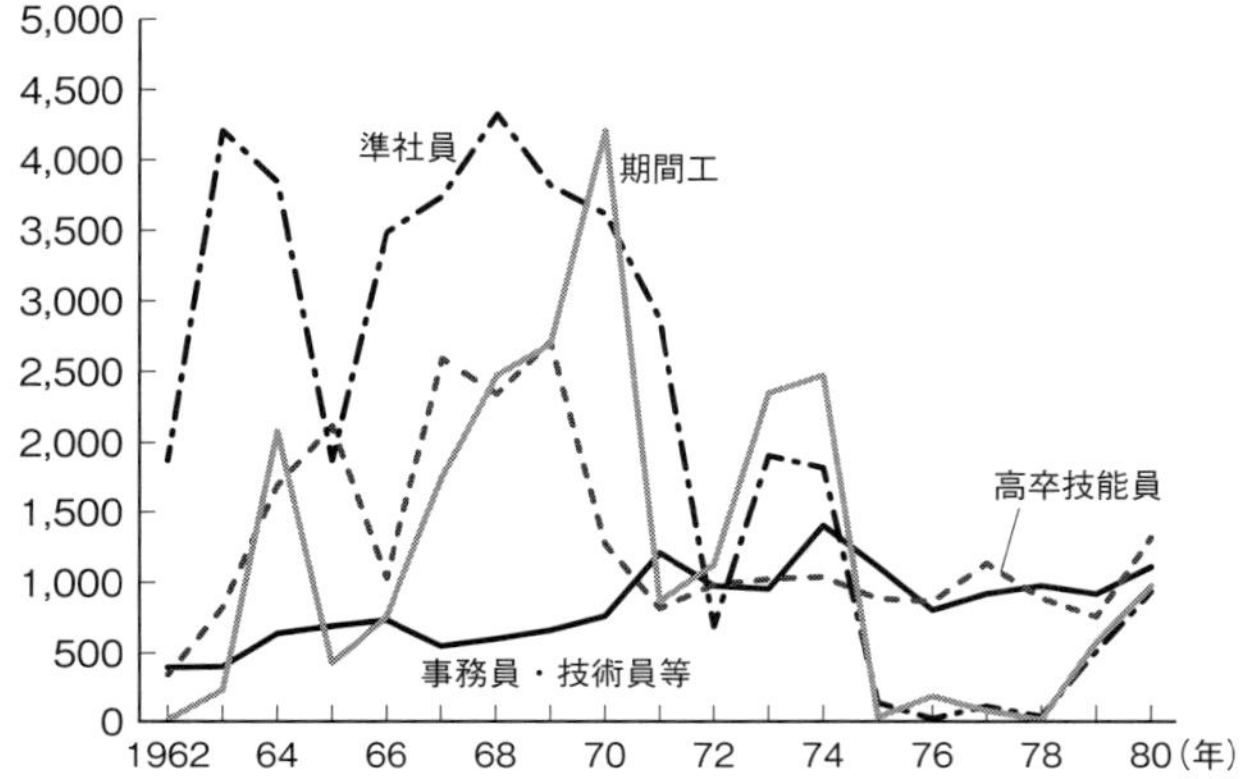

資料：山本恵明・田中博秀「元・トヨタ自動車工業専務取締役 山本恵明氏にきく（2）」『日本労働協会雑誌』24巻8号、1982年、67頁掲載表より作成

図8―1　トヨタ自動車採用人員

そして第三に、景気動向のバッファーになったのは、期間工と準社員であったことがわかる。労働研究者たちは、非正規従業員での調整を含めたマンアワー・タームでみれば、石油ショック後の日本の雇用調整のスピードは、失業が多かった欧米に比べてさほど見劣りしなかったと位置付けている。[12]

一社の動向から、全体を論じることはできない。とはいえおそらく、高度成長の終わりとともに、賃金が「右上がり」になる雇用労働者の比率の増大は、ほぼ頭打ちになったのではないかと考えられる。

学校の序列化

石油ショックで不況がやってきた一九七四年は、進学率の上昇が止まった時期でもあった。

一九七四年に高校進学率は九〇％を超え、大学・短大進学率は七五年に三七・八％（四年制大学は二七・二％）に達した。しかし七五年公布の私立学校振興助成法で、私学は政府から助成を得る代わりに、文部省の監督に服することになった。七六年から、私立大学の収容定員の変更は届出制から認可制に変更され、私立大学・短大の設立と入学定員が制限された。結果として大学・短大進学率は抑制され、九〇年ごろまで横ばいとなる。[13]

高等教育、とくに私立の文科系大学卒業生が過剰であることは、以前から政府も財界も意識していた。一九七五年の私立学校振興助成法は、この部分を抑制する効果が大きかったのである。

だが、民衆の進学熱は止まったわけではなかった。その一因は、高校を卒業しても、高度成長期のようには就職できなくなったからだった。

石油ショック後の不況によって、一九七六年三月新卒者への求人数は前年比マイナス四〇％となった。とくに高卒者の就職率は、七四年から七六年に四八・〇％から四二・二％に低下した。行き場を失った高卒者は進学を希望し、進学志望は同時期に四四・二％から四七・七％に上昇した。[14]

しかし、ちょうどその時期に、大学・短大の入学定員が抑制された。結果として生じたのは、少ない定員を奪いあうための、受験競争の過熱だった。

教育学者の乾彰夫は、大宅壮一文庫雑誌記事索引目録を調査し、受験関係記事が一九七四年から一般週刊誌で急増したことを見出した。[15] とくに若者向け雑誌や女性誌に、『大学受験緊急リサーチ、キミがズバリ合格できる大学はこれだ』（『プレイボーイ』七五年一一月二七日号）や「狂乱の進学塾ブーム、ある母の『教育こそ投資』論」（『女性セブン』七五年三月一二日号）といった記事が増えていた。

さらに、新聞社系の『週刊読売』『週刊サンケイ』などが、大学ごとの合格者高校別ランキングを掲載するようになった。この種の企画で最も先行したのは『サンデー毎日』で、一九七三年から「全国千百高校の大学別進路全調査」を掲載した。また「全国優良塾一覧」「良い塾、悪い塾の見分け方」（ともに『週刊読売』七五年一〇月二五日号）や「大学選択情報、五年先の就職戦線に絶対有利な大学・学部はここだ」（『週刊現代』七六年一月一五、二二日号）のような記事も現れた。

乾によれば、それ以前にも、東大などごく一部の大学の合格者ランキングが掲載されることはあった。しかし、その範囲を超えたランキングが始まったのはこの時期だった。こうして一部名門校のみならず、全国の高校や大学を序列化する傾向が強くなった。

だがこうした学歴志向は、大学までだった。一九五〇年代以降、日本の高校・大学進学率の上昇はきわめて早く、七〇年代には西欧諸国を上回った。しかし大学院の進学率は伸びず、七八年の大学生に対する大学院生の比率は三％だった。これは七五年のアメリカの一五％、イギリスの二四％、フランスの一九％にくらべ、顕著に低かった。[16]

経済学者の八代尚宏は一九八〇年に、「わが国の『学歴社会』の内容が他国とはかなり違った様相を呈している」と指摘した。その特徴は、大学院進学率が低いこと、偏差値の高い大学に入るために「浪人」する者が多いことなどだった。八代はその原因を、「博士号、修士号といった『タテの学歴』ではなく、一流校、二流校など『ヨコの学歴』に対する需要」が強いためだと位置づけた。[17]

残余の形成

そうしたなかで広まったのが、受験する大学のタイプにあわせて、高校の履修選択を「国立理系」「国立文系」「私立理系」「私立文系」とコース分けすることだった。

乾彰夫は、一九八五年の「予備校生の進路選択に関する意識調査」（予備校本科生三六〇〇名を対象）と、一九八七年の「大学生の進路選択に関する意識調査」（大学二、三年生を中心に一三〇〇名を対象）をもとに、以下のような分析をしている。[18]

予備校生たちが高校時代に行なったコース選択の特徴は、「消去法的選択態度」にあった。彼らは、積極的な選択としてコースを選んでいなかった。数学が得意でどの科目もこなせる者がまず「国立理系」を選び、その残余が「国立文系」「私立理系」を選び、そのまた残余が「私立文系」となるという消去法的選択をしていたのである。

そして、コース選択基準として「興味・関心」を選んだ比率が最も高いのが「国公立文理系」で、以下「私立理系」「国公立文系」「私立文系」が並んだ。「志望大学・学部の選択にあたって考慮したこと」についても、「自分の興味・関心」「専門的知識を身につける」「大学の研究・教育内容」を選んだ率が最も低いのが「私立文系」だった。

そして、「なりたい（なりたかった）職業がない」「わからない」の比率が最も高いのは「私立文系」で、以下「国公立文系」「私立理系」「国公立理系」の順だった。また一九七九年の総理府青少年対策本部「児童の実態等に関する国際比較調査」（各国一五〇〇組の一〇～一五歳の児童と母親を対象）では、将来の職業について「わからない」と答えた児童の比率は、日本はアメリカや韓国の約三倍、イギリス・フランス・タイの約二倍だった。

以上のことから乾は、個別児童はともかく全体の傾向としては「主要五教科、とりわけ数学の得手不得手」が進路選択に大きく影響していること、「消去法的選択態度がとりわけ『私立文系』に強い」ことを指摘した。[19] さらに労働経済学者の熊沢誠は、一九九二年にこう述べた。[20]

東大出とはなにか。それは子供のころから嫌いな科目を捨てなかった人のことだと思います。そして、競争に耐えてあの東大に入ることができたという記憶をもつ人間に特有の、どんなことについても発揮しうる「やる気」、不馴れなことにも対応できるという自信、勉強を続けられる気力と体力、そういうすべてが、大企業の精鋭正社員の資質にまことにふさわしいのです。

熊沢はいう。[21]「日本企業を支えている精鋭サラリーマン、とくにホワイトカラーに対する経営の要請は、なによりもフレキシブルな働き方です。従業員が特定の技能や仕事の範囲に固執するのでは困るのです。そうなると、やはり多科目の成績で総合評価された偏差値の高い、そのうえに性格的にも適応性に富む人材がベストということになってきます」。

こうした能力を基準とした選別を、乾彰夫は「一元的能力主義」と呼んだ。そして乾は、一九六〇年代後半以降の社会は、「『学歴』をインデックスとした『抽象的一般的能力』という尺度による一元的序列化の方向へと大きく傾いた」と位置づけた。[22]

こうした「一元的能力主義」のもとで、「私立文系」以上に残余とされたのが、職業科高校生だった。本来なら就きたい職業への積極的選択であるはずの職業科高校生は、普通科高校生以上に「消去法的選択」の傾向が顕著だった。

日本青少年研究所が一九七八年に実施した「日米高校生比較調査」（日米高校最終学年各一五〇〇名を対象）では、最終学年の始めの時点で将来の職業を「だいたい決めている」と答えた者の比率は、普通科で五割程度、職業科では四割程度だった[23]。つまり、ただでさえ低い普通科高校生よりも、職業科高校生のほうが低かったのである。

「排他的生き残り競争」

もう一つの「消去法的選択」として、この時期に増加したのが、専門学校だった。私立大学・短大定員が抑制された一方、一九七六年からは専修学校が発足した。

乾彰夫は一九七〇年代後半から八〇年代の高卒求人倍率の低下と、専修・各種学校入学者数の増加が、ほぼみあっていることを指摘している（図8―2）。

乾によれば、「専修・各種学校進学者が多数をしめる高校」は「普通科のいわゆる『底辺校』」が多く、それは「就職市場においては、職業科よりはるかに不利な立場におかれている学校が多い」。乾の見解によれば、高等教育と労働市場の双方から締め出された「普通科『底辺校』の生徒たち」が進学している「専修・各種学校が半失業青年たちのプールという機能を多分にはたしている」というのだった。[24]

乾はこうした「消去法的選択」の連鎖が生じている状況を、低成長下における「排他的生き残り競争」とよんだ。[25] さらに熊沢誠は、九二年にこう述べた。[26]

たとえば一九五〇年代とは、それは随分大きな違いです。そのころは親が、それぞれの庶民的な職業に――それはコンプレックスもあったかもしれないけれど――それなりのプライドをもっていました。

だから親の職業を継ぐはずの子弟については、「あまり勉強させてくれるな」と先生に抗議しにくる親がたくさんいました。農業、職人、商店経営の親などが、「勉強ばかりして家の手伝いをしない」とか、「先生があまり勉強せよとそそのかすから、息子が大学に行きたいと言

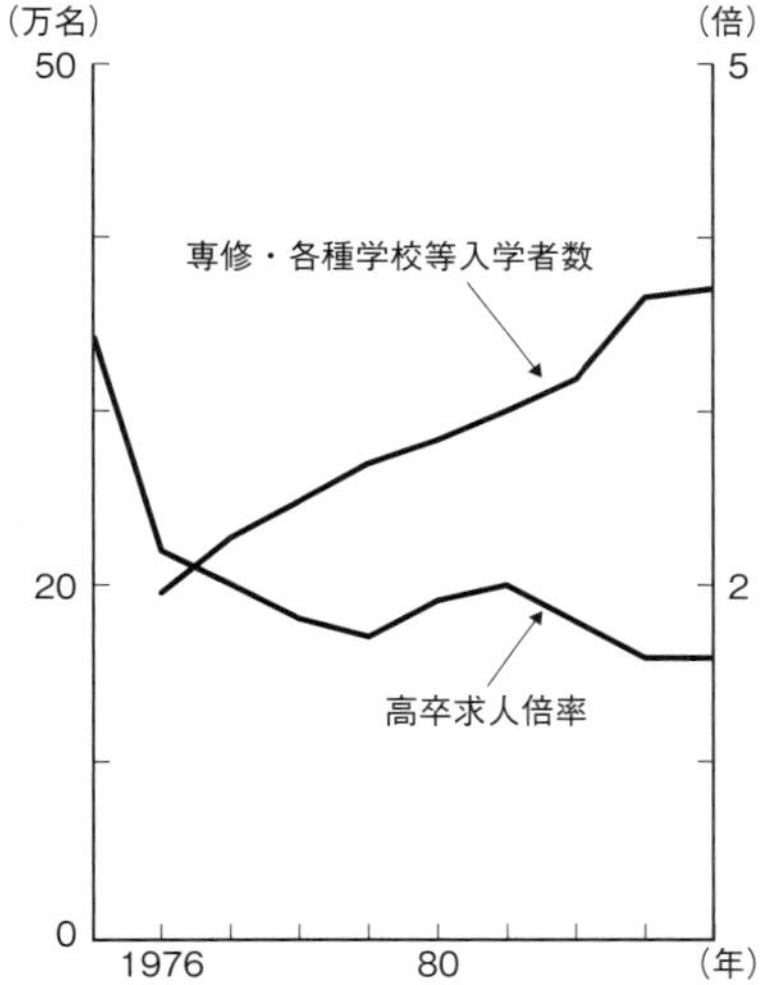

(出典：乾彰夫『日本の教育と企業社会』大月書店、1990年、238頁)

図8―2　高卒求人倍率と専修・各種学校入学者数

い出した。家業はどうなるんだ」とか、本気で先生に怒鳴りこんでくる場合もあったくらいです。今では考えられません。家業を継ぐことなど考えないで、良い大学に入って大企業にでも就職してくれたらと、むしろ親はそう子供たちを督励するのです。

こうして社会は、大企業正社員と、その残余に分極していった。そしてそれは、地域社会の空洞化をも招いていった。

一九八〇年代から九〇年代に地域コミュニティを調査した社会学者の玉野和志は、二〇〇五年にこう述べている。[27]「町内社会の担い手たちは、そうはいっても自分の子どもたちを自分と同じ自営業者にしようとは考えなかった。自分にはかなわなかった高い学歴を、それこそ爪に火をともすような生活のやりくりの中から、子どもたちには与えようとした」。そして、「そのことがかえって町内社会を支える人々を減少させていくことになるのである」。

だがこうした現象は、戦後の民主化と、高度成長による平等化の結果でもあった。戦前には官吏や職員の特権だった長期雇用や年功賃金が、無理をすれば手に届くようにみえたからこそ、競争が激化したのである。

一九五五年から二〇〇五年までの格差をＳＳＭ調査から分析した橋本健二は、学歴別初任給の格差は一九七五年がもっとも小さく、大卒と高卒の格差が一・一九倍まで縮まっていたと指摘している。にもかかわらず、この時期に「学歴社会」が問題視された一因として、橋本は「大学進学率の上昇により、それまでは大学進学とはあまり関係がなかった人々までが、大学進学がもたらす経済的利益を意識するようになったこと」を挙げている。[28]

熊沢は一九八四年に、「『ふつう』のための『猛烈』」という論考でこう記した。[29]「ライフスタイルというものが階層ごとに明瞭には区分されないことこそは、日本の国民が選択した戦後民主主義のひとつの内容であった」。しかし大企業正社員の量的拡大は止まり、全員には及ばないものになっていた。そのなかで、「『ふつう』のための『猛烈』」と、「排他的生き残り競争」が激化していたのである。

「一億総中流」社会

とはいえ一九七〇年代まで、農業や自営業はそれほど減っていなかった。

たしかに、農林漁業の就業者が全労働力人口に占める比率は、一九六〇年の三〇・六%が、七〇年には一八・一%になった。しかし進んだのは主に兼業化で、農家戸数は就業者数ほどには減らなかった。政治学者の渡辺治はその理由を、社会保障が不十分であるた

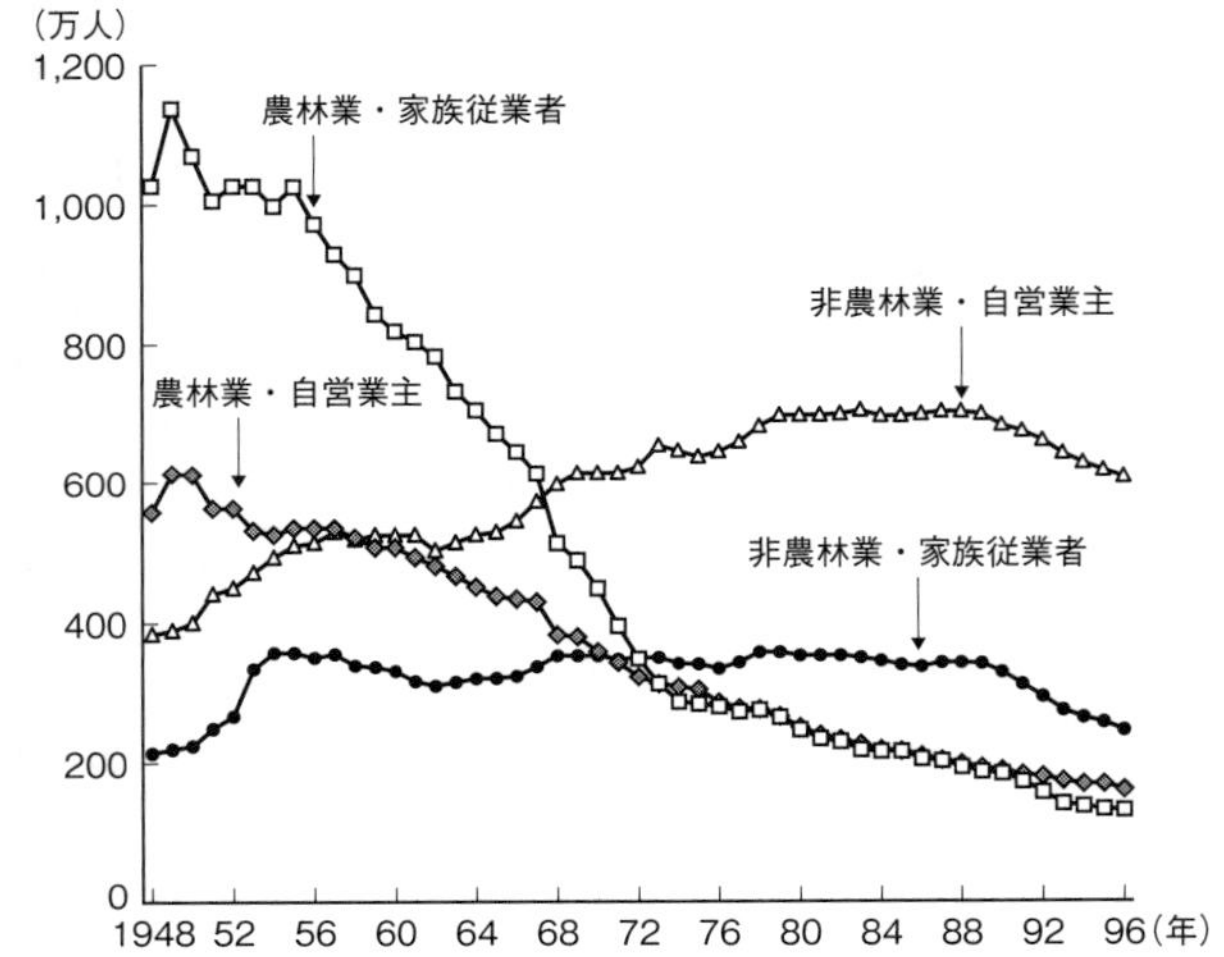

資料：「労働力調査」
（出典：野村正實『雇用不安』63頁）

図8—3　産業別自営業主・家族従業者の推移

め、土地を売って離村するのはリスクだったからだと指摘している。[30]

また第1章で述べたように、非農林自営業は、一九八〇年ごろまではむしろ増大した。経済学者の野村正實は、農林自営業は減少したが、自営業主の絶対数は一九八〇年ごろまで安定していたと指摘している。[31]農林自営業主の減少を、非農林自営業主の増大が相殺したからである（図8—3）。兼業農家を含む農家戸数の減少が大きくなり、さらに自営業主全体も減少に転じたのは、一九八〇年代に入ってからであった。

ただし自営業全体においても、家族従業者は一貫して減少していた

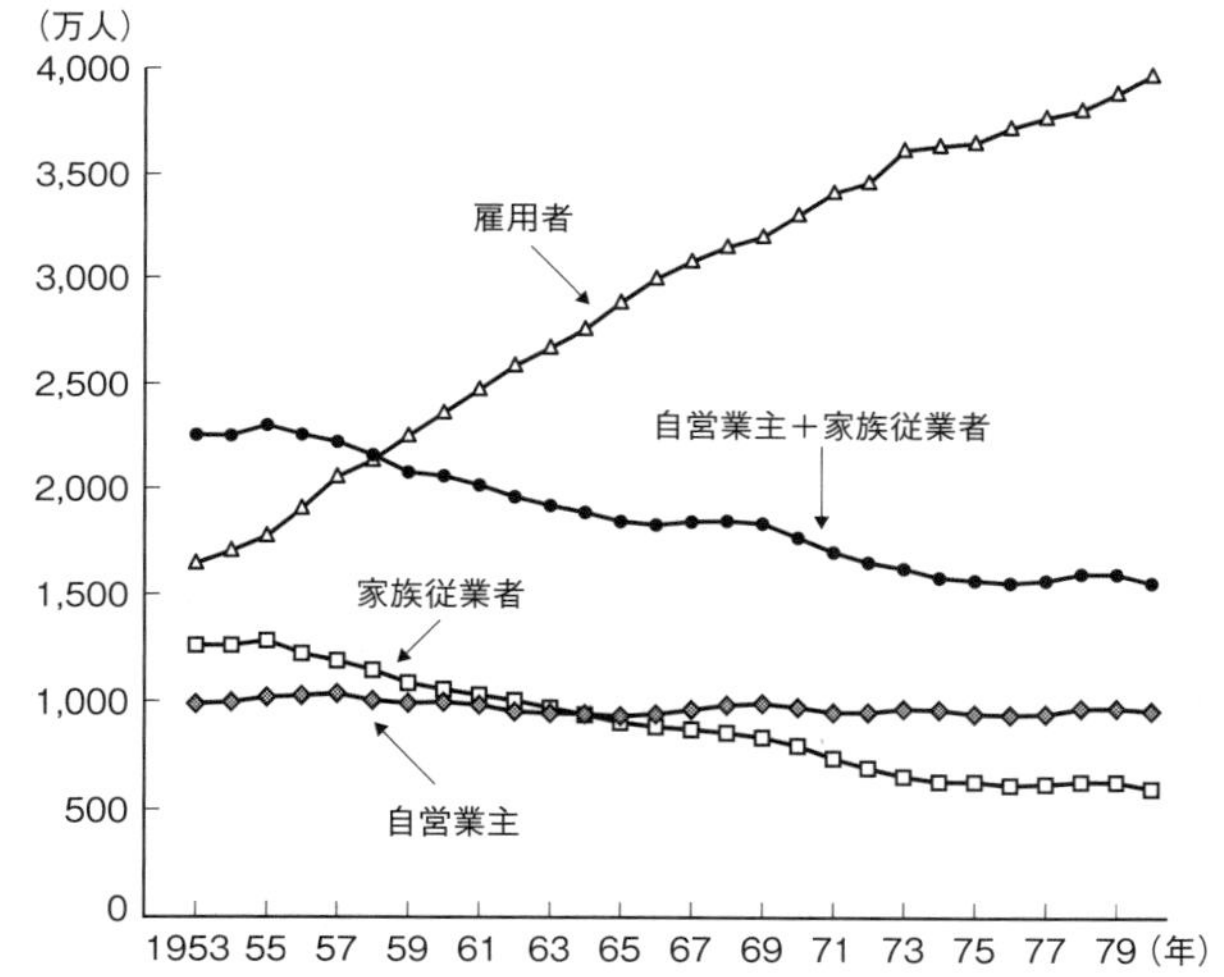

資料：「労働力調査」
（出典：野村正實『雇用不安』62頁）

図8—4　就業者数の推移

（図8—4）。一方で雇用労働者は、一貫して増え続けていた。つまり一九七〇年代までの農家と自営業家庭は、子弟が会社員に、女性がパート労働者に、戸主が期間工になるなどして雇用労働者を供給し、兼業化しながら「一家総出」で働いていたと考えられる。

　自営農業の減少は、どこの国でもおきる。しかし日本の特徴は、農家戸数がそれほど減少せず、兼業化が進んだことだった。自民党の各政治家たちが、農村票の維持を目的として公共事業や企業誘致、農業政策を進め、兼業しながら地域にとどまることを可能にしたからだといわれる。政治学者の斎藤淳は二〇一〇年に、「自民党農政は、端的にはコメ兼業農家を維持するためのカルテル政策に他ならない」と評した。[32]

兼業化と「一家総出」の労働によって、一九六四年には農家所得のうち農外所得が農業所得を上回り、六〇年代半ばに農家所得が勤労者世帯所得を上回った。こうした状況を反映して、農家から他産業に就職する者の比率が五〇年代より低下し、六五年には五〇%を切った。[33] 七二年には、農家世帯員一人当たりの家計費も、被雇用者世帯を上回った。[34]

そして第1章で述べたように、一九七〇年代初頭には、三大都市圏への人口移動の勢いが止まった。石油ショック以後に期間工などの解雇が進んだ七六年には、三大都市圏から地方圏への人口移動のほうが上回った。高度成長期のような急激な過疎化はみられなくなり、七九年には「地方の時代」という言葉が流行した。

これらの結果、一九七〇年代後半に、日本社会は一種の安定状態になった。受験競争の激化はあったが、農業・自営業・大企業雇用者は、それぞれ均衡を保っているように見えた。地域間賃金格差や階級間年収格差は一九七五年ごろが最小で、全体の貧困率も低下していた。[35]「一億総中流」や「新中間大衆」といった言葉が流行したのはこの時期で、『ジャパン・アズ・ナンバーワン』が出版されたのは一九七九年だった。[36]

だがこれは、一時的な均衡状態だった。一九八〇年代に入ると、非農林自営業の減少が始まり、地方から都市への人口移動がふたたび強まっていくことになる。

労働力の高学歴化と高齢化

また日本の大企業は、すでに拡大した日本型雇用を重荷に感じていた。とくに問題になったのが、企業内の大卒者および中高年の増加による賃金コストだった。

日経連は一九七七年一二月に高学歴化問題小委員会を、さらに翌年四月に労働力高齢化問題小委員会を設置した。[37] この時期、労働力の高学歴化と中高年化を問題視する報告書や書籍が、数多く発刊されている。

第2章で述べたように、一九七六年の『労働白書』によれば、一〇〇〇人以上の大企業で働く大学卒業者は、四五〜四九歳で約三〇%が課長に、約三〇%が部長になっており、次長まで含めれば約七割が課長以上になっていた。またその昇進速度も、大企業では「社会的相場」が決まっていた。これは、戦前以来の学歴と年功による昇進が、色濃く残っていたことを示す。

それを反映して、当時の大卒若手社員たちも、同様の期待をしていた。若い大卒独身社員を対象とした一九七八年の調査で、彼らが四〇代になる二〇〇〇年を予想させたところ、その大部分が、四〇%は課長、三〇%弱は部長になっていると回答していた。[38]

しかし企業側は、管理職の増加にあえいでいた。日本鋼管では一九五七年から七七年に部長が五・三倍、次長が六・三倍、課長が四・七倍に増え、男性職員に占める係長以上の管理職比率は四一・六％に増大していた[39]（図8―5）。一九七九年に出版されたビジネス書は、こうした状況を将棋にたとえ、『「歩」のない経済』というタイトルをつけた[40]。

こうした管理職の増加は、職能資格制度によって「能力」で選抜すれば、抑制できるはずだった。しかし全日本能率連盟の人間能力開発センターは、一九七六年に二一三社を調査した報告書で、「能力を加味する管理への修正が行われているのが労務管理の大勢であるが、企業内の序列づけが今なお学歴と年功に支配される情勢を、根本的には脅かすに至っていない」と位置づけていた[41]。

その理由として企業が挙げた回答で多かったのは、どの職務に配置されても対応できる「潜在能力」の計測がむずかしく、「明確なバロメーターは学歴以外には存在しない」ことだった[42]。一九八六年に開かれた企業の人事担当者の座談会では、学歴と勤続年数に応じて昇進させなければ士気が落ちるのが現実で、「能力とはいいながら、そこにいろいろな要件をつくりますが、これはあくまでも建前だと思う」とされている[43]。

こうした状況は、皮肉なことに、ますます日本型雇用を強化していく対応を招いた。全日本能率連盟の一九七六年の調査では、ポスト不足にどう対応するかの企業の回答（複数

	昭和32年		昭和40年		昭和50年		（昭和52年）	
	人数	%	人数	%	人数	%	人数	%
部長	28	0.7	54	0.9	162	2.1	147	1.8
次長	63	1.7	125	2.1	349	4.4	400	4.9
課長	250	6.7	524	8.8	936	11.9	1,181	14.4
係長	544	14.6	1,064	18.0	1,650	21.1	1,679	20.5
管理職計（増加率）	885（100）	23.7	1,767（200）	29.8	3,097（350）	39.5	3,407（385）	41.6
一般男子	2,837	76.3	4,180	70.2	4,735	60.5	4,780	58.4
合計	3,722	100.0	5,947	100.0	7,832	100.0	8,187	100.0
一般女子	414		1,452		2,251		2,342	

（出典：雇用振興協会編『高齢・高学歴化時代の能力開発』56頁）

図8―5　日本鋼管における管理職の増加傾向

回答可）として、定期人事異動などの「役職ローテーション」が三九・二％、役職ではなく資格を昇進させる「資格制度の採用」が六三・九％にのぼった。[44] 職能資格制度の普及をみると、高度成長期に雇った大卒者たちが三〇代にさしかかった七〇年代以降に普及度が増している（図8―6）。

　とはいうものの、これは企業にとって、根本的な解決にはならなかった。役職（軍隊なら艦長）ではなく資格（軍隊なら大佐）で昇進させる職能資格制度は、たしかに名目的には管理職の増加を抑える。しかし賃金が資格で決まっているなら、役職がない高給取りが増えるだけで、賃金コストの抑制にはならないの

(%)

	1954年以前	55～64年	65～69年	70～74年	75～79年	80年以降
5,000人以上	17.3	40.8	58.1	75.2	95	97.5
うち製造業	17.6	49.0	60.8	74.5	96.1	96.1
1,000～4,999人	10.5	27.6	48.9	69.3	87.9	98.7
300～999人	4.2	13.6	28.9	52.9	78.6	98.7

資料：雇用促進事業団雇用職業総合研究所「資格制度に関する調査報告書」(1984年1月)
(出典：鍵山整充『職能資格制度』白桃書房、1989年、111頁)

図8—6　職能資格制度導入時期の累計

だ。

人事考課の強化

こうした傾向の対策として、企業は人事考課を強化した。つまり、昇進と年功賃金を適用する者を厳選し、限定しようとしたのである。

日本リクルートセンターの一九七九年の調査によれば、人事考課は調査企業の九三%で行なわれ、昇給・昇進・ボーナスの査定に使われていた。そして企業の九二%が個人の業績を、八〇%が「職務遂行能力」を、七六%が従業員の態度・性格を評価していた。[45]

人事考課の実態は、企業の公表が少ないこともあって、調査がむずかしい。熊沢誠は一九八九年に、各種の報道や公開資料、労働者たちの協力を得て集めた考課表などをもとに、人事考課の実情を調査した。

熊沢は、一九八六年の産業労働調査所編『人事考課事例

集』に掲載されていた事例として、衣料メーカーであるレナウンの評価項目を記している。[46]

・規律性　(a)遅刻、早退、欠勤の回数／(b)正当な理由なき社則違反・命令拒否／(c)キチンとした服装や身だしなみ／(d)制服、名札の着用／(e)時間内のムダ話や無断離席／(f)ハキハキした応接、社会人として適当な言葉づかい／(g)職場での礼儀正しさ／(h)職務上の公私の区別／(i)会社に迷惑をかけるような社外での私的行動／(j)職場の安全衛生や防災の心がけ／(k)職場での自主的なルールの尊重

・責任性　(a)仕事上の不明な点を勉強や質問によって確かめる努力／(b)社の内外の関係者との約束の遵守／(c)与えられた仕事を期日までにやり遂げる努力／(d)それができそうもないときの早目の対策／(e)自分に不都合なことの隠蔽

・積極性　(a)仕事の手順、方法に関する意見やアイデアの上申／(b)余裕ができたとき自分の守備範囲を量的・質的に広げようとする努力／(c)仕事の能力を高める勉強

・協調性　(a)上司や下級者の仕事の必要に応じた手助け／(b)チームの仕事への参加／(c)関連仕事をする同僚の都合の配慮／(d)「性格や考え方の異なる人とも感情的に対立することなく、明るく働きやすい職場の環境づくりに協力したか」

こうした着眼点にもとづき、直属上司が個々人を採点し、AからEの総合評価をつけ、さらに「所見」を記入する。日本リクルートセンターの一九七九年の調査では、五段階評価の基準は大企業の三〇%が絶対評価、二〇%が相対評価、四五%が両者の組み合わせだった。とはいえ、昇給や賞与では「AとEは同一資格者の各五%、BとDが各一五%……Cが六〇%」などと決まっている企業が多く、「Aのボーナス支給額はEの二倍」などと報道されていた[47](図8―7)。

このように、業績だけでなく人格的な評価もうけながら、長期にわたって社内で観察が続けられる。さらに、期のはじめに上司と面談しながら、「売り上げ前年比七―八%アップ」「新規顧客の開拓一〇軒」など、自己申告で目標設定をさせる企業も多かった。評価は公開されないことが多く、一九八六年の産業労働調査所の調査では、考課結果を本人が知りうる制度を採用していたのは大企業の三二%だった[48]。

従業員は、こうした考課表で査定され、「社員二級」「主事三級」といった資格で昇進した。そのなかで、敗戦直後には小さかった「能力給」の比重が、著しく増えていった。新日鉄は一九八八年に、広義の能力対応給の割合を六割に高めた[49]。

アメリカや西欧の労働者や下級職員、とくに組合労働者は一般に査定がなされておらず、目標管理も主に上級職員に適用されるにとどまっていた。査定があるエグゼンプトも、総合評価の比率は定めずBとCが大部分で、職務と関係ない人格評価は廃れていった。これらのことは、第2章でみたとおりである。

もっとも裏返していえば、現場労働者までを査定対象にする日本企業の慣行は、全従業員を上級職員なみに扱うことでもあった。熊沢はこれを、「『階層差別』なき平等な能力主義」と形容している。[50]第2章で述べたように、一九六〇年代末以降の日本企業では、学歴よりも「社内のがんばり」で昇格が決まる傾向が強かった。

態度	責任性	4	〈一次評価者所見〉 責任感強く、規律もよく守る。今後は企画立案、渉外面でも力をつけてほしい
	協調性	3	
	規律性	4	
	積極性	3	
能力	専門知識	4	〈二次評価者所見〉 技術屋に往々みられる専門バカより脱皮しつつあり好ましい。積極性にも好感。今後の成長を大いに期待できる
	企画力	3	
	判断力	3	
	指導力	3	
	渉外力	3	
	管理能力	3	
業績	目標達成度	6	〈異動〉 今後1年くらいの間に異動させたい
	効率度	6	
	計画管理度	6	
	仕事難易度	8	
	創意工夫	6	
	合計	65	
	総合評価	C	

（注）評点は、態度と能力が5点満点、業績が10点満点の各5段階評価。総合評価は抜群A、優れるB、まず満足C、やや不足D、不足Eで表示。

（出典：「子供よりも厳しい！　パパの通知表　ボーナスもらうの怖い？」『朝日新聞』1987年12月6日東京版朝刊13面）

図8―7　1987年におけるミサワホームの考課表

だが一方で、こうした人事考課が組合活動や社外活動をマイナス評価し、組合つぶしに使われたという批判も多かった。また「平等な能力主義」が、激しい競争を生んだことは、教育などと同じ現象であった。熊沢は人事考課と学校の内申書の類似性を指摘し、「内申書には、多くの科目の成績だけでなく、生徒の行動の記録と評価もあります。会社が採用にあたって内申書をくわしくみるのかどうか調べてみたいのです」と述べた。[51]

それを実際に調査したのが、教育社会学者の苅谷剛彦だった。苅谷は一九八三年の全国の学校調査（高校二三四五校の就職担当責任者を対象）、および八三年と八四年に行なわれた生徒調査（関東地方の高校生二八九九名の進路選択調査）などから、学校紹介で就職する高卒者の就職先が学校の成績、出席日数、部活動の参加度などで左右されていることを見出した。なかでも、クラスの上位五位までの成績をとっている生徒は、大企業事務職に就職するチャンスが顕著に高かった。[52]こうした傾向は、彼が比較したイギリスやアメリカの高卒就職では、みられないものだった。

「外部」を作りだした企業

人事考課による厳選のほかに、企業がとった対応は、「社員の平等」の外部を作り出すことだった。具体的には出向、非正規雇用、そして女性である。順を追ってみていこう。

まず、出向である。前述の一九七六年の能率連盟の調査では、ポスト不足対策への回答として「系列会社への出向」を挙げた企業が全体の三六・一％、製造業では三八・七％にのぼった。[53] 大卒者全員を役職に就けることができない以上、中高年を外部に排出する必要があったのである。これは、官庁が公社や公団を「天下り」に活用していたことと、類似の対応といえよう。

系列会社への出向や転属は、大卒中高年のポスト不足だけでなく、現場労働者の雇用維持にも活用された。日経連は一九七八年に、選択的定年制や企業間配置異動などをふくむ「従来よりも広い意味での終身雇用」を提唱した。関西経済同友会も七九年に、企業外転籍を含めた「広域終身雇用制」を唱えた。[54]

一九七〇年代からは、大手企業の分社化・子会社化による多角化戦略が活発になっていた。八七年と八八年の職業総合研究所の調査では、上場企業のうち五年前より関連企業が増えた企業が六〇％となった。また一〇〇〇人以上の「親企業」のうち、関連企業に従業員を出向させているものは九〇％を超えていた。[55]

労働組合は、雇用維持のため、こうした出向や配置転換に応じていった。日立製作所の労働組合は一九六〇年代には転属・出向などの事前協議制を要望していたが、八二年の労働協約改定時には、この問題は組合機関紙の改定要求一覧表から消えていた。[56]

出向・転属・配置転換の増加は、転勤と単身赴任の増加をもたらした。一九八七年の「就業構造基本調査」においては、単身赴任者は約四二万人とされ、そのうち三五～五四歳の中高年層が三分の二近くを占めた。労働省が九〇年に実施した調査では、単身赴任を選択した理由（複数回答）は「子供の教育・受験」が最多で八五・一％にのぼり、単身赴任の家計負担増加は月に約一〇万円と見積もられた。[57]

第二の対応は、非正規雇用への依存だった。これはすでに一九六〇年代から始まっており、作業請負契約を結んだ関連企業の社外工、農村からの期間工・季節工、中高年女性のパートタイマーが導入されていた。[58]

関東経営者協会は一九七六年、「企業と結びつきの弱い人から逐次整理に入る」という方針から、雇用調整の順序を表明した。まずパート・臨時工・季節工の整理、次に新規採用停止、欠員不補充などのあと、在籍従業員の配転・出向・転籍・一時帰休をとり、それでも足りない場合に希望退職を募るという順序であった。[59]

さらに派遣労働が、そこに加わった。一九八四年一〇月、経済同友会が「中間労働市場」を提案し、「市場でもあり企業内部でもあるような中間的なクッション」として、ME化などに対応するスペシャリストの「人材派遣という新しい事業」と、「中高年や女子労働力（とくに家庭の主婦）」の活用を唱えた。そして八六年七月、一三業務の限定で労働者派遣法が施行され、三ヵ月後には一六業務に拡大された。[60]

なお一九七〇年代までは、これらさまざまな雇用形態を総称する言葉はなかったようだ。国会図書館の雑誌記事検索で見るかぎり、「非正規」という言葉は、七〇年代までは「非正規分布」といった統計用語などに主に使われていた。雇用に関して「非正規従業員」といった呼称が初めて雑誌に登場したのは八一年である。[61]

もともと戦前の職工や臨時工は、長期雇用や年功賃金の対象ではなかった。高度成長下で臨時工の本工化が進み、現業員にまで長期雇用が広がった。「非正規」がその残余の総称となったのは、戦前には一部特権層のものだった長期雇用と年功賃金が、七〇年代までに「正規」であり標準であるとみなされるようになったことを示していた。そして、それが標準とみなされるようになったときには、すでに量的拡大は止まっていたといえる。

第三の対応は、女性の「活用」だった。前章で述べたように、高度成長期から性別定年制の導入が目立つようになった。これに対する訴訟と企業側敗訴によって、あからさまな男女別定年制は違法となったが、慣習としては残った。前掲したように、一九七七年に日本鋼管の人事担当者は管理職の増加を示す表を作成したが、男性社員に占める管理職の比率が算出されていただけで、女性は初めから除外されていた。

一九八五年五月に男女雇用機会均等法が制定されると、総合職・一般職の区分を導入する企業が増加した。九二年一〇月に実施された労働省の調査では、コース別管理を導入している企業は、五〇〇〇人規模以上では四九・三％におよんだ。[62]

一九八五年に、金融機関経営者はこう発言している。[63]「職能資格制度の本質は、〔学歴と年功で〕総て上がる哲学しかないのです。……何故これまで破綻しなかったかと言いますと、大体二五、六歳で女性が辞めていたからです」。

年功による昇進や昇給は、元来は経済的コストに左右されない官吏の慣行であり、戦前の民間企業では少数の職員だけの特権だった。それを全従業員に適用するのは、高度成長期のような例外的時期をのぞけば、困難なことだった。

それでもなお、長期雇用と年功賃金を続けようとすれば、適用対象をコア部分に限定するしかなかった。そのための方法が、人事考課による厳選、そして出向・非正規雇用・女性という外部を作り出すことだったといえるだろう。

中小企業で増えた非正規労働者

そして一九八〇年代には、「新たな二重構造」をめぐる議論がおきていた。一九五〇年代の二重構造は、大企業と中小企業の二重構造だった。だが八〇年代の議論は、正規と非正規という、新たな二重構造が出現しているというものだった。

旧来の二重構造は、高度成長期に改善されたと言われていた。若年労働力が不足して中小企業も新規学卒者の初任給を上げざるを得なくなり、その面では大企業と中小企業の格差が縮小したことが一因だった。また、大企業から安定した下請受注をする中小企業も増加していた。一九七〇年版の『中小企業白書』は、中小企業の状況は「全体としてみれば大きく改善」したと位置づけた。[64]

だが高度成長が終わると、ふたたび企業規模間格差が拡大した。『法人企業統計年鑑』における従業員一人当たりの付加価値額と人件費年額の大企業・中小企業の格差は、一九七五年に最小になったが、その後は拡大に転じた。[65] しかし一九八〇年版の『中小企業白書』は、「かつての二重構造」は「昭和三五年以降の労働力不足経済への移行によって相対的に希薄になった」という見解を変えなかった。[66]

この時期の『中小企業白書』や『労働白書』の位置づけでは、企業規模間の賃金格差は、いわば見かけ上のものであった。[67] 平均的にいえば、大企業と中小企業では、年齢・学歴・性別・勤続年数などの労働力構成が異なっている。学歴や勤続年数は、労働者の生産性や熟練度に反映する。そのため中小企業は、見かけ上の平均賃金が低くなるというのだった。

経済企画庁の一九八五年の報告書は、この説明をもっと直截的に、こう表現した。[68]「小企業では大企業に比べて勤続年数が短いものが多く、学歴の低いものが多く、女子が多く、これが見かけ上の賃金格差を拡大させている」。「大企業・中小企業間の賃金格差は、労働者構成をそろえることによって大幅に縮小し、その大きさは最大でも昭和五八年の大企業、小企業間の一六・三％である」。つまり同学歴・同勤続年数の男性だけを比較すれば、企業規模格差は少ないというのである。

それに対し、経済学者には、これは新たな二重構造だと主張する者もいた。一九八二年には、二重構造をめぐる経済学者の議論がおきた[69]。その一人だった高田亮爾は、以下のように主張した。

中小企業の労働力構成は、中高年女性や高齢者などが多い。これは、一九五〇年代の二重構造論で縁辺労働力とよばれた人々が、低賃金労働者として中小企業に流れ込んだことを示している。さらに一九八一年一〇月から一年間の転職者のうち、三〇〇人未満の企業から三〇〇人以上の企業に移動した者は一二・四％にすぎない。このように大企業労働市場が閉じており、完全競争が成立していない状態では、労働力の質の差で賃金の差を説明するのは誤りだというのが高田の主張だった[70]。

高田の分析によれば、石油ショック後の不況にたいし、大企業は臨時工の解雇、新規採用の抑制、出向・転籍などの雇用調整で対応した。しかし中小企業はそうした手段がとれず、人件費の抑制がパート労働者の増加になって現れたというのだった。[71]

実際に、一九八五年の女性短時間雇用者三〇六万人のうち、五六・五％が従業員三〇人未満の企業に雇用されており、五〇〇人以上の大企業には一六・七％が雇われているだけだった。[72] この時期では、まだ大企業は非正規雇用を大規模に活用しておらず、人件費総額が限られていた中小企業で非正規労働者が増えていたのである。

このことは、一九八五年の経済企画庁の報告書も認識していた。ただし、その評価の仕方が違っていた。すなわち、「パートタイマー、アルバイト等の低価格労働力の導入を大企業が躊躇しているうちに、機動力のある中小企業がどんどん進めた。その結果がたまたま中小企業の賃金に反映して、規模間賃金格差が拡大したのであり、決して大企業・中小企業の労働市場が再び分断されてきたわけではない」というのだった。[73]

とはいえこの報告書は、大企業と中小企業の二重構造は解消したと主張しながら、「今日の労働市場の二重構造は、定着性の高い内部労働市場と流動性は高いが未熟練低賃金の外部労働市場によるものである」とは認めていた。しかし同時に、「現在の低賃金層の主力をなす女子パートタイマー、高齢者、定職につかない若年層の三つのグループは、それぞれ夫の所得、年金、親の所得という核になる所得を持っており、大部分は働かなくとも生活に困らない」というのが、その基本的な認識でもあった。[74]

このように評価は異なっていたが、正社員と非正規労働者という「新たな二重構造」が一九八〇年代に出現したことは認識されていた。それは経済企画庁の報告書が述べたように、かつての「大企業・中小企業間の二重構造」とは異なるものだった。それは、「社員の平等」が、中堅企業にまで拡大するなかで出現したものだったのである。

自営業から非正規労働者へ

そして中小企業のコストの安さは、とくに製造業においては、大企業の競争力を支えてもいた。

中小企業の系列化は高度成長期に進み、一九八一年には三〇〇人未満の製造業中小企業の六五・五%が下請企業になっていた。[75]七五年の日立製作所の下請構造では、親工場である日立製作所の工場の加工賃「分単価」が四五円だったのに対し、一次下請は一八～二〇円、二次下請一〇円、三次下請七円、さらにその下の内職者・家内労働者の受け取る単価は二～三円だったとされている。[76]

一九八〇年代後半に、アメリカのGMは約八〇万人の従業員で、年間約五〇〇万台の乗用車を生産していた。それに対し、トヨタは約七万人の従業員で、年間約四〇〇万台を生産していた。そしてGMが部品の約七〇%を自社生産していたのに対し、トヨタは部品の多くを約二七〇社の下請企業グループで生産していた。当時のトヨタをはじめ、一九八〇年代の日本の自動車メーカーの部品内製率は二〇〜三〇%だった。[77]

トヨタ本社の賃金で部品を作っていたなら、あるいはトヨタ本社も下請企業も産業別労働組合に組織されて同一労働同一賃金だったなら、状況は異なっていたかもしれなかった。当時の大企業正社員は、いわば日本型秩序の頂点であった。

日本の労働組合は企業別だっただけでなく、大企業が中心だった。一九九八年の時点で、労働組合構成員の約二割は国公営部門、約三割が従業員五〇〇〇人以上、二割弱が従業員一〇〇〇〜四九九九人の企業の組合だった。[78] 一九八〇年代に、中小企業で非正規労働者の導入が先行したのは、こうした事情も関係していたかもしれない。

そして中小企業などで非正規労働者になっていたのは、「働かなくとも生活に困らない」という層ばかりではなかった。労働省の一九八〇年の「高年齢者就業等実態調査」でも、五五歳以上の男性で、「いきがい、社会参加のため」を働く理由に挙げた者は五・七%にすぎず、「経済上の理由」が八三・〇%だった。[79]

また第1章で述べたように、一九七〇年代半ばから九〇年代半ばに、自営業主と家族従業者が減少する一方、短時間女性雇用者が増大していた。非正規労働者の大きな供給源は、「地元型」に多い自営業者／家族従業者セクターだった。

これも第1章で述べたように、日本の製造業従業員のうち、従業員三〇〇人以下の中小企業で働く者の比率は、一九五三年の七三・五%から八一年の七四・三%に増加していた。七二年から八一年の一〇年間に、中小企業の就業者は六八〇万人増えたのにたいし、大企業は一二万人しか増えていなかった。大企業正社員が量的拡大を止めていたなかで、自営業セクターから非正規雇用への労働力移動がおきていたと考えられる。

だが八〇年代の雰囲気は、こうした現実の認識を妨げた。そして一九九一年にバブル景気が終わると、非正規雇用の増大が注目を集めるようになる。

進学率の上昇と「ロストジェネレーション」

一九九〇年代は、大学進学率がふたたび上昇に転じた時期でもあった。だがこの上昇は、六〇年代と異なり、正規雇用の増大を伴うものではなかった。

進学率上昇の発端は、人数が多い「団塊ジュニア」世代の進学が予想されたため、一九八六年度から私立大学・短大の定員抑制が緩和されたことだった。この臨時定員増は、一八歳人口が減少した二〇〇〇年から段階的に解消されたが、その間に大学新設・既存大学の学部増・短大その他の四年制大学化などが進み、大学卒業者数が増加した。[80]

もともと一九七〇年代から、大学定員は抑制されても、進学希望者は多かった。そのうえ高卒求人数は、九二年三月から二〇〇三年三月までに約八分の一へと急減した。結果として九〇年代におきたのは、若年者の非正規雇用の増大と、大学進学率上昇の同時発生だった。

第1章で述べたように、もともと一九八五年の経企庁の報告書は、「団塊二世」は人数が多く、「大量の高卒者をすべて正規従業員として吸収することはおそらく不可能である」と予測していた。そして、「内部労働市場に参入できない団塊二世たちのかなりの部分がアルバイト等外部労働市場での労働を余儀なくされるのではなかろうか」とも予測していた。

高卒求人の減少で、もっとも不利になったのは、一九七〇年代もそうであったように、成績下位の普通科高校卒業生だった。九〇年代半ばに神奈川県と宮城県の公立非進学校二〇校を調査したメアリー・ブリントンの研究によれば、工業高校には学校紹介による就職がまだ残存していたのに対し、普通科高校では「新卒業生の最大三〇〜四〇%が就職もせず進学もしない」という状態になっていた。[81]

大学へ進学したとしても、かつてとは意味が同じではなかった。教育社会学者の大内裕和は、「ある公立大学のカウンセラー」から、授業料や生活費を払えないのに入学してきた学生に関する話を聞いた。カウンセラーがその学生に、なぜ進学したのか問うたところ、「学年で成績が七番だったからです」という回答があったという。この学生が卒業した高校では、学年の五番以内に入らなければ就職の紹介が回ってこない状態になっており、就職がなかった彼はやむなく進学していたのである。[82]

乾彰夫は一九九一年に、七〇年代後半から八〇年代の状況を形容して、「専修・各種学校が半失業青年たちのプールという機能を多分にはたしている」「専修・各種学校卒業者の一定部分が、職業高校卒業者の一部とともに、派遣労働者などの『フロー型労働市場』へとリクルートされつつある」と述べていた。[83] 大学定員が緩和され、大学に進学する者が増えても、日本社会は彼らを吸収できる状態になかったのである。

変わらなかった「日本的経営」

その一方、一連の日本型雇用慣行は、その後も根本的には変わらなかった。一九九〇年代以降の変化は、「社員の平等」の外部がさらに広がったことと、厳選主義による年功賃金抑制がいっそう強まったことだった。

一九九五年、日経連は『新時代の「日本的経営」』という報告書を公表した。この報告書は、従業員を「長期蓄積能力活用型」「高度専門能力活用型」「雇用柔軟型」の三つのグループに分ける「雇用ポートフォリオ」を提唱したことで知られる。二〇〇〇年代には、この報告書で「雇用柔軟型」の導入をうたったことが、非正規雇用増大の始まりだったとも言われた。
とはいえすでに見てきたように、非正規労働者の増加は、一九八〇年代から中小企業では先行し、財界も主張していたことだった。また日経連は、すでに九二年八月に軽井沢で行なったセミナーでも、「長期雇用を前提としたストック型従業員」と、主婦や高齢者などを中心とした「フロー型従業員」の二類型を提言していたのである。[84]
またこの報告書は、日本型雇用の改革を唱えたものではなかった。この報告書は、以下のように「欧米の企業」との対比を述べている。[85]

欧米の企業は、ベースに機能組織があり、人間を組織・ポストにあてはめていく。わが国では組織に人間をあてはめるのではなく、構成員個々人の能力を最大限に引き出すために、組織を動かす。人間中心（尊重）の理念をベースに、雇用の安定、働く人の生きがい、能力向上、内部昇進を基本とする考え方が良好な労使関係をもたらし、「長期的視野に立った経営」を支えているという視点を重視すべきであろう。

この報告書の中心的な主張は、総額人件費の抑制だった。その手段としては、「雇用柔軟型」の活用だけでなく、職能資格制度と目標管理制度による「長期蓄積能力活用型」の少数精鋭化や、三年程度の派遣契約による「高度専門能力活用型」の導入などが提唱された。[86]

前述のように、これらはすべて、一九七〇年代から八〇年代に、経済界が実施ないし提唱していた方針だった。この報告書の骨子は、日本型雇用を変えないままコア部分に限定することであり、既定方針を体系化したことだったといえる。

その後の財界は、年功賃金や終身雇用の弊害を強調する度合いが高くなった。高度成長期やバブル期に雇用した大企業正社員が中高年にさしかかり、賃金コストが重荷になってきたからである。しかし、日本型雇用を変えないまま、それをコア部分に限定する基本方針は変わらなかった。

たしかに、財界はさまざまな改革を提言した。二〇〇〇年一二月、日経連・国際特別委員会は『経営のグローバル化に対応した日本型人事システムの革新――ホワイトカラーの人事システムをめぐって』という報告書で、「年功給・能力給制度から役割給・職務給制度へ移行し、評価についても組織重視から個人重視の成果主義へ移行すること」を説いた。また二〇〇二年五月には、日経連・労使関係特別委員会が『多立型賃金体系の構築へ――成果主義時代の賃金システムのあり方』を出し、職務給や成果給の導入と、複線的人事管理を主張した。[87]

しかし上記の二〇〇二年の日経連のレポートでも、「職務内容が能力段階に対応してその時々で変わる、企画、調査、各種の折衝・調整などを行う職務群」は職能給を基本とするとされていた。職務給を適用されるのは技能職・一般事務職・販売職で、成果給を適用されるのは営業や研究開発部門だった。

つまりこれは、正社員の内部でも日本型雇用が適用される部分を限定し、その残余に職務給や成果給を適用する提言だったといえる。一方で、一九六〇年代前半までの提言にあったような、社会保障までを含む体系的な政策提言は見られなくなっていた。

「成果主義」の形骸化

一九九〇年代以降の日本企業では、「成果主義」や目標管理制度も喧伝された。しかし一連の慣行を変えないまま、「成果主義」だけを導入することは困難だった。また一社だけで職務給を導入しても、社会保障や横断的労働市場の充実がない状態では、不完全にならざるをえなかった。

労働経済学者の木下武男は、一九九九年に日本企業の改革を調査した。しかし、旧来の職能資格等級を「職務等級」や「バンド」と言い換えたものや、職能資格の等級数を減らして査定の幅を広げたなどの改革が多かった。職務記述書を作成して職務給を導入した企業もあったが、中高年の賃金低下を抑えるため、職務給に年功カーブを加えたものになっていた。[88]

労働研究者の濱口桂一郎は二〇一三年に、日本の雇用慣行に「成果主義」は適合しないと指摘した。なぜなら、「職務ごとに期待される成果がどの程度達成されたかを査定して個別賃金が決定される」のが成果給だが、「日本の人事労務管理は職務ベースで行われているわけではないので、成果主義といっても職能給マイナス年功制でしかない」というのである。[89]

とはいえ、たとえ各社が「職務ベース」の人事管理を行なったとしても、それが企業を超えて統一された基準にもとづいていなければ、横断的な労働市場はできない。そうした統一基準なしに、各社がばらばらに職務を設定しても、企業ごとに互換不能な職務が大量発生するだけで、企業を超えた職務の賃金相場や横断的労働市場は形成されないのである。

日本企業の根本的ジレンマは、各社の内部で職務の価値づけを行なっても、それが一社内の序列でしかなく、結果として社内等級に変化してしまう点にあった。そして横断的な労働市場ができないかぎり、労働者の抵抗や士気低下を伴なわずに、日本型雇用を根本から変革することは困難だった。
経済学者の石田光男は二〇〇九年に、日本企業の試行錯誤をこう評価した。職務遂行能力で等級づけする職能給から、役割で等級づけする役割給へといった変化はあった。とはいえ、それは「苦い試行」にとどまっている。なぜかといえば、「長期雇用の正社員の〔企業を超えた〕市場賃率は我が国には存在しない」からだ。[90]
そもそも、電産型賃金から年齢給や年功給を減らし、査定で決まる能力給を拡大することは、一九五〇年代から続いてきた傾向だった。八幡製鉄所の賃金体系の変遷を研究した森建資は、基本的な賃金体系は年功的部分と業績対応部分の「二層構造」だったのであり、「しばしば行われた制度変更は、二層構造をそのままにしながら、一層目と二層目の比重を変化させたり、あるいは二層目〔業績対応部分〕の内容を変えたりした」ものだったと要約している。[91]
日本での「成果主義」が、「職能給マイナス年功給」なのであれば、この傾向の延長といえるだろう。その場合の「成果」が、単純な売上実績などであるならば、戦前の職工の出来高給に回帰しているという見方もできなくはなかった。
このような矛盾を含みながら導入された「成果主義」は、結果として、企業に混乱をもたらすことが多かった。

富士通の人事部にいた城繁幸によると、富士通は一九九〇年代に、各人の職務が不明確な状態のまま「成果主義」や目標管理を導入した。しかも、職能資格による社内等級はそのままだった。そのため、管理職の賃金が高い構造が維持されたまま、中堅レベル以下は職務が不分明なまま目標設定や裁量労働を強いられた。[92]

それにもかかわらず、この会社が「成果主義」を導入したのは、バブル期に大量入社した中堅層の賃金抑制が目的だったからだった。こうした「成果主義」の導入は、若手・中堅層の士気を低め、彼らの離職率が上昇した。さらに抑制された賃金を補うため、残業代を目的に職場に居残る社員が増え、かえって人件費は二割近く増加してしまった。[93]

また部下の成果を評価するはずの中高年の管理職層は、発想の転換ができなかった。城によると、「二〇〇〇年度に事業部長クラスに対して、『二一世紀の若者に求める素質』というヒアリングをかけたところ、『体力と根性』という回答をしてきた事業部長が一人や二人ではなかった」という。[94]

この傾向は、現在でもあまり変わっていないのかもしれない。第1章で述べたように、二〇一八年の調査でも、経団連加盟企業が「選考時に重視する能力」の上位五位は、「コミュニケーション能力」「主体性」「チャレンジ精神」「協調性」「誠実性」である。

こうした試行錯誤のなか、日本企業は余裕を失いつつある。経済学者の宮沢努の推計では、二〇一五年の企業の教育訓練費の総額は、九一年の約六分の一に減少した。[95] 昇給や昇格を適用する層を厳選する傾向が続くなか、正社員ではあっても賃金が上昇しない状態を「名ばかり正社員」とよぶ慣習も生まれた。

二〇一九年三月の経済誌は、トヨタ自動車の大卒社員の「出世すごろく」を、以下のように記している。[96]

関係者によると、大学卒業後に新卒でトヨタに入った社員は、三〇代後半で基幹職三級に上がり、年収は約一五〇〇万円。さらに二級、一級と階段を上るが、それぞれ四～五年かかるうえ、一級まで到達するのは同期のうち一〇%程度。一級になると年収は約二〇〇〇万円。同期入社の一%という狭き門をくぐり抜けて常務役員まで上がれば、三〇〇〇万円超へ跳ね上がる。

一九九〇年代以降の一連の改革で、昇進や昇給の対象となる者は厳選されたコア部分に限定されつつある。とはいえ、日本社会を規定してきた「慣習の束」の基本型は、明治時代から変わっていないようだ。

1 本章の内容は、「社員の平等」の量的拡大が一九七〇年代に止まり、その適用範囲が限定されていくなかで、「地元型」「残余型」が析出していく経緯を記述することにある。もっとも触発された研究は乾前掲『日本の教育と企業社会』であるが、乾は六〇年代以前の歴史や「新しい二重構造」との関連の分析が不十分である。
2 NHK放送世論調査所編『図説　戦後世論史』日本放送出版協会、一九七五年、第Ⅸ章。
3 経済協力開発機構・労働省訳編『OECD対日労働報告書』日本労働協会、一九七二年所収、二一頁。
4 同上書五頁。
5 同上書五、三二頁。
6 後藤前掲「日本型社会保障の構造」二〇九、二一〇頁。
7 兵藤前掲『労働の戦後史』下巻三五三―三五五頁。
8 木下武男「企業主義的統合と労働運動」渡辺編前掲『高度成長と企業社会』所収、一五一頁。
9 西成田前掲「日本的労使関係の史的展開（下）」三〇頁の表参照。
10 小池前掲『仕事の経済学　第三版』八頁。小池は「就業構造基本調査」に正規従業員という区分がない一九八二年より前については、「雇用労働者というゆるい区分を用いると一九六八年以来四五％から二〇〇二年の四三％へごくわずか下がったにすぎない」としている。なお神林前掲『正規の世界・非正規の世界』第4章は、一九八二年より前も労働時間や労働契約期間によって把握可能として、非正規労働者数の推計を行なっているが、神林も認めるように完全な把握はむずかしい。
11 山本恵明・田中博秀「日本的雇用を築いた人達　2　元トヨタ自動車工業専務取締役　山本恵明氏にきく（2）」『日本労働協会雑誌』第二四巻八号、一九八二年八月号、六七頁の採用数分類表参照。「事務員・技術員等」は、分類表で「事務員」「技術員」「女子」「医務職」とされている人数の合計である。「女子」には一九六〇年代には毎年数名、七〇年代には二〇名ほどの大卒が入っており、一律に補助要員と位置付けられるか不明である。また「技能員」には、六〇年代には自衛隊からの受入れも毎年三〇〇名前後にのぼっていたが、七〇年代には急減した。

12 兵藤前掲『労働の戦後史』下巻三三三頁。
13 西本勝美「企業社会の成立と教育の競争構造」渡辺編前掲『高度成長と企業社会』一八一頁、総務省統計局「就学率及び進学率」。
14 乾前掲『日本の教育と企業社会』二三六、二五〇頁。
15 以下、同上書二二〇―二二二頁。
16 八代尚宏『現代日本の病理解明』東洋経済新報社、一九八〇年、一七頁。
17 同上書一八頁。八代はこのほか、男女で四年制大学の進学率に大きな差があり、女性は短大が多いことも挙げている。なお乾前掲『日本の教育と企業社会』一七三頁は、八代とは逆に、「ヨコの学歴」を「中卒・高卒・大卒」の意味に、「タテの学歴」を「一流校~三・四流校」の意味に使うのが「一般」だと述べている。「タテ」「ヨコ」の組み合わせの相違は別として、大学進学率がすでに上昇していたこの時期には、二種類の「学歴」があると意識されていたことがうかがえる。
18 以下、乾前掲『日本の教育と企業社会』一八三―一九〇頁。
19 同上書一八五、一九一頁。
20 熊沢誠『働き者たち泣き笑顔』有斐閣、一九九三年、一一七頁。
21 同上書一一六―一一七頁。
22 乾前掲『日本の教育と企業社会』一九五頁。
23 同上書一七九頁。
24 同上書二三九、二四〇頁。
25 同上書二四一頁。
26 熊沢前掲『働き者たち泣き笑顔』一〇六頁。
27 玉野和志『東京のローカル・コミュニティ』東京大学出版会、二〇〇五年、二七二頁。
28 橋本前掲『「格差」の戦後史』一五〇頁。ただし橋本はもう一つの理由として、この時期になって「高卒＝労働者階級、大卒＝新中間階級」という「学歴と所属階級・階層の関係が確立」したからだと述べている。だが「高卒＝労働者階級」という図式の確立は、学歴と所属階級の関係がそれ以前になかったことを意味しない。これは高校進学率の上昇にともなって、一九五〇年代には下級職員の供給源でもあった高卒が、マニュアル職の供給源になったという変化だと考えたほうが適切である。

29 熊沢誠『新編　日本の労働者像』ちくま学芸文庫、一九九三年、一三頁。
30 渡辺前掲「高度成長と企業社会」六四、一〇六頁。
31 野村前掲『雇用不安』六二―六四頁。
32 斉藤淳『自民党長期政権の政治経済学』勁草書房、二〇一〇年、五九頁。
33 渡辺前掲「高度成長と企業社会」六五、一〇六頁。
34 橋本前掲『「格差」の戦後史』一四六頁。
35 同上書一四二―一四三頁。
36 エズラ・F・ヴォーゲル、広中和歌子・木本彰子訳『ジャパン アズ ナンバーワン』TBSブリタニカ、一九七九年。
37 兵藤前掲『労働の戦後史』下巻三六一頁。
38 本多勇『高学歴化社会の労務管理』日本労働協会、一九七八年、六六頁。
39 木崎肇「日本鋼管の管理職制度と能力評価」雇用振興協会編『高齢・高学歴化時代の能力開発』日本経営者団体連盟、一九七八年所収、五四頁。
40 上條俊昭『「歩」のない経済』東洋経済新報社、一九七九年。
41 人間能力開発センター前掲『高学歴化の進行と労務管理』一九頁。
42 同上書二〇頁。
43 前掲「ホンネ座談会　昇進・昇格制度の問題点を突く」。兵藤前掲『労働の戦後史』下巻四〇五頁より重引。
44 人間能力開発センター前掲『高学歴化の進行と労務管理』四一頁。
45 熊沢誠『日本的経営の明暗』筑摩書房、一九八九年、文庫版一九九三年、文庫版五六頁。
46 同上書七二、七三頁。熊沢は「表現をつづめて紹介」すると記しており、「協調性」の(d)項は「　」の引用符がついている。
47 「子供よりも厳しい！　パパの通知表　ボーナスもらうの怖い？」『朝日新聞』一九八七年一二月六日東京版朝刊一三面。

48 同上書五八、六二頁。

49 同上書九一頁。この形容は熊沢によるものだが、より正確には基本給四〇%、職務給三〇%、職務考課給二〇%、業績給一〇%である。森建資「賃金体系の二層構造」『日本労働研究雑誌』第五六二号、二〇〇七年、七二頁。

50 熊沢前掲『日本的経営の明暗』六七頁。

51 熊沢前掲『働き者たち泣き笑顔』一一七頁。

52 苅谷剛彦『学校・職業・選抜の社会学』東京大学出版会、一九九一年、一八八、二〇一頁。

53 人間能力開発センター前掲『高学歴化の進行と労務管理』四一頁。

54 兵藤前掲『労働の戦後史』下巻三三三、三六一頁。

55 同上書下巻三八一頁。

56 後藤道夫「日本型大衆社会とその形成」坂野ほか編前掲『戦後改革と現代社会の形成』所収、二八〇、二八一頁。

57 労働大臣官房政策調査部『転勤と単身赴任』大蔵省印刷局、一九九一年、一五、二八、四〇頁。

58 兵藤前掲『労働の戦後史』上巻一九四、一九五頁。

59 関東経営者協会「合理化対策の実務」『労働経済旬報』第九九七号、一九七六年五月。兵藤前掲『労働の戦後史』下巻三三三頁より重引。

60 兵藤前掲『労働の戦後史』下巻三九一―三九三頁。

61 尾形隆彰「中小事業所における非正規従業員の実態」『労働研究所報』二号、一九八一年三月。

62 兵藤前掲『労働の戦後史』下巻三八六頁。

63 桜井稔「変化に直面する金融機関の人事労務管理」『相互銀行』一九八五年一〇月号。濱口前掲『日本の雇用と中高年』二二二頁より重引。

64 『中小企業白書』における論調の変化は、植田浩史『現代日本の中小企業』岩波書店、二〇〇四年、第2章に詳しい。引用は同書三三頁より重引。

65 高田亮爾『現代中小企業の構造分析』新評論、一九八九年、二四、二五頁。

66　植田前掲『現代日本の中小企業』三四頁より重引。
67　『中小企業白書』一九八〇年版および『労働白書』一九八四年版の主張は、高田前掲『現代中小企業の構造分析』六九―七〇頁参照。
68　経済企画庁総合計画局編前掲『21世紀のサラリーマン社会』一〇頁。
69　高橋毅夫「日本経済審二重構造論」『エコノミスト』一九八二年五月一八日号、佐々木孝男「復活し始めた？　労働市場の二重構造」『日本経済新聞』一九八二年八月二一日朝刊など。
70　高田前掲『現代中小企業の構造分析』七一、八九、九〇頁。
71　同上書二五、二六頁。
72　同上書四七頁。
73　経済企画庁総合計画局編前掲『21世紀のサラリーマン社会』一八頁。
74　同上書一一二、一一三頁。
75　高田前掲『現代中小企業の構造分析』九三頁。
76　中央大学経済研究所編『中小企業の階層構造』中央大学出版局、一九七六年、八頁。
77　米倉誠一郎「日本型システムと高度経済成長」小林英夫・岡崎哲二・米倉誠一郎・NHK取材班『「日本株式会社」の昭和史』創元社、一九九五年所収、二一三、二一四頁。および渡辺幸男・小川正博・黒瀬直宏・向山雅夫『21世紀中小企業論　第三版　多様性と可能性を探る』有斐閣、二〇一三年、一二八、一二九頁。
78　木下前掲『日本人の賃金』一三九頁。
79　高田前掲『現代中小企業の構造分析』三五頁。
80　文部科学省高等教育局「大学の量的規模等に関する資料」二〇〇九年四月二三日、五頁。http://www.mext.go.jp/b_menu/shingi/chukyo/chukyo4/028/siryo/__icsFiles/afieldfile/2009/05/08/1262971_6_1.pdf　西井泰彦「グラフで見る私立大学の動向と私学振興の課題」『アルカディア学報』No.５８５、二〇一六年。https://www.shidaikyo.or.jp/riihe/research/585.html　いずれも二〇一九年六月五日アクセス。

81 メアリー・C・ブリントン、玄田有史解説、池村千秋訳『失われた場を探して』NTT出版、二〇〇八年。引用は一二頁。
82 大内裕和・児美川孝一郎「キャリア教育を問い直す」『現代思想』四〇巻五号、二〇一二年四月号、七二頁。
83 乾前掲『日本の教育と企業社会』二四一、二四二頁。
84 「日本的経営 見直しは不要? 日経連セミナー 長所を再認識 擁護論が続出」『日本経済新聞』一九九二年八月二一日朝刊五面。
85 日本経営者団体連盟、新・日本的経営システム等研究プロジェクト報告『新時代の「日本的経営」』日本経営者団体連盟、一九九五年、二三—二四頁。
86 同上書八、九頁。この報告書執筆者である成瀬健生「雇用ポートフォリオとは何だったのか」八代・梅崎・島西・南雲・牛島編前掲『『新時代の「日本的経営」』オーラルヒストリー』所収、三〇六、三〇七頁によると、「専門的能力活用型」は「三年くらいの契約」ですむ「潰しの利く専門家」を期待していたという。
87 木下武男「日本型雇用・年功賃金の解体過程」後藤道夫編前掲『岐路に立つ日本』所収、一四七、一四八頁より重引。
88 木下前掲『日本人の賃金』九五—一一五頁。調査対象は、兼松建設・日本NCR・電通・日本ヒューレット・パッカード・武田薬品の事例。
89 濱口桂一郎『若者と労働』中公新書ラクレ、二〇一三年、二二八頁。
90 石田・樋口前掲『人事制度の日米比較』二二、二三、四三頁。
91 森前掲「賃金体系の二層構造」七二頁。なお森は、同論文注14で「八幡製鉄所の事例がどこまで一般化できるかは、今後の事例研究の蓄積を待つほかない」としている。
92 城繁幸『内側から見た富士通』光文社、二〇〇四年、七四、一三四—一三六頁。
93 同上書七〇—七二、一九一頁。
94 同上書一六五頁。
95 「人への投資 惜しむ企業」『東京新聞』二〇一九年三月二七日朝刊。
96 「ショック療法で危機感をあおる トヨタの号砲」『週刊東洋経済』二〇一九年三月一六日号、三二、三三頁。この記事は、四六〇人の基幹職一級と一七二九人の基幹職二級(一九九六年の改革で「部長級」「次長級」から名称変更)、一六三人の技範級(一九四三年に技範、工範、工師の称号を設定)、および二六人の常務理事を、一律に「幹部職」として「幅広いポストに配置」する二〇一九年一月の人事改革を報じたものである。これは職能資格制度の段刻みを統合し、下部の空きポストに配置して、結果的に上位資格者の給与を査定しつつ減らすという「改革」である。この種の改革は、一九八〇年代から日本企業が行なってきたものである。熊沢前掲『日本的経営の明暗』九一頁参照。

終章　「社会のしくみ」と「正義」のありか

ここまで、日本社会のしくみの成立について述べてきた。各章の内容に沿って、本書の内容を確認しておこう。

①「大企業型」は、社会全体の構造を規定している。一九八〇年代以降、「地元型」から「残余型」への移行がおきているが、「大企業型」はさほど減少していない。
②企業を超えた横断的基準の不在が、日本型雇用の最大の特徴である。
③他の社会における横断的基準は、職種別労働組合や専門職団体の運動によって形成されてきた。
④近代日本では、「官僚制の移植」が他国より大きかった。[1] その背景は、政府が近代化において突出していたことである。
⑤「官僚制の移植」はどの社会でもみられた現象だが、他国では職種別労働運動などがこうした影響を少なくしていた。
⑥戦後の労働運動と民主化によって、長期雇用や年功賃金が現場労働者レベルに広まった。これが社会の二重構造を生みだし、「地元型」と「残余型」を形成させた。

⑦　日本では「学歴」のほかに、能力の社会的基準がなかった。そのため、企業の学歴抑制効果と、企業秩序の平等化／単線化がおきることになった。

⑧　「大企業型」の量的拡大は、石油ショック後は頭打ちとなった。その後は非正規労働者の増大、人事考課や「成果主義」による厳選などがあったが、日本型雇用はコア部分では維持されている。

日本では企業と地域を横断した労働運動や専門職運動が弱く、横断的な労働市場や階級意識が形成されなかった。「カイシャ」と「ムラ」を社会の基礎とみなす意識と、現存する不平等を階級間ではなく企業間の格差とみなす意識が生じたのはそのためである。

以上が、本書の骨子である。骨子以外の個別記述の方が印象に残った読者もあるかもしれないが、以下では上記の骨子をもとに考察を進めたい。

雇用レジームの比較

国ごとの雇用慣行を類型化することは、さまざまに行なわれてきた。[2] しかしそのほとんどは、アメリカ・日本・ドイツといった国ごとに類型化する試みだった。

しかし一国の内部は多様であり、類型化するのは困難である。ここでは、国ごとに類型化するのではなく、「企業のメンバーシップ」「職種のメンバーシップ」「制度化された自由労働市場」という三つの社会的機能で類型化してみたい。

この三つの機能は、いわば三原色のようなものだ。現実の「アメリカ」や現実の「日本」は、単色ではない。しかし複雑な色も、三原色の混合と考えれば、理解がしやすくなる。

日本はこの三機能のうち、「企業のメンバーシップ」が支配的な社会といえる。ただし日本でも、非正規労働者の労働市場は、「制度化された自由労働市場」の傾向が強い。また弁護士や税理士などの働き方は、「職種のメンバーシップ」の傾向が強い。このように現実の日本社会は三機能の混合なのだが、日本を「企業のメンバーシップ」が支配的な社会だと図式化すれば、実態の理解を助けることができる。

それに対し、ドイツは「職種のメンバーシップ」が支配的な社会、アメリカは「制度化された自由労働市場」が支配的な社会だと図式化することができる。

もちろん、ドイツにもアメリカにも、他の要素は存在する。「企業のメンバーシップ」についていえば、ドイツには福利厚生を整えたクルップのような企業があったし、アメリカも内部労働市場は盛んだった。また米独ともに、専門職団体や職人組合のような「職種のメンバーシップ」があり、それが企業横断的な技能資格や学位を制度化して、「制度化された自由労働市場」の発達を準備した。だがそうした多様性もまた、三機能の混合比や構成関係の相違だと位置づけることができる。

ところで第2章で紹介したように、日本の雇用慣行を語るさいには「ジョブ型」「メンバーシップ型」あるいは「初めに職務ありき」「初めに人ありき」といった類型がよく使われてきた。これは日本の慣行を理解するさいに便利な図式化ではあるが、主として企業の労務担当者の視点からの類型であって、一面的なものといえる。

企業の労務担当者からみれば、アメリカもドイツも、どちらも「ジョブ型」「初めに職務ありき」の社会のようにみえる。企業を横断した職務市場や技能資格があるため、どちらも経営の裁量だけでは賃金や人事配置を決められないからだ。

しかし労働者の視点からみれば、話はちがう。専門職団体が認可した専門学位や技能資格があれば、どの企業でも同じ賃金になる社会のほうが、よほど「初めに人ありき」で「メンバーシップ型」だと映るだろう。

そうした意味で、「ジョブ型」「初めに職務ありき」は、労務担当者の視点からのものである。そして前述の三機能の混合で理解したほうが、より実態の理解を助けると考える。アメリカとドイツの相違も、このほうが類型化しやすくなるだろう。

この類型化の長所は、一国内の多様性だけでなく、国ごとの多様性を包含できることだ。日米独だけでなく、イギリスはイギリスの、韓国は韓国の、三機能の混じり方があるだろう。現実の色がどれほど多様であっても、三原色の視点でみれば分析可能になるように、国内の多様性や国ごとの多様性は、三機能の視点で類型化できる。

あるいはフランスやスウェーデン、中国のような社会を類型化するには、政府雇用のイニシアティヴという機能を加えたほうが、分析しやすくなるかもしれない。とはいえ、日本を分析するのが本書の目的であるから、議論を複雑化するのは今回は控えておく。

どの類型論も、現実の一部を切り取って議論しているだけである以上、それ固有の限界をもつ。その意味では、三機能の混合として各社会をみるという類型論も、一定の限界をもつ[3]。だがここでは、この類型に沿って議論を進めたい。

日本の特徴

それでは、日本の特徴はどう位置づけられるのか。それはこれらの三機能のうち、「職種のメンバーシップ」の影響力が小さかったこと、そのため「制度化された自由労働市場」も主流にならなかった点にある。

日本の自由労働市場は、学卒時と「非正規」の領域においてのみ、制度化されているにすぎない。ただしこれは、必ずしも量的に少ないことを意味しない。学卒は誰もが体験する時期であり、非正規労働市場は量的に少数ではない。しかしそれらは、「人生の例外時期」として、あるいは「非正規」として認識されている。そのことが、日本社会を支配している暗黙のルールを、逆照射のように示している。

ただし本書でくりかえし述べてきたように、日本社会に特徴があるとしても、それは「国民性」や「伝統文化」の産物といったものではない。

日本を含むどこの社会でも、一九世紀末から二〇世紀初頭は、いわば「野蛮な自由労働市場」というべき状態だった。経営の気まぐれで賃金や昇進が決まり、技能労働者は供給過剰で過当競争の状態にあるか、技術革新で地位を失っていた。どこの国の労働運動も専門職団体も、この状態を改善することをめざした。

企業を横断した労働市場の形成は、こうした運動の、いわば意図せざる結果だった。一連の運動が求めたのは、昇進や賃金決定の透明性、習得した技能の安売り防止、思想信条・組合活動・年齢・性別その他での差別撤廃などだった。これが結果として、企業を横断した基準を作り、横断的労働市場の形成をもたらしたのである。

世界大戦による労働力不足、科学的管理法や職務分析の普及、それを促進した政府の政策などは、労働運動や専門職団体の目標を実現する背景となった。しかし労働力不足や政府の政策だけで、それが実現したとは考えがたい。また結果として実現したものは、科学的管理法の発案者などが考えたものとは違っていた。

同時にそれは、労働運動や専門職団体の意図とも違っていた。彼らは、横断的な労働市場を実現するために運動したわけでは、必ずしもなかったからである。こうした複合的な歴史過程を経て、企業横断的な「制度化された自由労働市場」――一九世紀型の「野蛮な自由労働市場」ではなく――が形成されたのである。

日本の場合、この動向が弱かった。

日本の労働者も、「野蛮な自由労働市場」の状態を改善しようとした点では共通している。しかしそれは、戦後の企業別労働組合運動によって追求され、年功賃金や長期雇用、企業単位の福利厚生として実現した。

もちろんドイツやアメリカにも、企業内の労使関係改善や福利厚生によって、「野蛮な自由労働市場」を改善しようとする動向はあった。企業を軍隊組織にたとえた経営者は他国にもいたし、他社と互換性のない企業内資格ができた事例もある。しかし企業を横断した専門職団体や労働運動、あるいは階級意識などが、その影響力を弱めた。

しかし日本では、こうした企業横断的な運動や基準が弱く、個々の大企業は独立王国のような状態を呈した。個々の企業が互換性のない資格制度を設けた日本の特徴は、官僚制の影響もあるにせよ（それじたいはどこの社会にもあった）、こうした割拠状態に歯止めをかける企業横断的な運動や基準が相対的に弱かったことの表れである。[4]

とはいえ、それぞれの社会の歴史的諸条件と、世界に普遍的な動向は、両輪のように作用する。

戦後日本で企業別の労働組合が普及した一因は、職種別組合の伝統がなかったことにもよる。だが、それ以上に大きな要因は、戦争とインフレによって職員が没落し、運命共同体意識が高まっていたことである。戦前の職員は、職工とは隔絶した特権階級であり、そのため戦前には職員・工員の混合組合は広まり得なかった。職員・工員を混合した企業内労組が戦後日本で広まったのは、日本の伝統文化のためなどではなく、総力戦という世界共通の背景のためである。

こうした普遍的な動向が作用しつつも、日本では「職種のメンバーシップ」は弱く、「企業のメンバーシップ」が相対的に支配的となった。そのため日本と欧米諸国は、一九世紀にはどちらも「野蛮な自由労働市場」の状態にありながら、第二次世界大戦後にかなり異なる道を進んだ。

そのことを重視する経済史や労働史の研究者には、日本型雇用慣行は戦後に形成されたものだという見解を唱える傾向がある。[5] だがそうした戦後日本のあり方は、戦前からの日本社会の歴史的経緯と、世界の普遍的な動向の双方が、からみあうなかで形成されたものなのだ。

福祉および教育

前述の三機能による雇用レジーム論は、エスピン－アンデルセンが唱えた福祉レジーム論に近いものである。[6]

エスピン－アンデルセンの福祉レジーム論は、社会をカール・ポランニーがいう交換・再分配・互酬の三機能の複合とみなし、福祉体制を三つに類型化したものだ。交換・再分配・互酬には、それを担う市場・政府・家族という社会的部分と、それを重視する新中間層・雇用労働者・自営農民という社会勢力がある。それらの勢力が政党政治に占める構成と、福祉政策の歴史過程によって、レジームが三つに分かれるのである。

エスピン－アンデルセンの議論を単純化していえば、アメリカのように新中間層が主導した政治体制では、市場での交換が支配的な自由主義レジームができる。スウェーデンのように、労働者主導で連合政権ができた政治体制では、再分配重視の社会民主主義レジームになる。そしてドイツのように、農民と労働者が二大政党を作った政治体制では、共同体の互酬を重視したコーポラティスト国家レジームができるという。

日本は、どのレジームにあたるのか。エスピン－アンデルセン自身は、日本を類型化することはむずかしいと位置づけた。[7] 福祉研究者の武川正吾は、日本を分類不能の特殊例とみなすことは「福祉オリエンタリズム」だと批判し、日本の特徴とみえるものは後発国家であったことに起因すると唱えた。[8] 武川の議論は、ロナルド・ドーアが日本の雇用慣行や学歴社会は後発国家ゆえの特徴だと位置づけたことと類似する。[9]

とはいえ本書で述べてきたように、日本の特徴が、後発国家だったことだけに起因したとは言いがたい。同じく後発国家だったドイツは、「官僚制の移植」が多かったという共通性はあるものの、日本とは異なる特徴がみられた。

ここで指摘しておきたいのは、ドイツと日本の「保守主義」の相違である。

エスピン=アンデルセンは、コーポラティスト国家の福祉レジームの歴史的経緯を述べている。彼がそこで論じたのは、本書の第3章や第5章で論じた、ドイツの下級職員やフランスのカードルが独自の年金制度を求めて運動したことであった。[10]

つまりエスピン=アンデルセンのいうコーポラティスト国家 Corporatist-Statist レジームとは、労働者や農民や職員が、それぞれに政党や社会保障制度を築き、それが複合して国家を構成している状態をさす。だが日本の著作類では、Corporatist-Statist レジームは、「保守主義レジーム」と訳されていることが多い。これは誤訳とはいえないにしても、誤解を誘いやすい訳といえる。

第3章で述べたように、ドイツと日本では、互酬の単位となる共同性のあり方がちがう。同じく「保守主義」といっても、保守する共同性が違うのである。そのため、日本にエスピン-アンデルセンの議論をあてはめるのは、もともと無理があると考える。

福祉においても、先に挙げた三機能による類型化の方が、まだしも有効である。つまり、ドイツは「職種のメンバーシップ」が支配的な福祉体制、アメリカは「制度化された自由労働市場」が支配的な福祉体制、日本は「企業のメンバーシップ」が支配的な福祉体制と図式化できる。

これらの国では、政府の役割が北欧などに比べて小さいため、こうした類型化が可能といえる。[11]日本においては、「企業のメンバーシップ」が全体を規定し、残余部分は国民健康保険や生活保護といった形でカバーする福祉体制が、築かれていったと考えられる。

教育も同じように類型化するならば、日本は企業志向、アメリカは市場志向、ドイツは資格志向の教育体制であるという図式化も可能だろう。日本においては、企業志向の教育のあり方が、大学院進学率が伸びない学歴抑制効果をはじめ、独特の「学歴」の社会的機能をもたらしてきた。日本における学校の機能は、企業外の訓練機関ではなく、企業内訓練に応えられる潜在能力を持つ者を選抜することに特化したからである。

このようにして、雇用において形成された「慣習の束」が、教育や福祉にも影響をおよぼし、「地元型」「残余型」を作りだした。こうして成立したのが、総体としての「日本社会のしくみ」なのである。

戦後日本の社会契約

だがこうした「しくみ」は、経営側の意向だけではなく、「社員の平等」を志向した労働者たちの合意によって形成されたものでもあった。

日本もアメリカも、二〇世紀前半までは、雇用主や職長の気まぐれで賃金や仕事内容が決められ、簡単に解雇される「野蛮な自由労働市場」だった。職員が身分的な特権を享受していた点も、身分の構成要因が違っていたとはいえ、あるていど共通していた。

それに対しアメリカの労働運動は、職務を記述書によって明確化し、同一の職務には同一の賃金を払うという「職務の平等」を志向した。一方で日本の労働運動は、職員の特権だった長期雇用と年功賃金を労働者にまで拡張させ、職員に昇進しうる可能性を開くという「社員の平等」を志向した。

その代償としてアメリカの労働者たちは、職務がなくなれば一時解雇されることを受け入れ、職員と現場労働者の間に階級的な断絶があることを受け入れた。一方で日本の労働者たちは、経営の裁量で職務が決まることを受け入れ、他企業との間に企業規模などによる断絶があることを受け入れたのである。

こうして、日本社会の「しくみ」は、労働者の合意を得て成立した。だが、そこで不利をこうむった社会層もあった。その一つは、高学歴の女性だった。彼女たちは、日本の労働運動の主力層、つまり比較的学歴の低い中高年の現場労働者とは、いわば対極に位置していた。

第6章でみたように、敗戦後の国鉄労働者たちは、「努力」と「経験」を評価せよと要求した。そして彼らは経営側と、一つの企業内での勤続年数の重視という形で、ある種の妥協ないし合意を築いた。これが結果として、高学歴女性に不利な慣行を、定着させたことは想像に難くない。

そうしたマイナス面がありながら、なぜこのような「しくみ」が定着していたのか。それは、マイナス面を含めた社会的合意が成立していたからである。

第2章や第3章で記述したように、どこの社会の「しくみ」も一つの構造を持ち、プラス面とマイナス面を持っている。その理由は、労働者は労働者の利益を追求し、経営者は経営者の利益を追求したからだ。片方にとってのプラス面は、しばしば相手にとってのマイナス面である。だから、両者の交渉と妥協を経て定着した慣行は、常にマイナス面とプラス面を含んだ合意になるのだ。

それでは、日本の「しくみ」のプラス面とは何だったか。

日本型雇用が現場労働者レベルにまで広がったのは、戦後日本の民主化と労働運動の成果だった。日本の労働運動が求めたのは、比較的学歴の低い中高年の現場労働者に、長期雇用と年功賃金、そして昇進の可能性を与えることだった。

これを一定ていど実現し、全員を「社員」としたことは、他国にない特色となった。これが製造現場の社内訓練による技能蓄積を高め、日本製造業の躍進を支えたことは、経済学者からも評価されている。[12] そしてこれが、「ものづくりの国」を支えたばかりでなく、格差が比較的少ない社会、現場労働者までもが勤労意欲の高い社会を築くのに貢献したといえる。

とはいえこれは、経済効率のために導入された慣行ではなかった。労働運動が職員・工員を混合した企業内組合が中心で、しかもその主力を担ったのが現場労働者だったから定着した慣行であり、それが結果として経済的にも合理的に機能したのである。

もちろんこの「しくみ」は、幾多のマイナス面を持っていた。当時は少数のマイノリティだった高学歴女性は、いわば社会的に排除された。学歴競争も激しく、「大企業型」と「地元型」の格差も大きかった。

運動は制度を作る。だが、他の諸勢力との妥協や交渉を経てどんな制度ができるか、その制度がどんな効果を生むかまでは、必ずしも当事者たちは予測できない。「職務の平等」を志向したアメリカの労働運動は、意図せざる結果として横断的労働市場を作り出したが、同時に細分化された単調な職務による疎外感を生み、学位による競争や格差をもひきおこした。「社員の平等」を志向した日本の労働運動は、意図せざる結果として勤労意欲と技能蓄積の高い企業を作り出したが、同時に従業員どうしの過当競争を生み、「正規」と「非正規」の二重構造をもひきおこしたのである。

それでもこの「しくみ」が機能したのは、いったん同じ会社の正社員になってしまえば、「社内のがんばり」と勤続年数が重視されていたからである。また、そうした領域に入るための競争が、受験や就職活動という形で、形式的には万人に開かれていたからである。そして、その領域の残余におかれた人々も、地域の人間関係と政治的配慮にカバーされた「地元型」として、それなりに安定していると考えられていたからである。

これはいわば、戦後日本の社会契約というべきものだった。「一億総中流」といった言葉は、実態はどうあれ、この社会契約を象徴的に表したものだった。この社会契約を犯すもの、たとえば不正受験や地方間格差は、批判の対象となった。

これは、同時代のアメリカで成立した社会契約、つまり人種差別や性差別を許さない社会契約とは異なっていた。しかしアメリカと異なっていたとしても、これが当時の日本社会の合意だったのである。

一九九〇年代以降の変化

とはいえ、こうした社会契約が有効に機能したのは、一九八〇年代までだった。社内訓練で培った熟練が日本製造業を世界の頂点に導いた時代は、情報化やグローバル化とともに終わりを告げた。より賃金の安い国で、データで送った設計図通りのものが作れるようになれば、現場労働者の熟練は意味を失うからである。こうして製造業の中心が他のアジア地域に移り、先進国の成長産業が高度専門知識を必要とする金融やＩＴなどに移行すると、日本の「しくみ」は不利に働くようになった。

さらに日本経済全体が余裕を失うにつれ、長時間労働が固定化する一方、年功賃金を享受する層は限定されている。またそれより重要な変化は、「地元型」から「残余型」への移行も進んでいることだ。

第1章で述べたように、「大企業型」はその内実がかつてより劣化しているにせよ、数量的にはさほど減っていない。一九八〇年代以降のトレンドは、自営業セクターから非正規労働への移行である。

大胆な仮説を述べるならば、そもそも日本では、一人の男性の賃金収入だけで十分な生活を営める世帯の人々が、全人口の約三分の一を超えたことはなかったと思われる。残りの人々は、親族からうけついだ持ち家や地域的なネットワークなど、貨幣に換算されない社会関係資本の助けを得て、一家総出の労働で生きていた。彼らが個々人の所得の少なさを家族関係と社会関係資本で補っていたことが、「一億総中流」の前提だったのだ。

この三〇年あまりの日本の変化は、「大企業型」の増加が頭打ちになるなか、自営業セクターの衰退と社会関係資本の減少が進んできたというものだったと考えられる。そうした変化のなかで、かつての社会契約の「約束」の有効性が懸念されるようになった。マイナス面をしのぐだけの利点がある社会契約なのか、疑われるようになってきたのである。

一方で、女性の四年制大学進学率は二〇一六年度に四四・五％に達し、もはや無視できるマイノリティとはいえなくなった。二〇一四年版『男女共同参画白書』によれば、日本の女性の幸福度は一般に男性より高いが、正規従業員だけは女性の方が低い[13]。性差別に関する社会意識も、一九八〇年代以前に比べて変化してきた。

ここで序章で挙げた、二〇一八年の経団連の報道を想起していただきたい。「学歴」が高く、全員が勤続年数を重ねた、男性高齢者が正副会長の全員を占める。これは本書で述べてきた「日本社会のしくみ」がかつての活力を失った状態を、集約的に表現している。

要約しよう。過去に達成された合意を、いちがいに否定することはできない。しかし一一九八〇年代までとは、国際環境も技術水準も変わった。かつての社会契約は、社会を統合する機能を低下させている。この状態は、日本の社会意識の変容がみられ、新たな合意を形成する必要が生じていることを示している。

社会のルール

しかしながら、「しくみ」を変えることは、そう簡単ではない。それは歴史的な過程を経て築かれた合意であり、慣習の束であるからだ。

序章でも述べたように、慣習とは、長い日常行動の蓄積で体得されたものだ。あなたが右手で日本語の文字を書いているのは、生まれた時から遺伝子で決まっていた必然ではない。しかし、何十年もの日常行動の蓄積で体得した慣習だ。明日から左手でヘブライ文字を書いて生活しろといわれても、それができるだろうか?

人間は自らの歴史をつくるが、それは過去から受けついだ所与の状況という、一定の制限のもとにおいてである。ある社会の「しくみ」とは、定着したルールの集合体である。人々の合意によって定着したものは、新たな合意を作らない限り、変更することはむずかしい。

すべての社会関係は、一定のルールに基づいて行なわれる、利害と合意のゲームである。ルールを無視して一方的に利害を追求すれば、合意が成立しなくなる。相手の合意を得て、自己の利害を達成するためには、ルールを守らざるを得ない。そのことによって、ルールは少しずつ変形されながらも、維持されている。

こうしたルールは、歴史的経緯の蓄積で決まる。歴史的経緯とは、必然によって限定された、偶然の蓄積である。サッカーのルールは、人間の肉体を使ったゲームであるという必然の範囲内で、積み重ねられた偶然が決めている。それがどうしてラグビーのルールと違うのかは、歴史的経緯の相違という以外の説明はできない。

こうしたルールは、合理的だから導入されたのではない。そもそも何が合理的で、何が効率的かは、ルールができたあとに決まる。ルールが変われば、何が合理的かも変わるのだ。

それは、できあがった完成形としての「文化」ではない。しかしサッカーで手を使えないのは不合理だといっても、歴史的過程を経て定着したルールは、参加者の合意なしに変更することはできない。

これまでも日本の雇用慣行の改革は叫ばれたが、その多くは失敗した。なぜかといえば、新しい合意が作れなかったからである。一九九〇年代以降の「成果主義」も、労働者の合意が得られないため、士気の低下や離職率の増大を招き、中途半端に終わることが多かった。

　また改革が失敗したもう一つの理由は、他国の長所とみえるものを、つまみ食いで移入しようとするものが多かったからだ。

　たとえばアメリカ社会で、差別が禁止されていること、透明性が重視されること、解雇が容易であること、キャリアアップが可能であること、学位取得競争が激しいこと、格差が大きいことなどは、一体のものである。これらのプラス面・マイナス面を一体として、社会の合意ができているからだ。

　日本の経営者が、経営に都合のよい部分だけをつまみ食いしようとしても、必ず失敗に終わる。なぜなら、それでは労働者の合意を得られないからだ。逆もまたしかりで、労働者が都合のよい部分だけをつまみ食いしようとしても、経営者の合意が得られない。だからといって、長い歴史過程を経て合意に到達した他国の「しくみ」や、世界のどこにも存在しない古典経済学の理想郷を、いきなり実現するのはほとんど不可能に近い。

　こうした点に、ときに人はナイーブである。ゲーム理論などを駆使して日本型雇用を分析しようとする学者などにも、「成果給がすでに普及し、多くの雇用者が自分の成果・業績に応じて賃金を支払われることが正当であると信じている社会」を基準に、日本のあり方を批判するような傾向がある。[14] しかしこのような、どこにも実在しない社会を基準においた議論では、現実の社会を変えていくことはむずかしい。

透明性の向上

だが慣行は不変のものではなく、人々が合意すれば、変えることができる。

他国の慣行も、それほど昔に形成されたものではない。一九六九年にイギリス企業を調査したドーアによると、労働者の賃金を規定していたのは、資格・職務・性別の三つだった。そこでは、「女子は男子の賃金の三分の二以下の額しか受け取っていない。これはまったく同じ仕事をしていてもあてはまる」というのが通例だった[15]。この状態から、イギリス社会は変化したのだ。

社会は変えることができる。それでは、日本の「しくみ」は、どういう方向に変えるべきだろうか。

本書は政策提言書ではない。具体的な政策については、筆者がここで細部に分け入るより、社会保障や教育、労働などの専門家が議論することが望ましい。ここでは、どういう改革を行なうにしても、共通して必要と考えられる最低限のことだけを指摘したい。

もっとも重要なことは、透明性の向上である。この点は、日本の労働者にとって不満の種であると同時に、日本企業が他国の人材を活用していくうえでも改善が欠かせない。

具体的には、採用や昇進、人事異動や査定などは、結果だけでなく、基準や過程を明確に公表し、選考過程を少なくとも当人には通知することだ。これを社内／社外の公募制とくみあわせればより効果的だろう。まず官庁から職務の公募制を実施するのも一案だ。

こうした透明性や公開性が確保されれば、横断的な労働市場、男女の平等、大学院進学率の向上などは、おのずと改善されやすくなると考える。それはなぜか。

これまでこうした諸点が改善されにくかったのは、勤続年数や「努力」を評価対象とする賃金体系と相性が悪かったためだ。近年では勤続年数重視の傾向が低下しているが、それでも上記の諸点が改善されないのは、採用や査定などに、いまだ不透明な基準が多いことが一因である。それを考えるなら、透明性と公開性を向上させれば、男女平等や横断的労働市場を阻害していた要因は、除去されやすくなるだろう。

過去の改革が失敗したのは、透明性や公開性を向上させないまま、職務給や「成果主義」を導入しようとしたからである。しかもその動機の多くは、年功賃金や長期雇用のコストを減らすという、経営側の短期的視点であった。そうした改革は、労働者の合意を得られず、士気低下などを招いて挫折することが多かった。

透明性を高めずに、年功賃金や長期雇用を廃止することはできない。なぜならこれらの慣行は、経営の裁量を抑えるルールとして、労働者側が達成したものだったからである。日本の労働者たちは、職務の明確化や人事の透明化による「職務の平等」を求めなかった代わりに、長期雇用や年功賃金による「社員の平等」を求めた。そこでは昇進・採用などにおける不透明さは、長期雇用や年功賃金のルールが守られている代償として、いわば取引として容認されていたのだ。

ここで、一九六三年の経済審議会が出した一連の答申が、実現しなかった経緯を考えてみよう。これが実現しなかった一因は、企業が経営権の維持にこだわり、透明性や横断的基準の導入を嫌ったことだった。透明性や横断的基準を導入しない代わりに、長期雇用と年功賃金で企業内労組と妥協したのが、その後の日本的経営だったのである。

企業が透明性の向上を嫌うがために、改革が進まない事例は、二〇一九年度から導入された「高度プロフェッショナル制度（高プロ）」にもみられる。これは、アメリカのエグゼンプションを参考に、残業代の適用外の働き方を作ろうとしたものだ。

だが厚生労働省は、二〇一九年四月末時点の「高プロ」適用者が、全国で一名だったと発表した。これを報じた新聞記事によると、労組の反対があっただけでなく、企業もこの制度を適用したがらなかった。その理由は、高プロを導入した企業には過労防止策の実施状況を報告する義務があり、労働基準監督署の監督が強まるからだったという。[16]

つまり日本企業は、透明性を高めて高プロを導入するよりも、不透明な状態を維持して現状を続ける方を望んだのだ。この制度そのものの評価はさておき、透明性を高めることが、あらゆる改革と不可分であることを示す一例といえよう。

こうした状況にたいし、労基署の監督や透明性の向上を課さずに、高プロを企業が使いやすい制度にすればよいではないか、という意見もあろう。しかしそんなつまみ食いの改革は、一九世紀の「野蛮な自由労働市場」に回帰しようとするようなもので、労働者が合意するわけがない。

二〇世紀の諸運動で達成された成果がしだいに失われ、一九世紀の「野蛮な自由労働市場」に近づいている傾向は、世界的にみられる。第3章で述べたように、労働運動が実現してきた協約賃金や、同一労働同一賃金による「職務の平等」なども、適用範囲が狭められてきているのが現実だ。どこの国でも近年は雇用が不安定化し、その社会ごとの「正規」とは異なる働き方が増えている。[17]

日本でも、一九九〇年代以降の「成果主義」の導入には、戦前の職工に適用されていた出来高給の復活というるものさえある。とはいえ日本の場合、一九世紀に回帰しても、コア部分に長期雇用と年功賃金が限定された世界に戻るだけである。

これはいわば、日本型雇用の延命措置にすぎず、筆者としては賛成できない。こうした小手先の措置は、労働者の士気低下を招くだけでなく、短期的な賃金コスト削減以外の改革にはなりえないだろう。

透明性と公開性の向上は、どのような改革の方向性をとるにしろ、必須である。おそらくこのことには、多くの人も賛成するだろう。

あなた自身の結論

だが透明性と公開性が高まり、横断的労働市場や男女平等などが達成されても、それで格差が解決するわけでは必ずしもない。評価の透明性が高まったぶん、客観的な基準としての学位取得競争が強まり、それによる格差が開くかもしれない。また「経験」と「努力」で高い評価を得ていた、学位を持たない中高年労働者の賃金は、切り下がる可能性がある。

筆者自身は、この問題は、「残余型」が増大している状況とあわせて、社会保障の拡充によって解決するしかないと考える。すなわち、低学歴の中高年労働者の賃金低下は、児童手当や公営住宅などの社会保障で補うのである。そうした政策パッケージを考えるにあたり、第6章で論じた一九六三年の経済審議会の答申は、いまでも参考になる側面がある。

だがそうはいっても、社会を構成する人々が合意しなければ、どんな改革も進まない。日本や他国の歴史は、労働者が要求を掲げて動き出さないかぎり、どんな改革も実質化しないことを教えている。そうである以上、改革の方向性は、その社会の人々が何を望んでいるか、どんな価値観を共有しているかによって決まる。

社会の価値観をはかる、リトマス試験紙のような問いを紹介しよう。二〇一七年に、労働問題の関係者のあいだで話題をよんだエピソードがある。それは、スーパーの非正規雇用で働く勤続一〇年のシングルマザーが、「昨日入ってきた高校生の女の子となんでほとんど同じ時給なのか」と相談してきたというものだった。[18]

これに対して、あなたならどう答えるか。とりあえず、本書で述べてきたことを踏まえて私が回答例を書けば、以下の三つが考えられる。

回答①

賃金は労働者の生活を支えるものである以上、年齢や家庭背景を考慮するべきだ。だから、女子高生と同じ賃金なのはおかしい。このシングルマザーのような人すべてが正社員になれる社会、年齢と家族数にみあった賃金を得られる社会にしていくべきだ。

回答②

年齢や性別、人種や国籍で差別せず、同一労働同一賃金なのが原則だ。だから、このシングルマザーは女子高生と同じ賃金なのが正しい。むしろ、彼女が資格や学位をとって、より高賃金の職務にキャリアアップできる社会にしていくことを考えるべきだ。

回答③

この問題は労使関係ではなく、児童手当など社会保障政策で解決するべきだ。賃金については、同じ仕事なら女子高生とほぼ同じなのはやむを得ない。だが最低賃金の切り上げや、学位・資格・職業訓練などの取得機会は公的に保障される社会になるべきだ。

こうした回答のうち、どれが正しいということはできない。それぞれ、別の価値観や、別の哲学にもとづいているからである。[19]

戦後日本の多数派が選んだのは、回答①であった。しかし正社員の拡大には限界があったし、その残余となった非正規労働者との格差も生じた。若者や女性や大学院修了者から見れば、非合理としか映らない慣行も多数あった。

それでは限界があるとして、ではどういう改革の方向性をとるべきか。もし人々が、改革の方向性として回答②を選ぶなら、ある種の正義は実現する。しかし格差は別のかたちで拡大し、治安悪化などの問題もつきまとう。

回答③を選ぶなら、別の正義が実現するけれども、税や保険料の負担増大などは避けがたい。くりかえし述べてきたように、社会の合意は構造的なものであって、プラス面だけをつまみ食いすることはできないのだ。

この世にユートピアがない以上、何らかのマイナス面を人々が引き受けることに同意しなければ、改革は実現しない。だからこそ、あらゆる改革の方向性は、社会の合意によって決めるしかない。

いったん方向性が決まれば、学者はその方向性に沿った政策パッケージを示すことができる。政治家はその政策の実現にむけて努力し、政府はその具体化を行なうことができる。だが方向性そのものは、社会の人々が決めるしかないのだ。

私自身は、非正規労働者であっても地域社会のサポートが得られた高度成長期以前ならばともかく、現代日本では回答③の方向をめざすべきだと思う。しかし日本社会の人々が、現在でも回答①が正義だと考えているなら、学者がその方向とは異なる政策を提案したとしても、一九六三年の経済審議会の答申がそうであったように、絵に描いた餅にしかならない。

また人々が回答②が正義だと考えているならば、別の政策パッケージが書かれなければならないだろう。くりかえしになるが、この問題は結局のところ、日本社会の人々がどの方向を選ぶかにかかっている。

本書は、他国および日本の検証を通じて、社会のさまざまな可能性を提示してきた。学者は事実や歴史を検証し、可能な選択肢を示して、議論を提起することはできる。しかし最終的な選択は、社会の人々自身にしか下せないのだ。

あなたも、この社会の一員である。本書を読んだうえで、上記のシングルマザーの問いにどう答えるか、考えていただきたい。そしてそれを、自分だけにとどめるのではなく、周囲の人と話しあってみてほしい。その過程を通じて、あなた自身にとっての、本書の結論を作っていっていただきたい。

1　「官僚制の移植 implantation of bureaucracy」は、筆者が作った造語である。植民地の社会学的研究においては、宗主国に植えつけられた implanted 官僚制や諸制度が、独立後も制度／慣行 institution として残り続ける現象が指摘されることが多い（例えば、Matthew Lange, James Mahoney and Matthias vom Hau, "Colonialism and Development: A Comparative Analysis of Spanish and British Colonies," *American Journal of Sociology*, Vol. 111, No. 5, March 2006, pp. 1412-1462.）。筆者自身も戦前期朝鮮・台湾研究で、日本からの制度的移植が多々あったこと、しかし同時にその制度をもとに現住者が地位向上を要求した経緯があったことを記述した（小熊英二『〈日本人〉の境界』、新曜社、一九九八年、第13・14章など）。

2　近年では、石田光男「日本の雇用関係と労働時間の決定」石田光男・寺井基博編著『労働時間の決定』ミネルヴァ書房、二〇一二年、第6章や佐藤厚『組織のなかで人を育てる』有斐閣、二〇一六年、第2章などが挙げられる。

3　この類型論の限界は、公務セクターを加えていないだけでなく、そもそも三機能を明確に分類できない点にある。たとえば、「企業のメンバーシップ」は、企業内という内部における「制度化された自由労働市場」ではないのか。「職種のメンバーシップ」が「制度化された自由労働市場」を形成するというならば、この両者はどこで区分できるのか。こうした問題は、類型論である以上つきまとう。類型論はあくまで視点の整理のためのものであって、現実のすべてを整理できるわけではない。

4　戦後日本の知識人たちは、こうした状態を「封建割拠」と形容することがあった。これは、日本における「封建制」が、ドイツなどとは異なるものだったことの、自覚せざる反映である。

5　菅山前掲『「就社」社会の誕生』一七〇頁は、英米でも幹部職員層には新卒採用があることを指摘し、「国際比較からみた日本社会の特質」は、「中卒・高卒の大衆労働者」にまで新卒一括採用が広がっていることだと述べている。このように限定して「日本社会の特質」を定義するのであれば、それは確かに高度成長期に定着したものである。

6　エスピン－アンデルセン前掲『福祉資本主義の三つの世界』参照。

7　イエスタ・エスピン－アンデルセン、渡辺雅男・渡辺景子訳「日本語版への序文」『ポスト工業経済の社会的基礎』桜井書店、二〇〇〇年。

8　武川正吾『連帯と承認』東京大学出版会、二〇〇七年、第5・6章。

9　ドーア前掲『イギリスの工場・日本の工場』および『学歴社会　新しい文明病』は、こうした視点をとっている。

10　エスピン－アンデルセン前掲『福祉資本主義の三つの世界』第2章第1節。

11　この類型化も、政府を機能に加えていないため、フランスやスウェーデンを類型化しにくい。この点は今後の課題として考えていきたい。

12　こうした評価の代表的なものとして、小池前掲『日本の熟練』が挙げられる。

13　「就業状態別『現在幸せである』と回答した者の割合」『男女共同参画白書』平成26年版 http://www.gender.go.jp/about_danjo/whitepaper/h26/zentai/html/zuhyo/zuhyo01-00-28.html　二〇一九年六月七日アクセス。

14　山口一男『働き方の男女不平等』日本経済新聞出版社、二〇一七年、二四頁。なお山口は同書二〇頁で、「濱口〔桂一郎〕は欧米に典型的に見られる職務や労働時間の限定された有期雇用を『ジョブ型』と呼び、日本企業の正規雇用に典型的に見られる職務や労働時間が無限定の無期雇用を『メンバーシップ型』と呼んだ」と記している。この記述は、職務が限定されているならば有期雇用であるはずだという認識であり、山口が日本社会で培った固定観念で「欧米」を見ていることを懸念させる。また山口は同上書一七―二一頁では、日本の慣行形成を論じるにあたり、『文明としてのイエ社会』などの日本文化論をなかば無批判に受容している。山口の精緻で真摯な研究姿勢に比して、このような一連のナイーブさは残念である。

15　ドーア前掲『イギリスの工場・日本の工場』文庫版上巻一一四頁。

16　「高プロ導入　企業も『NO』」『東京新聞』二〇一九年五月二二日朝刊。

17　フランスやドイツではパートなど雇用形態による差別は原則として認められていないが、派遣労働者はその企業での待遇になるため、福利厚生や利益配当、労働条件、協約賃金の適用などで格差が生まれている。Washington CORE L.L.C. 前掲『雇用システム改革及び少子化対策に関する海外調査　雇用システム編』二四、三八―三九、四八頁。

18　このエピソードは、金子良事・龍井葉二「年功給か職務給か？」『労働情報』二〇一七年四月号、二七頁で紹介されたものである。

19　「賃金の哲学」や「納得」という問題は、孫田良平がNPO法人企業年金・賃金研究センター編『賃金の本質と人事革新』三修社、二〇〇七年で重点的に論じた問題である。

あとがき

本書ができた経緯について、述べておこうと思う。

数年前から、日本の戦後史を、総合的に記述するための研究を進めている。総合的とは、政治・経済・外交・教育・社会・文化・思想などを連関させ、同時代の世界的動向とも比較しながら、日本の歴史を描くということだ。

日本社会の動向は、じつはその多くが、世界の同時代的な潮流に沿っている。たとえば、第二次世界大戦を契機に民主化や平等化が進んだり、一九六〇年代に長期雇用が広まったりしたのは、日本だけのことではない。

ところが研究を進めていくうちに、日本に特徴的な傾向が気にかかるようになった。最初に気づいたのは、社会保障制度の相違だった。なぜ日本の社会保障は、他国と異なり、「カイシャ」と「ムラ」を単位としているのか。それを調べていくうちに、これが多方面に関わる問題だと考えるようになった。

日本の社会保障は、「カイシャ」と「ムラ」を、人間が相互に助けあう単位として想定している。それは、日本の労働組合が、企業別組合であることとも整合している。またそれは、日本に西欧型の社会民主主義政党が存在しないこと、職業教育や専門教育の需要が少ないことなどに、関わっているように思えた。

このような着想の契機は、他国での滞在経験だった。

私は、最初に客員教授として滞在したインドを皮切りに、かれこれ二〇ヵ国ほどを訪れた。私見では、その社会の特徴とよばれるものは、何を社会の基本的な単位とみなすかの相違に因るところが大きい。たとえば、私がインドやドイツに滞在していて印象に残ったのは、職種を社会の基本的な単位とみなす慣行の強さだった。そしてそれは、その社会の教育や社会保障、政党や地域社会のあり方にまで関連していることもわかった。

とはいえ、そこで文化論に飛躍することはしなかった。近年の研究によって、各地の「伝統文化」と称されるものが、じつは近代化の過程で創られてきた「新しい」ものであることは、すでに明らかにされている。インドのカースト制も、タイの王朝崇拝も、メキシコ先住民の宗教儀礼も、比較的近年に「創られた」ものだ。日本の伝統文化とされるものも、明治期以降に形成されたものが多い。

そこで私は、なぜ日本では「カイシャ」と「ムラ」を基本単位とするような傾向が創られてきたのか、他国との比較もまじえて解明する必要があると考えた。またそれは、戦後史の研究を進めるうえでも、避けて通れない問題だとも思えたのである。

講談社現代新書編集部の小林雅宏氏の訪問を受けたのは、そんな考えを抱いていた時期だった。そこで私は、「日本社会のしくみ」としか表現しようのないもの、つまり雇用や教育や福祉、政党や地域社会、さらには「生き方」までを規定している「慣習の束」が、どんな歴史的経緯を経て成立したのかを書きたいと伝えたのである。

とはいえ当初の構想は、「三つの生き方」の類型を説明したあと、雇用・教育・社会保障・政党・税制・地域社会・社会運動などを、もっと包括的に論じるものだった。ところが、雇用慣行について調べているうちに、これが全体を規定していることが、しだいに見えてきた。

そこで、最初に書いた草稿はすべて破棄し、雇用慣行の歴史に比重を置いて、全体を書き直すことになった。そのため当初の構想とはちがい、教育や社会保障の記述を減らし、政党や税制や地方自治については割愛することになった。

こうして当初の構想より狭い範囲に限定したわけだが、それでも労働史、経営史、行政史、教育史、さらには他国の歴史や慣行に至るまで、多くの領域にまたがるテーマである。一人の手に余る部分もあったことは、正直に述べておく。戦前日本の官僚制については、専門家である清水唯一朗氏に目を通していただき、多くのご教示を得た。校正者のていねいな仕事ぶりには、感謝の言葉しかない。記述における不十分な点については、各分野の専門家のご教示を待ちたいと思う。

私はこれまで、いくつかの側面から、日本の集合的な社会意識を研究してきた。たとえば、民族論の変遷という素材から、ナショナル・アイデンティティの形成を研究した。またあるいは、戦後思想の展開という素材から、戦争という共通経験が醸成した社会意識を研究した。本書では、雇用や行政、教育や社会保障などから、日本社会を規定する社会意識がどのように形成されてきたかを扱っている。これまでの私の研究が、思想史や社会運動史の研究者を触発したように、労働史や経営史の研究者をも触発しうるものであることを望みたい。

私自身としては、こうした研究は、いわば人文社会科学の基礎研究だと考えている。すぐに応用できる政策提言をした研究ではないし、特定の学問分野のジャーナルに投稿するにも適さない。だが、自分が生きている社会を深部で規定している原理の解明は、学問分野に細分化される以前の基本的な問題意識であり、それを追究することも独自の貢献たりうる研究ではないかと思う。

多くの人に読んでいただきやすいように、できるだけ記述はわかりやすく書き、各章に要約をつけた。カール・ポランニーの『大転換』の各章に訳者要約がついていたことや、ロバート・パットナムの『孤独なボウリング』が謎解き調の展開をしていたことに、触発されたこともある。学術書でありながら、広く社会に問題を提起し、多くの人々に共有されることは、研究者がアウトプットを行なうさいの理想であり、また可能なことだと考えている。

本書を読まれる方には、それぞれの関心があると思う。経営史や教育学の研究者には専門的な関心があるだろうし、会社員や教員の方は自身の日常に照らした関心があるだろう。とはいえ著者としては、そうした個々の関心に応えうる本であると同時に、この社会の人々すべてに共通する問題を考え、未来を拓くための議論を触発する本であることを願っている。

出版までには、多くの方にお世話になった。記して感謝したい。

二〇一九年六月七日

小熊英二

山口一男（2017）『働き方の男女不平等―理論と実証分析』日本経済新聞出版社。

山口和人（2014）「ドイツ公務員制度の諸問題」『レファレンス』第64巻9号、5―23頁。

山本恵明・田中博秀（1982）「日本的雇用を築いた人達　2　元トヨタ自動車工業専務取締役　山本恵明氏にきく（2）」『日本労働協会雑誌』第24巻8号、64―81頁。

山崎清（1988）『日本の退職金制度』日本労働協会。

矢野眞和（2008）「人口・労働・学歴―大学は、決して過剰ではない」『教育社会学研究』第82集、109―123頁。

八代充史・梅崎修・島西智輝・南雲智映・牛島利明編（2010）『能力主義管理研究会オーラルヒストリー―日本的人事管理の基盤形成』慶應義塾大学出版会。

――――（2015）『『新時代の「日本的経営」』オーラルヒストリー―雇用多様化論の起源』慶應義塾大学出版会。

八代尚宏（1980）『現代日本の病理解明』東洋経済新報社。

――――（1997）『日本的雇用慣行の経済学―労働市場の流動化と日本経済』日本経済新聞社。

吉田幸司・岡室博之（2016）「戦前期ホワイトカラーの昇進・選抜過程―三菱造船の職員データに基づく実証分析」『経営史学』第50巻第4号、3―26頁。

吉田誠（2007）『査定規制と労使関係の変容―全自の賃金原則と日産分会の闘い』大学教育出版。

吉野耕作（1997）『文化ナショナリズムの社会学―現代日本のアイデンティティの行方』名古屋大学出版会。


無署名の新聞記事およびウェブサイト記事、法令、政府刊行の白書類は原則として除外。2本以上の論文を参照した共著は書名のみ記した。

禹宗杬（2003）『「身分の取引」と日本の雇用慣行―国鉄の事例分析』日本経済評論社。

――― (2016)「戦後における資格給の形成」『大原社会問題研究所雑誌』第688号、5―28頁。

梅村又次（1971）『労働力の構造と雇用問題』岩波書店。

潮木守一「高等教育の国際比較 － 高等教育卒業者の就業構造の比較研究」『教育社会学研究』26号、1971年、2―16頁。

ヴォーゲル，エズラ・F.（1979 = 1979）『ジャパン アズ ナンバーワン：アメリカへの教訓』広中和歌子・木本彰子訳、TBSブリタニカ。

ヴァース，ベルント（2013）「ドイツにおける企業レベルの従業員代表制度」仲琦訳『日本労働研究雑誌』第630号、13―25頁。

若林幸男（2007）『三井物産人事政策史1876～1931年―情報交通教育インフラと職員組織』ミネルヴァ書房。

―――― (2014)「1920―30年代三井物産における職員層の蓄積とキャリアパスデザインに関する一考察―初任給額の決定要因を中心として」『明治大学社会科学研究所紀要』第53巻1号、119―138頁。

―――― 編（2018）『学歴と格差の経営史―新しい歴史像を求めて』日本経済評論社。

脇坂明（2004）「新規学卒者の労働市場―兵庫県の調査からみた労働移動」玉井金五・久本憲夫編著『高度成長のなかの社会政策―日本における労働家族システムの誕生』ミネルヴァ書房、63―86頁。

Washington CORE L.L.C.（2016）『平成27年度産業経済研究委託事業　雇用システム改革及び少子化対策に関する海外調査雇用システム編』https://www.meti.go.jp/meti_lib/report/2016fy/000721.pdf　2019年6月4日アクセス。

渡辺寛人（2016）「教育費負担の困難とファイナンシャルプランナー―ファイナンシャルプランを通じた社会保障要求の封じ込め」『POSSE』第32号、98―111頁。

渡辺治編（2004）『高度成長と企業社会』吉川弘文館。

渡辺幸男・小川正博・黒瀬直宏・向山雅夫（2013）『21世紀中小企業論　第三版　多様性と可能性を探る』有斐閣。

ウェーバー，マックス（1905 = 1989）『プロテスタンティズムの倫理と資本主義の精神』大塚久雄訳、岩波文庫。

――――――――――― (1918 = 1982)「新秩序ドイツの議会と政府」『政治論集2』中村貞二、山田高生、脇圭平訳、みすず書房。

ライト・ミルズ，C.（1951 = 1957）『ホワイト・カラー―中産階級の生活探究』杉正孝訳、東京創元社。

宝樹文彦（2003）『証言　戦後労働運動史』東海大学出版会。

武田清子（1953）「工場に見た嘘と貝殻的人間像」『芽』（『思想の科学』）1953年8月号、38—42頁。

武川正吾（2007）『連帯と承認—グローバル化と個人化のなかの福祉国家』東京大学出版会。

竹内洋（1995）『日本のメリトクラシー—構造と心性』東京大学出版会。

———（1999）『学歴貴族の栄光と挫折』中央公論新社。

玉野和志（2005）『東京のローカル・コミュニティ—ある町の物語一九〇〇—八〇』東京大学出版会。

田中博秀（1980）『現代雇用論』日本労働協会。

田中和雄（2017）「『職務』の成立と労働組合」『専修ビジネス・レビュー』第12巻1号、45—57頁。

田中慎一郎（1984）『戦前労務管理の実態—制度と理念』日本労働協会。

田中洋子（2011）『ドイツ企業社会の形成と変容—クルップ社における労働・生活・統治』ミネルヴァ書房。

谷聖美（2006）『アメリカの大学—ガヴァナンスから教育現場まで』ミネルヴァ書房。

テイラー，フレデリック（1911 = 2009）有賀裕子訳『新訳　科学的管理法』ダイヤモンド社。

サロー，レスター（1975 = 1984）『不平等を生み出すもの』小池和男・脇坂明訳、同文館。

東京大学社会科学研究所（1979）『電産十月闘争（1946年）—戦後初期労働争議資料』東京大学社会科学研究所資料第9集。

土田武史（1997）『ドイツ医療保険制度の成立』勁草書房。

————（2011）「戦後の日独医療保険政策の比較」『生活福祉研究』第79号、52—76頁。

辻勝次（2011）「戦後トヨタにおける人事異動の定期化過程」『立命館産業社会論集』第47巻3号、59—81頁。

植田浩史（2004）『現代日本の中小企業』岩波書店。

上野千鶴子・小熊英二・雨宮処凛・須賀千鶴・植木貴之・今村啓太（2017）「『不安な個人、立ちすくむ国家』をめぐって」『熱風』第15巻11号、3—45頁。

上山安敏（1964）『ドイツ官僚制成立論』有斐閣。

氏原正治郎（1966）『日本労働問題研究』東京大学出版会。

—————（1968）『日本の労使関係』東京大学出版会。

氏原正治郎・高梨昌（1971）『日本労働市場分析』上・下、東京大学出版会。

訳、中央公論社。

菅野和夫・荒木尚志編（2017）『解雇ルールと紛争解決―10ヵ国の国際比較』労働政策研究・研修機構。

菅山真次（2011）『「就社」社会の誕生―ホワイトカラーからブルーカラーへ』名古屋大学出版会。

菅原琢（2015）「不安定化する社会に対応できない日本の選挙」『中央公論』第129巻4号、通巻1577号、78―91頁。

杉本良夫、ロス・マオア（1982）『日本人論に関する12章―通説に異議あり』学陽書房。

隅谷三喜男（1955）『日本賃労働史論―明治前期における労働者階級の形成』東京大学出版会。

――――（1976）『日本賃労働史の史的考察』御茶の水書房。

――――（1980）「定年制の形成と終身雇用」『年報・日本の労使関係』1980年版、3―28頁。

壽里茂（1996）『ホワイトカラーの社会史』日本評論社。

鈴木淳（2001）「二つの時刻、三つの労働時間」橋本毅彦・栗山茂久編著『遅刻の誕生―近代日本における時間意識の形成』三元社、99―122頁。

鈴木俊光「教育・学歴の経済学」『Chuo Online』2011年5月6日付。https://yab.yomiuri.co.jp/adv/chuo/research/20110506.html　2019年6月2日アクセス。

田端博邦（2007）『グローバリゼーションと労働世界の変容―労使関係の国際比較』旬報社。

橘由加（2004）『アメリカの大学教育の現状―日本の大学教育はどうあるべきか』三修社。

橘木俊詔（2015）『日本人と経済―労働・生活の視点から』東洋経済新報社。

橘木俊詔・八木匡（2009）『教育と格差―なぜ人はブランド校を目指すのか』日本評論社。

高畠通敏（1969）「『発展国型』学生運動の論理」『世界』第278号、244―250頁。

高田亮爾（1989）『現代中小企業の構造分析―雇用変動と新たな二重構造』新評論。

高橋正樹（2011）「『社会的表象としてのサラリーマン』の登場―戦前俸給生活者の組合運動をどう見るか」『大原社会問題研究所雑誌』第511号、16―30頁。

高橋毅夫（1982）「日本経済新二重構造論―潜在成長力を重視し、内需拡大を」『エコノミスト』第60巻20号、10―16頁。

る調査研究会報告書』大蔵省印刷局。

労働省婦人少年局編（1966）『伸びゆく力──働く青少年の生活記録』昭和 41 年版、斯文書院。

労働省婦人少年局編（1969）『伸びゆく力──働く青少年の生活記録』昭和 44 年版、労務行政研究所。

労働政策研究・研修機構編（2011）「諸外国における能力評価制度─英・仏・独・米・中・韓・EU に関する調査」労働政策研究・研修機構。

ロルト，ライオネル・T. C.（1965 = 1989）『工作機械の歴史─職人の技からオートメーションへ』磯田浩訳、平凡社。

ルドルフ，フレデリック（1962 = 2003）『アメリカ大学史』阿部美哉・阿部温子訳、玉川大学出版部。

斉藤淳（2010）『自民党長期政権の政治経済学─利益誘導政治の自己矛盾』勁草書房。

笹島芳雄（2012）「日本の賃金制度」明治学院大学『経済研究』第 145 号、31─54 頁。

佐藤厚（2016）『組織のなかで人を育てる─企業内人材育成とキャリア形成の方法』有斐閣。

佐藤学（2015）『専門家として教師を育てる─教師教育改革のグランドデザイン』岩波書店
清水克洋（2007）「19 世紀末・20 世紀初頭フランスにおける「職」の概念」『商学論纂』第 48 巻 5・6 号、191─226 頁。

────（2010）「伝統的、経験主義的徒弟制から体系的、方法的職業教育へ─ 1925 年フランス職業教育局「労働週間報告」の検討を中心に」『大原社会問題研究所雑誌』第 619 号、34─55 頁。

清水唯一朗（2007）『政党と官僚の近代─日本における立憲統治構造の相克』藤原書店。

────（2009）「明治日本の官僚リクルートメント─その制度、運用、実態」『法学研究』第 82 巻 2 号、193─219 頁。

────（2013）『近代日本の官僚─維新官僚から学歴エリートへ』中公新書。

新藤宗幸（1992）『行政指導』岩波書店。

篠崎信男（1967）「通婚圏に関する一考察」『人口問題研究所年報』第 12 号、48─52 頁。

────（1974）「通婚圏問題と人口政策─昭和 47 年第六次出産力調査報告」『人口問題研究』第 130 号、46─52 頁。

塩沢美代子（1980）『ひたむきに生きて─ある戦後史』創元社。

スミス，アダム（1776 = 1980）『国富論』玉野井芳郎・田添京二・大河内暁男

NPO法人企業年金・賃金研究センター編、孫田良平監修（2007）『賃金の本質と人事革新』三修社。

尾高煌之助（1984）『二重構造の日本的展開』岩波書店。

――――（1993）「『日本的』労使関係」岡崎哲二・奥野正寛編『現代日本経済システムの源流』日本経済新聞社、145―182頁。

尾形隆彰（1981）「中小事業所における非正規従業員の実態」『労働研究所報』第2号、45―51頁。

小川佳万（2002）「学位からみたアメリカ教育大学院―その特質と問題点」『名古屋高等教育研究』第2号、161―184頁。

小熊英二（1998）『〈日本人〉の境界―沖縄・アイヌ・台湾・朝鮮植民地支配から復帰運動まで』新曜社。

――――（2009）『1968（下）―叛乱の終焉とその遺産』新曜社。

――――（2002）『〈民主〉と〈愛国〉―戦後日本のナショナリズムと公共性』新曜社。

岡崎哲二（1991）「戦時計画経済と企業」東京大学社会科学研究所編『現代日本社会4　歴史的前提』東京大学出版会、363―398頁。

小野里拓（2018）「大学内専門職養成の日米比較」福留東土編『専門職教育の国際比較研究』『高等教育研究叢書』第141号、75―90頁。

荻原勝（1984）『定年制の歴史』日本労働協会。

大河内一男編（1956）『労働組合の生成と組織―戦後労働組合の実態』東京大学出版会。

隠岐さや香（2018）『文系と理系はなぜ分かれたのか』星海社新書。

大森彌（2006）『官のシステム』東京大学出版会。

小野塚知二『クラフト的規制の起源―19世紀イギリス機械産業』有斐閣。

折井日向（1973）『労務管理二十年―日本鋼管（株）にみる戦後日本の労務管理』東洋経済新報社。

大沢真知子（1993）『経済変化と女子労働―日米の比較研究』日本経済評論社。

大田堯（1978）『戦後日本教育史』岩波書店。

大竹文雄・森口千晶（2015）「年収580万円以上が上位10％の国 なぜ日本で格差をめぐる議論が盛り上がるのか」『中央公論』第129巻4号、通巻1577号、32―41頁。

大内裕和・児美川孝一郎（2012）「キャリア教育を問い直す―教育の内と外をいかに繫ぐか」『現代思想』第40巻5号、61―83頁。

プレイヤー，マック・A.（1992 = 1997）『アメリカ雇用差別禁止法（第三版）』井口博訳、木鐸社。

労働大臣官房政策調査部（1991）『転勤と単身赴任―転勤と勤労者生活に関す

者団体連盟。

日本経済団体連合会（2018）「2018年度新卒採用に関するアンケート調査結果」https://www.keidanren.or.jp/policy/2018/110.pdf　2019年6月4日アクセス。

日本国民年金協会広報部編（1980）『国民年金二十年秘史』日本国民年金協会。

日経連弘報部編（1960）『資格制度の考え方と実際』日本経営者団体連盟弘報部。

日経連能力主義管理研究会（1969 = 2001）『能力主義管理―その理論と実践』日経連出版部、新装版2001年。

二村一夫（1987）「日本労使関係の歴史的特質」『社会政策学会年報』第31集、御茶の水書房、77―95頁。

――――（1994）「戦後社会の起点における労働組合運動」坂野潤治・宮地正人・高村直助・安田浩・渡辺治編『シリーズ　日本近現代史』第4巻『戦後改革と現代社会の形成』岩波書店、37―78頁。

人間能力開発センター（1977）『高学歴化の進行と労務管理』『能力開発シリーズ』40号、全日本能率連盟。

西川忠（1964）「ブルーカラーの昇進問題」『労務研究』第17巻2号、12―17頁。

西村純（2014）『スウェーデンの賃金決定システム―賃金交渉の実態と労使関係の特徴』ミネルヴァ書房。

西成田豊（1995）「日本的労使関係の史的展開―1870年代～1990年代（下）」『一橋論叢』第114巻6号、17―37（975―995）頁。

――――（2004）『経営と労働の明治維新―横須賀製鉄所・造船所を中心に』吉川弘文館。

仁田道夫・久本憲夫編著（2008）『日本的雇用システム』ナカニシヤ出版。

仁田道夫（2009）「雇用ポートフォリオ・システム改革の視点」『現代の理論』Vol. 20、150―160頁。

――――（2011）「非正規雇用の二重構造」『社会科学研究』62巻3・4合併号、3―23頁。

野村正實（1998）『雇用不安』岩波新書。

――――（2003）『日本の労働研究』ミネルヴァ書房。

――――（2007）『日本的雇用慣行―全体像構築の試み』ミネルヴァ書房。

――――（2014）『学歴主義と労働社会―高度成長と自営業の衰退がもたらしたもの』ミネルヴァ書房。

野呂沙織・大竹文雄（2006）「年齢間労働代替性と学歴間賃金格差」『日本労働研究雑誌』No. 550、51―66頁。

水谷三公（1999 = 2013）『官僚の風貌』中央公論新社、中公文庫版 2013 年。

望田幸男編著（1995）『近代ドイツ＝「資格社会」の制度と機能』名古屋大学出版会。

―――――（2003）『近代ドイツ＝資格社会の展開』名古屋大学出版会。

Moriguchi, Chiaki and Saez, Emmanuel（2010）"The Evolution of Income Concentration in Japan, 1886-2005 : Evidence from Income Tax Statistics," in A. B. Atkinson and T. Piketty ed. *Top Incomes: A Global Perspective*, Oxford, Oxford University Press, pp. 76-170.

森建資（2005）「官営八幡製鉄所の労務管理（1）」『経済学論集』第 71 巻 1 号、2―47 頁。

―――（2005）「官営八幡製鉄所の労務管理（2）」『経済学論集』第 71 巻 2 号、79―120 頁。

―――（2006）「官営八幡製鉄所の賃金管理（1）」『経済学論集』第 71 巻 4 号、2―39 頁。

―――（2006）「官営八幡製鉄所の賃金管理（2）」『経済学論集』第 72 巻 1 号、51―96 頁。

―――（2007）「賃金体系の二層構造」『日本労働研究雑誌』第 562 号、67―76 頁。

村上泰亮・公文俊平・佐藤誠三郎（1979）『文明としてのイエ社会』中央公論社。

村松岐夫編著（2018）『公務員人事改革―最新　米・英・独・仏の動向を踏まえて』学陽書房。

村松喬（1965）『教育の森（1）進学のあらし』毎日新聞社。

長島修（2008）「創立期官営八幡製鐵所の経営と組織―職員層について」『立命館経営学』第 47 巻 4 号、191―222 頁。

―――（2009）「創立期官営八幡製鐵所における下級補助員に関する一考察」『立命館大学人文科学研究所紀要』第 93 号、133―175 頁。

内閣記録局編（1894 = 1979）『明治職官沿革表』別冊付録〔慶応 3 年～明治 26 年／官等・俸給〕、原書房。

中根千枝（1967）『タテ社会の人間関係―単一社会の理論』講談社現代新書。

中西洋（2003）『日本近代化の基礎過程―長崎造船所とその労使関係 1855―1903』下巻、東京大学出版会。

NHK 放送世論調査所編（1975）『図説　戦後世論史』日本放送出版協会。

日本経営者団体連盟編（1955）『職務給の研究』日本経営者団体連盟弘報部。

日本経営者団体連盟、新・日本的経営システム等研究プロジェクト報告（1995）『新時代の「日本的経営」―挑戦すべき方向とその具体策』日本経営

——— (1981)『日本の熟練―すぐれた人材形成システム』有斐閣選書。
——— (1993)『アメリカのホワイトカラー―日米どちらがより『実力主義』か』東洋経済新報社。
——— (2005)『仕事の経済学　第三版』東洋経済新報社。
——— (2009)『日本産業社会の「神話」―経済自虐史観をただす』日本経済新聞出版社。
——— (2015)『戦後労働史からみた賃金―海外日本企業が生き抜く賃金とは』東洋経済新報社。
小池和男・渡辺行郎 (1979)『学歴社会の虚像』東洋経済新報社。
小池和男・猪木武徳編著 (2002)『ホワイトカラーの人材形成―日米英独の比較』東洋経済新報社。
厚生省保険局・社会保険庁医療保険部監修 (1974)『医療保険半世紀の記録』社会保険法規研究会。
香西泰 (1976 = 1994)「二重構造論」有沢広巳監修『昭和経済史』日本経済新聞社、日経文庫版 1994 年、207―211 頁。
雇用振興協会編 (1978)『高齢・高学歴化時代の能力開発―方向と実際』日本経営者団体連盟弘報部。
クラカウアー，ジークフリート (1930 = 1979)『サラリーマン』神崎巌訳、法政大学出版局。
熊沢誠 (1989 = 1998)『日本的経営の明暗』筑摩書房、ちくま学芸文庫版 1998 年。
——— (1993)『働き者たち泣き笑顔―現代日本の労働・教育・経済社会システム』有斐閣。
——— (1993)『新編　日本の労働者像』ちくま学芸文庫
倉内史郎 (1963)「技術革新と技能労働力の給源―中卒から高卒への移行をめぐる要員問題」『労務研究』第 16 巻 6 号、14―17 頁。
楠田丘 (2004)『楠田丘オーラルヒストリー　賃金とは何か―戦後日本の人事・賃金制度史』石田光男監修・解題、中央経済社。
三菱社誌刊行会編 (1979―1982)『三菱社誌』東京大学出版会。
三浦朱門「日本大学よ甘えるなかれ」『中央公論』第 83 巻 8 号、287―294 頁。
宮本光晴 (1999)『日本の雇用をどう守るか―日本型職能システムの行方』PHP 新書。
宮本太郎 (1994)『回想の読売争議―あるジャーナリストの人生』新日本出版社。
水島和則 (1989)「フランスにおける『カードル』の形成」『社会学年報』第 18 号。

上坂冬子（1959 = 1981）『職場の群像』中央公論社、中公文庫版 1981 年。

金子良事（2013）『日本の賃金を歴史から考える』旬報社。

金子良事・龍井葉二（2017）「年功給か職務給か？」『労働情報』第 956 号、22—29 頁。

苅谷剛彦（1993）「アメリカ大学就職事情（上）・（下）」『UP』第 249 号 16—19 頁、第 250 号 34—38 頁。

———（1991）『学校・職業・選抜の社会学—高卒就職の日本的メカニズム』東京大学出版会。

加瀬和俊（1997）『集団就職の時代—高度成長のにない手たち』青木書店。

加藤榮一（2007）『福祉国家システム』ミネルヴァ書房。

加藤寛一郎（1991 = 1995）『零戦の秘術』講談社、講談社＋α文庫版 1995 年。

河西宏祐（1992）『聞書・電産の群像—電産十月闘争・レッドパージ・電産五二年争議』平原社。

———（1999）『電産型賃金の世界—その形成と歴史的意義』早稲田大学出版部。

川手摂（2005）『戦後日本の公務員制度史—「キャリア」システムの成立と展開』岩波書店。

———（2015）「昭和戦前期の官吏制度改革構想—高文官僚優遇の制度的基盤（2）」『都市問題』第 106 巻 7 号、95—117 頁。

経済協力開発機構・労働省訳編（1972）『OECD 対日労働報告書』日本労働協会。

経済企画庁総合計画局編（1985）『21 世紀のサラリーマン社会—激動する日本の労働市場』東洋経済新報社。

経済審議会編（1960）『国民所得倍増計画』大蔵省印刷局。

———（1963）『経済発展における人的能力開発の課題と対策』大蔵省印刷局。

木下武男（1999）『日本人の賃金』平凡社新書。

清沢洌（1960）『暗黒日記』岩波書店。

小林英夫・岡崎哲二・米倉誠一郎・NHK 取材班（1995）『「日本株式会社」の昭和史—官僚支配の構造』創元社。

コッカ，ユルゲン（1981 = 1992）『工業化・組織化・官僚制』加来祥男編訳、名古屋大学出版会。

古賀豪（2002）「ドイツ連邦政府の事務手続—連邦省共通事務規則」『外国の立法』214 号、130—163 頁。

小池和男（1977）『職場の労働組合と参加—労資関係の日米比較』東洋経済新報社。

――――（2014）「日本の賃金改革と労使関係」『評論　社会科学』第109号、1―12頁。

石田光男・樋口順平（2009）『人事制度の日米比較―成果主義とアメリカの現実』ミネルヴァ書房。

石田光男・寺井基博編著（2012）『労働時間の決定―時間管理の実態分析』ミネルヴァ書房。

石川経夫・出島敬久（1994）「労働市場の二重構造」石川経夫編著『日本の所得と富の分配』東京大学出版会。

伊藤健市・田中和雄・中川誠士編著（2002）『アメリカ企業のヒューマン・リソース・マネジメント』税務経理協会。

――――――――――――（2006）『現代アメリカ企業の人的資源管理』税務経理協会。

岩出博（1991）『英国労務管理―その歴史と現代の課題』有斐閣。

岩瀬彰（2006 = 2017）『「月給100円サラリーマン」の時代』講談社、ちくま文庫版2017年。

岩脇千裕「大学新卒者の就職問題を考える」『労働者・政策研究機構』第69回政策研究フォーラム、2013年9月10日。https://www.jil.go.jp/event/ro_forum/20130910/houkoku/images/02/02-02_large.html　2019年6月4日アクセス。

ジャコービィ，サンフォード・M.（1985 = 1989）『雇用官僚制―アメリカの内部労働市場と“良い仕事”の生成史』荒又重雄・木下順・平尾武久・森杲訳、北海道大学図書刊行会。

自由民主党（1979）『日本型福祉社会』自由民主党広報委員会出版局。

次官・若手プロジェクト（2017）「不安な個人、立ちすくむ国家：モデル無き時代をどう前向きに生き抜くか」http://www.meti.go.jp/committee/summary/eic0009/pdf/020_02_00.pdf　2019年6月2日アクセス。

城繁幸（2004）『内側から見た富士通―「成果主義」の崩壊』光文社。

門脇厚司・飯田浩之編（1992）『高等学校の社会史―新制高校の〈予期せぬ帰結〉』東信堂。

鍵山整充（1989）『職能資格制度』白桃書房。

甲斐素直（1994）「会計事務職員の弁償責任と不法行為責任の関係」『会計検査研究』第9号、77―88頁。

上條俊昭（1979）『「歩」のない経済』東洋経済新報社。

神島二郎（1962）『近代日本の精神構造』岩波書店。

神林龍（2017）『正規の世界・非正規の世界―現代日本労働経済学の基本問題』慶應義塾大学出版会。

濱口桂一郎（2011）『日本の雇用と労働法』日経文庫。

――――（2013）『若者と労働―「入社」の仕組みから解きほぐす』中公新書ラクレ。

――――（2013）「非正規公務員問題の原点」『地方公務員月報』第605号、2―15頁。

――――（2014）『日本の雇用と中高年』ちくま新書。

――――（2018）「横断的論考」『日本労働研究雑誌』第693号、2―10頁。

橋本健二（2009）『「格差」の戦後史―階級社会　日本の履歴書』河出書房新社。

葉山滉（2008）『フランスの経済エリート―カードル階層の雇用システム』日本評論社。

間宏（1978）『日本労務管理史研究―経営家族主義の形成と展開』御茶の水書房。

平井陽一（2000）『三池争議―戦後労働運動の分水嶺』ミネルヴァ書房。

広井良典（1999）『日本の社会保障』岩波新書。

久本憲夫（1998）『企業内労使関係と人材形成』有斐閣。

――――（2007）「労働者の『身分』について―工職身分格差撤廃と均等処遇」『日本労働研究雑誌』第49巻5号、通巻562号、56―64頁。

本多勇（1978）『高学歴化社会の労働管理』日本労働協会。

本田由紀（2005）『若者と仕事―「学校経由の就職」を超えて』東京大学出版会。

――――（2008）『教育の職業的意義―若者、学校、社会をつなぐ』ちくま新書。

兵藤釗（1971）『日本における労資関係の展開』東京大学出版会。

――――（1997）『労働の戦後史』上・下、東京大学出版会。

猪飼周平（2010）『病院の世紀の理論』有斐閣。

池田敬正（1994）『日本における社会福祉のあゆみ』法律文化社。

稲継裕昭（2005）『公務員給与序説―給与体系の歴史的変遷』有斐閣。

乾彰夫（1990）『日本の教育と企業社会――一元的能力主義と現代の教育＝社会構造』大月書店。

伊東光晴（1978）『日本の経済風土』日本評論社。

石田京吾・濱田秀（2006）「旧日本軍における人事評価制度―将校の考科・考課を中心に」『防衛研究所紀要』第9巻第1号、43―82頁。

石田光男（1990）『賃金の社会科学―日本とイギリス』中央経済社。

――――（1992）「十條製紙の職務給の変遷（上）（下）」『評論・社会科学』第44号37―98頁、第45号43―89頁。

ドーリンジャー，P. B., ピオーレ，M. J.（1971 = 2007）『内部労働市場とマンパワー分析』白木三秀監訳、早稲田大学出版部。

ドーア，ロナルド・P.（1973 = 1987）『イギリスの工場・日本の工場―労使関係の比較社会学』、山之内靖・永易浩一訳、筑摩書房、ちくま学芸文庫版（上）（下）1993 年。

――――――――（1976 = 1978）『学歴社会　新しい文明病』松居弘道訳、岩波書店、岩波同時代ライブラリー版 1990 年。

海老原嗣生（2012）『就職に強い大学・学部―偏差値・知名度ではわからない』朝日新書。

――――――（2015）『なぜ 7 割のエントリーシートは、読まずに捨てられるのか？　人気企業の「手口」を知れば、就活の悩みは 9 割なくなる』東洋経済新報社。

遠藤公嗣（1999）『日本の人事査定』ミネルヴァ書房。

榎一江・小野塚知二編著（2014）『労務管理の生成と終焉』日本経済評論社。

エスピン－アンデルセン，G.（1990 = 2001）『福祉資本主義の三つの世界―比較福祉国家の理論と動態』岡沢憲芙・宮本太郎監訳、ミネルヴァ書房。

――――――――――――（1999 = 2000）『ポスト工業経済の社会的基礎―市場・福祉国家・家族の政治経済学』渡辺雅男・渡辺景子訳、桜井書店。

藤井信幸（1991）「両大戦間日本における高等教育卒業者の就職機会―大学・専門学校卒業者を中心に」『早稲田大学紀要』第 23 号、97―116 頁。

藤村聡（2014）「戦前期企業・官営工場における従業員の学歴分布―文部省『従業員学歴調査報告』の分析」『国民経済雑誌』第 210 巻 2 号、53―73 頁。

福田邦三・関口浩（1955）「農山村の通婚圏について」『民族衛生』第 22 巻 2・3 号、81―88 頁。

福井康貴（2016）『歴史のなかの大卒労働市場―就職・採用の経済社会学』勁草書房。

玄田有史（2004）『ジョブ・クリエイション』日本経済新聞社。

――――（2010）『人間に格はない―石川経夫と 2000 年代の労働市場』ミネルヴァ書房。

ゴードン，アンドルー（1993 = 2001）「職場の争奪」ゴードン，アンドルー編『歴史としての戦後日本』下巻、中村政則監訳、みすず書房。

――――――――――（1985 = 2012）『日本労使関係史 1853―2010』二村一夫訳、岩波書店。

後藤道夫編（2004）『岐路に立つ日本』吉川弘文館。

後藤道夫（2016）「『下流化』の諸相と社会保障制度のスキマ」『POSSE』第 30 号、32―49 頁。

引用・参考文献

阿部彩（2006）「相対的剥奪の実態と分析」社会政策学会編『社会政策における福祉と就労』『社会政策学会誌』第16号、法律文化社。

阿部悦生・岩内亮一・岡山礼子・湯沢威（1997）『イギリス企業経営の歴史的展開』勁草書房。

アベグレン，ジェームス・C.（1958 = 1958）『日本の経営』占部都美監訳、ダイヤモンド社。

――――――――――（1958 = 2004）『日本の経営〈新訳版〉』山岡洋一訳、日本経済新聞社。

赤木須留喜（1991）『〈官制〉の形成』日本評論社。

秋山勝行・青木忠（1968）『全学連は何を考えるか』自由国民社。

安熙卓（2015）「韓国企業の人材育成の新たな展開」『経営学論集』第25巻4号、1―23頁。

天野郁夫（1986）『高等教育の日本的構造』玉川大学出版部。

――――（1992）『学歴の社会史―教育と日本の近代』新潮社。

天沼寧（1982）「定年・停年」『大妻女子大学文学部紀要』第14号、65―81頁。

荒畑寒村（1960 = 1975）『寒村自伝』岩波文庫。

麻生誠・潮木守一編（1977）『学歴効用論―学歴社会から学力社会への道』有斐閣選書。坂野潤治・宮地正人・高村直助・安田浩・渡辺治編（1994）『シリーズ　日本近現代史』第4巻『戦後改革と現代社会の形成』岩波書店。

Boltanski, L.（1982 = 1987）*The Making of a Class: Cadres in French Society*, Cambridge, Cambridge University Press.

ブルデュー，ピエール（1973 = 1990）『ディスタンクシオン』石井洋二郎訳、藤原書店。

ブリントン，メアリー・C.（2008）『失われた場を探して』玄田有史解説、池村千秋訳、NTT出版。

カルダー，ケント・E.（1988 = 1989）『自民党長期政権の研究―危機と補助金』淑子カルダー訳、文藝春秋。

キャンベル，ジョン・C.（1993 = 1995）『日本政府と高齢化社会―政策転換の理論と検証』三浦文夫・坂田周一監訳、中央法規。

中央大学経済研究所編（1976）『中小企業の階層構造―日立製作所下請企業構造の実態分析』中央大学出版部。

クラーク，バートン・R.（1995 = 2002）『大学院教育の国際比較』有本章監訳、玉川大学出版局。

N.D.C. 366　601p　18cm
ISBN978-4-06-515429-8

講談社現代新書　2528

日本社会《にほんしゃかい》のしくみ　雇用《こよう》・教育《きょういく》・福祉《ふくし》の歴史社会学《れきししゃかいがく》

二〇一九年七月二〇日第一刷発行　二〇二五年五月一二日第二〇刷発行

著者　小熊英二《おぐまえいじ》　© Eiji Oguma 2019

発行者　篠木和久

発行所　株式会社講談社

東京都文京区音羽二丁目一二―二一　郵便番号一一二―八〇〇一

電話　〇三―五三九五―三五二一　編集（現代新書）

〇三―五三九五―五八一七　販売

〇三―五三九五―三六一五　業務

装幀者　中島英樹

印刷所　株式会社新藤慶昌堂

製本所　株式会社国宝社

定価はカバーに表示してあります　Printed in Japan

「講談社現代新書」の刊行にあたって

教養は万人が身をもって養い創造すべきものであって、一部の専門家の占有物として、ただ一方的に人々の手もとに配布され伝達されうるものではありません。

しかし、不幸にしてわが国の現状では、教養の重要な養いとなるべき書物は、ほとんど講壇からの天下りや単なる解説に終始し、知識技術を真剣に希求する青少年・学生・一般民衆の根本的な疑問や興味は、けっして十分に答えられ、解きほぐされ、手引きされることがありません。万人の内奥から発した真正の教養への芽ばえが、こうして放置され、むなしく滅びさる運命にゆだねられているのです。

このことは、中・高校だけで教育をおわる人々の成長をはばんでいるだけでなく、大学に進んだり、インテリと目されたりする人々の精神力の健康さえもむしばみ、わが国の文化の実質をまことに脆弱なものにしています。単なる博識以上の根強い思索力・判断力、および確かな技術にささえられた教養を必要とする日本の将来にとって、これは真剣に憂慮されなければならない事態であるといわなければなりません。

わたしたちの「講談社現代新書」は、この事態の克服を意図して計画されたものです。これによってわたしたちは、講壇からの天下りでもなく、単なる解説書でもない、もっぱら万人の魂に生ずる初発的かつ根本的な問題をとらえ、掘り起こし、手引きし、しかも最新の知識への展望を万人に確立させる書物を、新しく世の中に送り出したいと念願しています。

わたしたちは、創業以来民衆を対象とする啓蒙の仕事に専心してきた講談社にとって、これこそもっともふさわしい課題であり、伝統ある出版社としての義務でもあると考えているのです。

一九六四年四月　野間省一

政治・社会

日本史Ⅰ

1258 身分差別社会の真実——斎藤洋一 大石慎三郎

1265 七三一部隊——常石敬一

1292 日光東照宮の謎——高藤晴俊

1322 藤原氏千年——朧谷寿

1379 白村江——遠山美都男

1394 参勤交代——山本博文

1414 謎とき日本近現代史 野島博之

1599 戦争の日本近現代史 加藤陽子

1648 天皇と日本の起源 遠山美都男

1680 鉄道ひとつばなし——原武史

1702 日本史の考え方——石川晶康

1707 参謀本部と陸軍大学校 黒野耐

1797 「特攻」と日本人——保阪正康

1885 鉄道ひとつばなし2——原武史

1900 日中戦争——小林英夫

1918 日本人はなぜキツネにだまされなくなったのか 内山節

1924 東京裁判——日暮吉延

1931 幕臣たちの明治維新 安藤優一郎

1971 歴史と外交——東郷和彦

1982 皇軍兵士の日常生活 一ノ瀬俊也

2031 明治維新 1858-1881 坂野潤治 大野健一

2040 中世を道から読む——齋藤慎一

2089 占いと中世人——菅原正子

2095 鉄道ひとつばなし3——原武史

2098 戦前昭和の社会 1926-1945——井上寿一

2106 戦国誕生——渡邊大門

2109 「神道」の虚像と実像 井上寛司

2152 鉄道と国家——小牟田哲彦

2154 邪馬台国をとらえなおす——大塚初重

2190 戦前日本の安全保障——川田稔

2192 江戸の小判ゲーム——山室恭子

2196 藤原道長の日常生活 倉本一宏

2202 西郷隆盛と明治維新 坂野潤治

2248 城を攻める 城を守る——伊東潤

2272 昭和陸軍全史1——川田稔

2278 織田信長〈天下人〉の実像 金子拓

2284 ヌードと愛国——池川玲子

2299 日本海軍と政治——手嶋泰伸

日本史Ⅱ

2319 昭和陸軍全史3 川田稔
2328 タモリと戦後ニッポン 近藤正高
2330 弥生時代の歴史 藤尾慎一郎
2343 天下統一 黒嶋敏
2351 戦国の陣形 乃至政彦
2376 昭和の戦争 井上寿一
2380 刀の日本史 加来耕三
2382 田中角栄 服部龍二
2394 井伊直虎 夏目琢史
2398 日米開戦と情報戦 森山優
2401 愛と狂瀾のメリークリスマス 堀井憲一郎
2402 ジャニーズと日本 矢野利裕
2405 織田信長の城 加藤理文
2414 海の向こうから見た倭国 高田貫太
2417 ビートたけしと北野武 近藤正高
2428 戦争の日本古代史 倉本一宏
2438 飛行機の戦争 1914-1945 一ノ瀬俊也
2449 天皇家のお葬式 大角修
2451 不死身の特攻兵 鴻上尚史
2453 戦争調査会 井上寿一
2454 縄文の思想 瀬川拓郎
2460 自民党秘史 岡崎守恭
2462 王政復古 久住真也